贵州师范大学
数学科学学院
指导

教思考

师生互动促进小学生数学
深度学习探究

U0756027

王怀鑫
骆春梅
崔永超
主编

华东师范大学出版社
·上海·

图书在版编目（CIP）数据

教思考：师生互动促进小学生数学深度学习探究 / 王怀鑫，骆春梅，崔永超主编. -- 上海：华东师范大学出版社，2024. -- ISBN 978-7-5760-5330-2

Ⅰ. G623.502

中国国家版本馆 CIP 数据核字第 2024MC3666 号

教思考：师生互动促进小学生数学深度学习探究

主　　编	王怀鑫　骆春梅　崔永超
副 主 编	苏明强　黄晓冬　林锦灿　吴秀梅　陈佳展
策划编辑	刘祖希
特约审读	程云琦
责任校对	宋红广　时东明
装帧设计	卢晓红

出版发行	华东师范大学出版社
社　　址	上海市中山北路 3663 号　邮编 200062
网　　址	www.ecnupress.com.cn
电　　话	021－60821666　行政传真 021－62572105
客服电话	021－62865537　门市（邮购）电话 021－62869887
地　　址	上海市中山北路 3663 号华东师范大学校内先锋路口
网　　店	http://hdsdcbs.tmall.com

印 刷 者	上海龙腾印务有限公司
开　　本	787 毫米×1092 毫米　1/16
印　　张	22.25
字　　数	509 千字
版　　次	2024 年 11 月第 1 版
印　　次	2024 年 11 月第 1 次
书　　号	ISBN 978－7－5760－5330－2
定　　价	98.00 元

出 版 人　王　焰

（如发现本版图书有印订质量问题，请寄回本社客服中心调换或电话 021－62865537 联系）

序

　　党的十八届三中全会提出深化教育领域综合改革,立德树人是教育的根本任务。认真贯彻落实党的十八届三中全会的精神,就是要办好每一所学校,教好每一个学生。要根据学生的成长规律和社会对人才的需求,把对学生德智体美劳全面发展总体要求和社会主义核心价值观的有关内容具体化、细化,深入回答"培养什么人、怎样培养人、为谁培养人"的问题。教育部《关于全面深化课程改革落实立德树人根本任务的意见》中提出研究制订各学段的学生发展核心素养体系。"核心素养"是学生在接受相应学段的教育过程中,逐步形成的适应个人终身发展和社会发展需要的必备品格与关键能力。

　　数学是自然科学体系中的基础性、工具性学科,其重要地位不言而喻。数学核心素养是具有数学基本特征的、适应个人终身发展和社会发展需要的人的思维品质与关键能力,主要包括:数学抽象、逻辑推理、数学建模、直观想象、数学运算和数据分析。这些数学核心素养既有独立性,又相互交融,形成一个有机整体。数学核心素养是在数学学习的过程中逐步形成的。当前,面对人工智能给基础教育带来的挑战,我们既要让学生学习知识、技能,更要在学习的各个阶段重视学生思辨能力、学习能力、实践能力、数字化能力、创新能力、交际能力和应变能力的培养。

　　课程是教育改革的核心,而课堂教学又是课程实施的主渠道。在当前新的形势下,旨在培育学生数学核心素养的中小学数学教育应该如何改革? 在数学教育不同阶段中,教师如何培育学生的核心素养? 这些都是值得深入研究的问题。

　　2014 年 1 月,贵州师范大学吕传汉教授提出在数学教学中教思考、教体验、教表达(简称"三教")的教育理念,倡导用"三教"引领"创设数学情境与提出数学问题"教学,培育学生核心素养。

　　教思考,让学生会用数学的眼光观察世界,注重数学抽象和直观想象核心素养的培养。从小学开始,就要引导学生在学习中不断发现问题、提出问题、分析问题和解决问题。学生自己发现和提出问题是创新的基础;独立思考、学会思考是创新的核心;归纳概括得到猜想和规律并加以验证,是创新的重要方法。

　　教体验,让学生会用数学的思维分析世界,注重逻辑推理和数学运算核心素养的培养。数学教师在教学中不能单纯地讲数学或让学生练习数学题,而是应引导学生在"做数学"中学习数学。在不同的阶段,都要重视教学生"做数学",引导学生在"做数学"中,发展、积淀个性化的素养,让每个学生都得到相应的发展。

　　教表达,让学生会用数学的语言表达世界,注重数学建模和数据分析核心素养的培养,最终达到培育学生数学核心素养的目的。教表达的主要途径是鼓励学生"说数学",就是在数学教学中,鼓励学生叙述参与数学活动的思维过程、发表对数学问题的理解与看法、提出数学学习中的疑难与困惑、交流数学学习的体验与感悟等。表达是一种十分重要的软能力,引导学生学会表达,让学生在生生互动、师生互动中思维碰撞,在表达中倾听,在倾听中交流,在交流中思考,促进学生对知识的理解,增长智慧,获得体验,积淀素养。

在"三教"理念指导下的数学教育教学可以根据学生不同阶段的认知特征,通过教会学生"想数学"、引导学生"做数学"、鼓励学生"说数学",从而促进学生核心素养的发展。

经过30余年的教育教学实践,吕传汉教授团队的中小学数学"情境—问题"教学30年实践探索与理论建构课题荣获2018年基础教育国家级教学成果一等奖。

为了培育中小学学生的核心素养,教学改革的重心要实现由研究以教为主向研究以学为主的转变。教育改革的关键在观念改变,教师转变教育观念,就是用学生发展的思维代替以考试成绩为标准的思维,用相信学生能力的思维代替教师权威的思维,真正做到以学生为主体。在当前的互联网时代,我们的教育环境扩大了,我们的孩子可以从各种平台获取知识,教育已经不只是在课堂内进行学习的行为;教师也不再是知识的绝对权威,教师是帮助学生设计适合于他兴趣爱好、指导他获取有益信息、帮助他解决困惑的"引路人"。教育的环境变了,教育的方式变了,但立德树人的根本任务不变。为此,贵州师范大学数学科学学院自2018年以来,组织国内数学教育专家、学者以及一线城乡中小学骨干教师,开展了"三教"引领中小学数学"情境—问题"教学、促进学生"长见识、悟道理"、培育学生核心素养的教学实验。

他们在城乡教学实验研究中取得了较好的初步成果,曾编写出版《"三教"引领中小学数学教学培育核心素养探究》等贵州省名师工作室系列丛书。并在此基础上,积极调动城乡中小学生的潜在能力,引领学生自己学习,自己探索,自己提出问题,自己解决问题,从而培养学生的创新能力。为把"教"的研究转向"学"的研究,他们十分关注贵州省小学、初中和高中学生学习数学的心得体会,从学生的获得中反思、研究和改进自己的教学,进而促进核心素养在学生学习中的不断积淀,促进全体学生的发展。

因此,引导学生独立、自主的学习,直接影响学生学习数学的态度,有助于学生数学学习的个性化发展,让学生体会到"数学好玩、数学好学、数学好用"。指导学生撰写数学学习日记、数学学习体验、数学学习小论文,是促进学生自主学习、学习能力发展的非常好的教育举措。他们新编的"'三教'引领学生学习'长见识、悟道理'"丛书,就是贵州中小学生开创性的作品。

它可能显得幼稚,但展示了儿童与青少年心灵之花;

它可能带有片面,但显示了儿童与青少年学习视角;

它可能会有错误,但启迪了儿童与青少年数学思考;

它可能视野不宽,但体现了儿童与青少年素养积淀。

该丛书主要展示了小学、初中及高中三个学段学生学习数学的"心灵之花"——数学日记、听课感言、解题体验、联系实际应用数学解决问题的反思性短文等,辅之以指导教师的点评、针对学生学习体验的教学反思以及相关评析。它既可以激发学生的学习兴趣、促进学生数学思维能力的发展,又可以作为当前培育学生核心素养、把"教"的研究转向"学"的研究的一种载体，借以促进创新型人才的培养。

愿"'三教'引领学生学习'长见识、悟道理'"丛书成为当前中小学教师更新教育观念、提升素质教育水平、深入探索核心素养培育策略、促进国家创新人才培养的参考用书。

2021 年 3 月 4 日

目录

第一篇　理论探索

教思考
——小学数学三种基本教学范式
苏明强 / 3
"三教"理念视域下数学文化资源融入小学"圆的认识"的教学设计研究
杨孝斌　韩　梅 / 9
构建"问道善行"文化　打造特色办学品牌
林锦灿　吴秀梅 / 17
"三教"促进乡村小学生数学"学习体验"写画的实践经验
杨通文 / 26
基于"三教"视野培养小学生数学核心素养的探索
骆春梅 / 41
"三教"引领课堂教学培育学生数学核心素养
——塔城小学课堂培育数学核心素养的一些体验
骆春梅 / 46

第二篇　经验总结

巧设微课　智慧课堂
——微课在小学数学文化课堂教学中的有效应用
蒋　燕 / 51
借助画图策略促进学生理解算理的实践研究
——以乘法运算律和简便计算为例
刘　津 / 54
优化小学数学课堂教学,培养学生数学应用能力
杨婷婷　张川川 / 61
小学数学教学中提高学生实践能力的策略分析
张川川　杨婷婷 / 67

给思维插上一双翅膀

——核心素养导向下小学生解决实际问题的策略探究

孙雯婷 / 73

浅析提高乡村小学学生数学计算能力的方法

范永华 / 79

打开课堂边界　实现数学融通

——"用方向和距离确定位置"教学思考

崔永超 / 83

对于小学数学教学中情境创设问题的反思

杨伟倩 / 90

乡村小学数学"学困生"成因及转化策略

崔永超 / 95

第三篇　学习体验

今天我是小老师

姚涵予　崔永超 / 103

丫丫"行医"

张倬语　曹文彩 / 107

简单又不简单的打电话

袁绍依　谭爱玲 / 111

巧计算的蛋糕师

李烁岩　赵欣然 / 115

我喜欢这样的数学作业

王识涵　王光林 / 118

学完分数问题后我的思考

王瀚宸　孙雯婷 / 120

数学"活"了

王紫宸　杨婷婷 / 124

生活小调查

王淇雅　张川川 / 128

"三学"课堂助我成长

夏乐昕　叶琳 / 131

我喜欢上数学课

陈嘉仪　郭利萍 / 134

"厘米"学问可真多

郭思图　许亚丹 / 137

我是小小解说员

范艾琳　倪小玲 / 140

数学课上的新角色

陈浩宇　吴惠兰 / 143

有趣的年、月、日

邹昊然　赵静东 / 146

我喜欢这样的数学体验课堂

陈嫒欣　程梅兰 / 149

一节有趣的数学推理课

刘悦琳　欧阳秋云 / 152

一堂难忘的数学课

林佳怡　吴　萍 / 155

有趣的图形变化

戴安迪　戚嘉杰 / 158

鸽巢问题的奥秘

王钰琪　邹向丽 / 161

圆柱体积的奥秘

董羽瑶　李　露 / 165

第四篇　教学课例

"组合图形的面积"教学课例

穆敏娟 / 171

"分数除法"教学课例

李丽萍 / 183

"测量单元复习课"教学课例

谢康利 / 190

"搭一搭"教学课例

林淑艳 / 199

"10 以内加减法单元复习课"教学课例

曾巧婷 / 207

"小数乘法复习课"教学课例

刘海超 / 215

"确定位置"教学课例

苏瑜曼 / 222

"分扣子"教学课例

陈鲤芳 / 231

"元、角、分"教学课例

戴清彬 / 238

"倍的认识"教学课例

林瑜婷 / 247

"图形中的规律"教学课例

刘贵远 / 255

"两位数乘两位数"教学课例

罗文婷 / 264

"平行四边形"教学课例

戴清彬 / 272

"面积单位"教学案例

李丽萍 / 282

"包装的学问"教学课例

黄炳洋 / 291

"平均数的再认识"教学课例

周金英 / 303

"加法的初步认识"教学课例

王爱玲 / 309

"分数的产生和意义"教学课例

陈君玲 / 316

"有趣的推理"教学课例

刘秋萍 / 322

"一日西游——一天的时间"教学课例

林碧莲 / 328

附录

"中小学数学'情境-问题'教学30年实践探索与理论建构"成果推广应用工作三年总结

吕传汉 夏小刚 杨孝斌 / 339

编后语 / 343

第一篇

理论探索

教思考
——小学数学三种基本教学范式

泉州师范学院　苏明强

《义务教育数学课程标准(2022年版)》倡导核心素养导向,在总目标中指出:通过义务教育阶段的数学学习,学生逐步会用数学的眼光观察现实世界,会用数学的思维思考现实世界,会用数学的语言表达现实世界(简称"三会")。"三会"是数学核心素养的主要内容,是新时期数学教学的重要目标,具体包括"会观察""会思考""会表达"三个方面的内容。贵州师范大学吕传汉教授提出"三教",具体包括"教体验""教思考""教表达"三个方面。笔者认为:"三会"是基于学生的角度,"三教"是基于教师的角度,所表述不完全一致,但是教学本质一致,都是指向学生数学核心素养的形成与发展。下面,笔者从学生的角度,以"会思考"为核心,通过列举具体的实例,阐述什么是"会思考",在此基础上,再从教师的角度,阐述如何"教思考",详细介绍教学生"会思考"的三种基本教学范式,最后讨论如何检测学生是否已经"会思考",简述"会观察""会思考""会表达"三者之间的关系,为核心素养的教学研究提供一种参考。

一、什么是"会思考"——学

"会思考"是数学核心素养的关键问题,如何让学生真正学会用数学的思维方式思考问题是小学数学教学的重要任务。推理是数学的基本思维方式,推理一般包括合情推理和演绎推理。合情推理是指从已有的事实出发,凭借经验和直觉,通过归纳和类比等推断结果的一种思维方式;演绎推理是指从已有的事实和确定的规则出发,通过逻辑推理推断结论的一种思维方式。因此,什么是"会思考",这是一个"学"的问题,也就是学什么。从数学的角度看,"会思考"主要表现在以下三个方面。

(一) 会用归纳的方式思考问题

归纳是一种从特殊到一般的思维方式。在小学数学学习过程中,我们常常运用归纳推理的方式得到猜想和规律,运用归纳推理的方式得出的结论不一定正确,但是常常会有创新的发现。例如:长方形的面积计算,本质上是一个基本规律,得到这个规律,就是通过归纳推理。在长方形面积的探索过程中,我们常常要借助方格纸,采用"密铺计数"的方法,选取3个特殊长方形,探索长方形的长、宽和面积的关系,把三个变量的相关数据填写在表格中,在观察数据的基础上,凭借经验和直觉,通过归纳推理的方式得到猜想,再举例进行验证,最后得出一般结论:长方形的面积=长×宽。因此,运用这种从"特殊"到"一般"的思维方式思考问题,就是数学核心素养"会思考"的第一种表现。

(二) 会用类比的方式思考问题

类比是一种从特殊到特殊的思维方式。在小学数学学习过程中,我们也常常运用类比推理的方式得到猜想和规律,运用类比推理的方式得出的结论不一定正确,但是常常会有创新的发现。例如:长方体的体积计算,本质上是一个基本规律,得到这个规律,可以通过类比推理。在长方体体积的探索过程中,我们常常可以借助长方形的面积,凭借经验和直觉,通过类比推理的方式获得猜想,再利用正方体小方块,采用"密铺计数"的方式进行验证,最后得出一般结论:长方体的体积=长×宽×高。因此,运用这种从"特殊"到"特殊"的思维方式思考问题,就是数学核心素养"会思考"的第二种表现。

(三) 会用演绎的方式思考问题

演绎是一种从一般到特殊的思维方式。在小学数学学习过程中,我们通常基于已有的基本事实,运用演绎推理的方式得到新的结论,运用演绎推理的方式得出的结论一定正确,但是常常不会有创新。通常包括以下三种情况。第一,以概念为基本事实,例如:以偶数这个概念为基本事实进行推断,因为偶数是指能被 2 整除的数,4 能被 2 整除,所以可以推断 4 就是偶数。第二,以性质为基本事实,例如:以分数的基本性质为基本事实,因为分数的分子和分母同时乘或除以一个相同的数(0 除外)分数的大小不变,$\frac{1}{2}$ 的分子和分母同时乘 2 得到新的分数 $\frac{2}{4}$,所以可以推断 $\frac{1}{2}=\frac{2}{4}$。第三,以法则为基本事实,例如:以分数的乘法法则为基本事实,因为分数乘法法则是分子乘分子作为分数的分子,分母乘分母作为分数的分母,所以可以进行如下的推算:$\frac{1}{2}\times\frac{3}{5}=\frac{1\times3}{2\times5}=\frac{3}{10}$。因此,运用这种从"一般"到"特殊"的思维方式思考问题,就是数学核心素养"会思考"的第三种表现。

二、怎么让学生"会思考"——教

前文通过列举具体例子的方式,详细讨论了在数学学习中"会思考"的三种主要表现:会用归纳的方式思考问题、会用类比的方式思考问题、会用演绎的方式思考问题。那么,我们怎么让学生"会思考",这是"教"的问题,也就是怎么教,学生才能"会思考",这是核心素养时代数学教学的重要研究课题。下面,通过教学案例的方式,阐述教学生"会思考"的三种教学范式。

(一) 观察体验型的教学范式

观察体验"教思考"的教学流程如图 1 所示。在教学时,首先创设一个"问题情境",通过设计一个"核心问题"驱动数学思考,让学生在"观察体验"中,通过合情推理的方式"提出猜想"和"举例验证",在这样的过程中,让学生学会用归纳或类比的方式思考问题,从而发展学生的数学核心素养。

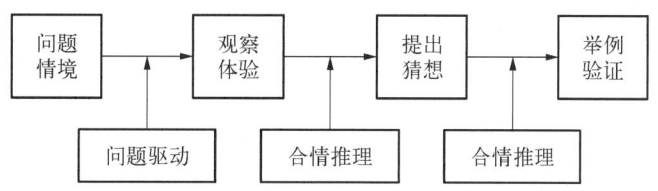

图1 观察体验型结构示意图

案例1:10加几。 在教学时,我们可以创设"数牛奶"的问题情境,以"一共有几瓶牛奶"为核心问题,驱动学生进行有序的数学思考。首先给出一箱完整的牛奶,让学生通过"数一数"的方式得到一个基本事实(一箱牛奶一共有10瓶),然后在这箱牛奶的右边分别再放1瓶、2瓶、3瓶,引导学生分别列出加法算式并齐声朗读:$10+1=11,10+2=12,10+3=13$。在观察体验的基础上,通过提问"你发现了什么",驱动学生通过归纳推理的方式,发现问题并提出猜想:十加几等于十几。最后通过举例(右边放4瓶、放5瓶等)进行验证。

在以上教学案例中,通过问题驱动的方式,让学生在观察体验中经历了一个从"特殊"到"一般"的思维过程,教学生学会用归纳的思维方式思考问题,让学生逐步"会思考"。

(二) 操作探究型的教学范式

操作探究型"教思考"的教学流程如图2所示。在教学时,首先创设一个"问题情境",通过设计一个"核心问题"驱动数学思考,让学生在"操作探究"中,通过合情推理的方式"提出猜想"和"举例验证",在这样的过程中,让学生学会用归纳或类比的方式思考问题,从而发展学生的数学核心素养。

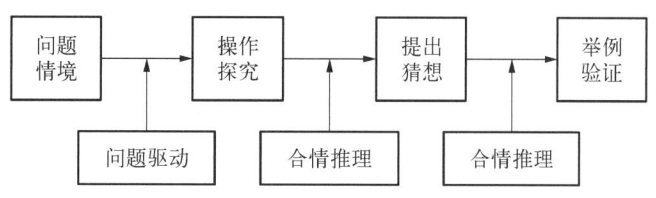

图2 操作探究型结构示意图

案例2:平行四边形的面积。 在教学时,我们可以创设拉动"长方形框"的问题情境,长方形框长是6厘米、宽是5厘米,这时周长是$(6+5)×2=22$厘米,面积是$6×5=30$平方厘米,接着把这个长方形框通过向右拉动变成平行四边形,然后通过"周长不变,面积变不变"这一核心问题,驱动学生进行数学思考。此时学生常常会根据长方形面积计算的经验(长乘宽正好是两条邻边相乘),凭借直觉通过类比推理的方式提出猜想,推断平行四边形的面积也是两条邻边相乘,即长方形变成平行四边形,周长不变,面积也不变。通过类比推理获得的猜想是否正确,我们可以引导学生借助方格纸进行验证(如下图所示),马上就会发现长方形的面积是 30 格,平行四边形的面积肯定不够 30 格,从而否定了猜想,产生了认知冲突,促进了深度思考。我们可以进一步启发学生利用方格纸通过"割补"的方法,不难发现平行四边形的面积是 24 格,正好是"底乘高",于是获得了新的猜想:平行四边形的面积会不会就是底乘高?接着在方格纸中再找到两个特殊的平行四边形进行研究,探索底、高和面积的关系,在观察数据的基础上,通过归纳推理的方式,得出一般结论:平行四边形的面积等于底乘高。

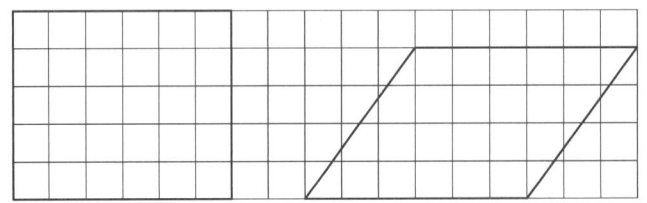

在以上教学案例中,通过问题驱动的方式,让学生在操作探究中经历了一个从"特殊"到"特殊"的思维过程,获得初步猜想(平行四边形的面积等于两邻边相乘),虽然这里的猜想并不正确,但是学生经历了类比推理的过程。在接下来进一步探究的过程中,通过归纳推理的方式再次获得新的猜想,可以通过举例的方式验证这一猜想,这就是发现科学规律的一般历程,教学生学会用类比和归纳的思维方式思考问题,让学生逐步"会思考"。

(三)"法理"推断型的教学范式

"法理"推断型"教思考"的教学流程如图 3 所示。在教学时,首先创设一个"问题情境",通过设计一个"核心问题"驱动数学思考,让学生在"算法推断"中,通过合情推理的方式掌握算法,让学生在"算理推断"中,通过演绎推理的方式理解算理,在这样的过程中,让学生学会用合情推理和演绎推理的方式思考问题,从而发展学生的数学核心素养。

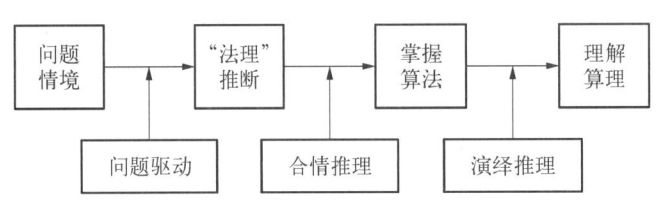

图 3 "法理"推断型结构示意图

案例 3:整数、小数、分数乘整数。比如在 $2 \times 3 = 6$ 的基础上,计算 0.2×3 和 $\frac{2}{7} \times 3$。在教学时,我们可以创设一个问题情境:一个盘子里放 2 个苹果,3 盘有多少个苹果?然后借助演绎推理的方式得出结论。一般有三种不同的算法:一是数数的方法,1、2、3、4、5、6;二是利用乘法意义,2×3 表示 3 个 2 相加,$2 + 2 + 2 = 6$;三是利用乘法口诀,二三得六。算理应该从计数单位加以解释,2 表示 2 个"1",2 个"1"乘 3 得 6 个"1",6 个"1"就是 6,这就为小数乘整数和分数乘整数奠定了重要的经验基础。在计算 0.2×3 时,在算法的掌握上,可以凭借经验和直觉,利用乘法的意义,通过类比推理的方式进行推断,0.2×3 表示 3 个 0.2 相加,$0.2+0.2+0.2=0.6$;在算理的理解上,应该利用计数单位,通过演绎推理的方式进行推断,0.2 表示 2 个"0.1",2 个"0.1"乘 3 得 6 个"0.1",6 个"0.1"就是 0.6。在计算 $\frac{2}{7} \times 3$ 时,在算法的掌握上,可以凭借经验和直觉,利用乘法的意义,通过类比推理的方式进行推断,$\frac{2}{7} \times 3$ 表示 3 个 $\frac{2}{7}$ 相加,$\frac{2}{7}+\frac{2}{7}+\frac{2}{7}=\frac{6}{7}$;在算理的理解上,应该利用计数单位,通过演绎推理的方式进行推断,$\frac{2}{7}$ 表示 2 个"$\frac{1}{7}$",2 个"$\frac{1}{7}$"乘 3 得 6 个"$\frac{1}{7}$",6 个"$\frac{1}{7}$"就是 $\frac{6}{7}$。

在以上教学案例中,通过问题驱动的方式,在整数乘法的基础上,探索小数乘整数和分数乘整数的算法和算理:让学生在算法的推断中,经历了一个从"特殊"到"特殊"的思维过程,凭借整数乘法的经验和直觉,通过类比推理的方式推断算法;让学生在算理的推断中,经历了一个从"一般"到"特殊"的思维过程,从已有的基本事实出发,通过演绎推理的方式推断算理,教学生学会用类比推理和演绎推理的思维方式思考问题,让学生逐步"会思考"。

三、怎么知道学生已经"会思考"——评

前文通过列举具体例子的方式,详细讨论了教学生"会思考"的三种主要教学范式:观察体验型、操作探究型和"法理"推断型。那么,我们怎么才能知道学生是否已经"会思考"? 这是"评"的问题,也就是怎么检测,这是教学实施不容忽视的重要环节。我们认为,"会思考"可以通过"会观察"和"会表达"两个维度进行间接检测。一般地,按照教学逻辑和推进进程,可以把一节课分为四大环节:基准环节、生长环节、延伸环节和拓展环节。下面,以"真分数假分数"一课为例,阐述如何在教学设计环节中融入"评",通过"会观察"和"会表达"来间接检测学生是否已经"会思考",在这里不仅体现了"三会"是一个以"会思考"为中心的有机整体,而且体现了学、教、评的一体化和一致性。

(一) 通过"会观察"测评学生是否会用合情推理的方式思考问题

"会观察"是指会用数学的眼光观察现实世界,主要表现在能够通过知识的学习发现并提出新的问题。在这里,发现问题和提出问题常常需要运用归纳推理或类比推理,因此,"会观察"可以间接检测合情推理的思维方式。我们可以通过精心设计"拓展环节",引导学生在已有知识和经验的基础上,发现并提出新的问题,以此来检测学生是否会用合情推理的方式思考问题。

比如,在"真分数假分数"一课的拓展环节,我们可以通过这样的问题——"通过今天的学习,你能发现并提出新的问题吗?"启发学生进一步深入思考,如果学生能够发现并提出类似问题(分数的分子可以是小数吗? 分数的分母可以是小数吗? 分数的分子和分母可以同时是小数吗? 分数的分子可以是分数吗? 分数的分母可以是分数吗? 分数的分子和分母可以同

时是分数吗?),那么说明学生在"真分数假分数"一课学习中,已经学会用类比推理的方式思考问题。

(二) 通过"会表达"测评学生是否会用演绎推理的方式思考问题

"会表达"是指会用数学的语言表达现实世界,主要表现在能够应用已学的数学知识与方法分析和解决问题。在这里,分析问题和解决问题常常需要运用演绎推理,因此,"会表达"可以间接检测演绎推理的思维方式。我们可以通过精心设计"延伸环节",引导学生运用已有的知识和经验来分析问题和解决问题,以此来检测学生是否会用演绎推理的方式思考问题。

比如,在"真分数假分数"一课的延伸环节,我们可以通过设计以下问题——"如果 $\dfrac{\Box}{8}$ 是一个真分数,那么分子最小能填几? 最大能填几?""如果 $\dfrac{\Box}{8}$ 是一个假分数,那么分子最小能填几?""如果 $\dfrac{8}{\Box}$ 是一个假分数,那么分母最小能填几? 最大能填几?""如果 $\dfrac{8}{\Box}$ 是一个真分数,那么分母最小能填几?"启发学生进一步深入思考,如果学生能够利用已学知识(真分数和假分数的概念)分析问题并解决问题,填写正确的答案,表达自己的想法,那么说明学生在"真分数假分数"一课学习中,已经学会用演绎推理的方式思考问题。

"三教"理念视域下数学文化资源融入小学"圆的认识"的教学设计研究

贵州师范大学数学科学学院　杨孝斌

贵州师范大学贵安新区附属小学　韩梅

　　"圆的认识"是人教版义务教育教科书（2022年审定）小学数学六年级第五章"圆"的第一小节的内容。本文将在概述与"圆的认识"一课有关的数学文化资源、梳理相关知识结构、明晰本节课教学目标的基础上，在"教思考、教体验、教表达"（以下简称"三教"）的教育理念指导下，进行"三教"教育理念视域下数学文化资源融入"圆的认识"的教学设计研究，为一线教师提供参考。

一、"圆的认识"相关数学文化资源概述

（一）生活中的圆

　　对于本节内容，人民教育出版社义务教育教科书（2022年审定）当中所给出的情境如图1所示。

图1　教材中"圆的认识"的情境

　　第一幅图是贵州平塘的"中国天眼"（FAST——500米口径球面射电望远镜），第二幅图是水的波纹，第三幅图是摩天轮，第四幅图是苏州园林中的圆形拱门。这四幅图中的第一、第

四两幅图,对大多数学生而言是陌生的;第三幅图,对部分边远地区的学生来说也是陌生的。

事实上,生活处处有圆的身影。厨房中,锅碗瓢盆是圆形的,喝水的杯子是圆(柱)形的,大多数的盘子也是圆形的;学校里,墙上的挂钟是圆形的,篮球、足球、排球是圆(球)形的;公路上,各种各样的车子,它们的轮子都是圆形的;人行道上,井盖是圆形的⋯⋯这些生活中林林总总的圆的物体或图案,是学生学习"圆的认识"一课的良好基础。

(二) 与圆有关的数学史实

圆,最初大概源自人类的自然模拟(太阳、满月、水的波纹等等)。至于它何时成为一个数学名词,估计难以说清。

据《史记》记载,夏禹(距今 4 000 多年前)在治水时就"左准绳,右规矩,载四时,以开九州,通九道",从这个意义上说,规作为画圆的工具,很早就被人类所掌握。关于规、矩的使用,《周礼》《荀子》《淮南子》《庄子》等古籍都有明确的记载,"圆者中规,方者中矩";《孟子》中有"不以规矩,不能成方圆"的论述,并逐渐演变出"规矩"的引申意义。在《周髀算经》中记载了周公(约公元前 1100 年)与商高的对话,其中商高说到:数之法,出于圆方,圆出于方,方出于矩,矩出于九九八十一;《墨经》(公元前 4 世纪)中记载,"圆,一中同长也"⋯⋯这些文献,是早期智者对圆的认识和论述。

很早以前,人类就开始做探索有关圆的周长和面积的计算。在古埃及的纸草书、古巴比伦的泥版书中,已经有关于圆面积的近似计算公式。关于圆周率的计算,古巴比伦人在大约 3 500 年前已得到圆周率的近似值 $\frac{25}{8}=3.125$;差不多同一时期的古埃及人得到了圆周率的近似值 $\left(\frac{16}{9}\right)^2 \approx 3.160\,5$;在中国的《周髀算经》中有"周三径一"的表述,圆周率的近似值为 3(古率,即周长为 3 的圆,直径为 1,很显然这是一种粗略的近似)。

在阿基米德手里,圆周率的近似值为 $\frac{22}{7}=3.\dot{1}42\,85\dot{7}$(约率,计算到圆内接正 96 边形);到刘徽手里,圆周率的近似值 $\frac{157}{50}=3.14$(徽率,计算到圆内接正 192 边形);到祖冲之手里,圆周率的近似值为 3.141 592 6 与 3.141 592 7 之间,精确到小数点后 7 位,祖冲之又给出了一个分数近似值 $\frac{355}{113}$(祖率或密率,用了 30 年的业余时间,计算到圆内接正 24 576 边形)。最新数据显示,圆周率已经被科学家算到小数点后的 62.8 万亿位,将来当然还会更多。到如今,圆周率的计算作为检测超级计算机的计算速度和准确度的常用手段,甚至从侧面反映出一个国家的科技实力。

虽然上述"周三径一"的说法很粗略,但是却暗含了"圆周率"的本质,即:圆周率是圆的周长和直径的比值。世界上所有的圆都是相似的,任何一个圆的周长和直径的比值都是同一个数,这个数就是"圆周率"。从数学的角度看,圆周率(π)是一个无理数,也是一个超越数。关于 π 的很多内容,读者可以查阅《说不尽的 π》一书[1]。

（三）与圆有关的其他文化资源

从历史的角度看，几十万年前的蓝田人，就已经会制作不太规则的石球；在西安半坡遗址（新石器时代，距今约 6800—6300 年）中已经出现了圆的构型，如图 2。

前文提到的《周髀算经》，是阐述中国古代朴素宇宙观"天圆地方"思想的一部天文学著作，这种思想至今仍在人们生活的方方面面保存着。如：许多银行的标志（如图 3），以及我们每天使用的筷子的形状，等等。

图 2　西安半坡遗址中的圆

图 3　部分银行的标志

在建筑中，北京天坛祈年殿的圆顶、南方北圆的坛墙，也是"天圆地方"的体现。天坛祈年殿的三重圆顶也曾很长时期作为教材中"圆的认识"一课的情境图。

综上所述，生活中、历史上、文化里，处处有着与圆有关的问题，不胜枚举，无法尽述。

二、"圆的认识"相关知识分析

（一）知识结构分析

"圆的认识"一课，是与圆有关的知识的起始课，是学生第一次正式学习与圆有关的知识，也是小学生实现从多边形（由线段围成的封闭图形）向曲线围成的封闭图形跨越。本节课为后面学习圆的周长、圆的面积、弧（扇形）的初步认识打下基础，也为学生将来学习与圆有关的知识作准备。

从教材内容的宏观逻辑上看，幼儿园有一个知识点叫"什么东西会滚"，小学的这一节课叫"圆的认识"，初中有一节课叫"圆的定义"，高中有一节课叫"圆的标准方程"，从这个角度我们可以窥见教学内容设置呈"螺旋上升"的理念。

（二）教学目标分析

1. 基础知识与基本技能

认识圆的圆心、半径、直径及它们常用的字母表示，了解同一个圆的不同半径相等、同一个圆的不同直径也相等，并会用圆规画圆。

2. 基本数学活动经验与基本数学思想方法

通过两次折叠一个圆形纸片确定圆心的位置（以此了解圆心是直径的交点），并了解圆的圆心确定圆的位置、圆的半径(直径)确定了圆的大小。

3. 核心素养目标

通过对"圆的认识"的学习,学会用数学眼光观察和发现生活中处处有圆存在,并思考圆可能存在的某些性质(如对称性,同圆或等圆的半径相等、直径相等),学会用符号表示圆心、半径、直径等,并能用自己的语言描述对圆的认识等。

三、"三教"理念对"圆的认识"的教学启示

(一)"三教"理念概述

贵州师范大学吕传汉教授经过长期的理性思考与实践探索,在回顾、反思十余年的基础教育课程改革经验的基础上,于 2014 年初提出了用"教思考、教体验、教表达"的教育理念来引领课堂教学、培育学生核心素养的观点。

所谓"教思考",主要是指教师在数学教学中帮助学生理清数学知识的逻辑结构,找出解决问题的思维线索,引导学生在数学活动中领悟数学思想方法;所谓"教体验",是指教师引导学生在数学活动过程中获得对知识学习、问题解决和科学研究的过程体验与情感体验,进一步获得对数学思想方法的理解与把握;所谓"教表达",既包括提高学生的口头表达能力,也包括提高学生的书面表达能力,对于数学教学而言,主要是指培养学生用数学语言来讨论数学、表述数学问题、表达数学结论的能力。[2]

(二)从教思考的角度出发

教思考,让学生会用数学的思维分析世界,学会"想数学"。在数学教学中教思考,是每节课、每个知识点的教学都需要特别关注的。在"圆的认识"一课中,从情境引入开始,就需要教师很好地引导学生进行数学思考。

比如,引导学生用不同工具画圆,启发学生思考不同画法的优缺点。

又如,提问学生:车轮为什么要做成圆形的呢?车轮有什么特点?并引导学生从车轮的特点延伸到圆的特征。

再如,提问学生:"半径为什么要叫作半径?"引导学生猜测半径与直径的关系,先猜后证(通过折纸验证);引导学生观察发现直径(半径)有无数条、发现同圆的直径(半径)的长度关系、发现所有直径的公共点是圆心,等等。

(三)从教体验的角度出发

教体验,让学生会用数学的眼光观察世界,学会"做数学",获得个人学习体验。在数学教学中教体验,主要是指在数学活动中感受数学,获得数学活动的经验,主要包括体验数学概念的形成过程、体验数学结论的产生过程、体验数学问题的探究过程、体验数学思想方法的应用过程,更包括欣赏数学之美、了解数学之用、体会数学之趣,等等。

在"圆的认识"一课中,引导学生用各种可能的方法画圆;引导学生体验如何用圆规画圆;引

导学生模拟体验——如果车轮做成其他形状,开起来会怎么样;引导学生通过折纸活动验证猜想;引导学生在用圆规画圆的过程中体会圆心、半径与圆的位置和大小的关系;引导学生多角度地欣赏数学之美、感悟数学之趣、传承数学文化、增强文化自信。这些都是很好的教体验的过程。

(四)从教表达的角度出发

教表达,让学生会用数学的语言表达世界,学会"说数学"。在数学教学中教表达,主要是指引导学生用口头语言、文字语言、图形语言、符号语言以及逻辑语言表达自己对数学的认识,描述所发现的数学事实、数学观点、数学结论等。

在本节课中,教师要充分引导学生用自己的语言描述生活中的圆,引导学生说出用不同工具画圆的优缺点,鼓励学生讨论和描述车轮的特点并由此说出圆的部分特征,带领学生学习圆心、半径、直径的常用符号表示,引导学生大胆说出在折纸活动中的数学发现,并让学生课后正确规范书写作业、设计出与圆有关的图案,发展学生的数学交流表达能力。

四、"三教"理念视域下数学文化资源融入"圆的认识"的教学设计

基于前文的讨论,将相关数学文化资源融入教学设计之中,规划出本节课的主要教学环节,简要列出每个环节的师生活动,并将各环节在"教思考、教体验、教表达"方面的落实情况凸显出来[3]。本节课的教学设计如表1所示。

表1 "圆的认识"教学设计

主要环节	主要内容		"三教"理念落实情况
	教师活动	学生活动	
情境引入,激发兴趣	引导学生欣赏教材中的四幅情境图(在讲"中国天眼"时注意激发学生的民族自豪感),要求学生举例说一说生活中的圆。	欣赏教材中的四幅情境图,举例说出生活中的圆。(可能的话,提前几天布置数学日记,要求学生写一写、画一画生活中的圆)	教表达:学生用自己的语言描述生活中的圆。
动手画圆,初步认识	提问学生:你能想办法在纸上画一个圆吗? 说一说你的画法及其优缺点。	用三角板上的圆孔、茶杯盖、圆规等画圆;学生说出每种画圆的方法及其优缺点。(用茶杯盖等画圆,大小固定,且不方便;用圆规可以画出不同大小的圆)	教体验:引导学生用各种可能的方法画圆。 教表达:学生说出不同画法及其优缺点。 教思考:思考不同画法的优缺点。
认识圆规,传承文化	引导学生认识圆规。(注意准备不同规格、用途的圆规,并向学生展示如何用圆规画圆) 给学生讲述中国古代关于"规"和"矩"(具体内容见本文第一部分,可根据情况加以选择;矩——木匠用的直角尺)的使用,并讲述"规矩"一词的本意和引申意义。	观察圆规,练习使用圆规画圆。 了解"规""矩"的本意,学习中国传统文化。	教体验:体验如何用圆规画圆,传承中国优秀传统文化。

主要环节	主 要 内 容		"三教"理念落实情况
	教 师 活 动	学 生 活 动	
引导观察,启发思考	秦始皇统一中国,书同文(统一文字)、车同轨(统一车轮的大小)——出示秦始皇陵出土的铜车马。 提问:车轮为什么要做成圆形的呢?车轮为什么不做成椭圆形或多边形?车轮有什么特点?车轮的辐为什么要连在轴心上?(教师组织讨论)	观察、小组讨论。 小组代表回答: (1) 车轮做成圆形的,是为了保证行驶平稳; (2) 车轮有一个轴心(中心),车轴到车轮边上的距离都相等。	教思考:从车轮的特点出发,发现圆的部分性质。 教体验:(模拟体验)如果车轮做成其他形状,开起来会怎么样? 教表达:引导学生表述车轮的特点等。
由此及彼,深化认识	提问:从车轮的特点出发,你发现了圆的什么特征?从各种不同大小的圆中,你发现了什么?	学生思考、作答——发现了: (1) 圆有一个中心; (2) 圆的中心到圆上的长度相等; (3) 大小不同的圆,圆的中心到圆上的长度不同。	教思考:从特殊到一般,引导学生从车轮的特点延伸到圆的特征进行思考。 教表达:引导学生用口头语言表达对圆的特点的认识。
介绍名称,符号表达	师生一起学习教材中的有关内容——引导学生认识圆心、半径、直径及表示它们的常用符号。 用圆规画圆时,针尖所在的点叫作圆心,一般用字母 O 表示。连接圆心和圆上任意一点的线段叫作半径,一般用字母 r 表示,半径的长度就是圆规两个脚之间的距离。通过圆心并且两端都在圆上的线段叫作直径,一般用字母 d 表示。 老师讲解《墨经》中关于圆的表述——圆,一中同长也……	认识圆心、半径、直径及表示它们的常用符号。 了解《墨经》中关于圆的表述。	教表达:学习圆心、半径、直径的常用符号表示。 教思考:初步理解《墨经》中关于圆的表述,初步建构"圆"的定义。
动手操作,发现结论	提问:半径,为什么要叫作半径? 猜一猜:半径与直径有什么关系? 请学生用圆规画几个大小不同的圆,剪下来,沿着直径折一折,画一画,量一量,说说有什么发现。	思考半径与直径的关系,猜出:在同一个圆中,半径是直径的一半(所以叫作半径)。 动手操作、验证。	教思考:引导学生猜测半径与直径的关系,先猜后证(验证)。 教体验:通过折纸活动验证猜想。

主要环节	主　要　内　容		"三教"理念落实情况
	教　师　活　动	学　生　活　动	
深入思考，深度学习	提问：圆的直径有多少条？半径呢？ 提问：同一个圆的直径（半径）长度有什么关系？ 提问：两条直径的交点是什么？所有直径（半径）的公共点是什么？ 提问：通过刚才的画圆，你发现圆心和半径对圆有什么影响？	观察、思考、回答： （1）圆的直径有无数条、半径也有无数条； （2）同一个圆的直径都相等；同一个圆的半径都相等，且等于同圆的直径的一半； （3）直径的交点是圆心，所以直径的公共点是圆心，所有半径的其中一个端点是圆心； （4）圆心确定了圆的中心位置，圆的半径确定了圆的大小。	教思考：引导学生观察发现直径（半径）有无数条；发现同圆的直径（半径）长度的关系；发现所有直径的公共点是圆心。 教体验：在前面画圆的过程中体会圆心、半径与圆的位置、大小的关系。 教表达：引导学生说出自己的发现。
课堂小结，拓展延伸	小结本节课的知识点、思想方法。 布置作业：（1）教材上练习十三的习题（有选择性地布置）；（2）请学生欣赏课本第57页的图，并尝试自己设计一些与圆有关的图案。 引导学生思考如何计算"圆的周长""圆的面积"；引导学生拓展阅读"刘徽和祖冲之计算圆周率的故事"（教师要提前准备好，发给学生阅读）；将数学教学延伸至课外，为后面的学习做铺垫。	完成作业、巩固新知。 欣赏数学之美、感悟数学之趣。（在图案设计中找到乐趣） 阅读拓展资料，传承数学文化，增强文化自信。	"教思考、教体验、教表达"的课外延伸。 教表达：书写作业，书面表达。 教体验：欣赏数学之美、感悟数学之趣，传承数学文化，增强文化自信。 教思考：在作业中思考，在图案设计中思考，在拓展阅读中思考。

五、"圆的认识"的多样化教学情境设计探讨

承前文所述，生活中处处有圆的身影，因此在圆的认识的教学过程中，可以有各种不同的教学情境引入，也正是因为如此，本文在第一部分花了较长篇幅去叙述与本节课相关的数学文化资源，以满足不同的教学设计需求。

除上述依据教材内容按部就班进行教学设计（并适当穿插介绍中国古代数学文化）以外，还可以考虑如下教学情境设计。

（一）以自行车或水车（摩天轮）为情境

情境创设首先要符合学生的实际。教学中，教师可以搬一辆自行车倒放（轮子朝上）在讲台上，转动自行车的轮子，引导学生观察、思考，提出自行车的轮胎为什么要做成圆形等相关问题，由此展开这一节课。类似地，教师也可以利用视频播放水车（或摩天轮）①转动的画面，让学生观察、思考，再引出相关的问题。

①　有条件的情况下，带领学生实地观察水车（贵州各地均有）或摩天轮，效果会更好。

（二）以"抢红旗"游戏为情境

敢于尝试、勇于创新的老师,不妨试一试把这节课的前半段安排在操场上去上(在操场上上数学课,估计是一个创举),设计如下:

教师在操场上插一面红旗,并告诉学生,现在要举行一个"抢红旗"的游戏,要求全班同学都要参与,问:大家该怎么站位?请学生讨论。

可能的站位方法有:(1)在红旗两侧各站一列;(2)围成一个正方形,红旗在中间;(3)围成其他形状,红旗在中间。经过反复讨论,引导学生发现要围成一个圆(圈),游戏才公平。①

然后,老师拿出一根50米长的绳子,一头绑在旗杆底部,另一头拴一截树枝,拉直绳子画个圆,并让三五个学生比一比,然后要求同学们说一说,为什么这样子就公平了。

这个设计的好处是,能在活动中引导学生充分认识什么是圆、什么是圆心、什么是半径,同时暗含了圆的静态定义、动态定义(可以暂时不讲,但是要渗透)以及两点之间直线段最短等数学结论。

当然,本节课还可以有许多其他的教学情境。关于情境创设,不能一概而论。一般来说,合适的、贴近学生生活实际的,并且蕴涵一节课的核心问题的情境,都是可以尝试的。

参考文献

[1] 陈仁政.说不尽的 π[M].北京:科学出版社,2005.

[2] 杨孝斌,吕传汉.论数学教育对中小学生核心素养的培育[J].兴义民族师范学院学报,2015(5):74-79.

[3] 杨孝斌,梁汝生.基于"三教"理念的"弧长与扇形面积"教学设计研究[J].数学教学研究,2021,40(6):7-10.

---

① 考虑到六年级学生的实际情况,可能学生立刻就能得出正确的结果,那么在操场上去讨论这个游戏就失去了意义。因此,也可以在教室里完成讨论,但是要注意讨论的充分性,要多让学生表达。

构建"问道善行"文化　打造特色办学品牌

泉州市鲤城区第二实验小学　林锦灿　吴秀梅

一、立"问道善行"校训,树"文化养校"方向

校训是学校的文化核心与灵魂,是学校办学理念、治校精神的映射;校训也是文化建设的重要指向,它体现着学校的办学品味、办学境界及办学追求与特色。我校(泉州市鲤城区第二实验小学)由名家、专家、名校长领衔,梳理、构建、演绎"问道善行"校训文化,引航"文化养校"特色办学方向。

(一) 明确"问道善行"理念,让"文化养校"植入脑海

"浇花要浇根,育人先育心。"一项理念的植入,需要一个过程,更需要大家打心眼里认同。在实施前,学校先梳理学校文化脉络,然后请教各级各类的专家、名师,最后达成共识,确立了校训内容,整理成文案。

1. 构建学校文化脉络,夯实"文化养校"根基

"厚植海丝文化沃土,涵育鱼跃龙门精神""为了孩子的幸福人生奠基""让每个孩子都发光"的办学愿景便是我校的办学理念,也是师生们的共同信仰。

"融合、创新、爱拼、共赢"是我校的校风;"乐教善导,博闻共生"是我校的教风;"乐学善思、学海贯通"是我校的学风。我校落实新课标,全面贯彻"五项管理"和"双减"政策,在习近平总书记接见过的著名教育家吕传汉教授"三教三学"——"教思考、教体验、教表达"和"学思考、学体验、学表达"的理念引领下,"问道""善行",着眼"文化养校"特色办学方向,全面加强队伍建设,全面促进学生发展。

"问道善行"在教育教学中追求崇尚道德、涵养人格与实践创新的理念,强调主动性学习、创造性实践,重视知行合一和创新意识培养,简单说就是在教育教学过程中主动请教道理,富有美好行为。我校用"问道善行"校训给师生指明前进的方向,让"文化养校"特色发展理念的根基扎得更加深厚,为小学生适应"新质生产力"新模式的发展需要奠定基础。

2. 推进学校文化诠释,明确"文化养校"理念

"问道"出自《学礼》"承师问道",《晏子春秋》说"问道者更正,闻道者更容",是请教道理、道术之意。从学校文化层面理解,"问道"主张师生对知识的孜孜求索,对真理、道理、规律、方法的探索,意在通过立志向、提问题、探方法、深思考来寻求智慧和真知,不断提升自己的素养。

"善行"出自《老子》"善行无辙迹",《礼记·曲礼上》说"博闻强记而让,敦善行而不怠,谓

之君子"，有美好的品行，擅长有作为之意，诠释着崇德和实践的含义。"善行"主张师生以善立德、以善敦行、以行为学、学有所长、学以致用，成为有理想、有本领、有担当的时代新人。

"问道善行"基于"智慧追求＋道德崇尚""人格修养＋实践创新"的学校愿景，意在凸显"主动性学习＋创造性行动＋知行合一"的办学理念，展现"融合、创新、爱拼、共赢"的学校风貌。

根据以上阐释，全校师生对于校训理念已经入耳入目，大家已经初步达成共识："问道善行"在我们的教育教学中起到了不可估量的作用，理念已经初步植入师生心中。

(二) 拓宽"问道善行"渠道，让"文化养校"融入生活

未来已来，基础教育应该培养什么样的人？需要爱提问，敢提问、会提问，善提问的人。那么问题从哪里来？我校的答案是生活即教育，学校引导师生带着"问"去观察生活，发现"问"在生活中所占的位置与分量，加深对"问"的认识，让"问"成为一种习惯。

1. 搜集"问道善行"名言，让"文化养校"潜入心田

"问道善行"文化来源于经典诗文、学校办学理念与学校对未来人才培养的思考。许多名言简短精炼，富有说服力，能很好地帮助师生理解校训。为了加深师生对"问道善行"理念的理解，感知它的魅力，学校发动师生汇总关于"问道善行"的名言，并且发给学生，让孩子们在经典诵读时间里吟诵，让老师们在日常教学中阐释，在学科素养比赛中把"问道善行"理念与名言等相关内容渗透在题干中，让知识与理念同时进驻师生心田。举例如下。

"问"：

善问者，如攻坚木，先其易者，后其节目。——《礼记》(强调提问的人)

心有疑，随札记，就人问，求确义。——《弟子规》(强调如何问)

发明千千万，起点是一问，智者问的巧，愚者问的笨，人力胜天工，只在每事一问。——陶行知(强调问的重要性)

"道"：

道可道也，非恒道也。——《道德经》(道是变化的)

修道者，贵乎恒于正道，尤贵乎恒行于正道。——《周易》(侧重修道要有恒心)

"善"：

德行善举是唯一不败的投资。——梭罗(善举为名词)

善人者，人亦善之。——春秋·管仲(侧重人要有友好品格)

"行"：

纸上得来终觉浅，得知此事要躬行。——陆游(实践、行动)

业精于勤荒于嬉，行成于思毁于随。——唐·韩愈(行亦德行的意思)

一句句名言，如一股股清泉汩汩地流入师生的心田，滋润着理想的种子，叫人心生敬畏，在潜移默化中得以修身养性，思想境界得以提升，"文化养校"理念潜入于心。

2. 品鉴"问道善行"文化，让"文化养校"浸润时光

学校引导老师和同学们一起关注关于"问"的文学著作、影像、艺术等，如：中央电视台新闻频道第13频道18:00—18:30有一个专题《一问到底》；广播频道"中国之声"7:00—7:30

有一个频道《追问新闻》；国学经典名著《素问》；名著《问题解决导学方案》《提问孙子》《中外名著万事问》《一个问题》《提问》；名篇《不懂就问》；电视剧《问苍茫》；音乐《问界》；郑建奎的石雕《问道》……生活处处存在着"问"，这足以见证"问"的魅力。引导师生阅读、观赏"问"的著作、影视、艺术作品，引领师生在品鉴名著、影视、艺术作品中感同身受，加以思考，明白"问"是学的动力，明白"保持提问的姿态，也许是这个时代的生存之道"。师生的素养在这些文化熏陶中得以升华。

(三) 解读"问道善行"内涵，让"文化养校"深入课堂

行是知之始，知是行之成（陶行知）。为进一步提升我校教师"问道善行"之"问"的教学理念，促进教师专业化成长，提高教育教学质量，我校特别邀请泉州师范学院三位教授做"问道善行"之"问"专题学术讲座。黄晓冬教授结合学生发展核心素养和我校"问道善行"的校训提出"何为问——学会提问：面向未来的关键能力。答案很便宜，问题很昂贵"，通过"问为道""问有道""问出道"三个方面层层递进，从师问走向生问，把问题提出融于生活，把问题解决融于实践，把问题的理解融于应用，从培养学生学提问到学思考、学表达、学体验，真正落实到学生素养课堂上。苏明强教授依据新课程标准理念，立足小学数学教师专业发展的需要，以"核心素养"为基准，通过以"问题"为载体、以"提问"为手段、以"学问"为目标，详细阐述对"问道善行"之"问"的思考。结合素养分析和教学启示对发现问题、提出问题、分析问题和解决问题展开分析，让与会教师更好地领会新课程标准的理念与校训"问道善行"如何落地，真正助力老师们的专业成长。李尚生教授组织全体语文老师围绕"何为问道""为何问道""何以问道"三个方面进行讨论，通过一问一答的形式层层剖析，指出课标中的"梳理与探究"即为语文教学中的"问道"，"问"即培养学生的问题意识，"道"即探究万物的客观规律，在语文教学中，教师应该让学生带着问题学习，形成梳理与探究的任务，更好地运用语言文字，培养学生语文核心素养。

三位教授的讲座，让老师们更深入地理解校训，更精准地与学科教育教学教研挂钩，让老师们明白如何把校训融入平时的每一堂课中。

(四) 撰写"问道善行"论文，让"文化养校"载入校史

传承"问道善行"文化必须重视教师的作用，引导教师归纳、反思、总结实践经验，并通过论文写作提升教师的专业水平和教育境界。为进一步探索、交流、检阅、总结我校"问道善行"校训实践情况，学校引领老师们好好盘点，写一写各自的探索、思考与收获，加深对特色办学方向的认识，也借此提升老师的理论水平，催发特色办学萌芽。如2023年寒假，学校精准地拟定论文主题："问道善行"是我校办学的特色方向，是落实新课标，培养核心素养，落实学科育人的行动指南，是衔接吕传汉教授"三教""三学"的桥梁。校训、新课标、"三教""三学"理念自实施以来，你对此有哪些思考、做法？请围绕"紧扣'问道善行'，培养学生素养"这一主题，自选一个切入点，撰写论文。老师们的精彩选题，让校训精彩绽放，例如：关于"问道善行"之"问""道""善""行"分别在课堂实施、作业布置、教育教学、综合实践中的策略探究；基于"以问

导学"视角下小学数学高效课堂的探究;刨根"问"底,以"思"促学;关于"问道善行"在培养学生素养、艺术育人、教学评价中的思考与探究……这些选题之广、之准、之深,可以看出,"问道善行"的文化理念已经成为教师成长的摇篮。它将激励与引领更多晚辈追光而行,成就更多人才,载入我校史册。

这样,多种途径演绎"问道善行"校训,"文化养校"特色办学理念的种子已经深深地植入师生的脑海里,甚至潜滋暗长地逐渐萌芽起来。

二、践行"问道善行"校训,促进教师创造性教学

"问道善行"的核心之一在于促进教师创造性地教学。2022 年版课标在"课程实施"中指出:"教师要准确理解义务教育课程的基本理念,把握学生核心素养发展的基本规律,根据课程标准、课程内容和学业质量的要求,创造性地开展教学……"因此,我校采用多措并举践行"问道善行"校训,引领教师向专业化发展,促进教师创造性地教,推进素质教育,全面提高课堂教学质量。

(一) 深度解读课标,让"问道"方向精准

"问道善行"之魂是"问"。"依标据本"是把准"问道"方向的首选。2022 年版课标在"课程实施"中强调:"教师要建设开放的学习空间,激发学生探索问题、解决问题的兴趣和热情,引导学生在多样的生活场景和社会实践中学习知识,运用知识。"这里重点强调的就是实施"问"的教育,关键在于培养学生善于提问、主动探究的能力。我校校训落实课标的理念,并付诸行动。如 2023 年秋季开学后,进行"问道学科'六四'(六个四)课堂,培养学生'四学'素养"的岗前培训,再以年级学科备课组为单位,研读课标和教材,把握教材知识点、重难点,分析学情,同时确定并制定本学科组本学期的问道"六四"课堂,培养"四学"素养的教研主题。"六四"课堂即语文"四融"(融通生活、融合学科、融入情感、融活文化)、数学"四基"(基础知识、基本技能、基本思想、基本经验)、英语"四悦"(以情启悦、以动驱悦、以思促悦、以用至悦)、艺术"四美"(感受美、欣赏美、表现美、创造美)、综合"四创"(教法创新、学法创新、活动创新、实践创新)、科学"四真"(真情境、真问题、真实践、真应用),"四学"素养即"学提问、学思考、学体验、学表达",要把"学提问放在首位,备课要备统领整个单元的大问题,要创设问题情境,要让问题驱动课堂,要思考准备如何提问……"如此通过"问道善行"之"问"引导教师深度解读课标和落实课标,帮助老师们把准"问道"方向。

(二) 深化校本教研,让"问道"力量雄厚

"问道善行"之关键是"行"。"校本教研"是"问道"力量雄厚的不二选择。基于这一认识,学校除了做好岗前培训,还聘高校教授为导师,手把手地引领老师们进入教育教学的殿堂,并且特邀贵州师范大学吕传汉教授多次前来讲教讲学。

如 2023 年 9 月 13 日至 16 日,我校与泉州师范学院、贵州省贵阳市南明小学开展"协同数

学育人促进学生未来生存力培养"研讨活动。吕传汉教授立足"三教"理念,详细阐述教学目标、"教"与"学"的关系、学习方式与路径和学习内容的组织,最后强调教师应通过"情境—问题"教学实现"长见识,悟道理",促进学生深度学习,关注学生未来生存力的培养。泉州师范学院苏明强教授通过数学本质特征、数学核心素养、数学"三教"理念、数学关键能力,详细阐述了如何以"会思考"为目标导向,以"教思考"为教学途径,以"教会思考"为教学示范。

在理论引领之后,戴清彬老师执教二年级上册《买文具》、贵州省南明小学崔永超老师执教五年级上册《有趣的进制》、李丽萍老师执教三年级下册《面积单位》三节研讨课。他们的课层次清晰,设计巧妙,通过创设问题情境,充分激发学生的求知和探索欲望,充分展现数学魅力。

这样,在校训的驱动下,开展校本教研,用理论指导教学实践,研究和探索教学规律,把科研和教学结合起来,引领老师做一名反思型、智慧型、研究型的教师,关注小学生未来生存力的培养,重视培养学生的问题意识和反思性学习习惯,鼓励学生撰写"学习体验",为在小学阶段让儿童适应"新质生产力"的发展需要奠定必要的基础。

(三)深耕"六课"课堂,让"问道"正能发力

"问道善行"的最终目标在于"善行","善行"的主阵地在于课堂,在于老师上好每一节课。我校采取聚力"六课"(校际课、校级课、组内课、考核课、示范课和随堂课),引导教师坚守深耕这"六课"课堂主阵地,躬身入杏坛,挺膺负授业,守正践师德。

第一,三个优化,蓄力"问道"课堂。学校在上课方面引领教师做好"三个优化":优化教学方式、优化年段(幼小)衔接和优化课堂情境。如在一年级教学拼音和识字教学前,请有经验的教师为一年级老师上拼音教学和识字教学示范课,就游戏化、生活化、儿童化教学方面进行研讨。而在中高段,引领教师运用好阅读策略单元的"提问策略",培养学生的提问能力。一个阶段后,进行"问道"效果汇报总结,提炼出适合本校的提问方式,再加以推广与运用。

第二,随堂听课,点亮"问道"航标。每一学期,学校行政都能在百忙之中抽空前往课堂随堂听课。如2023年秋季,行政共随堂听课70多节,课下及时点评,现场指导老师紧扣课程课标,落实"问道"课堂。比如课堂教学要以生为本,努力践行"问道善行"校训,注重培养学生学会"提问",以问题入手,创建"问题驱动任务",培养学生思维能力,鼓励学生积极交流表达,不断提升学生"自主学习"的能力;强调要挖掘教材特点,转变教学方式;注重创设有趣的学习情境,激发学生的学习欲望,倡导"四学"的学习方式,让学生爱思考,敢表达,善表达。

第三,"问"之课堂,培养"四学"素养。让问成为一种习惯是构建"四学"素养课堂之首要,因为问题是教学的引擎,是思维的起点。因此,我校结合校训,确立了"3+1"(三教三学+一问)的课堂研究模式——"问道'六四'课堂,培养'四学'素养"的研究课题。在课堂教学中,强调老师们要努力达到"让问成为一种习惯,让问越来越有质量"。如2023年秋季,我校以此为教研核心和目标,共举行了校际研讨课2例、校级示范课5例、校级研讨课19例、组内研讨课19例、考核课15例,开设理论培训15场。执教老师、集备分享老师都能渗透"问道善行"理念。我校聘请的三位教授都能亲临校级课堂,开展最前沿的理论与实践引导。同年级的老

师、师师结对的师徒、对应学科或年段的备课组长和教科室主任、校长几乎都亲临现场,进行手把手的引领与指导教师在课堂教学中践行"问"之策略,向课堂40分钟要质量。

"六课"课堂呈现出把问题提出融于生活,把问题解决融于实践,把问题的理解融于应用,很好地引导老师们从创设问题情境、鼓励提问反思、引导探究、小组合作、多元评价等方面来提高教育教学水平,创造性地提高教育教学质量。

三、品味"问道善行"文化,促进学生主动性学习

"问道善行"核心目标之二便是促进学生主动性学习。党的二十大报告中指出:校园文化是学校教育的重要组成部分,具有重要的育人功能。加强校园文化建设是全面提升人才培养质量的根本要求。习近平总书记多次强调,课程教材要发挥培根铸魂、启智增慧的作用。要明确"培养什么人、怎样培养人、为谁培养人",优化学校"立德树人"育人蓝图,引领学生品味"问道善行"文化,深入学习与宣传,营造综合育人环境,全面促进学生在自主、合作、探究、实践、体验中学习,让学生健康茁壮地成长。

(一) 构筑育人宣传新阵地,让"善行"充满活力

1. 加强校园文化建设,创设陶冶情操新环境

我校通过提炼特色鲜明的办学理念,开辟校园文化空间,探索全面提高学生综合素养的新载体、新路径,构建我校校园文化形态个性化、特色化、多样化发展新格局。例如,结合楼梯空间特点,将"问""道""善""行"每个字及其名言名句分别置于校园楼梯每层。再如,引领学生根据自我感悟,制作与校训有关的艺术作品上墙。这样让办学理念上墙,并且在学生经常经过的楼道、走廊、架空层等地,布置学生围绕"问道善行"主题创作的书法、画作、手工等,既展示了学生的才华,又让办学理念在潜移默化中植入学生的心田,学生在浓厚的校园文化里陶冶情操,快乐成长。

2. 规范校园广播运作,演奏最具魅力交响曲

广播是学校文化宣传的主阵地。我校每天将广播分为3个时段,每个时段都播放精选的音乐、诗词唱诵和经典诵读,以确保广播内容的高质量和吸引力。每天午读前3分钟,班班举行唱歌活动,每天唱2首,每周学唱一首新歌。早读有读书声,课间有笑声,午间有歌声。这"书声、笑声、歌声"组成我校最具魅力的交响乐,培养学生积极、向上、行善、阳光的性格。

3. 巧用新媒体平台传播,丰富学生精神新生活

时代更新迭代,文化传媒的途径更是新颖别致。我校积极利用微信视频号、抖音号等文化新媒体平台,打造学校的宣传新阵地。每周推送1期"英语之声"播报,每月推送1期"班班有歌声"视频,以校际课、校级公开课、素养赛、文艺活动等各类活动现场为载体,为师生做公众号,让师生都能很乐意地表现自己,让家长都能通过公众号,了解师生的情况,让学生体会到受关注、受赞誉的快乐,从而提高学生的自尊心和自信心,激活"善行"动力,培养学生健康人格。

（二）探索课程建设新体系,让"善行"造就人才

1. 整合新质网络系统,培养时代创新人才

课程建设是彰显学校办学理念、实现创新人才培养的真实行为和关键举措。义务教育课程方案(2022年版)指出教、学、评要变革:突出学科思想方法和探究方式的学习,加强知行合一、学思结合,倡导"做中学""用中学""创中学"。我校课程建设凸显的是"问道善行"中"主动性学习＋创造性行动＋知行合一"的办学理念。在细化学生核心素养的基础上,形成了由基础型课程、拓展型课程组成的课程体系。

成立科创中心,培育新质生产力。学校成立科创中心,编制科创校本课程,聘任泉州师范学院孙志雷老师为学校科创中心主任。通过科创中心这一平台,让学生深入了解人工智能、机器人等前沿科技,在"求是创新"的道路上勇攀高峰,在"追求卓越"的沃土中茁壮成长,培养发展型劳动者。

开设扩展课程,挖掘多元化潜能。为了挖掘学生的各项潜能,我校开设、实施拓展课程:除英语以外的外教、演讲、写作、主持、电脑编程、航模、3D打印、科技发明、科艺文化等三十几项潜能课。每个学生力求参加一门学科课程、一门艺体课程,借此培养学生多元潜能。

落实协同办学,培养创新型人才。我校与海亮集团签约协同办学,与海亮集团在"学生潜能开发"方面进行合作;与泉州七中签订"创新人才培养工程,推进我校高质量发展"协议,助力我校学生拔尖创新苗子成长,共同编写语文、数学、英语小初衔接校本教材,特别是针对数学中的奥数进行培训,为我校培养创新型人才发力。

2. 善引教学策略新方向,带领问探启智增慧

"问道善行"之"问"正符合布鲁纳指出的"教学过程是一种提出问题和解决问题的持续不断的活动,思维永远是从问题开始的"的思想。我们认为:"没有问题就没有学习,没有问题就没有学科实践,没有问题就没有创新。"问是有方法的,问与学的关系非常密切。我校结合校训和课标,强调老师们用教材教,而不是教教材。特别要关注教学策略新方向,特别强调"问题驱动"策略。如四年级上册的语文课本中,有一个关于"问"的阅读策略单元。老师们在教学的过程中,重视落实"问"的策略,经过引领,老师们归纳出以下几方面的"问"之法:以问引问,例如你们有什么问题想问的;持续追问,这是发展学生思维能力的常用方法,先问谁,后问谁,心中要有底——按照先不懂→半懂→懂的顺序;转问,即让另一个学生来回答同一个问题;反问,适用于学生向教师提问时,教师不直接回答学生,反而是请提问的学生自行思考问题;以师问促生问,例如仔细观察,你发现了什么,有什么想问的;引导学生带着问题学习新课,例如泉州师院苏明强教授的魅力数学课引领下的我校数学课堂常出现的问题是什么? 在哪里? 有何用? 还有吗? 而语文、英语呢? 可以在课题中、关键语句、写作方法等地方引导学生质疑、在每个班设立问号箱等,借此激发学生的好奇心、想象力、探求欲。"问道善行"之"问"的文化在这里呈现得淋漓尽致。

在全国政协委员、江苏泰州姜堰区实验小学高金凤任职的小学里,每个楼层都有一面"问号墙",课间十分钟,孩子们喜欢来这里提问和回答。这些做法与我校校训文化不谋而合,同样说明了我校校训文化养校的方向是正确的。

在数据时代,答案很便宜,问题很昂贵。践行"问道善行"理念,探索课程新体系,促进学生"创造性＋主动性"学习是时代的需要。光有指定的那几本教材已经远远不够孩子们成长的需要,所以需要师生们善问善思善学,充分开发和利用课程,才能培养出适合时代所需的建设人才。

(三) 创建道德心健新课堂,让"善行"照亮心灵

"问道善行"之"道"对于学生而言,我校主要从构建"道德心健"新课堂、关爱学生身心健康等方面来落实。

一是加强落实"道法"课。学校利用"道德与法治"课堂,对学生进行品德教育。如举行"道德与法治"校级课研讨,学校行政和其他执教老师到场听课、评课,指导"道德与法治"课程的开展,让美好道德在这新课堂中萌生。

二是增设"国学经典"晨课,分年段设定必读书目和备选书目,学习《中华德育小故事》《中国最美孝心少年》等德育视频,利用国庆节、国家公祭日等对学生进行爱国主义教育,引导学生传承和践行中华民族优秀传统文化。

三是开设并落实"心健"课。每学期开学初,由心理健康老师做好全体学生的心理健康普查,根据普查结果对相关学生进行心理访谈及心理辅导。开启"心理＋X"学科融合,把心理课与体育、音乐、美术融合在一起,开展团建活动,培养孩子健康身心。邀请心理健康指导中心讲师开展"男女交往那些事"男生专场和"你好,青春期!"女生专场的专题讲座,持续做好学生心理健康教育工作,纾解青春困惑,用科学知识和温情关爱引导孩子们笑迎青春、健康成长。

在十四届全国人大二次会议上,泉州市晋光小学曾旭晴校长在"两会对话"中强调了心理健康的重要性,让我们更加坚定了加强心理健康工作的决心:"问道善行"校训文化,一定会照亮我校每一个孩子的心灵。

(四) 营造家校共育新氛围,让"善行"共育英才

博闻强识而让,敦善行而不怠,谓之君子(《礼记·曲礼上》)。"山高自有客行路,水深自有渡船人"(吴承恩)这句话告诉我们,如果家长的人格素养高了,孩子也错不到哪里去。毕竟,家长是孩子的第一任老师,孩子是家长的影子。所以,引领家长成长也融入我校"文化养校"的行列。营造家校共育新氛围,携手同心共育英才,是一个不错的举措。我校开展"善行"活动,如在家长的配合下开展义卖活动,把义卖款项捐给希望工程、社区孤寡老人等;请家长配合开展劳动教育,如开展"劳动小达人"之冬至搓汤圆活动,根据学生年龄特点布置不同的"周末劳动作业",让学生在劳动实践中发现问题,解决问题,借此培养德才兼备的时代少年。倡议"亲子共读",创建"书香家庭"。在主题家长会上,孩子和家长同台诵读诗文,同台表演课本剧,同台分享阅读心得,从而营造良好的家校共育氛围。这样,通过家长会等加强家校沟通,提供家庭教育方法的指导并进行成果展示,从而提高家庭教育成效,形成家校教育合力,携手同心共育英才。

(五) 搭建学生成长新平台,让"善行"光芒四射

"问道善行"还主张"以行为学、学有所长、学以致用、知行合一"。根据学生的成长需要,我校搭建让他们展示自身才能的舞台,组织丰富多彩的活动,让每一个孩子都发光。

1. 融合"五大节"主题实践,在知行合一中绽放理念

我校每学年都开展"五大节"活动:科技节、阅读节、英语节、艺术节、体育节。如2023年春季,3月至4月开展以"走进经典文学,让文学'活'起来"为主题的阅读节系列活动;5月开展"童心聚慧创未来,科技赋能同筑梦"校园科技节;6月开展"艺韵共享和美,丝路共圆梦想"校园文化艺术节;秋季,10月,开展"大声说英语,多彩绘童年"校园英语文化节系列活动;11月,开展"善行、拼搏、向未来"校园体育文化节系列活动;12月,开展"那是校园里美美的一道光"全学科素养竞赛,举行潜能课成果汇报演出,共展示17个节目。这五大节为孩子的成长搭建了平台,也从侧面综合评估了教育教学教研的成果。

2. 捷报频传硕果累累,每个孩子都正在发着光

在一次次的活动中,学生们丰富了课余生活,提升了综合素养,捷报频传硕果累累。如2023年秋季,学生在全国、省、市级获奖的有18人次,获区级表彰的有25人次,在校级获奖、表彰的有1 132人次。这些成绩见证了孩子们的成长,他们正在发出一道道美丽的亮光。

通过以上"五新"创新载体,品味"问道善行"文化,引领学生问道善行,培育学生身心健康成长,培养学生的核心素养,让每个孩子都能发光,也折射出"文化养校"的魅力。

著名教育家顾明远老先生如此高度评价我校校训:鲤城二实小的校训非常特别、应时、应势、有深度、有广度,还有温度。顾老先生欣然赐墨,亲自为我校校训题字(如图)。

图1

没错,我校师生积极践行"问道善行""三教三学""文化养校"等理念,其精髓正在师生的脑海里生根发芽,开花结果。

正是基于以上对校训的深刻认识和坚持把"问道善行"作为"文化养校"的抓手,我校才能构建如此积极向上、奋发有为、团结和谐、富有特色的校园文化,才能营造如此健康向上和谐的育人氛围,才能为进一步办好人民满意的鲤城二实小发力。

提高站位,"拔高"境界;把握当下,丰富内涵;问道善行,创新致远。这是我校全体教职员工的新目标。我们将更加齐心协力,一起创办:

一所"听到了就想来"——有魅力的学校。

一所"来了就会喜欢"——有特色的学校。

一所"待久就不想走"——有温度的学校。

一所"毕业却忘不掉"——有思想的学校。

"三教"促进乡村小学生数学"学习体验"写画的实践经验

贵州印江土家族苗族自治县新寨镇中心完全小学　杨通文

所谓"三教"（"教思考""教体验""教表达"）是基于创新型人才培养，在学科教学中教学生积极思考、自主体验、善于表达，以此促进学生长见识、悟道理的一种教育理念。"三教"是一种教育的理念，又是一种培育学生学科核心素养的途径。2014年贵州师范大学吕传汉教授提出"三教"，并探索用"三教"结合"情境与问题"的学科教学模式促进创新型人才的培养。

"学习体验"是指学生在自主学习、实践研究中获得的心得体会，是在长见识、悟道理过程中形成的一种素养。它是把"教"的研究转向"学"的研究的良好"载体"，有利于促进学生核心素养的培育。

从"三教"理念视角思考小学生数学"学习体验"写画，"教体验"有利于促进学生用数学的眼光去观察、发现、探究、操作、回顾数学学习的感受；"教思考"有利于促进学生用数学的思维去思考、理解、内化数学知识的"再发现"；"教表达"有利于促进学生用写画的方式去表达对数学学习的体验、收获、感悟。小学生数学"学习体验"写画是"教表达"的一种呈现方式，"教思考""教体验"是小学数学"学习体验"写画的基础和前提条件。在小学生数学"学习体验"写画指导的实践中，我们借助"三教"教育理念促进了乡村小学生数学"学习体验"写画的形成，并积累了一定的经验。

一、问题提出

（一）理论依据

美国学者埃德加·戴尔提出的"学习金字塔"理论认为："教别人或对所学知识的立即应用"，可以记住90%的学习内容。（如图1）2014年，贵州师范大学吕传汉教授提出"三教"教育理念，在如何"教表达"中指出，应鼓励小学生写"数学日记""数学作文""数学发现""数学心得""学习体会"等。由此，我们提出用"三教"中的"教表达"来指导写画乡村小学生数学"学习体验"，用"教思考""教体验"来奠定乡村小学生数学"学习体验"写画的基础。

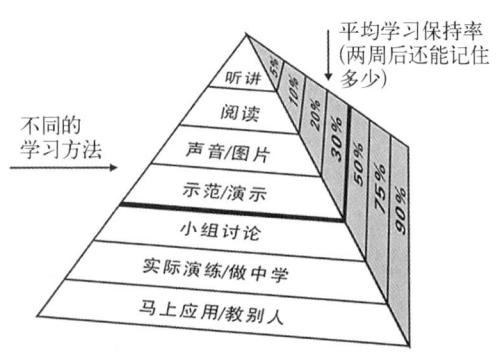

图1　学习金字塔

(二) 课标精神

有关探索激励学习和改进教学评价,《义务教育数学课程标准(2022 年版)》指出:评价不仅要关注学生数学学习结果,还要关注学生数学学习过程,激励学生学习,改进教师教学。小学生围绕"经历了什么""感受到什么""懂得了什么""学会了什么"写画数学"学习体验",在写画中经历回顾、反思、内省、梳理等过程,既关注了结果,更关注了形成结果的过程;教师基于学生"学习体验"的客观性、激励性评价,激励学生学习向好发展;教师基于"学习体验"的教学反思,为教师教学改进提供决策,促进课堂教学优化,积累教学改进经验。

以素养为导向的小学数学教学聚焦"三会"(会用数学的眼光观察现实世界、会用数学的思维思考现实世界、会用数学的语言表达现实世界)发展,写画数学"学习体验"有利于发展学生用数学的眼光去发现问题、提出问题,积淀会用数学的眼光去观察现实世界的抽象思想;有利于发展学生用数学的思维去思考问题、探究问题、建构模型,积淀会用数学的思维去思考现实世界的逻辑思想;有利于发展学生用文字、画图等数学语言去表达对现实世界和数学世界的观点与理解,积淀会用数学的语言去表达现实世界的模型思想。

(三) 落实项目

有关学生发展,贵州省民族地区基础教育质量提升行动计划(2021—2025 年)项目强调:"积极引导、鼓励学生写画'学习体验',关注学习者'经历了什么''感受到什么''懂得了什么''学会了什么',描述学习的所见所得所思所悟,将解题体验与错题故事、小组互助体验、自主学习体会、实验探究与操作体验、阅读体会、课堂参与体验、综合实践感受、活动收获、技能技艺训练感悟等以写画的方式呈现。"

(四) 数学现实

在贵州省印江土家族苗族自治县,土家族学生占 76.8%,由于受民族文化、家庭背景、乡村地域、隔代教养等因素影响,这些学生对数学学习易产生厌学、理解浅表化及素养淡化等问题。为此,我校提出以小学生写画数学"学习日记""学习体验"为载体,力图通过"学习体验"写画简要讲述学生自己在学数学中感兴趣的见闻,发表自己的意见,以"教别人""立即应用"的方式学数学,解决乡村小学生不敢大胆表达(听而说少、说而不清、学习自卑)、数学学习兴趣不浓(讨厌数学、认为数学枯燥、无用)和数学理解浅表化(重知识记忆、轻理解探究)等问题。

数学"学习体验"写画是一种探究性作业,有利于促进学生创新思维的发展,有利于减轻重复性的作业负担,提升学业质量;它从数学视角发现和提出问题,有利于发展儿童的数学眼光;它从对问题的剖析、研究中将所思所想以写画形式表达出来,有利于促进儿童数学思维的发展。

二、写画经验

(一) 数学"学习体验"的特征

写画迁移有据:从语文学科写作向数学学科写作延伸。

写画资源开发：从关注"教"的研究转向"学"的研究。

丰富学习方式：从单一的枯燥性作业走向探究性作业。

因此，数学"学习体验"写画有利于激发学生学习兴趣，促进学生深度学习，积淀学生数学素养，在国内属于一种创新型的数学学习方式。

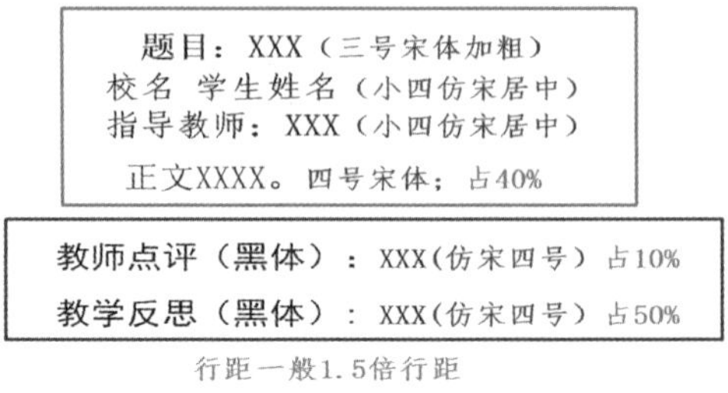

```
题目：XXX（三号宋体加粗）
校名 学生姓名（小四仿宋居中）
指导教师：XXX（小四仿宋居中）

正文XXXX。四号宋体；占40%

教师点评（黑体）：XXX（仿宋四号）占10%
教学反思（黑体）：XXX（仿宋四号）占50%
```

行距一般1.5倍行距

图2 "学习体验"的样式与结构

(二)"学习体验"写作结构

如图2所示，写作结构分两大板块，分别是学生的"学习体验"和教师的点评及反思，由师生共同完成，相互关联，不仅关注学生学习过程的真实想法、激励学生学习干劲、培育学生自我反思过程与结果的习惯，而且促进教师的教学思考和教学改进，响应了《义务教育数学课程标准(2022年版)》在"课程理念"部分中提出的"评价不仅要关注学生数学学习结果，还要关注学生数学学习过程，激励学生学习，改进教师教学。……采用多元的评价主体和多样的评价方式，鼓励学生自我监控学习的过程和结果"。

(三)"学习体验"写画类型

1. 知识型"学习体验"

（1）写画内容

以抽象的概念、公式探究形成过程为素材，直接以概念、公式为题目。目的是改变单一的记数学知识为讲数学道理、写画"学习体验"，关注数学抽象和数学生活原型，像数学家那样探究知识的形成过程。

（2）写画路径

题目：（XX概念、公式自述）

正文逻辑路径：我是什么→我的来历→我在哪里→列举事例→学习心得

（3）写画价值

有利于学生内化数学知识，体悟数学的抽象性。

2. 说题型"学习体验"

（1）写画内容

以典型习题为素材，以解决问题为题目，改变单一的抽象算式、图表解题学习方式，注重学生的思维过程和学习情感价值体验。

（2）写画路径

题目：（未知问题，变为陈述句）

正文逻辑路径：选题起源→习题呈现→解题过程（式、文、图）→解题心得

（3）写画价值

有利于学生关注学习过程，积累基本学习经验。

3. 习得型"学习体验"

（1）写画内容

以知识习得为素材，以介绍知识为题目，用举例的形式表达对数学知识的理解、应用、巩固及教别人。改变单一的抄练学习方式，有利于将"记忆"学习变成"理解"学习。

（2）写画路径

题目：（我会XX、我教你XX）

正文逻辑路径：选题起源→列举内容→内容介绍→经验推广

（3）写画价值

有利于落实"双减"政策，有利于提高知识习得的保持率，有利于培育助人为乐精神。

4. 应用型"学习体验"

（1）写画内容

以生活现实为素材，以数学现实为题目，将数学回归生活应用，寻找数学在生活中的原型。注重激发学生的学习情感。

（2）写画路径

①"顺着"故事写生活中的数学

正文逻辑路径： 生活情境→发现数学→提出问题→运用数学→解决问题→感悟价值。着力体现身边处处有数学。

案例：用"小数乘法"解决分段收费问题

例如出租车收费，涉及基本公里价和超出公里价。又如计水费、寄包裹、计电费等。通过写画"学习体验"，不仅做到知识的灵活应用，更是体现低碳生活、节约能源的思政数学、学科育人。

②"倒叙"知识写数学回归生活

正文逻辑路径： 数学知识→寻找生活→描述情境→建构模型。着力发现数学知识的意义和培育学生的数学类比推理能力。

例如，当正方形的周长可以用 $4a$ 表示时，引导学生写画："$4a$ 还可以表示生活中的哪些问题？"以"生活中的 $4a$"为题写"学习体验"。

在教学"有余数除法"问题时，学生写单位名称总是出错。如"有7个桃子，每2个放一盘，可以放几盘？还剩几个？"对于这种类型的问题，学生常出现"3（盘）……1（盘）""3（个）……1（盘）""3（个）……1（个）"的答案。

学生动手操作，体验分、放、剩的动态轨迹，并用数学的眼光观察、思考和解释现实生活，用数学的语言、算式表达现实生活中的数学，放的是盘，剩的是个，用现实事例揭示问题中的

"盘"数、"个"数。

你会用"$7÷2＝3(\ )……1(\ )$"编一个数学故事吗?(学生汇报数学故事)

生活中你一定分过类似的很多东西。请把分的过程、结果,尝试用文字、算式来表达,并与同伴分享。

可以引导学生离开原有的思维轨道,多方面考虑问题,从而发展学生的发散思维。

(3) 写画价值

感悟同一个数学符号可以对应不同的具体事物,但表示的是同一数量,有利于激发学生的学习兴趣,体悟学数学有用、有趣、好玩的数学育人价值。

5. 化错型"学习体验"

(1) 写画内容

以错题为素材,以错误点为题目,将学习中的"事故"变成探究中的精彩"故事"。关注化错的探究过程。

(2) 写画路径

① 写画结构

"数学错题故事"写画要求学生敢于发表自己对"错题"的"错因""纠错""习得"等意见和体会,表达对"错因"的内心感受和传递"纠错"过程的见解,形成完整的数学故事并记录下来,其写作结构如图3所示。

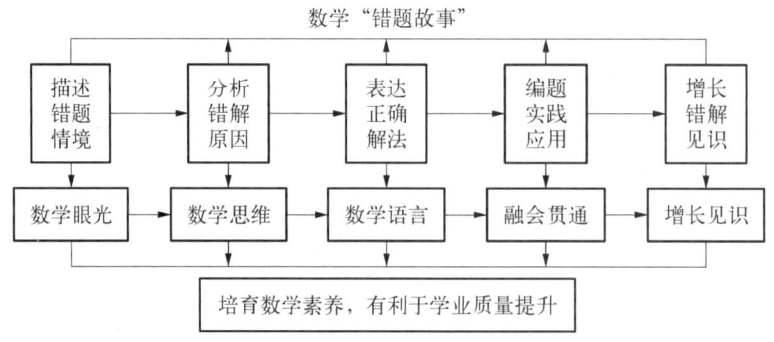

图3 小学生"数学错题故事"写作结构

② 写画引领

先以5个常见的问题提纲式地引领学生碎片化写画,形成"数学错题故事"的五步结构内容(表1),再将碎片化的写画内容连接成结构性的文章,然后反复修改,形成"数学错题故事"。

表1 "数学错题故事"写作"五步"结构表

序号	问 题 引 领	结 构 内 容	培育数学素养
1	哪道错题值得我来写一写	描述错题情境	发展数学眼光
2	当初我为什么做错了	分析错题原因	促进数学思维

序号	问 题 引 领	结 构 内 容	培育数学素养
3	现在我知道怎样做	表达正确解法	应用数学语言
4	我还会解决类似的数学题	编题实践应用	学会融会贯通
5	我有话想对自己说	增长错解见识	增长知识见识

（3）写画价值

以"错题"为抓手，用数学的眼光呈现错题原型；用数学的思维分析错题原因；用数学的语言重新认识错题；用命题的方式强化错题理解；用反省的方式增长知识见识。促进学生数学素养培育，从数学教学走向数学教育。可以增强学生学习自信心；有利于培育学生的批判性思维能力；有利于培育学生的斗智力；有利于培育学生的抗挫折能力。

6. 回顾型"学习体验"

（1）写画内容

以单元内容或课时内容为素材，以"我"的收获为题目，结合学习过程，用写画"学习体验"的形式，对学习的研究过程进行回顾与反思。注重学生在知识的同化与迁移中获得多维成长。

（2）写画路径

题目：（XX学习收获）

正文逻辑路径：学了什么→怎样学的→收获什么→有何好奇→学习感悟

（3）写画价值

有利于巩固知识、形成结构、发展思维；有利于培养像数学家那样思考问题；有利于培育自我监控能力与反思习惯。

综上所述，不同类型的数学"学习体验"写画，既能巩固"四基"，发展"四能"，又有利于培育学生"三会"（会观察、会思考、会表达）的数学核心素养，最终激发学生的数学学习兴趣，促进深度学习，提升学业质量。

（四）"学习体验"写画经验

1. 写画引领

依照"记数学笔记→谈学习感受→展学生作品→添体验标题→写数学日记→悟学习体验"，由浅入深、低起点地尝试数学"学习体验"写作。

2. 写画要求

用日记的方式，字数不限，只要把自己对数学的所见、所思、所悟，用文或图、符号融合在一起记录清楚，悟出数学心得，让别人明白你的数学思考。

（1）佳作展示。展示学生佳作，引导学生写作欲望，激发写画动力。（图4）

小学生数学学习体验写作专用纸

贵州 省铜仁 市（县）碧江新寨小学校 姓名柳洁 班级四(3)班

“数学学习体验”的到来减少了数学计算

以往的计算课，天天都是反复的列竖式计算，做在作业本上，做在草稿纸上，对对答案，错了重新算。自从老师教我们写“数学学习体验”后，计算的作业数量减少了，而是写“我会算”“我教你算”“我算给你看”等“数学学习体验”。

这样的作业感觉好有意思，不仅有趣，而且要求我们自己举个算式为例，写清算的过程，得出正确结果。

“数学学习体验”写作，让我清楚了计算的方法和为什么要计数单位对齐的道理（怎样列竖式），减轻了作业负担，反而让我懂得了计算题怎样做，获得了偶尔不得满分的作业。

“数学学习体验”的到来，让我做计算题更有信心。我要好好写“数学学习体验”来理解数学知识，记忆数学知识。

第 1 页 共 2 页 2020.5.19

小学生数学学习体验写作专用纸

省贵州 市（县）铜仁 学校 新寨小学 姓名柳佳玲 班级四(3)班

“学习体验”是学数学的好帮手

……

第 1 页 共 2 页 2021.10.12

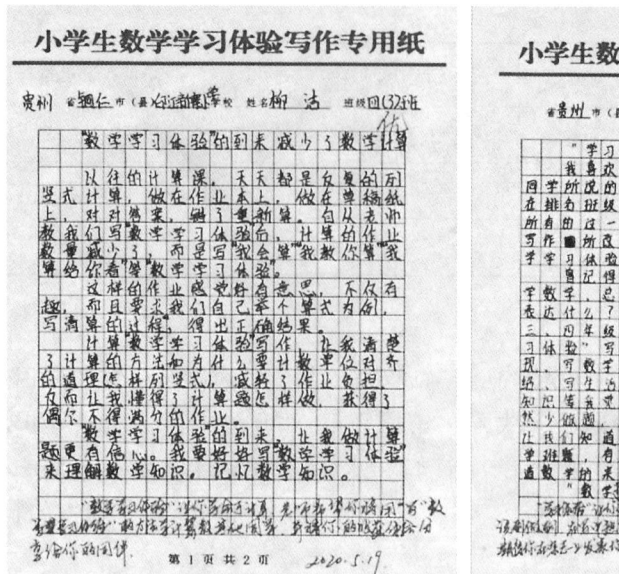

图 4 “学习体验”佳作展示

（2）数学阅读。读同伴的“学习体验”，读期刊上的小学生数学短文，思考自己的数学学习和数学写画，积累写作经验。（图 5）

小学生写画数学“学习体验”体会

班级：六(2)班 学生：冉羽彤

数学就像一个宝箱，它在人生的道路中等待，等待我们去把它一层层地打开……

有的人说：“数学是枯燥的。”其实，它并不枯燥，反而特别地有趣。……

数学是思维的火花，是智慧的体操，是能力的结晶。数学与我们的生活形影不离，无处不在。……

现在我明白了，“数学”不仅仅是一个宝箱，更多的是一个个惊喜，一个个乐趣。……

小学生写画数学“学习体验”体会

班级：六(3)班 学生：黄嘉谊

“学习体验”写画提升了我的数学成绩

直到三年级，我就从来没有喜欢过数学。用爸爸的话来说“上课没认真听”，用妈妈的话来说是“练习做得太少”。可是，听、做我都努力了，就是做题时分不清该用什么方法，错后见到红叉，马上又知道错在哪儿？

到四年级遇到尹侠老师教数学，他指导我们写画数学“学习体验”。写画知识回顾、知识理解、解题方法、错题故事等。说实话，我当时也没有多大兴趣，只是那时处于喜欢新数学老师，乐意按新数学老师的要求去写画、坚持写画。

如今是六年级学生了，数学成绩排名从班级的靠后上升为班级前列，我好高兴！是什么原因让我成绩提升的呢？我想，应该是数学“学习体验”写画在悄无声息中促进了我的数学学习动力，让我理解得更清晰、记忆更深刻、思维更全面、学习更自信。

数学“学习体验”写画，是提升数学成绩的好帮手！

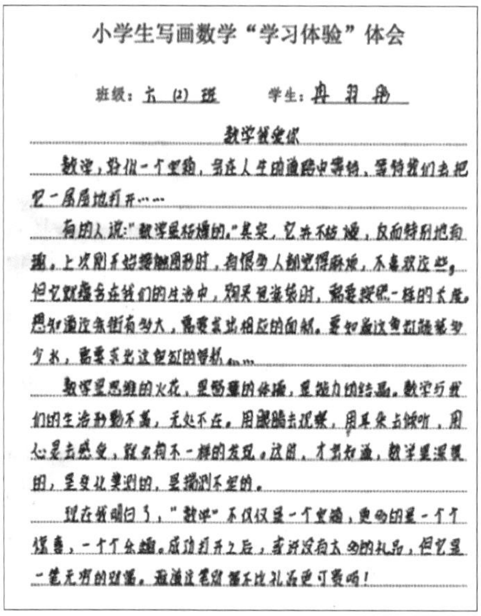

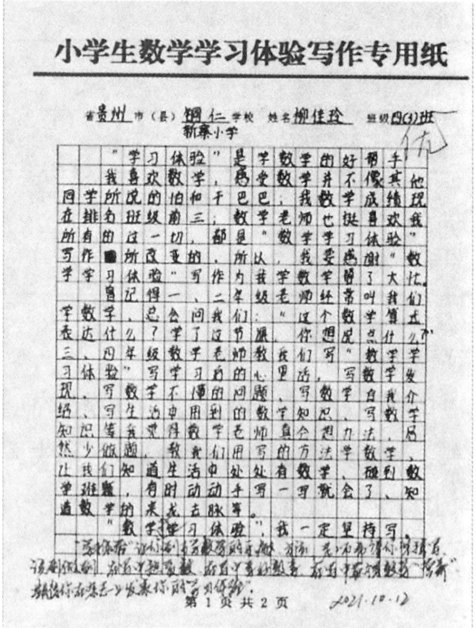

图 5 “学习体验”阅读交流

（3）现身说法。以共性的学习感悟为话题，引导学生现场以口头、文字的方式表达写画“学习体验”，可视化地提供写画示范，启发、引领写作。（图 6）

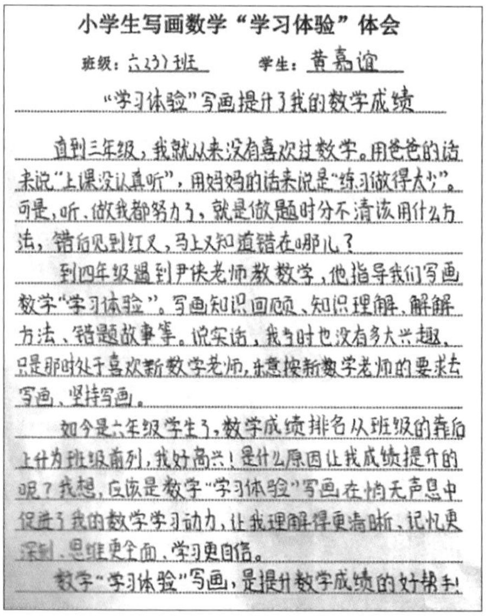

（4）研讨写画。在研讨课后，及时安排学生写画“学习体验”，并召集开展“学生＋教师＋专家”同堂执教写画研讨课。（图 7）

图 6　学生分享写画"学习体验"

图 7　研讨写画"学习体验"

（5）融入校园。开发班级、校园展示专栏，编印推广作品集，丰富实践成果的数学课程活动形式和发展内涵。（图 8）

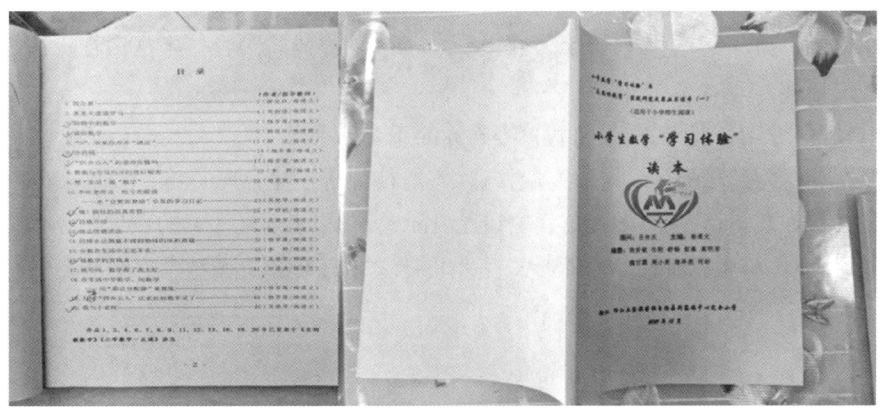

图 8　"学习体验"写画作品

（五）"学习体验"写画体例

数学"学习体验"写画有利于激发学生学习兴趣、促进学生深度学习、帮助学生建构数学知识、培育学生数学素养。该项目校本实践研究总结了以下基于学习背景的数学"学习体验"写画体例。（表2）

表2　数学"学习体验"写画体例

学习背景	类　别　体　例
素材来源	精彩记录、纠错优化、学习启发、经验分享
数学思维	一题多解、理解探究
学习差异	学习心语、学习反思、学习补遗、方法应用
写画功能	知识阐释、回顾反思
写画文体	数学日记、数学作文、数学故事、数学门诊
数学抽象	XXX自我介绍、我是XXX、我来讲XXX、我为XXX代言
逻辑推理	我会算、我教你算、计算就这么简单、又对又快的XXX
数学建模	数学应用、数学与生活、数学发现

三、"学习体验"写画成果

（一）"学习体验"创新成果

1. 形成了指导乡村小学生数学"学习体验"写画的范式

构建"学习体验"写画模式，变教的研究为学的研究；以"学习体验"写画为抓手，促进学生数学素养培育。

2. 开发、利用了学生"学习体验"在"教与学"中的价值

学生写画"学习体验"促进学业水平提升；教师由于点评、反思学生的"学习体验"，转向了"学"的研究，促进教学水平和教研能力双提升；积淀"学习体验"素材，丰富课程资源，促进创新型人才的培养。

3. 佐证了"学习体验"写画是培育核心素养的重要抓手

数学"学习体验"写画是一种探究性作业，它既能促进学生创新思维的发展，又能减轻学生不合理的作业负担；它从数学视角发现和提出问题，有利于发展儿童的数学眼光；它从对问题的剖析、研究中将所思所想以写画形式表达出来，有利于促进儿童数学思维的发展。

（二）显性成果

1. 成果获奖

教学成果奖："乡村小学生数学学习体验写作指导的实践与研究"获2022年贵州省教学

成果奖一等奖。

教科研成果奖：①"中小学数学'学习体验'与'反思性教学'实践研究"获2022年贵州省教育科学研究优秀成果奖二等奖；②"基于体验与反思的小学数学典型课例研究"获2022年县级教育科学研究优秀成果奖特等奖。

2. 辅导学生

① 辅导小学生发表数学"学习体验"小论文16人（次）；（图9）② 辅导学生撰写跨学科调查体验报告,获省(部)级二等奖以上48人（次）。

图9 "学习体验"小论文

3. 出版专著

出版《小学数学学习体验与反思性教学实践》（华中师范大学出版社,2022）。

4. 论文发表

专业论文发表情况如表3所示。

表3 专业论文发表统计表

序号	作 者	发表时间	论 文 题 目	发表期刊
1	杨通文	2023.05	"数量关系"列式的争议	中小学数学
2	杨通文	2023.03	写画"学习体验"积淀数学素养	中国民族教育
3	杨通文	2022.01	以"心灵之花"为载体 提升学生数学表达力	中国民族教育
4	杨通文	2022.07	体悟结构性内涵 实现迁移性学习	教学月刊
5	杨通文	2022.03	"三教"引领数学学习 内化数学知识本质	中小学数学

5. 教师发展

为期 3 年的"小学生数学'学习体验'写画指导实践与探索"在新寨镇中心完全小学及杨通文小学数学名教师工作室得到实验、推广,丰富了数学教学资源,引发了教师思考,优化了数学教学行为,有利于促进教师专业发展,学校教师及工作室成员近 3 年获得的主要成绩包括:获正高级教师资格、黔东首席名师培养对象、黔灵名师各 1 人,获高级教师资格 9 人,铜仁市委组织部人才办名教师小学数学工作室主持人 1 人,县管专家 1 人,贵州省小学数学质量强基计划指导专家 1 人,获县级优质课竞赛一等奖 4 人,获省级教学成果奖一等奖 1 项,获省级教育科学优秀成果奖二等奖 1 项,完成省级规划课题 2 项。

(三) 隐性成果

1. 学生成长感悟片段

生 1:写画数学"学习体验"比反复做作业好:做作业会出现今天做对、明天或许做错;写画"学习体验"不仅让我掌握了数学知识、方法,而且记得牢,还会举一反三地做对类似的题。

生 2:数学在身边,数学有用、好玩,我要好好学数学。

生 3:写画数学"学习体验",让我发现生活中的好多问题需要用到数学来解决、解释。比如:今天去超市买学习用品要带多少钱?车轮为什么要做成圆形?校门伸缩门为什么要做成平行四边形?

生 4:通过写画数学"学习体验",让我有更多的机会向老师说说学习数学的心里话,感觉老师更加关心我了,我也更加喜欢学数学。

生 5:我用漂亮的图来画"学习体验",让同学们看懂我的数学心思,得到了老师、同学的夸奖,我对数学学习越来越来劲了。

……

2. 教师成长感悟片段

师 1:促进了师生友好交流,激发了学习兴趣,促进了数学思考,提高了数学成绩。

师 2:《义务教育数学课程标准(2022 年版)》中提出的"三会"数学素养,在数学"学习体验"写画中得到了较好的体现。

师 3:数学"学习体验"写画让我的教学水平和教研能力得到了双提升,2021 年首次获得了全县数学专业素养监测特等奖。

师 4:写画"学习体验"比机械重复的做题训练好,有利于教师及时调整教学策略,改进教学方式;有利于促进数学素养培育;有利于促进学生学业质量提升。以 2022 年我教的六年级(2)班为例,这个班的学生在小学时就先后发表了 9 篇数学"学习体验",对数学学习也更加积极主动,进入初中后更加热爱数学学习,数学成绩始终保持在 130 分以上的有 12 人。

师 5:写画"学习体验"有利于学生深入地感悟数学、思考数学、应用数学、表达数学、积累经验。

......

3. 学生家长评价片段

家长1：娃娃的数学理解能力增强了，会积极主动向家人说起学习数学的好玩、困惑及数学知识的来历，居然还会经常出数学题来考大人、给大人普及小学数学知识。

家长2：换了一种方式做数学作业——写画数学"学习体验"有利于开动学生的脑筋，促进学生自己想办法学会数学。

家长3：孩子写画数学"错题故事"，在错中纠正，在错中悟理，在错中反省，在错中变式，对提升学生成绩非常有效。

......

四、问题与反思

继续做好项目校小学生数学"学习体验"写画校本研究，务必以"立德树人"为宗旨，培育学生"数学素养"，由"教"的研究转向"学"的研究，以数学"学习体验"写画为载体，促进学生数学学习自主、真实、深度地发生。

(一) 拓展"学习体验写画指导"范围，促进学生数学地思考

将"三教"推广、应用于学生"学习体验"写画指导范围，促进学生数学观察、思考、体验、表达、应用；从最基本形式的"学习体验"写画指导向"数学小论文""数学作文""趣味数学""数学童话""数学故事"等创作形式发展，升华数学写画指导的理论认识，促进学生数学地思考。

(二) 关注学生的习得，在"学习体验"中培育学生思维品质

从学生的学习获得感出发写画数学"学习体验"，实现从学的角度去思考、修正、实践、检验学生的学习兴趣、学习深度，在小学数学教学中坚持"以学为中心"的教育，努力促进学生在增长知识见识、感悟道理的学习过程中核心素养的培育。

(三) 正视"现实问题"瓶颈，在实践中引领学生坚持写画

正视"教数学还要写画吗？""写画与成绩提升有多大关系？""数学考试又不考写画""写画是学习数学的一种负担"等问题，我们将正视"现实问题"瓶颈，在实践中引领学生坚持写画：面对学生，适时展示学习体验优秀作品，帮扶着写，激发写画热情；面对教师，我们介绍相关学习体验理论知识，用实验中的成果案例来说话，传递"为何写画""怎样写画""写画效果"等信息，鼓励教师通过小学生数学"学习体验"写画促进学生发展。

我们相信，写画实践成果的推广和应用，将进一步促进小学生数学素养的培育与积淀。

五、附件：小学生数学"学习体验"写画样例佐证材料

样例1：

我和"平均数"的故事

学生：柳佳玲（贵州省印江县新寨镇中心完全小学）

指导教师：杨通文（贵州省印江县新寨镇中心完全小学）

或许有人会说："'平均数'不就是一个数吗，它表示一组数据的整体水平，怎么会有故事呢？"我告诉你，我真的和"平均数"有故事，有着关于平均数错题的故事。

学了"平均数"以后，家庭作业上关于"平均数"的两道题看似简单，却被我做错了。

第1题：要求某商店2019年平均每月销售冰箱多少台，正确的算式是（　　　）。

表4　某商店2019年冰箱销售情况统计表

时间/季度	一	二	三	四
数量/台	106	208	370	180

①（106＋208＋370＋180）÷4；②（106＋208＋370＋180）÷12

③（106＋208＋370＋180）÷365。 我选①。

第2题：某啤酒厂第二季度生产情况统计如下：四月份生产啤酒1 650吨，五月份生产啤酒1 737吨，六月份生产啤酒1 800吨。第二季度实际平均每天生产啤酒多少吨？

我是这样做的：

$$（1\,650＋1\,737＋1\,800）÷3$$
$$＝5\,187÷3$$
$$＝1\,729（吨）$$

我的天呀！好简单的2道题，老师给我打了两个"×"。这次下发的作业，让我无法高兴起来。

到底是怎么回事呢？我觉得没有做错，开始怀疑老师是不是错改了。

于是，我鼓足勇气去问："老师，这2道题是不是批错了？"老师说："没有批错，你再认真地思考，想想要解决的问题是什么？到底是求谁的'平均数'。"

我回到教室，坐在座位上再次思考题目已知什么，要解决的问题是什么，想想是求谁的"平均数"。

哇！马虎的我，懂了。解决第1题问题的关键是求"每月"的"平均数"，解决第2题问题的关键是求"每天"的"平均数"，因此，第1题应该除以12（一年有4个季度，一个季度有3个月），正确答案选②；第2题应该除以91（第二季度中，四月有30天，五月有31天，六月有30

天）。正确的解答过程是：

$$(1\ 650＋1\ 737＋1\ 800)÷91$$
$$＝5\ 187÷91$$
$$＝57（吨）$$

我真的不高兴，真的好粗心。同样是这两道题，别人没有给我讲解或传递答案，老师的点拨让我仔细思考、认真审题、自主找到错因，与"平均数"碰撞出了一段"错误故事"，让我再次对"平均数"有了更深刻的理解和认识。

回想我与"平均数"的故事，通过错题的解决，让我真心体验到数学学习一是要学会思考，仔细审题，否则就算简单的问题也会闹出笑话；二是要有自我检验的习惯，比如第 2 题，如果当时能用解题的结果去检验，平均 1 天生产 1 729 吨啤酒，1 个月会生产多少吨啤酒，用验算结果比对统计图中的结果，自然会发现错误的原因。

看来，学数学真要静下心来细细思考，只有经过仔细思考，得出的答案才最有可能是正确的和经得起考验的。

【教师点评】

柳同学敢于正视数学错题，乐于思考错误背后的原因，勇于质疑老师的判断，善于总结错误经验。她经历错题再次用心思考，在纠错中获得了数学问题解决的经验——一是要细心读题，二是要学会检验，进一步提升了细心审题的习惯和自主检验的行为。

【教学反思】

学生的这则"我和'平均数'的故事"数学日记，再次引发了我对芬兰教育的思考。

据说芬兰的教师不批改学生作业，教师布置作业，一般都会给学生提供参考答案，以便学生在选择性地完成作业时，自我判断对错，并以"错"为出发点，自主探究、寻求帮助，在问题解决中促进发展。由此可见，芬兰的教育尊重学生的个性化发展，体现在学生有选择、有层次性地做作业，满足不同层次学习水平学生的发展；芬兰的教育极大地减轻了学生的学业负担，体现在学生会了的可以不做，将更多的时间和精力放在不会的问题上，在问题的探究中成长；芬兰的教育以任务驱动学生的学习真实发生，体现在当学生努力求解问题后却与参考答案不符，"到底该怎样解决"的任务意识驱动学生的自主探究学习真实发生。

由此，我想到试卷讲评课的教学，一是在试卷讲评之前，提供给学生参考答案，为学生在对错题的探究中找到方向和目标；二是试卷讲评要抓住大多数学生的问题难点去引领学生在纠错中成长，不仅仅是解决错题，更重要的是学生在纠错过程中进一步理解、内化数学知识和积累问题解决的经验；三是引领学生与错题"对话"，将"对话"写成数学日记，以日记的形式阐述出错的原因，以日记的形式加深对数学的理解，以日记的形式记录失误的教训，以日记的形式总结学习经验；四是充分利用学生当小老师，实践"兵教兵"课堂，促进优秀学生有一种"好了还想更好的感觉"去发展，促进其他学生有一种通过自己的努力也能当上小老师的欲望；五是培育学生问题解决过程中读题、审题的能力和习惯，并在问题解决，特别是在纠错中获得一些读题、审题的基本方法和技巧。

样例2：

小学生画的"学习体验"

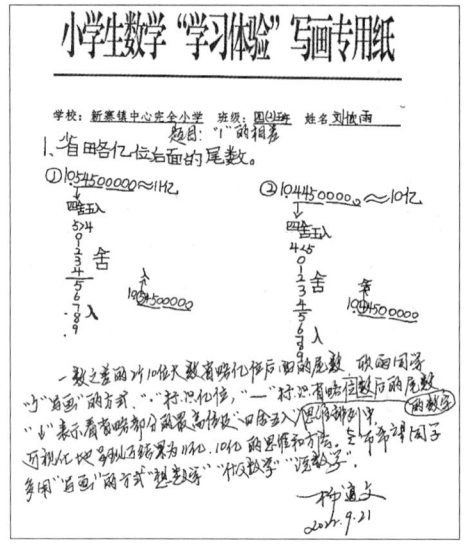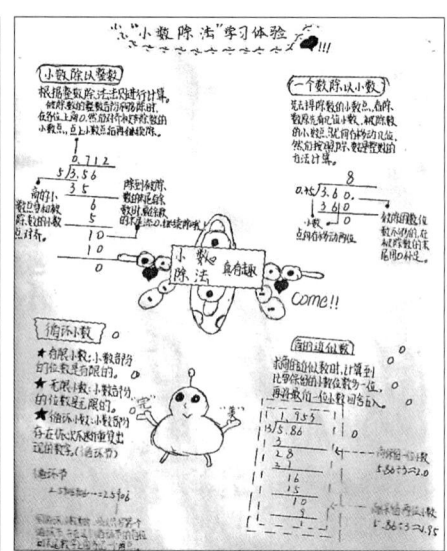

基于"三教"视野培养小学生数学核心素养的探索

新疆塔城市第一小学　骆春梅

《数学课程标准解读》中明确指出,2022 年版课程标准提出的数学课程要培养的学生核心素养,主要包括"三会":会用数学的眼光观察现实世界,会用数学的思维思考现实世界,会用数学的语言表达现实世界。"三会"既反映了数学活动的基本特征,也是学生对数学基本思想的感悟和内化的结果,体现了数学学科对所有学生的教育价值,在中小学的数学课程、教学与评价方面具有统领作用。

2014 年贵州师范大学吕传汉教授提出的教思考、教体验、教表达的"三教"教学理念,是引领课堂教学实现"三会"的一种良好的教育理念和教学途径。因为,教思考,重在培养学生的思辩能力;教体验,重在积淀学生的核心素养;教表达,重在强化学生的交际能力。这种在学科教学中教学生积极思考、自主体验、善于表达,促进学生长见识、悟道理的"三教"教育理念,十分有利于促进创新型人才的培养。

鉴于此,新疆塔城市教育系统积极开展了基于教思考、教体验、教表达的"三教"视野培养小学生数学核心素养的实践探索。

一、教思考,关注"会用数学的眼光观察现实世界"的实践探索

义务教育阶段的"数学眼光"主要表现为数感、量感、符号意识、抽象能力、几何直观、空间观念,以及由此进一步发展的创新意识。具体要求是:通过对现实世界中基本数量关系与空间形式的观察,学生能够直观理解所学的数学知识及其现实背景;能够在生活实践和其他学科中发现基本的数学研究对象及其所表达的事物之间简单的联系与规律;能够在实际情境中发现和提出有意义的数学问题,进行数学探究;逐步培育从数学角度观察现实世界的意识与习惯,发展好奇心、想象力和创新意识。

依据 2022 年版课程标准,我们进行了以下几方面的实践探索。

(一)"数学眼光"是观察现实世界的一种特殊方式

数学眼光的目的,是透过事物的表面现象和各种物理属性,抽象出数量关系与空间形式。例如:"角的度量"是学生"理解了度量单位的产生与统一","体验了测量方法的探究",在这两个阶段学习的基础上学习的,在这一课,学生需要将前面学习度量的核心要素串联起来,经历一个比较完整的测量过程。然而,角的图形特征与一维的图形线段不同,与二维的封闭图形长方形、正方形又有所区别,很多学生在探究角的测量方法时,常常感到无所适从,拿了量角

器却不知道该怎样放，不能顺利联系前面积累的测量知识来解决新的问题。因此，在教学时应把握测量的数学本质，以大的视角去关注角的度量的本质核心，发现知识间的关联，实施促进学生发展的教学活动，获得数学的基本活动经验，逐步形成核心素养。

（二）数学问题是数学观察的心脏

"数学眼光"的一个重要含义是在各种现实和数学的问题情境中，"看"出其中的数学规律，发现和提出有意义的数学问题。比如，在"角的度量"一课中，从"散点"构建——量角、读角，到"结构"构建——已知角去比未知角、数出有多少个度量单位。紧扣关键词"度量"，围绕"为什么要统一度量单位，度量工具是怎样产生的，如何形成度量的方法"的问题串，让学生基于度量需求提出的问题思考，展开学习。要突出度量的本质内涵，实现学生对事物的可测量属性以及大小关系的直观感知。

（三）"数学眼光"在形成和理解数学基本概念、关系和结构方面具有重要意义

通过探寻数学发展历史，可以看到数学研究对象产生的源泉、必要性，以及表达方式的优化历程。通过构建不同数学对象的逻辑联系，可以看到数学知识的来龙去脉，理解数学概念、关系、结构的合理性与意义。通过对数学对象的感性认识、直观想象和符号表征，可以体验从具体到抽象的心理过程，积累数学基本活动经验。因此，使学生形成和发展"数学眼光"的一条基本途径是加强概念教学。在教学中一方面要让学生了解数学知识的产生与来源、结构与关联、价值与意义，了解课程内容和教学内容的安排意图；另一方面要强化学生对数学本质的理解，关注数学概念的现实背景，引导学生从数学概念、原理及法则之间的联系出发，建立起有意义的知识结构。通过合适的主题整合教学内容，帮助学生学会用整体的、联系的、发展的眼光看问题，形成科学的思维习惯，发展核心素养。

（四）"数学眼光"重在体验数学的审美价值

除了数学学习和数学内部的问题解决外，"数学眼光"还表现在观察与探索数学外部的世界上，从数学的角度去理解自然与社会人文现象背后的数学原理，体验数学的审美价值。例如人教版五年级下册的"图形的运动（三）"，六年级上册"圆的认识"等课，借助图形的旋转，圆的对称性让学生感受到数学的美，激发学习和探究的欲望。

二、教体验，关注"会用数学的思维思考现实世界"的实践探索

2022年版课程标准对"数学思维"的内涵给出了具体的描述：数学思维的目的是理解与解释现实世界中的数量关系与空间形式，是一种抽象的、一般化的思维方式。

依据2022年版课程标准，我们进行了以下几方面的实践探索。

（一）数学思维的基本元素是数学概念

日常生活中的许多概念通常都具有不同程度的模糊性，而数学概念必须是确定的，即使

在小学阶段,许多数学概念虽然没有给出严格定义,但它们仍然是确定的,如每个学生都知道什么是偶数、三角形等。在教学时不仅要关注数学概念的确定性,还要注意其表现形式的多样性。例如:自然数中既有偶数、奇数,也有质数和合数。数学概念的表征多样性可以使得数学思维具有高度的灵活性。

(二) 数学方法具有高度的统一性

数学方法的统一性,使得不同学段的数学学习可以融会贯通,许多高深的数学思想方法甚至在小学阶段就可以埋下种子,让学生去体验、感悟,然后再逐步明晰、精确。例如,在小学阶段就可以讨论各种与分类、秩序有关的活动,也可以初步运用对应、对称的思想,这些观念在现代数学中已经无处不在。

(三) 数学思维的基本形式是逻辑推理和数学运算

例如:对小学阶段"数与运算"主题,在理解整数、小数、分数意义的同时,让学生理解整数、小数、分数基于计数单位表达的一致性。

(四) 让学生感知数学思维的简约、严谨和一般化

阿拉伯数字的诞生不仅统一了各种繁杂的记数方法,而且极大地简化了数的运算;进位制的设置不仅解决了表示大数的困难,而且理清了数位之间的逻辑关系;未知数的引入使得代数成为一种在一般层面上解决问题的科学。因此,在数学教学中要让学生不仅深切感知数学的精确表达,也要体会到这是数学思维的载体与工具。如:"11~20 各数的认识"是人教版教材一年级上册第六单元的内容,是学生认数过程中的一个重要节点,因为这节课能让学生感悟以群计数的优势——计数单位应运而生,感悟数位的重要,感悟数位之间十进的关系,渗透了数位和位值的思想。

三、教表达,关注"会用数学的语言表达现实世界"的实践探索

2022 年版课程标准对"数学语言"的内涵阐述包括两层含义:一是在数学内部能够用数学语言清晰、准确、严谨地表达数学的研究对象(概念、关系和结构)及思想方法,利用数学语言进行思考、交流和解决问题,其中所运用的是一套形式化的人工符号系统;二是用数学语言描述、解释和解决现实世界中的实际问题,其中的主要表达方式是数学模型与数据。

依据 2022 年版课程标准,我们进行了以下几方面的实践探索。

(一) 通过数学学习让学生逐步适应数学的表达方式

按照布鲁纳的表征理论,数学对象的表征一般可以分为三个阶段,即操作性表征、表象性表征、符号性表征。通过这种从具体到抽象的表征发展过程,一方面使得数学概念和性质的

表征越来越明确、严谨,可以直接参与数学思维活动;另一方面可以使学生在符号表达与具体直观之间建立联系,逐步学会用数学语言表达自己的想法,解释现实世界中的数学规律。如"图形的认识"是从物体的表面抽象出平面图形,再根据图形的特征充分认识它,使学生建立空间观念。

(二) 数学建模是数学与现实世界及其他学科交流的基本途径

通过数学建模活动,学生"能有意识地用数学语言表达现实世界,发现和提出问题,感悟数学与现实之间的关联"。在义务教育阶段,可以通过建立数学与现实世界的联系,以及各种简单的数学应用问题,使学生初步形成模型意识与模型观念。

比如:"长方形的面积"用直观的方法——有多少个面积单位(数方格)推导出"长×宽=面积",以此为基础,在推导"平行四边形的面积"时只要找到"平行四边形"与长方形的关系,进行操作、转化后就呈现出了"长方形",学生就可以直观地得出"平行四边形的面积=底×高"。对求"三角形的面积""梯形的面积",甚至"圆的面积"时,都能以"平行四边形的面积"的推导为载体,让学生自己去探索,从而建立数学模型。

(三) 数据是表达随机现象的基本工具

随着信息技术的普及和社会经济的发展,当今社会已经迈入大数据时代,"用数据说话"既是这个时代的特征,也是全社会的共识。因此,数据是表达、解释现实世界中随机现象,并得出统计推断与决策的基本形式。增强基于数据表达现实问题的意识,可以帮助学生形成通过数据认识事物的思维品质,积累依托数据探索事物本质、联系和规律的活动经验。

(四) 注重教学内容的结构化

教学内容是落实教学目标、发展学生核心素养的载体。在教学中要重视对教学内容的整体分析,帮助学生建立能体现数学学科本质、对未来学习有支撑意义的结构化的数学知识体系。一方面了解数学知识的产生与来源、结构与关联、价值与意义,了解课程内容和教学内容的安排意图;另一方面强化对数学本质的理解,关注数学概念的现实背景,引导学生从数学概念、原理及法则之间的联系出发,建立起有意义的知识结构。通过合适的主题整合教学内容,帮助学生学会用整体的、联系的、发展的眼光看问题,形成科学的思维习惯,发展核心素养。

例如:在图形与几何领域的"图形的认识"主线,第一学段(1—2 年级),要求在对立体图形和平面图形的认识过程中,通过直观辨认和感知形成初步的空间观念;第二学段(3—4 年级),要求在对立体图形和平面图形关系的认识过程中,感悟图形的抽象,逐渐形成空间观念和初步的几何直观;第三学段(5—6 年级),在对图形测量和计算的过程中,从度量的角度加深对图形的认识,理解图形的关系,进一步增强空间观念、量感和几何直观;第四学段(7—9 年级),在对图形性质的研究过程中,核心素养的感悟由感性上升为理性,要求在建立空间观念、几何直观的基础上,逐步形成推理能力。

教无涯,研不止。我们要贯彻落实新课标、聚焦"三教"理念、碰撞大智慧,开启培养小学生数学核心素养的实践与探索的新征程。在教学中,我们要继续坚持不断地探索和反思,越行越远,越研越美。在教育实践中要不断提升教师的专业水平,把为祖国培养社会主义建设者和接班人作为根本任务,努力培养一代又一代拥护中国共产党领导和我国社会主义制度,立志为中国特色社会主义奋斗终身的有用人才。

"三教"引领课堂教学培育学生数学核心素养

——塔城小学课堂培育数学核心素养的一些体验

新疆塔城市第一小学　骆春梅

一、因生施教,促进学生数学核心素养培育

在我们传统的教学方式中大多数情况下都是教师占主导地位,而忽略了关注学生思考能力的培养。有时候我们并不考虑学生的接受能力或数学基础就进行教学,即使学生对所学内容已经有一定的印象。除了教科书中的基本内容,教师更需要重视和提高学生思考以及解决实际问题能力的培养,这就需要通过采取一些润物无声的方法来起作用。尽管数学概念往往离不开严谨、抽象的表述,但学生会用他们自己的话对数学进行理解与表达。学生们的表述可能不够完整、不够严谨,但这是他们自己动脑筋想到的,是真正属于他们自己的东西,其实这才是学生进入课堂的真实状态,由此展开学习,相对而言会更好一些。为了能达到这种效果,塔城市教育和科学技术局把此项重任交给塔城市骆春梅工作室,在她的带领下,开展了全市"大单元"下的集体备课。

首先,教师在掌握小学数学全部教材的情况下,进行整册书分析,再进行单元备课、课时备课,这样能更好地驾驭教材进行教学。

其次,教学中教师需要以教材为基础,精选合适的数学情境来引出本节课的教学内容,充分调动学生学习参与的积极性和主动性,引导学生提出问题并进行解决问题的探索。

这样因生施教,才有利于促进学生数学核心素养的培育。

二、探究学习,促进学生数学核心素养培育

小学阶段的数学内容,大多是从复杂的社会生活中挑选适当的情境来引导学习,使学生在学习中更容易接受和理解。要让学生明白,数学源于生活,与日常生活有着密切的联系,学生才能更好地去理解学习数学的价值,从而也有助于培养学生对数学问题思考的能力,有助于积淀数学的有关素养。

但在现实教学中,常常出现与当地学生现实生活脱节,甚至怪、难、偏的数学问题。这样一来学生的思维能力不但得不到训练,反而抑制学生学习数学的积极性,这就需要教师认真思考该采取怎样的方式进行教学。为了及时解决教学中的困惑,工作室主持人骆春梅与千里之外的贵州师范大学吕传汉教授及其团队联系,多次为塔城市全体教师进行培训,让教师与专家互动,解决了教师在教学中的一些困惑,使新课程标准中的"三会"在学生身上有所体现,

教师也越教越轻松。

小学数学教育是培养学生问题意识的最佳阶段,我们要牢牢抓住这个阶段小学生的心灵与智力优势进行适当的指导,以培养学生严谨的数学思维能力,并激发学生对数学的热爱。因此,课堂教学应当弘扬启发式教学,适当渗透探究式教学理念,选择适当的知识点,安排适当的时间,引导学生自主、探究学习,并适时把握好师生、生生之间的有效互动,增强学生在课堂学习中的主体地位。教师尽量以一个引导者的身份来引导学生,提高学生提出问题、独立解决问题和质疑批判的能力,引导学生在探究中学习,促进学生数学核心素养的培育。

三、多元教学,促进学生数学核心素养培育

数学运算和数学建模是数学核心素养的重要体现。"三会"要求学生学会用数学的思维思考现实世界,其中就包括数学推理与数学运算;而会用数学的语言表达世界,其中就包括数学建模。教师在进行授课时,应采用多元教学方法,比如情境导入教学、合作讨论、讲授点拨、多媒体演示、设疑导学、师生合作探究等,在课堂上可以根据实际情况灵活采用多种方法进行教学。

比如设疑导学,可以在上课的时候对数学底子差的学生提问一些简单的问题,尽量增强学生的自信心,促使学生自觉地去学习。

又如采用讨论法,对一些数学基础较好的同学,可以安排他们与水平比较低的同学坐同桌,进行互相交流,带动其他学生参与学习,这也能更好地培养学生团队合作的能力。让学习形成互助的过程,对学习上有困难的学生来说,也能促使他自觉地去学习数学。

数学体验是培育数学核心素养的基础,数学学习过程其实就是积淀数学体验的过程。采取多元的教学方法,引导学生在真实的情境中学习实践,获得真实的活动体验,才能在真实的数学感悟中促进学生数学核心素养的培育。

四、课堂实践,促进学生数学核心素养培育

对于小学生而言,基于知识的数学题目是相对较为枯燥的。缺乏一定的情境设计,只是一味地灌输知识,学生是无法提起数学学习兴趣的。借助一些课堂数学实践活动作为引导,学生学习起来才会更轻松、更有趣。

比如,在课堂教学"认识周长"时,教师可以采用"盲人摸象"游戏进行教学引导:教师出示装有长方形和圆的纸袋,让学生蒙上双眼去摸,学生在摸的过程中对图形的边条是直的还是弯曲的会有一定的感知,进而能判断出袋中图形的形状。游戏活动既为学生后面学习周长做了良好的铺垫,同时又以趣味性拨动学生的好奇心,也调动了学生对于学习周长的兴趣。

又比如,在教学周长的内容时,老师可以创设这样的情境:给同学们展示一张照片——平时低头族走路也要看手机的照片,让同学们仔细观察,图片中的人都在干什么。然后告诉学生们,这群人在生活中被称为"低头族"。接着老师发问:你想对这些人说点什么?教师让

学生们提建议,然后总结:"谢谢这位同学的建议。其实啊,我也是一名低头族。长时间玩手机使得老师的颈椎越来越疼,所以老师为自己制定了一个锻炼计划。请看……老师的跑步计划。"学生们看到教师的锻炼计划是每天沿花坛跑一圈。然后教师趁热打铁:对老师几天不同的跑步路线进行对比,让学生在对比中感受"一周"和"封闭"的概念,从而揭示周长的定义为"封闭图形一周的长度"。

　　创造优质课堂已经成为现代课堂的重要共识,教师通过运用各种教学方法,为教师的课堂启动工作打下了基础。师生互动学习、多媒体演示、数学实验活动、搜集生活事例等都能够引发学生的高度注意,只要教师能够贴近学生数学知识基础创设数学学习情境,就一定可以引起学生的高度关注。学生在"真体验"中进行"深度思考",再在"深度思考"后"精准表达",从而促进学生的数学思考,使数学学习真实、深刻、有效地发生。

　　吕传汉教授提出的"三教"教育理念恰巧与新版小学数学课程标准中的"三会"检测目标相呼应。近几年,塔城市骆春梅工作室引领市级各学校及乡镇学校,积极开展基于"三教"理念培养学生数学核心素养,既满足了学生数学学习的需要,又顺应了新时代对学生数学学习的要求。

　　"三教"理念引领课堂教学,把"三会"检测目标根植于现实课堂,有利于学生逐渐学会用数学的眼光观察现实世界,逐渐学会用数学的思维思考现实世界,逐渐学会用数学的语言表达现实世界。

参考文献

　　［1］张建.论小学数学课堂教学中"以学定教"的策略［J］.中华少年,2016(21):134－135.

　　［2］李样金.新课改背景下如何建设小学教学有效课堂［J］.课程教育研究(新教师教学),2015(36):150.

　　［3］李桂川.创设课堂气氛,提高课堂效率［J］.新教育时代电子杂志(教师版),2015(12):300.

第二篇

经验总结

巧设微课　智慧课堂

——微课在小学数学文化课堂教学中的有效应用

贵州省贵阳市南明区南明小学　蒋燕

《义务教育数学课程标准(2022 年版)》提出：促进信息技术与数学课程融合,合理利用现代信息技术,提供丰富的学习资源,设计生动的教学活动,促进数学教学方式方法的变革。随着新一代信息技术的发展,GeoGebra、PPT、希沃,乃至 ChatGPT 相继问世,极大地冲击了传统的人际关系、教育模式和学习方式,同时也提供给人类更多发挥想象和选择的机会。

"数学文化课"是贵阳市南明小学用于提高学生数学核心素养的研究课题之一。在教学中师生常常会遇到一些难于言表(黄金分割)、生涩难懂(单侧曲面)、抽象(乘法发展史)的知识,如何更好地进行教学呢？经过课题组的讨论、尝试与探索,确定了以微课作为切入点,通过对微课内容、方法、流程等的研究,设计简明、合理、规范的微课视频,将数学文化课题中一些学生易混淆、难懂、生涩的概念和知识,化静为动,化抽象为具体,化难为易,提高学生的数学学习兴趣、学习能力和核心素养,让孩子积极地去认识数学、理解数学、学习数学。正如《荀子·劝学》中所说："君子生非异也,善假于物也。"

在历时 7 年的数学文化课题实验过程中,我们针对孩子的实际情况和教学需要,设计制作了贴合小学生特点的微课,在微课脚本、方式、步骤的制定上进行反复推敲,努力营造有效的学习活动。通过对实验班孩子进行前后测、问卷调查,并采用 SPSS 进行数据分析,结果显示：90％的学生非常喜欢上数学文化课,因为数学文化课上有精彩的微课内容,微课教学形式对提升学生的数学能力、问题解决能力有显著影响；对前后测成绩进行配对样本 t 检验,也说明了经过一段时间微课方式的教学,学生成绩更加均衡,成绩悬殊情况得到了较大缓解(表1)。

表1　前后测成绩配对样本 t 检验

考　试	平均分	有效人数	标准差	t
前　测	90.1	158	11.1	7.646＊＊
后　测	95.3	158	5.8	

注：＊代表 $p < 0.05$,＊＊代表 $p < 0.01$。

对问题解决能力的前后测比较显示：从标准差来看,后测标准差较前测有所降低,说明学生的问题解决能力不仅有提升,且学生之间的能力差异在逐步缩小(表2),因此,微课教学方式对不同水平学生总体上都有提升,且原本问题解决能力较差的总体能力提升更显著。

表 2　前后测应用题得分比较

考　　试	平均得分率	有效人数	标准差	t
前测应用题得分率	0.86	158	0.19	6.478
后测应用题得分率	0.95	158	0.09	

孩子成长是我们的最终目标,微课作为一种有效的教学方式,凸显了成就孩子的作用,从我们的课堂不难看出,教学活动激发了学生乐学,提高了学生数学的理解力、思维力和创新力,使数学课堂教学增强了趣味性和人文性,使得数学课堂教学厚实起来、灵动起来;参与制作微课,组织师生交流讨论,不仅让学生更好地理解了数学的本质,领略了数学家的智慧,感受了数学文化和数学精神,还建立了新型的师生关系。

在老师方面,年轻的课题组教师学会利用微课突破难点、突出重点,学习用"儿童观"来看待教学行为,由"尊师重教"转变为"尊生重教"的新型师生关系,在与孩子平等对话的同时,共同成长;在教学中,教师的数学文化意识由朴素的、不自觉的认识向自觉的认识转化,真正实现由静态、片面的数学教育观向动态、全面的数学教育观深刻转变。

一、用在难处,化抽象为具体,规范微课内容

教学内容和微课内容有着双向选择性。

在设计一节微课时,首先需要考虑选择适当的教学内容。一方面,内容决定形式。微课在教学中的运用是一种教学方法和手段,但不能代表全部,尤其是教学内容本身。二者之间有着唇亡齿寒的关系。微课的效果本质上取决于所呈现的知识技能、所引用的专业术语是否准确,所呈现的深度与广度是否恰当,难易是否适中,价值观是否正确等。假如内容都是错的、不恰当的,又何谈微课应用的效果呢? 所谓"皮之不存,毛将焉附",正是这个道理。

另一方面,微课内容的选择应紧扣数学教学,要能突破传统课堂中不易表述、难以想象的内容,化抽象为形象,化静态为动态,引领学生进一步理解教学内容。例如:在教学"格子乘法"时,为了体现画线法演变为格子乘法的历史演变过程,笔者将点移动,抽象成数,平移到相应的方格中;将线缩短、拼接成乘数,移动到方格的上面和右面,生动形象地呈现了画线法到格子乘法的演变过程,突出了画线法与格子乘法的联系,通过由形象到半抽象的演变过程,让学生初步感受到这两种方法的算理是相同的。

同样,莫比乌斯带单侧曲面概念的建立,数学家毕达哥拉斯的贡献,归纳法中大量素材的展现……都是优秀的微课案例。简明、规范的微课,能充分发挥其"帮助"功能、"服务"功能,生动形象地再现数学规律的发现过程,形象地呈现小学数学中抽象性、逻辑性的知识点。

二、用在繁杂处,化讲解为引领,注重教学目标

教学目标是出现点和归宿,实现教学目标是数学课堂的第一需要。

张奠宙教授说:"数学教学的核心内容是数学,教学设计是其呈现方式。内容决定形式。一堂课上得好不好,首先要看是否达到了教学目标,呈现了数学本质,是否有助于学生的数学发展。"例如在教学相遇问题时,特别是较难的"苏步青巧解相遇问题"时,怎样理解狗在两人之间来回跑,如何体现狗和两个相向而行的人是同时出发、同时停下,并且与狗的跑步时间相同呢? 在日常教学中,笔者曾让学生进行情境表演,孩子们觉得新鲜、有趣,可教室太窄,表演小狗的同学还没跑完一个来回,两人就相遇了,无法体现狗与一人同时出发,碰到另一人后返回,并在两人之间来回跑的情境,没有达成教学目标。后来,我们制作了一段简短的行进过程的视频,将计时器放在每个移动物体的旁边,同时用视频声音突出出发和停止时间,孩子们可以反复观看,从而发现在相遇问题中,人与狗的行进时间是相同的,突破教学难点,实现教学目标。

有效的微课往往还具有以下几个特征:色彩突出、声音少而清晰、对比强烈、文字简洁。主题明确、内容精炼的微课能够抓住繁杂信息当中的共同特征,突出知识点之间的逻辑联系,打破时空的限制,能引领孩子去静心思考和观察,促进学生发展数学思维,完成教学目标。

三、用在讲授处,化倾听为感悟,培养核心素养

微课作为教学的催化剂,能更好地凸显数学文化,培养核心素养。

数学教学不仅仅是为了获得知识,还应发展能力、提高素养,因此数学课堂上经常会出现对知识的介绍和回顾,而听的效果取决于讲的策略,微课的优势由此得以体现。在六年级"数与形"一课中,微课可以化身为讲故事的人,介绍毕达哥拉斯发现三角形数和正方形数的过程,将数学历史和现实生活紧密结合起来,让学生有机会经历数学家似的思考和研究活动,提高数学文化素养;可以联系三角形中位线和平行四边形面积推导过程,动态地演示从1开始求连续几个奇数和的算理,使数学模型更加形象,学生对算法理解得更透彻;可以带领孩子们回顾六年来数学学习和生活中常见的数形结合的例子,体会数学结合的好处,内化数形结合的思想。

当然,面对各种先进的视频、动画、图片、剪辑等软件,我们必须有清醒的头脑,要牢记微课使用的本质与根本目的,要避免滥用花哨的技术用于装"门面",盲目追求所谓"高""精""尖",更多的是需要我们以"教学目标"为基本前提,以"教学内容"为实质内容,以"核心素养"为发展需求,有效推动数学教学朝向智慧化、科学化的方向发展。

借助画图策略促进学生理解算理的实践研究

——以乘法运算律和简便计算为例

贵州省贵阳市南明区南明小学　刘津

　　《义务教育数学课程标准(2022年版)》要求数学课程要发展学生的核心素养[1]。结合小学数学教学内容来看,数与运算占了很大比重。想要在这部分教学中切实发展学生的数感、运算能力、推理能力等核心素养,怎样培养学生对算理的理解是切入点。教学内容是具体的但算理总是抽象的,小学生的思维能力发展水平制约了课堂教学,决定了教学方式应该是能将抽象的数量关系变得直观,将抽象的算理变得具体。"数形结合"让学生通过画图策略开展学习,能促进学生对算理的理解、掌握,进而促进学生数学核心素养的发展。本文将从概念界定,研究现状,教材、学情分析,教学实践展示几个方面开展论述。

一、概念界定

　　数学是研究数量关系和空间形式的科学。因此数形结合是重要的数学思想方法之一。数形结合体现的是数与几何图形之间的一一对应关系,就是把抽象的数学语言、数量关系与直观的几何图形、空间关系结合起来,通过"以数解形""以形助数"将复杂问题简单化、抽象问题具体化,从而发现数学规律、性质,推导出定理、公式等数学概念的思想方法[2]。

　　画图策略即是通过画图进行数形结合,帮助分析和解决问题的一种策略。在数学教学中,教师应根据具体的教学内容和学生的实际学情,适时渗透数形结合这一数学思想方法,引导学生巧妙运用画图策略解决问题。这样既可以丰富学生的解题思路,提高学生解决问题的能力,又能提升课堂教学效率和学生的数学核心素养,使学生在数学学习上得到更好的发展。

二、研究现状

　　数形结合的研究由来已久,比如广为人知的斐波那契数列和黄金螺旋、幻方数据位置的各种奇妙变换与幻和的联系等。而在利用画图策略帮助学生理解算理解决问题的研究中,成果尤为突出的是苏联心理学家克鲁切茨。他发现,许多天才儿童是借助画图解决问题的,而数学上能力较差的学生在解决问题中不依靠形象图形,最主要的是他们不知道如何运用。著名数学家华罗庚说过:"数形结合百般好,割裂分家万事休。"克莱因·F也呼吁"要让学生看到数学建造过程的脚手架,而不是简单的现成品"。

　　畑村洋太郎写的《图解数学学习法让抽象的数学直观起来》、英国DK公司编著的《DK儿童 STEM 创新思维培养图解数学》、永野裕之写的《数学图鉴》等作品借助具体数学问题,详细地介绍了怎样通过画图进行分析和推理。这些研究为教师运用画图策略进行课堂教学提供了丰富的理论和实践参考。

三、教材、学情分析

以乘法运算律和简便计算这个板块知识为例。

人教版、苏教版教材将乘法运算律和简便计算安排在四年级下学期,北师大版则安排在四年级上学期。此外,3 个版本的教材将加法运算律和乘法运算律编排到一个单元统一进行学习,并且都是先教授加法运算律,再教授乘法运算律。

3 个版本的教材在设置问题情境时有所不同。人教版和苏教版的教材多是借助文字设计问题情境,引导学生观察运算过程进而探究乘法运算律的算理。而北师大版更多采用实物图或几何图形和文字相结合的方式引导学生探究算理。

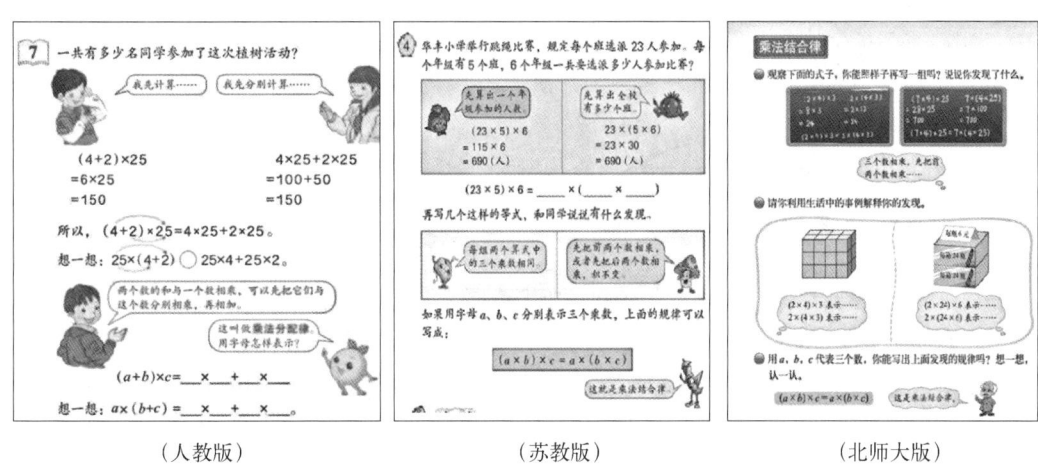

| （人教版） | （苏教版） | （北师大版） |

四年级的学生正处于由形象思维向抽象思维过渡的时期,能够通过文字描述进行简单的抽象思考、逻辑思考。但是当数学概念抽象程度较高或者逻辑性很强时,对于班级中综合素养较好的学生来说,通过文字和讲授理解、掌握算理的可能性较高。但对普通学生或待进步学生来说,单纯地依靠文字引导和口头讲解是难以理解甚至是无法理解的。所以图文结合的教学方式更能够让学生直观地去探究和理解知识。不论用哪个版本的教材教学,教师都应当学会灵活处理教材,深挖教学资源,运用画图策略促进学生理解算理进而发展核心素养。

四、教学实践展示

以大单元、结构化教学的思路思考,借助画图策略进行乘法运算律教学的具体操作实践如下。

(一) 加法运算律教学

乘法是相同加数和的简便运算。因此,加法运算律的学习是学生后续学习掌握乘法运算律的基础,在这个部分可以有意识地培养学生自主画图探究,为后续乘法运算律学习时知识经验迁移进行铺垫。

以 $4+6=6+4$ 为例进行加法交换律教学。

师:你能用画图的策略解释清楚为什么 $4+6=6+4$ 吗? 和小组的同学交流讨论,比比谁的方法好,好在哪?

指名学生进行汇报。

方法 1:画圆分析

先画 4 个圆,再画 6 个圆,共画了 10 个圆;先画 6 个圆,再画 4 个圆,共画了 10 个圆。所以 $4+6=6+4=10$。

方法 2:画数射线分析

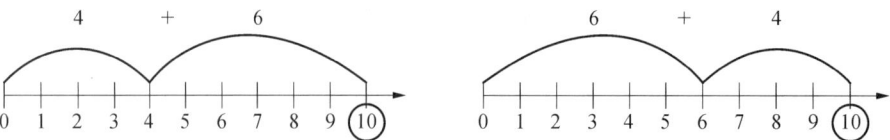

在数射线上先数 4 个数,再数 6 个数,数到 10;在数射线上先数 6 个数,再数 4 个数,也数到 10。所以 $4+6=6+4=10$。

这两种方法都能直观地展现出加法交换律成立的算理,第二种方法的抽象程度更高,但能更好地体现出数量累加关系以及两数之和不受加数所在位置的影响。

(二) 乘法交换律教学

学生在加法运算律的学习中已经有了画图分析理解算理的经验,在这样的基础上开展乘法运算律的学习,学生能更容易地想到用画图策略进行分析理解。

以 $2×3=3×2$ 为例进行乘法交换律教学。

方法 1:画圆分析

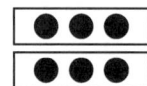 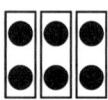

第一幅图是两行圆,每行 3 个,共 6 个,$3×2=6$;第二幅图是 3 列圆,每列 2 个,共 6 个,$2×3=6$。所以 $2×3=3×2$。

方法 2：画方格图分析

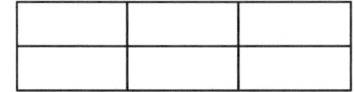

横着看每行 3 格，有两行，共 6 个方格，3×2＝6；竖着看每列 2 格，有 3 列，共 6 个方格，2×3＝6。所以 2×3＝3×2。

第一种方法和加法运算律中的第一种方法一脉相承，学生很容易画出来。第二种方法在本质上是一样的，表现方式略有不同。但两种图形都是将抽象的算理具体化——从行与列的乘积求总数中发现，不论是横着看还是竖着看乘积不变，因而交换乘数的位置积不变。

(三) 乘法结合律教学

以 (2×3)×5＝2×(3×5) 为例进行乘法结合律教学。

师：你能用课件中的正方体摆一摆，探究 (2×3)×5＝2×(3×5) 的原理吗？

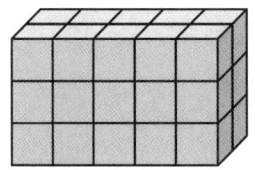

从左往右竖着摆：一层有两列，每列有 3 个小正方体，2×3＝6，即一层有 6 个小正方体。有这样的 5 层，再乘 5，(2×3)×5＝30，共有 30 个小正方体；从前往后竖着摆：一层有 3 行，每行有 5 个小正方体，3×5＝15，即一层有 15 个小正方体。有这样的 2 层，再乘 2，2×(3×5)＝30，共有 30 个小正方体。同一个大长方体，不论从左往右计算还是从前往后计算，大长方体中包含的小正方体个数相同，只是运算顺序不同。

由于有三个数连乘，二维图画很难表示出这样的关系，三维图形借助长、宽、高计算共有多少个小正方体就正好解决了这个难题。且学生有画长方形方格图探究乘法交换律的经验，能够想到先计算一层有几个，再计算几层共有几个。教学中由于立体图形绘画困难，可以借助多媒体交互功能或者实物摆放，方便学生进行操作。

此外，这种方法还可以进一步抽象为求长方体体积，但由于 3 个版本的教材都是在四年级后才教授这个知识，所以可以根据学生实际情况进行拓展。

(四) 乘法分配率教学

以 6×3＋4×3＝(6＋4)×3 为例教学乘法分配率。

师：你能用画图的策略解释清楚为什么 6×3＋4×3＝(6＋4)×3 吗？和小组的同学交流讨论，比比谁的方法好，好在哪？

方法 1：画方格图进行分析

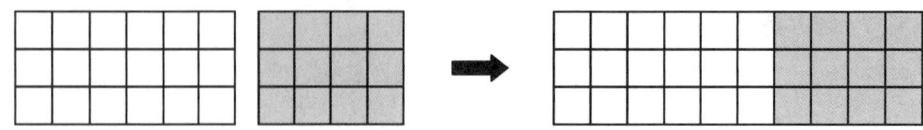

左边的图形有两个方格图,第一个有 3 行 6 列,$3 \times 6 = 18$,共有 18 个小正方形。第二个方格图有 3 行 4 列,$3 \times 4 = 12$,共有 12 个小正方形。两个方格图 $6 \times 3 + 4 \times 3 = 30$,共有 30 个小正方形;右边的方格图将左边两个合并为一个,有 3 行,$6 + 4 = 10$,即 6 列和 4 列合起来是 10 列,$(6 + 4) \times 3 = 30$,共有 30 个小正方形。所以 $6 \times 3 + 4 \times 3 = (6 + 4) \times 3$。

方法 2:画矩形图进行分析

左侧图形中第一个长方形长 6 厘米,宽 3 厘米,面积是 $6 \times 3 = 18$(平方厘米),第二个长方形长 4 厘米,宽 3 厘米,面积是 $4 \times 3 = 12$(平方厘米)。两个长方形面积之和是 $6 \times 3 + 4 \times 3 = 30$(平方厘米);右侧图形是将左侧两个宽相同的长方形拼成一个大长方形,长为 $6 + 4 = 10$(厘米),宽为 3 厘米,长方形面积为 $(6 + 4) \times 3 = 30$(平方厘米)。所以 $6 \times 3 + 4 \times 3 = (6 + 4) \times 3$。

乘法分配率是单元教学中的难点,学生很难理解为什么要提取公因数,为什么不同的因数要放进括号里。借助画图策略,在第一种方法中,学生在具体情境中自然地发现:两个方格图都是 3 行,所以可以将两个图形合二为一,列数相加得到新方格图共有几列,再用不变的行数 3 乘新的列数就可以求出小方格总数。教师也可借助图形,引导学生从乘法的含义进行理解:3 行 6 列是 6 个 3,3 行 4 列是 4 个 3,6 个 3 加 4 个 3 是 $(6 + 4)$ 个 3,所以 $6 \times 3 + 4 \times 3 = (6 + 4) \times 3$。在第二种方法中,通过画长方形可以发现:两个长方形的宽都是 3 厘米,所以可以将两个图形合并为一个更大的长方形。大长方形的宽还是 3 厘米,长则是原来两个小长方形长之和。长方形的面积公式是长乘宽,不论是分开计算求和,还是求出大长方形的长再求面积,总面积不变。这样"以图助数",学生能在直观的形象中发现提取公因数的深层逻辑,促进学生理解算理。

(五)简便计算教学

以 99×4 简便计算教学为例。

大多数学生看到这样的习题会下意识地想用竖式计算进行解答,找不到简便运算的思路。可以采取以下教学。

师:在 10 乘 10 的方格中涂色表示出这个乘法算式的含义,思考可以怎样简便运算。小组交流并讨论。

99 乘 4 表示 4 个 99 相加。从图中可以发现有 4 个 10 乘 10 方格,即 4 个 100,每个大

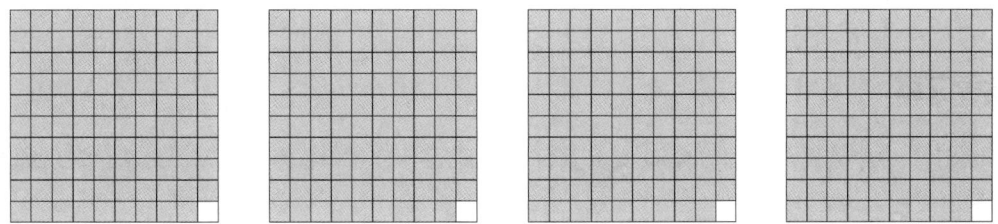

方格中都有一个小方格没有涂色,可以表示为 1×4,涂色部分的和可以用 4 个大方格的总数减去 4 个未涂色方格得到,即 $99 \times 4 = (100 - 1) \times 4 = 100 \times 4 - 1 \times 4$。

再以 101×3 简便计算教学为例。

师:画图表示出这个乘法算式的含义,思考可以怎样简便运算。小组交流并讨论。

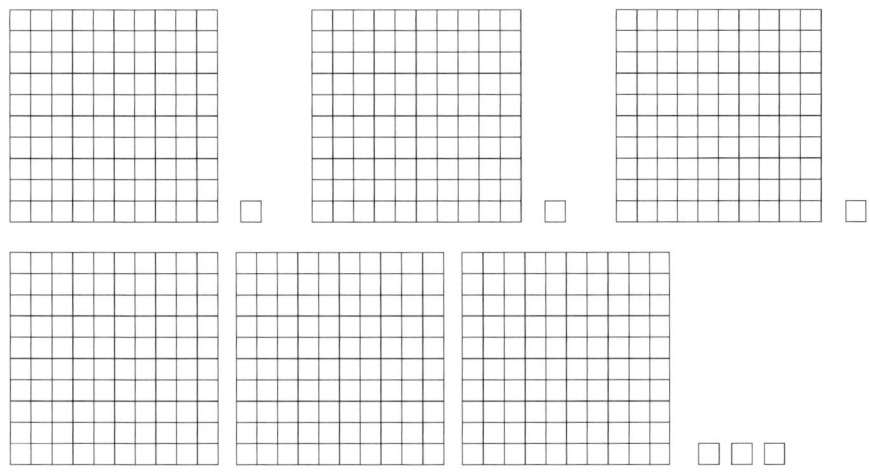

从图中可以发现 101 由两部分组成,即 100 格的大方格和一个单独的小方格,将 101 个方格拆分。同类方格有:3 个 10 乘 10 方格,即有 3 个 100,可表示为 100×3;3 个单独小方格,可以表示为 1×3。3 个 101 的和可以用 3 个大方格和 3 个小方格的和表示,即 $101 \times 3 = (100 + 1) \times 3 = 100 \times 3 + 1 \times 3$。

通过画图策略能突破教学难点,学生在画图观察中能清晰地认识到这类习题应该用乘法分配律进行简便计算。

通过将"数"转化为"形",建立数学对象之间的逻辑联系,揭示运算的本质属性,学生从"形"的不同角度、变化中发现"数"的变化与关系,通过有形的图案理解数学基本概念和法则的发生与发展,合乎逻辑地推出结论,构建数学的逻辑体系,并且发展抽象能力(包括数感、符号意识)、几何直观、运算能力、推理意识或推理能力、空间观念与创新意识。通过用自己的语言描述数的运算原理,经历从图形中再次抽象出数和数的变化关系并能用数学符号进行高度抽象描述的过程,充分调动学生开展观察、思考、表达,潜移默化地让学生学会用数学的眼光观察世界、用数学的思维思考现实世界、用数学的语言表达现实世界[1]。

总而言之,借助画图策略能够为学生搭建一座理解的桥梁,帮助学生在数学学习中得到更好的发展。

参考文献

［1］中华人民共和国教育部.义务教育数学课程标准（2022 年版）［M］.北京：北京师范大学出版社,2022.

［2］陈燕.画图策略在小学数学教学中的运用［J］.小学教学参考,2022(21).

优化小学数学课堂教学，培养学生数学应用能力

贵州省贵阳市南明区南明小学　杨婷婷　张川川

随着社会的发展，数学应用能力对学生的综合素质和未来发展至关重要。然而，目前小学数学教学中存在应用能力不足的问题。为了解决这一问题，本文尝试探讨如何通过教学策略的优化来培养学生的数学应用能力。首先，本文强调培养应用能力的重要性，包括提升学生学习兴趣、塑造数学思维模式以及推动数学课程改革。接着，本文分析小学数学教学中应用能力不足的原因，包括枯燥的教学氛围、教师理论与实际的脱节以及教师未意识到参与社会实践的价值。对此，本文提出强化学生数学应用能力的策略，包括生活化教学、实践活动、互动式教学和合作探究学习。这些策略将有助于激发学生的兴趣，培养学生的应用能力，以及推动数学课程的进一步改革。

一、在小学数学教学中培养学生应用能力的重要意义

(一) 有助于实现学生学习兴趣的提升

在小学数学教学中，培养学生的数学应用能力具有极其重要的意义。其中，提升学生的学习兴趣是一个至关重要的方面。数学应用能力的培养不仅可以使数学教育更富吸引力，还有助于学生更深入、更积极地参与学习。通过培养学生的数学应用能力，教师可以让数学变得更加生动有趣。学生往往对抽象的数学概念感到沮丧和枯燥，但当学生看到这些概念如何应用于实际生活中，数学就会变得更加具体和引人入胜。例如，在解决实际问题时，学生可以应用几何知识来设计房间的布局，或者应用代数知识来解决预算问题。这种将数学与实际情境联系起来的方法可以激发学生的好奇心，使学生更愿意深入学习。当学生运用数学解决了实际问题时，学生会更有动力去学习数学知识。学生会认识到数学不再是学校课程中的一门课，而是一种实用的技能，可以帮助学生在日常生活中做出明智的决策。这种认识将激发学生的学习积极性，使学生更愿意主动学习，并积极参与课堂讨论和完成作业。培养数学应用能力可以帮助学生培养问题解决能力。学生在解决实际问题时，需要思考、分析和找到解决方案。这个过程不仅提高了学生的数学技能，还培养了学生的批判性思维和解决问题的能力。这些技能在学生的整个学习生涯和职业生涯中都是宝贵的。

(二) 有助于学生数学思维模式的形成

数学思维模式是指学生在解决数学问题时所采用的思考方式和方法，它不仅关乎学生对数学知识的掌握，更关乎学生的思维方式和问题解决能力。在实际问题解决中，学生需要将

具体情境抽象成数学符号和公式,然后进行逻辑推理和计算。这种抽象和逻辑思维的过程有助于学生形成清晰、有条理的思维模式,使学生能够更好地理解和解决复杂的数学问题。通过将数学知识应用于实际情境,学生可以更好地理解抽象的数学概念,从而形成更强的数学思维模式。培养数学应用能力可以促进学生问题解决能力的培养。在解决实际问题时,学生需要分析问题、提出假设、进行推理和测试解决方案。这个过程培养了学生的批判性思维和问题解决技能,这些技能在数学思维模式的形成中起到关键作用,学生不再仅仅是被动地接受数学知识,而是积极参与问题解决,形成更加主动和独立的思维方式。学生在解决实际问题时,能够看到数学在日常生活中的实际应用,从而认识到数学不仅仅是一门学科,更是一种有用的工具。这种联系实际的学习经验可以帮助学生更好地理解数学的价值,激发学生的兴趣,并促使学生将数学思维模式应用于不同的领域。培养数学应用能力有助于学生培养探究和发现的精神。在解决实际问题时,学生经常需要探索未知领域、发现新的方法和思考创新的解决方案,这种探究和发现的过程激发了学生的好奇心和求知欲,使学生更愿意深入研究数学,从而形成积极的数学思维模式。

(三) 有助于数学课程改革进程的推进

传统的数学教学往往过于注重抽象的概念和纯粹的计算,导致学生难以理解数学的实际应用和意义。然而,当数学知识与实际问题相结合,学生将更容易看到数学在解决实际问题中的重要性,这将促使教育机构重新评估课程内容和教学方法,更加注重实际应用和问题解决能力的培养,因此培养学生的数学应用能力可以引领数学课程改革的方向,使之更加符合现代社会的需求。在实际生活中,数学往往与其他学科和领域相互交织,解决问题需要综合运用各种知识和技能。培养学生的数学应用能力将促使学校开展跨学科教学,将数学与科学、工程、技术等领域联系起来,使学生更好地理解不同学科之间的关联。这有助于打破学科之间的壁垒,促进综合性教育的发展,提高学生的综合素质。当学生能够将数学知识应用于解决社会问题和改善生活质量时,数学教育将更具社会价值。学生的数学能力将不仅仅是为了应付考试,还可以为解决社会问题和推动社会进步作出贡献,这将引起社会对数学教育的更多关注和支持,有助于提高数学教育的质量和影响力。现代社会对于解决复杂问题和创新性思维的需求越来越大。

二、小学数学教学应用能力不足的原因

(一) 数学教学氛围枯燥

小学数学教学中学生应用能力不足的一个重要原因是数学教学氛围常常显得单调乏味,缺乏足够的吸引力和激发学生兴趣的元素。这一问题缘于多方面因素,如传统教学方法的局限、教材内容的单一性,以及教师的教学风格。传统的数学教学方法常常过于注重纯粹的知识传授和计算练习,忽视了数学知识与实际生活的联系。这种以板书、讲解、作业为主的教学方式容易使学生感到枯燥和缺乏兴趣。学生往往难以理解数学的实际应用和意义,因为教学

内容与学生的日常生活脱离较远。教材内容的单一性也是导致数学教学氛围枯燥的原因之一，教材往往过于注重基础知识和计算技能的传授，而缺乏有趣和实际的例子，这使得学生很难将数学知识与实际问题联系起来，导致学生对数学的兴趣下降。如果教师采用单调的授课方式，没有足够的互动和启发性的教学方法，学生很容易感到无聊和不愿参与课堂，教师的教学态度和教学方法对学生的兴趣和参与度有重要影响。

(二) 数学教师理论结合实际的意识不足

数学教师在教学中常常缺乏理论与实际的有机结合，这种意识不足导致学生对数学的实际应用产生困惑。这一问题缘于数学教师的教育背景、教学方法和职业发展等多方面因素。许多数学教师的教育背景主要侧重于数学的理论知识，缺乏实际应用的培训和经验。他们在大学或师范学校接受的数学教育中往往是纯粹的数学理论知识，较少接触数学与实际问题的结合。因此，他们在教学中难以将理论知识与实际生活情境联系起来，也难以向学生传授实际应用的技能和方法。一些数学教师在教学方法上偏向传统的板书讲解和计算演练，忽视对实际问题的引入和讨论。他们可能认为教授纯粹的数学知识更容易，或者缺乏相关的教材和资源，导致教学过程的枯燥和脱离实际。这种偏向传统教学方法的教师意识不足，使学生难以将数学知识应用于实际问题的解决。数学教师在职业发展中缺乏对实际应用的认可和激励。学校和教育管理部门往往更关注学生的考试成绩，而不够重视数学的实际应用和解决问题的能力，这导致数学教师对实际应用的培养不够重视，缺乏积极的动力来改进教学方法。

(三) 数学教师没有认识到参与社会实践的重要性

数学教师未能充分认识到参与社会实践对数学教育的重要性，这种意识不足导致教师在课堂教学中忽视与实际生活和社会问题的联系，从而难以培养学生的数学应用能力。数学教师的教育背景主要集中在数学理论和教育方法上，缺乏实际社会问题的相关培训和经验。这种偏向传统教学方法和纯粹知识传授的教学理念使得教师很难引导学生去关注社会实践和实际问题。最后，教育体制和评估体系也可能对教师未能充分认识到社会实践的重要性产生影响。一些教育机构更关注学生的考试成绩，而不够重视学生的实际应用能力，这使得教师可能倾向于按部就班地传授知识，而不愿引入社会实践和实际问题的讨论，以免影响学生的考试表现。

三、小学数学教学中学生数学应用能力的强化策略

(一) 通过实施生活化教学模式，实现学生数学应用能力的强化

通过实施生活化教学模式，可以有效地实现小学生数学应用能力的强化。以小学数学课程中的"克与千克"为例，生活化教学模式需要将抽象的数学概念与学生日常生活中的实际情境相结合。在教授"克与千克"这一课时，教师可以购物为例，让学生想象在超市购物时遇到的情景。学生可以与教师一起探讨如何称量水果、面包等商品，以确保购买的物品的重量是

合适的。通过这种实际情境的引入,学生更容易理解重量单位的概念,例如千克和克。这种情境化的教学可以激发学生的兴趣,使学生更加主动地参与学习。在教授"克与千克"时,教师可以带来一些真实的物品,如水果、蔬菜、食品包装袋等,让学生通过观察和称量来掌握不同物品的重量。学生可以亲身体验和实际操作,从而更深刻地理解数学概念。教师还可以引导学生分组进行实际的称量和比较,让学生在实践中培养数学应用能力,这种实际操作的教学方法有助于将数学知识与实际生活联系起来,提高学生的数学应用能力。此外,生活化教学模式需要强调问题解决和实际应用。在教学过程中,教师可以提出一些实际问题,如:"如果我们需要买 500 克的苹果,应该买多少个?""如果一包面粉重 1 千克,我们需要多少克的面粉来制作一份蛋糕?"为此,学生需要运用所学的数学知识来解决实际问题,如加法和乘法运算[1]。这种问题解决的方法可以帮助学生将数学知识应用到实际情境中,培养学生的数学应用能力。教师可以组织学生一起进行实验、讨论和比较,以便发现不同物品的重量和数量之间的关系。学生可以相互交流和分享各自的观察结果,从而加深对数学概念的理解。这种合作学习模式有助于培养学生的合作精神和团队合作能力,同时提高数学应用能力。

(二) 借助实践活动,培养学生的数学应用能力

借助实践活动,可以有效培养小学生的数学应用能力,特别是在教学"统计"这一数学内容中,通过将数学与实际生活情境相结合,教师可以帮助学生更好地理解统计概念,提高学生的数学应用能力。在教学"统计"时,教师可以引入生活中的例子,如学校食堂的饭菜销售、学生的午餐选择、体育馆的观众人数等。通过这些实际情境,学生可以直观地感受到统计的重要性,并明白统计是用来收集、整理和分析数据以做出决策的工具。教师可以向学生提出问题,例如:"学校食堂哪种菜品最受欢迎?""体育馆哪个比赛吸引了更多的观众?"通过实际情境和问题的引入,学生更容易理解统计的概念和目的。在实践活动中也可以让学生亲身参与数据的收集和分析过程。教师可以组织学生在学校或家庭中进行数据收集,例如统计同学喜欢的水果种类、每天步行的步数、家庭成员的身高等。学生可以使用调查问卷、计数器或测量工具来收集数据,然后将数据整理成表格或图表进行分析。这个过程不仅可以提高学生的实际操作能力,还能加深学生对统计方法的理解[2]。

另外,学生还可以参与实际的数据分析和解释,教师可以引导学生回答与数据相关的问题,如:"哪种水果最受欢迎?""家庭成员的身高是否存在某种趋势?"学生可以通过数据的比较和图表的分析来得出结论,并分享学生的观察和发现。这有助于培养学生的问题解决和推理能力,提高学生的数学应用能力。借助实践活动还可以提高学生的数学沟通和合作能力。学生可以在小组中共同收集和分析数据,然后一起讨论和展示学生的结果。这种合作学习模式鼓励学生分享观点、交流思想,并学会倾听他人的观点。这不仅加强了数学应用能力,还培养了学生的团队合作和沟通技能。借助实践活动,教师可以在教学"统计"这一数学内容中有效培养小学生的数学应用能力。实际情境的引入、学生亲身参与数据收集和分析、问题解决和推理能力的培养,以及合作学习模式的实施,都有助于提高学生的数学应用能力。这种教学方法不仅使数学更具有实际意义,还为学生提供了更多的将数学知识应用于生活和实际问

题解决的机会。

(三) 通过互动式教学模式的实施,实现学生数学应用能力的强化

通过互动式教学模式的实施,可以有效地实现小学生数学应用能力的强化,特别是在教学"概率统计"这一数学内容中,互动式教学模式强调学生的主动参与和合作学习,通过生活中的例子,可以让学生更好地理解概率统计的概念,提高学生的数学应用能力。在教学"概率统计"时,教师可以引入生活中的例子,如抛硬币、掷骰子、抽扑克牌等[3]。这些实际情境可以让学生直观地感受到概率和统计的重要性,并明白这些概念是用来描述随机事件和数据分布的工具。教师可以向学生提出问题,如:"如果抛硬币,正面和反面出现的机会相等吗?""如果抽一张扑克牌,获得一对牌的概率是多少?"通过这些问题,学生将更容易理解概率和统计的概念。互动式教学模式需要学生的积极参与和合作学习。在教学过程中,教师可以组织学生一起进行实验和探究。例如,学生可以一起抛硬币,记录正反面的结果,并计算出正面和反面出现的概率。学生还可以一起掷骰子,统计各种点数的出现次数,以了解点数的概率分布。通过这种实验和探究,学生将更深刻地理解概率和统计的原理,培养学生的数学应用能力。

实际情境和问题的引入可以激发学生的好奇心和探究欲望。学生可以提出自己的问题,并一起探讨和解决。例如,学生可以提出问题:"如果抛硬币 100 次,正反面的出现次数会相等吗?""如果抽取 5 张扑克牌,获得同花顺的概率是多少?"实际情境的引入、学生的积极参与和合作学习,自主提出问题和互相讨论,以及数学沟通和表达能力的培养,都有助于提高学生的数学应用能力。这种互动式教学模式不仅使数学更具实际意义,还培养了学生的问题解决能力和合作精神,为学生将数学知识应用于实际问题的解决提供了更好的机会。

(四) 通过合作探究学习模式的实施,实现学生数学应用能力的强化

通过合作探究学习模式的实施,可以有效强化小学生的数学应用能力。这一策略鼓励学生在小组内协作,共同解决数学问题,从中学习合作与沟通技巧。学生将数学知识应用于真实情境中,促进深度理解。此外,合作探究培养学生的问题解决和批判性思考技能,有助于将抽象的数学概念与实际生活联系起来。学生通过分享思路、讨论策略,培养了互助精神,增进了对多样性观点的尊重。因此,通过这一模式,学生将更主动、积极地参与数学学习,提高数学应用能力。例如在教学"公顷和平方千米"这一数学内容中,合作探究学习模式强调学生之间的互动合作和共同探究,通过生活中的例子,让学生更好地理解面积和单位转换的概念,提高学生的数学应用能力[4]。

在教学"公顷和平方千米"时,教师可以引入生活中的例子,如城市规划中的土地面积、田地的面积、房地产项目的规划等。通过这些实际情境,学生可以直观地感受到面积和单位转换的重要性,并明白这些概念是用来描述地理空间和土地利用的工具。教师可以向学生提出问题,如:"如果一个城市规划项目占据 10 平方千米的土地,这有多大?""如果一个田地的面积是 5 公顷,那有多少平方米?"通过这些问题,学生将更容易理解面积和单位转换的概念。合作探究学习模式需要学生之间的积极互动和合作学习。在教学过程中,教师可以组织学生

分成小组，共同探究不同地理空间和土地利用的案例。学生可以一起测量不同区域的面积，记录数据，并进行单位转换。通过这种合作探究，学生将更深刻地理解面积和单位转换的原理，培养学生的数学应用能力。实际情境和问题的引入可以激发学生的好奇心和探究欲望。学生可以提出自己的问题，如："城市规划中的土地利用是如何计算的？""不同单位之间的转换规则是什么？"通过自主提出问题和互相讨论，学生将更主动地参与数学应用的过程。此外，合作探究学习模式还可以提高学生的数学沟通和表达能力。学生可以与小组成员分享观察和发现，讨论不同地区的面积和单位转换方法，并向其他小组展示结果。这有助于培养学生的数学沟通和表达能力，提高学生的数学应用能力。

总之，培养学生的数学应用能力是小学数学教育的重要任务。本文提出了多种策略，包括生活化教学、实践活动、互动式教学和合作探究学习，以帮助学生更好地理解数学概念并将其应用于实际生活。这些策略有助于提升学生的学习兴趣，培养数学思维模式，以及推动数学课程的改革。通过这些努力，可以更好地满足学生的学习需求，为学生未来的成功打下坚实的基础。

参考文献

［1］康梅蓉.剔除思维问题　发展核心素养——以小学数学课程教学为例[J].学周刊，2021(28)：129-130.

［2］王勇."三线五步"教学模式在小学数学中的应用——以"分数的初步认识"为例[J].江西教育，2021(27)：63.

［3］魏凤丽.导学、探究、合作——基于核心素养下的小学数学教学模式分析[J].第二课堂(D)，2021(9)：27-28.

［4］邵茹琴.在新课改背景下培养学生数学核心素养的有效策略[J].天天爱科学(教育前沿)，2021(9)：53-54.

小学数学教学中提高学生实践能力的策略分析

贵州省贵阳市南明区南明小学　张川川　杨婷婷

小学数学教学的目标不仅在于知识传授,更重要的是培养学生的实践能力,使他们能够将数学知识应用于实际生活和问题解决中。通过引导学生进行数学实践,如解决现实生活中遇到的问题、制定预算、分析数据、构建模型等,教师可以帮助学生将抽象概念与实际场景相结合,激发他们的学习兴趣。同时,合作学习和小组项目也有助于培养学生的团队合作、沟通和批判性思维能力,这在实际应用中至关重要。教师的角色不再仅限于知识的传授,而是成为引导者和激发者,鼓励学生主动探究、提出问题和寻找解决方案。通过这种方式,小学数学教育能够更好地为学生的综合素质和未来学业的发展奠定坚实的基础。

一、提高学生实践能力的意义

(一) 更好地拉近数学与生活的距离

数学是一门抽象的学科,常常让学生觉得枯燥难懂。然而,数学实际上是与我们的生活息息相关的,日常生活的方方面面都可以发现数学的影子。因此在小学数学教学中,培养学生的实践能力具有深远的意义。培养数学实践能力可以帮助学生更好地理解数学的实际应用。数学不仅仅是一堆公式和符号的堆砌,它是一种解决问题的工具。通过实际应用,学生可以更好地理解为什么他们需要学习数学,以及数学如何帮助他们解决日常生活中遇到的问题。例如学生通过数学实践能力的培养,可以更好地理解如何计算购物时的折扣,如何规划旅行路线,如何解决日常生活中的测量和计算问题等。数学实践能力的培养可以提高学生的数学兴趣。当学生认识到数学与他们的日常生活息息相关时,数学教育就能够获得更大的成功。这种联系可以激发学生对数学的兴趣和热情,因为他们能够看到数学在解决实际问题和应对生活中的挑战时的重要性。这样的认知变化有助于学生更积极主动地学习数学,不再将其视为沉闷的任务,而是将其视为充满趣味和挑战的工具。教师可以通过将数学知识与实际情境相结合,例如在购物、旅行、家庭预算等方面,帮助学生建立这种联系。这不仅提高了数学教育的吸引力,还鼓励学生主动探索数学的奥妙。培养兴趣是激发学习动力的有效途径,使学生更有信心地面对数学,将其视为有趣的挑战,而不是障碍。这不仅有益于数学学科,也有助于培养学生的批判性思维和解决问题的能力,为他们未来的学习和生活奠定坚实的基础。

(二) 更好地培养学生的问题解决意识

问题解决是生活和职业中必不可少的技能,而数学实践能力是培养这一技能的有效途径。数学实践能力的培养可以帮助学生更好地理解问题的本质和结构。数学教育不仅仅是教授学生如何解决特定类型的数学问题,更重要的是教会他们如何分析问题,找出问题的关键因素,抽象问题的本质。这种分析问题的能力不仅在数学领域有用,也可以在生活中的各种情境下得到应用,学生通过数学实践,学会将一个大问题分解为更小、更易管理的部分,这种分析思维对问题解决至关重要。在解决数学问题的过程中,学生需要运用逻辑思维,推导出正确的答案。这种思维方式有助于培养学生的问题解决能力,因为在解决生活中的问题时,常常需要进行推理和逻辑分析,以找到最佳解决方案,数学实践能力的培养使学生具备这种重要的思维工具。数学实践能力还鼓励学生尝试不同的方法来解决问题。在数学中,同一个问题通常可以有多种解决途径,这有助于培养学生的创造性思维,这种灵活性对于问题解决也是至关重要的,因为相同的问题可能需要不同的解决方法,学生通过数学实践学会了不害怕尝试新方法,这将使他们更加自信地应对生活中的各种挑战。数学实践能力的培养还促进了学生的坚韧和毅力。解决复杂的数学问题通常需要持之以恒的努力,需要不断的尝试和反思。这种毅力和坚韧的培养对于解决生活中的问题同样重要,因为一些问题可能需要长时间的思考和努力才能解决。数学实践能力的培养对于提高学生的问题解决意识具有深远的意义。通过数学实践,学生不仅学会分析问题、推理和逻辑思考,还培养了创造性思维和坚韧的品质,这些都是问题解决的重要组成部分。因此,在小学数学教学中,重视数学实践能力的培养将有助于培养学生的综合问题解决能力,为他们的未来学业和职业发展打下坚实的基础。

(三)更好地提升学生数学思维的灵活性

数学实践能力的培养鼓励学生尝试不同的方法来解决数学问题。在数学实践中,学生通常会面对各种类型的问题,而这些问题可以用多种方法来解决。学生通过实际操作和探究,将学会不拘泥于一种特定的解题方法,并且愿意探索不同的思路。这种灵活性有助于他们在解决更复杂的数学问题时,能够灵活运用不同的策略和方法,找到最有效的解决方案。数学实践能力的培养促进了学生的抽象思维和数学概念的形成。在实际操作中,学生常常需要将具体的情境与抽象的数学概念联系起来。这有助于他们更好地理解抽象的数学概念,将其应用到实际生活中,这种抽象思维的培养使学生能够在不同情境下运用数学知识,提高了数学思维的灵活性。

另外,数学实践能力的培养还强调问题的多维性和多角度分析。在解决实际问题时,学生通常需要考虑多个因素和角度,而不仅仅是一种线性思维,这有助于培养学生的数学思维的多样性,使他们更加灵活地面对各种数学挑战,能够从不同角度审视问题,找到更全面的解决方案。数学实践能力的培养有助于提高学生的批判性思维和问题分析能力。通过实际操作和探究,学生不仅解决问题,还能够评估不同解决方案的有效性,并做出明智的选择。这种批判性思维有助于他们更好地理解数学问题的复杂性,提高数学思维的灵活性和深度。通过实际操作、多样性的问题解决方法、抽象思维的培养以及批判性思维的培养,学生能够更好地应对各种数学挑战。这将为他们未来的学业和职业发展提供坚实的基础,使他们成为具有创新和解决问题能力的终身学习者。教育者应重视数学实践能力的培养，为学生提供更多的实际应用机会，以提升其数学思维的灵活性。

二、教学落实的基本原则

(一) 学生主体性原则

小学数学实践教学的落实必须遵循学生主体性原则。学生主体性原则强调将学生置于学习的核心位置，使其成为学习的主体和参与者，而不仅仅是被动的接受者。在数学教学中，学生主体性原则的落实意味着教师应该关注学生的兴趣、需求和特点，根据学业的不同程度和学习风格，提供差异化的教学内容和方法。同时，教师应该鼓励学生提出问题、探索解决方案，激发他们的思考和创造力。通过将学生置于学习的主体地位，数学教学可以更好地满足学生的个性化需求，激发他们的学习兴趣，培养他们的自主学习能力，从而提高数学学习的质量和效果。在教育实践中，教师应积极倾听学生的声音，建立良好的师生互动，激发学生的学习动力，使他们在数学学习中能够主动参与、思考和成长。

(二) 应用实践性原则

应用实践性原则强调数学知识的实际应用和联系生活，将数学从抽象的理论概念转化为能够解决实际问题的有用工具。在数学教学中，应用实践性原则的落实意味着教师应该将数学与学生的日常生活和实际经验相结合，引导学生通过数学来解决实际问题和情境。通过实际应用，学生能够更好地理解数学的实际意义和用途，激发对数学的兴趣，同时也培养他们的问题解决和决策能力。此外，应用实践性原则还有助于将数学教育与学生的生活经验相连接，使数学变得更加具体和有趣。通过将数学知识应用于实际问题中，学生能够更深刻地理解数学的内涵，将其运用到更广泛的领域中。因此，在数学教学中，应用实践性原则的落实是为了培养学生的实际应用能力，使他们能够将数学知识应用于日常生活和未来的学业与职业中，从而更好地适应社会的需求和挑战。

(三) 合作竞争性原则

合作竞争性原则强调学生之间的合作与竞争的平衡，以促进他们的综合发展。在数学教学中，合作竞争性原则的落实意味着教师应鼓励学生在合作学习和竞争性学习之间寻求平衡。学生可以通过合作学习共同解决问题、交流思想、分享观点，从中获得协作与沟通的能力，培养团队合作的精神。同时，也应该有一定的竞争元素，以激发学生争先恐后的学习动力，促使他们不断提高自身的数学水平。合作竞争性原则的应用可以在数学教学中创造积极的学习氛围，促使学生积极参与课堂活动，提高他们的自信心和自主学习能力。通过合作竞争性原则的落实，学生既能够学会与他人协作，又能够培养竞争精神，使他们更好地适应未来学业和职业的挑战。这一原则的实践有助于培养学生的团队合作和竞争精神，使他们具备更强的综合素质和适应能力，从而更好地应对未来的挑战。

三、提高学生实践能力的策略

(一) 创设教学情境,引导学生观察思考

在小学数学教学中,培养学生的实践能力至关重要。其中,创设教学情境并引导学生观察和思考是一项有效的策略,可以激发学生的兴趣,帮助他们更好地理解数学概念。为了详细说明这一策略,我们以教授"圆"的课程为例。在教授"圆"这一课时,教师首先利用多媒体工具给学生展示各种圆形物体,如足球、乒乓球和排球的图片。这个引入阶段的目的是激发学生对圆形的兴趣,同时将数学与他们熟悉的实际物体联系起来。这种情境创设帮助学生建立了一个视觉框架,使他们更容易理解即将学习的概念。接下来,教师引导学生拿出他们在课前准备的球形物体,如乒乓球、皮球和玻璃球,然后提出一个引人深思的问题:"有人说圆心到圆边上的每一条线段都相等,是真的吗?"这个问题引发了学生的好奇心,鼓励他们开始观察和思考。学生们开始用直尺和圆规测量不同球形物体上的线段,并进行讨论。在这个过程中,学生积极参与,发挥了他们的观察和思考能力。在交流讨论后,学生们得出结论,即圆心到圆边上的每一条线段确实都相等。这时,教师再次引导学生深入思考,探讨这一现象的原因。通过使用圆规在黑板上画一个圆,并标出圆心 O,教师引导学生思考:"画圆时扳动圆规会出现哪种变化?"这个问题鼓励学生进行更多的实践和思考,帮助他们逐渐理解圆的本质。在课程接近尾声时,教师展示了一种有趣的画圆方法:以肩膀为轴心,以手臂为半径。教师要求学生上台演练这一方法,让他们亲身体验到如何使用身体进行实际操作,以绘制一个圆。这一活动不仅加强了学生的实践能力,还让他们感受到数学的趣味性。通过这个示例,我们可以看到创设教学情境并引导学生观察和思考是一种非常有效的策略,可以激发学生的好奇心,培养他们的观察和思考能力。这种方法将抽象的数学概念与实际情境相结合,使学习变得更加有趣和有意义,这有助于学生更深入地理解数学,培养他们的实践能力,从而提高数学教学的效果。

(二) 设置趣味提问,鼓励积极参与

在小学数学教学中,培养学生的实践能力是非常重要的,而其中一个有效策略是设置趣味提问,鼓励积极参与。这个策略不仅可以激发学生的兴趣,还可以帮助他们更好地理解数学概念,提高解决问题的能力。为了详细说明这一策略,我们以加减混合运算的教学为例进行详细阐述。在加减混合运算的教学中,教师可以通过提出趣味问题来引发学生的兴趣。例如,教师可以提出这样一个问题:"同学们修补图书,小明修补 17 本,比小王多修补 8 本,二人一共修补多少本?"这个问题具有一定难度,因为有一个比较和加法的过程。一些学生可能一下子无法理解问题,无法分辨小明和小王谁修补得多。在这种情况下,教师可以采用互动和实践的方式来引导学生进行问题的探究。教师可以要求两名学生扮演小明和小王的角色,然后共同解决问题。重点在于引导学生抓住"比小王多修补 8 本"这个关键信息。通过模拟实际情境,两名学生可以使用实际的数学操作来解决问题。他们可以一起思考问题,明确小明

和小王修补图书的数量。

通过这种互动和实践的方式,学生能够更好地理解问题,将抽象的数学概念与实际情境相结合。他们能够明确问题的要点,解决问题的关键。通过生活实例,如修补裤子的案例,学生能够直观地理解数学的应用,培养实践能力和问题解决方法。在这个过程中,学生通过比较修补数量,不仅学会量化和比较,还锻炼了观察力和逻辑思维。教师的趣味提问和积极引导鼓励了学生的参与和思考,激发了他们的学习兴趣。这种教学方法不仅令数学更具实际意义,还加强了学生对解决问题的信心和能力。学生逐渐明白数学不仅仅是书本上的抽象符号,还可以帮助他们理解和解决现实生活中的难题。因此,这种互动式的学习不仅让数学更有趣,还为学生提供了宝贵的数学思维和实际应用的经验,这对他们未来的学习和生活都具有深远的影响。这种策略不仅让数学教学变得更有趣,也促使学生积极思考和参与,为他们的数学学习打下坚实的基础。这一方法培养了学生的实践能力,使他们能够运用数学知识来解决现实生活中的问题。

(三) 合作开展探究,提高实践效率

在小学数学教学中,培养学生的实践能力至关重要,而合作开展探究是一种有效的策略,可以提高实践的效率。在教学"圆的认识"时,教师可以通过联系生活来进行导入,提问学生:"在我们的生活中,你们看到过哪些圆形?"这个问题引发学生的思考,激发了他们对圆形的兴趣。学生可以列举多种案例,如圆桌桌面、硬币、光盘以及自行车车轮等。通过这个过程,学生开始将抽象的数学概念与实际生活联系起来,建立数学的现实意义。教师可以进一步追问,例如:"为什么要把车轮设计成圆形的,而不是椭圆形或方形?"这样的问题引导学生深入思考,促使他们研究圆形的特点。学生可能会开始思考圆形在运动和旋转中的优势,以及为什么它被广泛应用于车轮。这种追问的方式可以激发学生的好奇心,引导他们更深入地了解圆的特性。

通过这种合作参与探究的方法,学生可以积极参与课堂讨论和实践活动,同时与同学一起分享和讨论他们的观点。这有助于学生之间的互动,促进思想的碰撞,激发他们的实践应用意识。学生逐渐认识到数学不仅仅是抽象的理论,它在日常生活中具有广泛的应用,这一认识是激发学习兴趣和动力的关键。通过采用合作开展探究的策略,教师能够提高学生的实践效率,帮助他们更好地理解数学概念和应用数学知识,在这种互动学习环境中,学生参与问题解决和项目实践,将数学应用于实际情境中。

学生在合作中分享思想,互相激发灵感,这有助于培养批判性思维和沟通技巧。这种教学策略还使学生更积极地参与学习过程,因为他们能够看到数学的直接应用和影响。这种积极的学习经验激发学生的好奇心,帮助他们更深入地探索数学领域,培养了数学实践能力,为未来的学习和职业发展打下坚实基础。这一方法不仅将数学带入现实生活,还培养了学生的综合素质,为其未来的成功奠定了坚实的基础。这种教学策略不仅在教室中促进了学生之间的合作与互动,还培养了他们的实际应用能力,使他们能够将数学知识无缝地应用于实际生活中。通过这一策略,学生将更加积极地参与数学学习,培养他们的实践能力,使他们更有信

心和能力应对未来各种挑战,无论是在学习领域还是职业生涯中。这种教育方法不仅为数学教育注入活力,也为学生的全面素质提高和终身学习奠定坚实的基础,确保他们在不断变化的现代社会中具备竞争力和适应性。

(四) 开展实验活动,模拟推理规律

在小学数学教学中,开展实验活动和模拟推理规律是培养学生实践能力的重要策略。例如,在教学圆柱体体积时,教师可以设计实践性和生活性强的练习题,以帮助学生将数学知识与实际生活联系起来,贯彻新课标思想,强调数学源于生活又服务于生活。以下是一个示例练习题:一个圆柱形状的水杯,内径为 8 厘米,高度为 10 厘米。现在需要将 498 毫升的牛奶倒入这个水杯,能够倒完吗?这要求学生使用所学的数学知识,特别是有关圆柱体积的概念,来解决一个实际问题。学生需要首先计算水杯的体积,然后与所需的牛奶容量进行比较,以确定是否可以倒入牛奶而不溢出。通过这种实验活动,学生将学会如何应用数学概念来解决实际问题。他们需要测量水杯的尺寸,计算其体积,并进行推理以回答问题。这种联系实际的方法有助于培养学生的实践能力,使他们能够将数学知识应用于解决日常生活中的问题。这样的练习不仅可以提高学生的生活技能,还能增强他们的实践意识。学生将明白数学不仅仅是一种抽象的概念,实际上它可以用于解决日常生活中的各种问题。通过开展实验活动和模拟推理规律,教师能够帮助学生更好地理解数学的应用,并提高他们实际解决问题的能力。这种联系实际的数学教育方法不仅有助于学生的学业成就,还为他们今后的生活提供了有用的技能和知识。这是培养学生实践能力的重要途径之一。

小学数学教学中提高学生实践能力是一项具有重要意义的任务。本文提出的学生主体性、应用实践性和合作竞争性原则以及教学策略,可以帮助教师更好地开展实践教学,使学生更好地理解和运用数学知识。这将有助于学生更好地应对未来学习和生活中的数学问题。

给思维插上一双翅膀

——核心素养导向下小学生解决实际问题的策略探究

贵州省贵阳市南明区南明小学　孙雯婷

为了保障最佳的教学效果,帮助学生掌握解决实际问题的能力和技巧,教师需要以转变教学观念为先导,以创新教学方法为重点,以构建问题情境为关键,逐步减轻学生的学习压力和理解负担,让学生顺利进入问题情境,深入思考问题背后的数学知识并自主迁移新旧知识,实现活学活用和举一反三。

本文立足于小学生解决实际问题的现状,深入分析基于核心素养的小学生解决实际问题的重要性、具体要求和策略,以期为小学数学教学改革及创新提供理论借鉴。

一、小学生解决实际问题的现状

首先,师生之间、生生之间的交流和沟通比较有限,课堂教学氛围枯燥乏味,学生缺乏问题意识。在培养学生解决实际问题的能力时,教师没有根据学生的兴趣爱好及思维习惯有意识、有目的地对学生进行提问,提问类型比较单一,局限于"对不对""是不是"之类的简单提问。学生难以实现理性思考和深度剖析,成为知识的容器。

其次,教师有意义的提问非常有限,忽略提问方法的指导。学生问题意识的培养比较复杂,是提升学生解决实际问题能力的前提和基础。有的教师过度关注学生主动提问能力的培养,要求学生提出不同问题,没有理性分析问题的价值、意义、探究性以及学生表达问题的能力,学生自主思考的时间比较有限。有的学生能够提出问题,但是教师的反应时间比较长,没有及时反馈学情,极大挫伤了学生的学习积极性,学生的提问能力得不到提升。

最后,教师对问题解决不够重视,忽略了学生问题意识的深化及升华。学生只能简单地提出问题,难以对问题进行深入浅出地分析及研究。当学生出现思路错误时,教师直接打断学生,从而导致学生独立思考的能力不足,问题探究意识较为薄弱。

二、核心素养导向下小学生解决实际问题的重要性

问题意识和解决问题能力是核心素养中的一部分,是小学数学教学的主要任务及目标之一,对发展学生的学科素养,调动学生的主观能动性并改革传统的教学模式有重要作用。数学教师应拉长战线,自觉规避短视行为,以发展的眼光看待学生,一步一个脚印地引导学生分析数学问题,让学生能够在轻松愉悦的问题情境中逐步形成解决实际问题的能力和意识。

(一) 有助于发展学生学科素养

在鼓励学生解决实际问题时,教师会从数学核心素养着手,全面激发学生的问题意识,活跃学生的数学思维,强化学生对数学知识的理解及认知。在教师的指导下学生能够形成良好的逻辑思维,数学学科的本质属性也得到体现[1]。学生会主动转变固有的认知,自觉学习逻辑性、实践性较强的数学知识并逐步发展个人的思维能力,接受教师的指导,出色完成学习任务,形成良好的问题意识,实现活学活用,以良好的数学学科素养解决生活中的各类问题。

(二) 有助于调动学生学习主动性

新课改要求教师坚持核心素养导向,全面提升学生的学习能动性,主动回归教学正轨,将课堂归还给学生,让学生保持较强的求知欲和好奇心。在新课改的驱动下,教师全面加强人本教育,将学生作为课堂教学中的主角,提升学生的课堂参与感,让学生能够意识到数学学习的乐趣。经验丰富的教师会利用问题教学法带领学生探索新知,深度思考所学内容,逐步培养学生的问题意识。学生能够在深入分析、反复揣摩和自主迁移的过程中意识到个人的主体地位,始终保持较强的学习主动性,不再成为知识的容器,不再被动地接受知识灌输。

(三) 有助于改革创新教学模式

在以培养学生核心素养为目标,鼓励学生主动解决实际问题时,传统的教学模式逐步被颠覆,师生之间、生生之间的距离越来越近。教师会紧跟时代发展步伐转变固有的教学模式,不再机械性地灌输数学理论知识并进行习题讲解,而是给予学生自主发现和解决问题的机会,全面激发学生的问题意识,避免传统说教式教学模式对学生的负面影响,让学生能够形成良好的问题意识并努力完成学习任务。因此,在核心素养的现实背景下,小学生解决实际问题能力的培养非常关键,有助于改革创新教学模式,保障最佳的小学数学教学质量和效果。

三、核心素养导向下小学生解决实际问题的具体要求

(一) 以转变教学观念为先导

为了促使学生自主解决实际问题,培养学生的问题意识,为学生核心素养的形成铺路,教师需要坚持理念先行,摒弃传统的一刀切的教学理念及模式,站在意识层面探索新的教学路径,逐步激活学生的思维,让学生能够自主迁移、大胆发散和自由探究,逐步构建完善的知识框架,提升个人的综合素养。传统教育理念的弊端日益凸显,教师过多关注学生的学习质量和成绩,忽略了学生的综合素质,教学模式比较单一和僵化。学生对数学知识的认知和理解不够全面,存在抵触情绪和心理。教师需要从改进教学理念着手,让学生能够迅速形成问题意识。经验丰富的教师借助多媒体技术展示学生生活中比较常见的实物,实现抽象知识的生动化再现,让学生能够在自己熟悉的生活环境中主动学习数学知识,产生由内而外的学习能动性,在问题意识的驱动下自主探索新知,形成良好的数学核心素养并实现全面成长及发展。

(二) 以创新教学方法为重点

在践行现代化的教学理念时,教师需要主动调整教学方式,实现教学理念与教学方式的有效对应和及时更新。传统说教式的教学方式导致课堂教学质量和学习效率大打折扣,学生难以站在不同的视角深度思考问题。教师也没有合理规划教学进度和计划,一部分教学环节直接被省略,导致学生存在认知局限和思维障碍,问题意识无从谈起[2]。为了打破这一现实困境,教师需要坚持创新导向,以学生主动提出问题为核心,确保学生能够掌握提出问题的基本技巧,真正成为数学学习的主人。首先,教师需要结合核心素养导向下数学问题意识的培养要求及时更新传统的教学模式,丰富教学内容,强化学生的主体地位,拉近学生与数学知识的距离,并培养学生独立自主的思考习惯和意识。学生的个体差异性是客观存在的,在创新教学方法时,教师应坚持以生为本的准则,关注学生在智力因素和非智力因素上的区别,整合层次化教学方法,确保不同层次、不同水平的学生都能够在原有的基础上有所提升,保持较强的问题意识和提问积极性,主动调用所学知识全面解决数学实际问题。

(三) 以构建问题情境为关键

情境教学在小学高年级数学教学中的出现频率较高,能够减轻学生的复习压力,确保学生轻松上阵,真正实现减负增效。在鼓励学生自主解决实际问题时,教师可以结合学生的课内外表现创设游戏情境,坚持寓教于乐的教育理念,将游戏教学和情境教学相结合,全面培养学生解决问题的能力,让学生能够在感知情境的过程中深入理解数学知识,产生提出问题的动力。首先,教师需要结合教学实践经验找准情境教学的切入点和突破口,贴近学生的生活实际,创设学生喜闻乐见的教学情境。让学生产生更多的熟悉感和亲近感,主动提出问题、分析问题并解决问题。其次,教师需要抓住学生身心发展的关键时期调动学生的求知欲和好奇心,了解学生在学习数学知识时的真实表现,顺势导入教学情境。让学生能够在学习积极性和学习热情的驱动下深入思考数学知识,提出不同的问题。最后,教师需要将情境教学与学生的自主思考相结合,适当放慢教学节奏,确保学生能够独立解决问题,记录下学生问题解决的全过程,为学生建立成长档案,调整后续的问题教学思路和方法,真正实现对症下药。

四、核心素养导向下小学生解决实际问题的策略

以学生解决实际问题为核心的数学教学模式符合新课改的初衷,有助于发展学生的核心素养。教师需要立足当下、展望未来,深入分析激发学生问题意识的基本要求和迫切性,主动总结经验教训,尝试多种现代化的教学对策,全面提升学生的综合能力,让学生能够静下心来认真思考数学问题,站在不同的视角提出多种解决对策。

(一) 师生高效互动,培养学生问题意识

在组织开展数学教学活动时,教师需要立足于数学问题意识培养的基本要求,鼓励学生主动迁移新旧知识,给予学生解决实际问题的机会和支持,让学生能够在深度思考、合作学习

和探究学习的过程中掌握数学知识的本质和真谛,实现抽丝剥茧。首先,教师需要打造多维互动课堂,拉近师生和生生距离,活跃课堂气氛,建立和谐友爱的师生关系和生生关系,让学生能够保持较强的求知欲和好奇心,逐步形成良好的问题意识[3]。比如在带领毕业班的学生复习线与角的相关知识时,为了强化学生对角的认识,帮助学生回忆角的基本定义及具体特征等核心知识,教师可以依托现代信息技术精心设计微视频,提前制作多媒体课件,立足于学生的现实生活,搜集角的视频及图片,整合形式多样、丰富多元的网络教学资源并甄选优秀的网络课程视频及精品教案。结合学生的思维短板以及知识盲点统一汇总和整理,制作复习课件,直观生动地展示给学生,全面吸引学生的眼球,让学生能够顺利进入学习状态,主动分析和思考问题。其次,教师需要扮演学习顾问的角色,将课堂归还给学生,鼓励学生自主分析电子课件,在细心观察微视频的过程中自主提取和分析核心信息,逐步攻克重难点,弥补自身的短板,积极更新知识库,构建完善的知识框架和体系。然后通过展示生活中常见的角来唤醒学生已有的认知,如商场停车场入口的指示牌、街道口的三角形指示牌和高速路上的限速警示牌,让学生能够意识到生活实际中角的具体应用,全面提升学生的认知高度及思维层次,拉近学生与学科知识的距离。最后,教师应适时适当地点拨学生,引导学生分析对比视频中不同的图形,学会站在宏观视角自主分类图形并总结相同点和不同点,让学生能够主动调用所积累的生活经验以及数学知识认真观察图形中的角,深度思考角的应用意义和基本构成,深化对学科知识的理解,形成良好的问题意识。

(二)指导提问方法,鼓励学生主动提问

小学六年级学生初步形成了数学逻辑思维,掌握了适合自己的数学学习要领,但是他们缺乏自主提问的能力和意愿,还未习得提问方法和技巧,问题意识得不到培养和提升。教师需要立足于数学核心素养的基本内涵指导学生的提问方法,鼓励学生主动提问,确保其能够在认真思索、深入探讨和反复揣摩的过程中形成良好的数学问题意识[4]。首先,教师需要始终坚持核心素养导向,做好摸底工作,了解基本学情和教情,结合学生的课内外表现以及教学内容整合多样教学模式,正确指导学生的提问方式,让学生能够产生良好的提问积极性,提出具有一定价值和意义的问题,并尝试利用所学的数学知识解决实际问题。比如在带领学生复习千克、克、吨的相关知识时,教师可以结合六年级学生的生活实际,鼓励学生说一说生活中"克、千克、吨"的具体应用,确保学生能够理解不同重量单位的本质属性,正确认识基本内容。在调动起学生的兴趣后,教师可以将"克、千克、吨"与"分米、厘米、米"相对比,让学生自主整合所学习的知识,在逻辑推理和类比分析的过程中提出相关问题,掌握简单的数学思想方法。在综合对比及理性分析后,学生能够了解这三者之间的关联性并自主提问,如:"能否直接将克、千克与吨进行换算?""具体的换算方法是什么?"对此,教师只需要肯定学生的提问,重视学生的真实想法,将学生的思维引向纵深。其次,教师可以结合学生的智力因素和非智力因素划分学习小组,鼓励学生以小组为单位合作分工,找到志同道合的朋友,在小组内部围绕千克、克、吨提出一系列数学问题,实现小组成员的互相追问和互相提问。在教师的帮助下,学生之间的交流互动越来越活跃,提问积极性较足,能够主动拓展思维、开拓视野。最后,教师

需要扮演倾听者和学习顾问的角色,深入学生的小组内部,了解学生在组内的提问情况,分析具体的内容并细心观察学生的综合表现,让学生主动记录其他成员的问题,站在不同的视角提出问题。在确保每一个学生都提出问题后,教师可以让小组长挑选出小组内最感兴趣的问题,开展全班大讨论,培养学生的问题意识,提升整体的问题教学质量和效果。整个课堂教学氛围越来越轻松和愉悦,学生也能够保持活跃的思维和清醒的头脑,重拾数学学习的自信心和能动性,真正实现乐问善问。

(三) 重视问题解决,发展学生核心素养

学生解决实际问题能力的培养比较艰巨,耗时耗力,难以立竿见影。教师需要从学生的问题意识着手,高度重视学生的问题解决,密切关注学生的自主提问,潜移默化地培养学生的数学综合应用能力,强化学生的问题分析和解决能力,避免学生等着教师给出最终答案[5]。小学六年级学生已经积累一定的学习经验,但是对重难点知识的理解和认知还比较片面,比如在学习运算律的相关知识时,很多学生频频碰壁,经常混淆基本运算法则。

教师可以提前制作动画视频,如创设小明采购的生活情境:小明的妈妈给了小明100元,让小明自主采购零食,其中巧克力派的单价为8元,果冻的单价为5元,软糖的单价为2元,小明分别采购了4盒巧克力派、5袋果冻及2袋软糖。在展示完具体的动态情境后,教师鼓励学生自由发问,结合已知信息提出问题。很多学生跃跃欲试,结合自己的做题经验提出了不同的问题,如:"采购完后小明最终剩多少钱?""巧克力派和软糖总共花费了多少钱?"在问题的驱动下,学生能够主动利用数学知识自主列出算式并计算结果,教师可以让学生充当小老师的角色,互相验证各自的答案,交流经验和想法。在教师的循循善诱下,学生能够静下心来主动分析问题和算式中的已知条件,尝试站在不同的视角分析和解决问题,实现多种计算方法的有效整合,找到最简便的解决方法。教师可以顺势导入核心知识,让学生深入思考和分析乘法交换律和加法交换律,提升学生的思维深度及广度,确保学生能够形成良好的数学运算能力和提问能力。

综上所述,在小学数学课堂教学中,学生解决实际问题能力的培养非常有必要,但是也考验教师的教学功底和学生的学科核心素养。小学数学教师需要关注与学生的交流及沟通,了解学生的认知期待和学习兴趣,选择学生喜闻乐见的教学对策,让学生能够逐步形成问题意识。为了减轻学生的学习负担和压力,教师还需要简单传授提问方法,鼓励学生主动提问,调动学生的提问积极性,密切关注学生的问题解决,促进学生的全面发展,引导学生自主探索、大胆实践。教师要确保每个学生都能够在提出问题、分析问题、解决问题的过程中形成良好的问题意识,掌握科学高效的数学学习技巧,逐步形成数学核心素养。

参考文献

[1]李志芳.核心素养导向下小学数学课堂学生问题意识的培养[J].小学科学(教师版),2017(7):183-184.

〔2〕曾凯虹.核心素养导向下小学生数学问题意识培养策略分析[J].考试周刊,2021(81):70-72.

〔3〕杜莺舞.核心素养导向下小学数学课堂学生问题意识的培养[J].天津教育,2020(19):67-68.

〔4〕高银霞.核心素养导向下小学数学课堂学生问题意识的培养研究[J].中外交流,2019.

〔5〕张琴.核心素养导向下小学生数学问题意识的培养[J].新智慧,2019(11):132.

浅析提高乡村小学学生数学计算能力的方法

贵州省黔东南州从江县丙妹镇大歹小学　范永华

相比城市小学,乡村小学通常教育资源有限,学生需要付出更多的努力,才能打下扎实的基础。在此背景下,提高乡村小学学生的数学计算能力显得尤为重要。本文尝试提出几种提高乡村小学学生数学计算能力的方法。

一、强化基础训练

强化小学生数学计算基础训练。[1]数学是小学教育中的一门重要学科,而计算是数学学习的基础。[2]对于小学生来说,掌握数学计算的基础知识是非常重要的,因为这不仅是数学学习的基石,也是日常生活所必需的技能。因此,强化小学生数学计算基础训练非常必要。

1. 理解基础概念。在开始训练之前,学生需要充分理解数学计算的基础概念,如加减乘除、分数、小数等。教师可以通过讲解、示范、举例等方式帮助学生理解这些概念,确保学生能够掌握这些基础知识。

2. 加强口算训练。口算是数学计算的重要组成部分,也是笔算的基础。教师可以利用口算题卡、口算游戏等方式进行训练,让学生在轻松愉快的氛围中提高口算能力。[3]同时,教师还可以通过限时口算、抢答等方式激发学生的兴趣和竞争意识,提高学生的口算速度和准确性。

3. 培养笔算习惯。笔算是数学计算的重要技能之一,也是学生必须掌握的基本技能。在训练中,教师需要注重培养学生的笔算习惯,要求学生按照正确的笔算步骤进行计算,如列竖式、进位等。同时,教师还需要强调笔算的规范性和准确性,及时纠正学生的错误和不良习惯。

4. 注重练习与反馈。教师可以通过布置家庭作业、课堂练习等方式让学生进行大量的计算练习,并及时批改和反馈,指出学生的错误和不足之处,指导学生进行纠正和改进。同时,教师还需要根据学生的表现和反馈进行有针对性的辅导和指导,帮助学生更好地掌握数学计算的基础知识。

二、培养良好的学习习惯

小学生计算能力的培养十分重要,这不仅关系到学生的学习成绩,还直接影响学生的智力发展。为了培养学生的计算能力,教师需要注重学生良好学习习惯的养成。

1. 重视口算训练,培养学生的口算能力。口算是笔算的基础,口算能力的提高不是一蹴而就的,需要长期坚持训练。在口算训练中,教师需要采用多样化的教学方法,激发学生的学习兴趣,调动学生的学习积极性。[4]例如,可以采用视算、听算结合的方式进行口算训练,也可以通过游戏、竞赛等形式进行口算训练。在口算训练中,教师需要注重细节,尤其是对于学生容易出错的题目,需要进行反复训练,帮助学生理解口算的原理和方法,提高学生的口算能力。

2. 培养学生良好的学习习惯是提高计算能力的重要保障。在数学教学中,教师需要注重学生良好学习习惯的培养,例如:认真审题,审题是计算正确的前提,正确审题才能明确运算顺序和计算方法;规范计算过程,在计算过程中需要规范书写,避免书写不规范导致的计算出错;及时验算,验算是计算正确的保障,需要及时验算,确保计算的正确性;保持注意力集中,在计算过程中要避免因为分心导致计算出错。

3. 注重笔算训练,提高学生的笔算能力。笔算是计算的重要组成部分,要提高笔算能力,就需要注重训练的质和量。在笔算训练中,教师需要注重方法的指导,帮助学生理解笔算的原理和方法,同时要重视培养学生的独立思考和自主探究能力。在训练中可以采用多种形式进行练习,例如:填空、改错、简算等。通过多样化的练习形式,激发学生的学习兴趣,提高学生的笔算能力。

4. 强化估算意识,培养学生的估算能力。估算在日常生活中有着广泛的应用,估算能力的提高有助于学生更好地解决实际问题。在教学中,教师需要注重学生估算意识的培养,可以通过生活中的实际例子引导学生进行估算,帮助学生理解估算的意义和方法。同时需要注重学生估算方法的掌握,例如:化整法、取近似值法等。通过强化估算意识,培养学生的估算能力,提高学生的计算能力。

三、鼓励自主学习

要鼓励小学生自主学习数学计算。数学作为一门基础学科,对于小学生来说,既是挑战也是成长的阶梯。尤其数学计算,它是数学学习的基础,也是日常生活不可或缺的技能。然而,许多小学生觉得数学计算枯燥乏味,甚至产生畏难情绪。那么,如何鼓励小学生自主学习数学计算呢?

1. 激发兴趣,让学习成为乐趣。兴趣是最好的老师。对于小学生来说,对事物的好奇心和兴趣是他们探索未知的主要动力。因此,要鼓励小学生自主学习数学计算,首先要激发他们对数学的兴趣。可以通过生动的故事、有趣的游戏等方式,让数学计算变得有趣,让他们在玩中学,学中玩。

2. 建立信心,克服畏难情绪。许多小学生觉得数学计算困难,主要是因为缺乏信心。他们可能会担心自己算错,或者觉得数学计算太复杂。这时,家长和老师要给予他们足够的支持和鼓励,让他们知道算错是正常的,重要的是从错误中学习。同时,可以引导他们从简单的题目开始练习,逐渐增加难度,帮助他们建立信心,克服畏难情绪。

3. 制定计划,养成良好的学习习惯。制定学习计划可以帮助小学生养成良好的学习习惯。家长和老师可以与孩子一起制定学习计划,明确每天的学习任务和时间安排。这样,孩子就会知道在什么时间做什么事情,不会觉得无所适从。同时,有计划的学习也有助于提高学习效率,减少无效的学习时间。

4. 实践应用,感受数学的价值。数学计算不仅仅是为了应付考试,更重要的是为了解决实际问题。家长和老师可以引导小学生将数学计算应用到日常生活中,例如购物时计算找零、制作简单的家庭预算等。这样,他们可以感受到数学计算的实际价值,更加积极地投入学习中。

5. 多元评价,发现每个孩子的闪光点。每个孩子都有自己的优点和不足。家长和老师应该采用多元评价的方式,发现每个孩子在数学计算方面的闪光点,给予他们足够的肯定和鼓励。同时,也要指出他们的不足之处,引导他们积极改进。这样,他们可以更加全面地认识自己,进一步提高自主学习数学的积极性。

四、加强家校合作

乡村小学如何建设家校合作,在当今的教育环境中,已经成为一个重要的议题。对于乡村小学来说,由于地理位置、文化背景和资源分配的特殊性,家校合作显得尤为重要。那么,如何在这类学校中建设有效的家校合作呢?

1. 理解家长的需求与期望。在乡村地区,因为种种原因,许多家长对教育有着不同的需求和期望。教师和学校管理人员应深入了解这些需求,以便更好地满足家长的教育期望。通过定期的家访、家长会议等方式,学校可以更全面地了解家长的想法和困难。

2. 建立有效的沟通渠道。建立及时、有效的沟通渠道是家校合作的关键。除了传统的家长会、家访等形式,乡村小学可以利用现代通信工具如微信群、QQ群等,来提高沟通效率。通过这些平台,教师可以发布学校的最新动态,解答家长的疑问,增强双方的互动。

3. 提供家庭教育支持。许多乡村孩子的家长可能对家庭教育的重要性认识不足,或者缺乏有效的教育方法。学校可以定期开展家庭教育讲座,为家长提供教育知识和技巧的培训,帮助他们更好地参与孩子的教育过程。

4. 共享教育资源。通常乡村小学的教育资源有限,但家长和社区中往往隐藏着丰富的教育资源。学校可以鼓励家长和社区参与教育活动,如请有特长的家长来学校授课,利用社区资源开展校外学习等。这样不仅能丰富学生的学习体验,还能加强家校之间的联系。

5. 关注学生个体发展。每个学生都是独特的个体,有各自的需求和潜能。在家校合作的过程中,应关注学生的个体发展,共同制定合适的教育计划。只有这样,我们才能真正做到因材施教,让每个学生都能得到最好的发展。

五、开展趣味数学活动

乡村小学如何开展趣味性数学活动?由于教学资源相对有限,孩子们对于数学学习的兴趣和热情往往不如城市中的孩子,为了改变这一现状,开展趣味性数学活动成为一种有效的途径。

1. 利用乡土资源,创设趣味情境。乡村小学可以充分利用乡土资源,将数学知识与实际生活紧密结合,创设趣味情境。比如,在教学生认识图形时,可以将图形与乡村中的物品相对应,如将圆形比作大饼、方形比作豆腐等,让学生在熟悉的物品中感受图形的特点。同时,也可以利用乡土资源开展数学游戏,让学生在游戏中感受数学的乐趣。

2. 设计趣味数学游戏。趣味数学游戏是一种有效的教学方法,可以让学生在游戏中掌握数学知识。比如,在学习加减法时,可以设计"小动物回家"的游戏,将学生分成不同的小组,每个小组的学生扮演不同的动物角色,通过计算加减法,让小动物回到自己的家。这种游戏既有趣又具有挑战性,能够激发学生的竞争意识,提高数学学习的兴趣。

3. 组织趣味数学竞赛。竞赛是激发学生学习动力的一种有效方式。在乡村小学中,可以通过组织趣味数学竞赛来提高学生的数学能力。比如,可以开展速算比赛、解题比赛等,让学生们在比赛中锻炼自己的数学思维和计算能力。同时,也可以通过竞赛来培养学生的团队合作精神和竞争意识。

4. 利用多媒体资源,增强趣味性。虽然乡村小学的教学资源有限,但是随着信息技术的发展,多媒体资源也逐渐进入乡村课堂。在开展趣味性数学活动时,可以利用多媒体资源来增强活动的趣味性。比如,在学习几何图形时,可以利用动画演示图形的变化和组合,让学生在动态的图像中感受几何的美妙。同时,也可以通过多媒体资源来播放趣味数学故事或数学家的小故事,激发学生对数学的兴趣和热爱。

5. 引导学生参与数学实践。数学实践是提高学生数学能力的重要途径。在乡村小学中,可以引导学生参与数学实践,让学生在实践中感受数学的实用性和趣味性。比如,在学习面积计算时,可以组织学生测量校园内的土地面积,让学生在实际操作中掌握面积计算的方法。同时,也可以引导学生观察生活中的数学现象,如观察农作物生长与时间的关系等,让学生在实践中感受到数学与生活的紧密联系。

综上所述,提高乡村小学学生的数学计算能力至关重要。只有具备扎实的计算能力,乡村小学学生才能在有限的教育资源下,更好地理解和掌握数学知识,提高学习效率,为未来的学习和生活奠定坚实的基础。

参考文献

[1] 张琪婕.小学数学教学中对学生计算能力的培养[J].小学生(中旬刊),2023(12):139-141.

[2] 张树斌.谈复习课堂教学中计算能力的有效提升——从勾股定理知识点总结复习说起[J].数理化解题研究,2020(17):3-4.

[3] 祁虹.小学数学教学中学生计算能力的培养策略[J].启迪与智慧(上),2023(12):83-85.

[4] 陶丽.生活化教学在小学数学教学中的应用分析[J].试题与研究,2023(36):149-151.

打开课堂边界　实现数学融通

——"用方向和距离确定位置"教学思考

贵州省贵阳市南明区南明小学　崔永超

一、数学知识分析

在小学阶段的数学学习中,"用方向和距离确定位置",是在应用方位词描述物体所在方向和相互位置关系的基础上,进一步掌握定量刻画平面图上物体位置及其相互关系的方法。从数学知识的本原看,"用方向和距离确定位置"是极坐标系的原型,对学生而言是又一次对数形结合的深度体验。

与学生以前已经学过的有关确定位置的内容相比,用方向和距离确定位置的内容有两点不同。一是精确程度不同。以前所学用东北、西北、东南、西南等方向描述物体的位置,只能说明物体位于相对观测点的某个区域。用方向和距离组成的序列不但可以准确刻画物体所在的方位,而且可以准确地描述平面上任意一点的位置。二是表达方式不同。用数对表示位置是以原点为基准,通过构建直角坐标系来刻画平面上点的位置,而用方向和距离确定位置,是以观测点为基准,通过物体偏离方向的角度,以及物体离观测点的距离来刻画物体的位置。通过本节内容的学习,为学生今后学习几何与代数积累直观经验。

现代人的世界,其实早已经浸润在数学的海洋里。如同空气一样,虽视而不见,却无处不在。现代城市生活已进入 AI 即人工智能时代,科技让人们的生活变得更加便捷。如应用人工智能导航系统可以帮助人们享受更简单高效的出行方式。智能导航对于学生们来说并不陌生,但智能导航与数学知识有什么联系? 科学技术的数学原理又是什么? 这些是学生不一定了解的。我们的教学就是要立足于学习用方向和距离确定位置这一知识点,引导学生体验数学化的过程,感受数学与真实世界的关联,体会数学的价值,增强学生学习数学的动机和信心。

二、教学背景分析

(一) 课标分析

课程标准指出,课程目标的确定,立足学生核心素养的发展,集中体现数学课程育人价值。数学课程目标在课堂上该怎样落实? 每节课的侧重点都会有所不同,在设计上笔者紧紧围绕以下三点。一是教材在使用时要勇于打破其固有模式。新课标指出,要让教材使用变得更开放。根据本课所学知识点涉及的素材资源,在情境创设方面从介绍社会发展前沿方面出发,内容设计反映数学在社会生活中的应用。二是教材在使用时,要关注学情。因此,本节课在围绕数学本质拓展学生视野时，始终关注学生个体发展的差异性。通过弹性选取教材内容，设计不同层次的问题，满足学生的不同学习需求。三是立足课程目标，培育学生核心素养。这是课程目标的要求，也是数学课程育人价值的体现。纵观核心素养的三个方面，本节课的着力点可以放在凸显数学眼光方面。数学眼光不是天生就有的。学生需要在教师的指导下，能从数学与生活情境中，初步学会用数学的眼光观察，尝试发现并提出问题，将所学的数学知识应用于解决现实生活中的问题，形成初步的模型意识和应用意识。

基于以上思考，本节课在设计时从以下三个方面着手：一是创设卫星定位的现实场景，学生通过了解定位的方式、定位的原理和背后的数学原理三个层次进行学习，逐步实现去情景经历数学化的过程来培养模型意识；二是由浅入深、循序渐进地组织练习，促使学生在运用所学知识解决实际问题的过程中进一步掌握用方向和距离描述物体位置的方法，进而培养应用意识；三是设计合理的探究活动，在活动安排上紧紧围绕课前吸引兴趣、课中思维碰撞、课末拓展知识三个方面，引导学生形成对数学的好奇心，进而主动进行数学探究。

（二）教材分析

1. 知识体系

本课是苏教版六年级下册第五单元第一课时的内容。其内容属于"图形与几何"领域的"图形与位置"。苏教版对这一部分做了如下总体安排。第一学段：认识上下、前后、左右；认识东、南、西、北和东北、西北、东南、西南。第二学段：用数对确定位置；比例尺及其应用；用方向和距离确定位置；简单的线路图。

2. 编排特点

该内容是在学生已经会用"东、南、西、北、东北、西北、东南、西南"这8个方向描述物体间位置关系，以及用数对确定位置的基础上，教学用方向和距离确定物体的位置，使学生能根据物体相对于观测点的方向和距离来描述其位置，能根据方向和距离在平面图上表示出物体的位置，能描述简单的行走路线，进一步丰富物体位置的经验，体会刻画现实空间中物体相对位置关系的方法，感受知识间的联系，发展空间观念。

对比苏教版和人教版的教材不难发现，苏教版教材在用方向和距离确定位置时，以偏离南北的角度描述物体的方向，人教版教材在用方向和距离确定位置时，以小角度描述物体的方向，所以两种描述的方法皆可。

（三）学情分析

1. 知识基础

在之前的学习中，学生已经学习用上、下、前、后、左、右描述物体的相对位置，用"第几排第几个"的形式描述物体所在的位置；用东、南、西、北、东北、东南、西北、西南等方向描述行走路线，用"数对"确定物体在平面上的位置等。

2. 活动经验

六年级学生已具备一定的数学阅读和解决问题的基础，如何从学生已有的使用手机导航的生活经验出发,引导他们逐步实现去情景经历数学化的过程,培养学生的空间观念。可通过由浅入深创设相应教学情境,为学生提供观察、分析、归纳、交流等数学活动的空间,引导学生体验"联系生活—问题数学化—动手操作—拓展与运用—对比提升"的知识发展过程是与实际生活交融的结果。

3. 疑难、易错点预判

通过对不同地区多所学校的调查不难发现,学生在用方向描述物体的位置时对观测点的理解不够深刻。所以,明确观测点的重要性成为本节课教学设计重点考虑的一个问题。

三、教学思路设计

创设情境 抽象数学问题	• 创设卫星定位的现实场景,学生通过了解定位的方式、定位的原理和背后的数学原理,从而产生学习和探索新的描述物体位置方法的心理需求,自然引入新课的学习。
入情入境 深入探究新知	• 学生通过独立完成、小组讨论、全班交流几个环节,通过讨论层层深入分析,获得确定位置方法的初步理解。其次通过给出小明家距学校的不全信息,判断是否能找到学校的准确位置,深入理解用方向和距离确定位置的方法。
应用方法 解决实际问题	• 由浅入深、循序渐进地组织练习,促使学生在运用所学知识解决问题的过程中进一步掌握用方向和距离描述物体位置的方法。
对比方法 培养空间观念	• 引导学生回忆过去学过的确定位置的方法,促使学生在比较和交流中体会不同的确定位置方法之间的联系与区别。
全课小结 感受数学价值	• 播放视频,了解北斗导航的发展,体会科技与社会发展之间的联系。树立目标,增强民族自信心和自豪感。

四、教学过程设计

(一) 创设情境,抽象数学问题

1. 提问:老师要到小明家家访,由于是第一次去,找不到准确的位置。想一想,假如你遇到这样的情况,该怎么办?

追问:手机上的定位软件是如何在地球上确定位置的呢?

2. 介绍手机确定位置的三种方式:卫星定位、基站定位、wifi 定位。(图 1)

3. 这三种方法背后蕴含的原理又是什么呢?(介绍确定位置背后的原理——经纬坐标确定位置)

4. 提问:像这样确定位置的方法蕴含着什么样的数学原理? 这和我们曾经学过的数学知识有着怎样密切的联系?

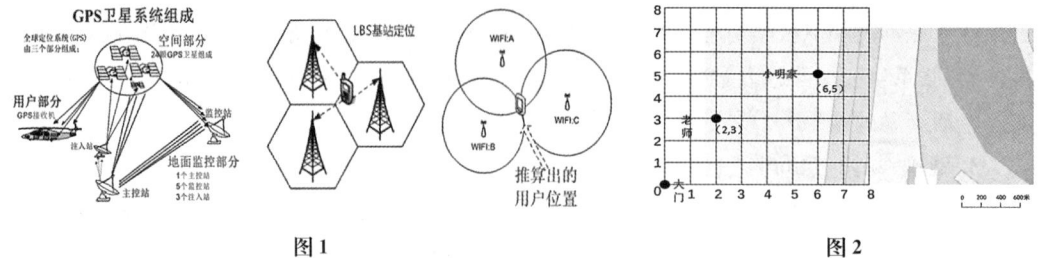

图1　　　　　　　　　　　　　　　　　　　图2

5.出示课件,回顾曾经学过的用数对确定位置的方法,确定老师和小明家所在的位置。(图2)

小结:这就是定位背后蕴含的数学原理。现在我要出发去小明家了,我该往哪走,走多远呢?

【设计意图】在大多数人的眼中数学离生活很遥远,但其实数学离我们很近。"老师要到小明家家访,由于是第一次去,找不到准确的位置。想一想,假如你遇到这样的情况,该怎么办?"这一问题的提出,为引出手机导航进行了铺垫。"手机上的定位软件是如何在地球上确定位置的呢?"第二个问题的提出在潜移默化之中助推了生活情境向数学情境的过渡。再通过引导学生了解定位的方式、定位的原理和背后的数学原理三个层次进行学习,剥离物理属性,逐步实现了去情景经历数学化的过程。接下来创设老师该往哪走、走多远这一情景,有两点考虑:一是数学眼光是对现实世界的抽象,和教材上的素材相比,这种改编更切合学生的实际生活,体现课标中弹性使用教材的理念;二是暗合了本节课介绍导航这一前沿科技的教学主线,从而产生学习和探索新的描述物体位置方法的心理需求,同时好奇心的注入为学生主动参与课堂活动开展提供了内驱力保障,进而使引入新课变得水到渠成。

(二)入情入境,深入探究新知

1.出示东南西北方向标,提问:假如以老师为中心,小明家在哪里呢?

2.小组合作:让学生独立思考,利用老师提供的学具,动手动脑,用操作进行分析,针对学生提出的方法展开讨论。(图3)

讨论后引导学生归纳:知道了方向和距离,可以更加准确地确定物体的位置。

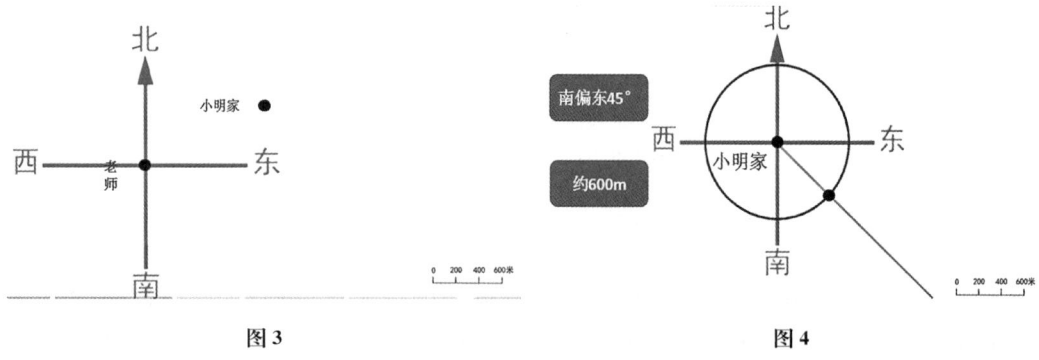

图3　　　　　　　　　　　　　　　　　　　图4

3. 找一找学校的位置。

信息 1：南偏东 45°。

提问：能准确地找到学校的位置吗？（体会南偏东 45°是一条射线，学校的位置不能确定）

信息 2：500 米处。

提问：现在能准确地找到学校的位置吗？（体会 500 米确定的是以小明家为圆心的一个圆上，学校的位置也不能确定）

学生讨论后小结：看来在确定观测点后，根据方向和距离可以确定具体的位置。用方向和距离确定位置，这就是导航蕴含的数学原理。

【设计意图】感知是数学学习的初始环节，也是用数学眼光观察世界的探索阶段。建立在原来已学过的东、南、西、北、东北、东南、西北、西南等方向描述行走路线的知识基础上，围绕"假如以老师为中心，小明家在哪里呢？"这一核心问题，驱动学生思考在二维平面上怎样表达他们的位置关系更清晰，描述更准确。活动中，根据以往学习经验，有目的、有计划、有步骤地观察，步步为营地推进学生的认识，通过独立完成、小组讨论、全班交流几个环节，在思维碰撞的过程中，逐步形成用方向和距离确定位置三要素的概念，为知识的结构化提供支柱。其次通过给出的学校所在位置的不全信息，判断学校的位置，进一步认识到观测点、方向、距离三个要素在使用这样的方法在平面上确定位置时缺一不可，为下一步由浅入深的分层练习打下基础。

(三) 应用方法，解决实际问题

1. 以小明家为中心，描述小华现在所在的位置。

2. 以小明家为中心，描述老师所在的位置。

3. 同样的两个物体的位置，为什么表述的方式不一样？

4. 小结：同样的两个位置，若观测点不同，那么表述方式也不一样，但距离不发生改变。

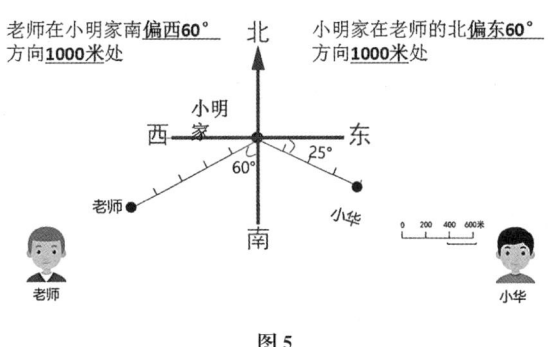

图 5

【设计意图】此环节是课中思维碰撞的又一次体现，与上一次促进知识结构化的不同之处在于，本环节着重引导学生认识到，数学学习不仅仅是掌握一些静态死板的东西，更要关注数学的综合应用与反思。在解决"以小明家为中心，描述小华现在所在的位置"这一问题时需适时抓住学生的易错点,介绍描述两个物体位置时,不但可以偏离南北的角度描述物体的方向,而且还可以小角度描述物体的方向,两种方法皆可,但要看清夹角在哪里。解决"以小明家为中心,描述老师所在的位置"这一问题的目的在于,帮助学生认识到同样的两个位置,若观测点不同,表述方式也不一样。由浅入深、循序渐进地组织练习,促使学生在运用所学知识解决问题的过程中进一步掌握用方向和距离描述物体位置的方法,有利于发展学生分析问题和解决问题的能力,培养应用意识。

(四) 对比方法,培养空间观念

1. 以前我们还学过用数对确定位置的方法,这两种确定位置的方法有什么相同的地方?

2. 追问:在确定(0,0)点的前提下只知道列,我们可以确定位置吗? 只知道行呢?

小结:看来无论用哪种方法确定位置,在确定参照点后,其实都是利用两个条件来确定位置,任何一个条件缺一不可。(图6)

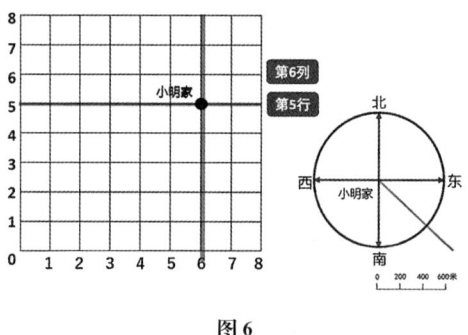

图6

【设计意图】在真实情境中找出元素之间的关系,是数学眼光形成的一条重要途径。学生通过回忆过去学过的用数对确定位置的方法,比较和体会两种不同的确定位置方法之间的区别与联系:虽表达方式不同,但无论用哪种方法确定位置,在确定参照点后,其实都是利用两个条件来确定位置,任何一个条件缺一不可。在对比中,学生体会刻画现实空间中物体相对位置关系的方法,感受知识间的联系,发展空间观念。

(五) 全课小结,感受数学价值

1. 通过本节课的学习,你有什么收获?

2. 播放视频,体会北斗导航技术的发展。

【设计意图】总结本课所学内容,进一步加强知识的结构化,是本环节的一个重要作用。而课末通过播放视频,体会北斗导航技术的发展,作用在于帮助学生直观理解所学知识的现实背景,体会科技的发展源自数学知识,生活信息化是基于数学的,形成对数学的好奇心,发展创新意识。

五、教学感悟

(一) 创设贴近生活的情境,激发学生数学学习兴趣

本节课在教学过程中,由于情境的创设贴近生活,学生始终保持着高度的学习兴趣,积极参与到整个探索与讨论的过程中,学生的表现大大超出了预期。学生不仅出示了预设的 3 种表示方法,还提出用东南方向与东的夹角是 60 度的表示方法。还有个别学生知道导航确定位置是用卫星,甚至知道我国的北斗导航技术。这说明现在的孩子,学习能力、学习方式已不再局限于书本、课堂、学校,因此传统的教学方式已不能满足学生的需要,教师要加强学习,要跟上时代发展的步伐。课堂教学的现代化不是一句口号,而是我们实际面临的挑战。

(二) 引导学生在探究中学习,获得数学"再创造"的感悟

数学为人们提供了一种理解与解释现实世界的思考方式,它的主要特征是数学化。2022年版义务教育数学课程标准指出:数学抽象贯穿于整个义务教育阶段。教师需要根据不同的学习任务和学习对象,选择合适的教学方式或多种方式相结合,组织开展教学。通过丰富的教学方式,让学生在实践、探究、体验、反思、合作、交流等学习过程中感悟基本思想,积累基本活动经验,发挥每一种教学方式的育人价值,促进学生核心素养发展。

"数学化"是弗赖登塔尔数学教育思想的核心。数学的根源在于普通的常识,在于学生已有的生活经验。数学教学要通过数学活动让学生亲身经历对现实进行数学化的过程,使数学变成是他们自己"再创造"的产物,而不是成人强加给他们的东西。

可见,数学化是学生自己的活动,数学化的对象是学生熟悉的现实。教师的责任首先是创设适合学生实行数学化活动的具体且现实的情境,并有效地指导他们参与到数学化的各个方面中去。纵观本节课,应用手机导航这一学生熟知的现实情境,从学生生活经验出发,引导他们逐步实现去情景经历数学化的过程,很好地体现了"把生活世界引向符号世界"横向的数学化;通过持续由浅入深创设相应的教学情境,为学生提供观察、分析、归纳、交流等数学活动的空间,引导学生体验"联系生活—问题化—动手操作—拓展与运用—对比提升"的知识发展过程,实现了"在符号世界里,符号的生成、重塑和被使用"纵向的数学化。

对于小学数学教学中情境创设问题的反思

新疆塔城市第一小学　杨伟倩

一、引言

《义务教育数学课程标准(2022年版)》明确指出数学课程内容应该具有情境性。教师利用情境教学方式使学生对知识的理解得到进一步加深,打破传统数学教学方式。在数学中问题可以说是灵魂,在学习过程中问题不断产生,以情境为载体,以问题为核心,引导学生融入情境,以发现问题为目标,解决问题为乐趣,使得学生积极探索数学知识。并且,新课标理念强调以人为本,发挥学生的主体地位。情境创设能够很好地触发学生的学习积极性和主动性,符合现代教育理念。所以,研究小学数学教学中情境创设问题非常有意义,可以创新教学思路和方法,提高教师的情境创设意识,进而更好地培养学生数学核心素养,提高学生的数学学习效果。

二、情境创设问题的基本原则

"三教"理论强调学习过程中情感态度价值观、知识与能力的培养以及社会性参与等内容都离不开教学理念的引导作用。教师在设计教案时需要充分考虑到小学生的心理发展特点,并结合实际情况来创设相应的情境模式。在小学数学课堂中,教师的作用是不可替代的,但"教"和学生学习过程之间也存在着矛盾。在教学中教师通过情境创设问题的方法引导学生快速进入课堂状态,并针对问题进行思考和讨论,进而找出问题答案、掌握知识,培养学生的自主学习能力和思考能力。在情境创设问题中,教师需要遵循三个基本原则:一是针对性原则。教师在情境创设问题时应该保证问题具有一定的针对性,不仅要密切关联所学知识,还需要通俗易懂,使得学生能够在探索中找到答案,增强学习自信心。二是层次性原则。由于数学知识的逻辑思维比较强,教师在制定问题时应该由简到难,层层递进,使得学生能够一步步理解知识,培养学生的逻辑思维方式,并让学生从小运用逻辑思维,使之常态化,进而有效提高学生的逻辑思维能力。三是趣味性原则。小学阶段的学生比较活泼好动,且对于新事物的好奇心比较重,具备善于模仿学习的特点。教师在课堂上的情境问题应该具有很强的趣味性,进而有效吸引学生的注意力,调动学生的学习积极性,使得学生更加积极地参与到课堂教学中,营造良好的数学课堂氛围,进而有效提高情境创设问题的教学效果。

三、小学数学教学中情境创设问题的反思

(一) 情境创设问题应结合学生生活实际

在小学数学课堂中,教师要以学生为主体、为引导。创设情境教学是为了让小学生对学习充满兴趣和信心。(1) 激发孩子们的好奇心与求知欲;(2) 培养孩子们良好的观察、收集信息的能力以及创新意识和实践探究精神。通过观察生活现象来获取知识并在课堂中加以应用,使学生能更多地参与到数学教学活动当中去,从而提高学习效率。

数学知识本身就来源于生活,在实际生活中有很多和数学相关的基础原型。在数学教学过程中教师可以充分发挥基础原型的作用,帮助学生进一步认识和理解数学,提高学生对数学知识的重视,将学生的生活实际创设成数学情境,让学生将数学问题生活化,使得学生能够针对生活中的问题合理地利用数学知识进行解释,从而加强学生的数学思维能力。例如:教师在讲解"面积和面积单位"知识时,先通过多媒体设备为学生展示图片和文字说明,第一张图片是一个标准的足球场;第二张图片是小学校园,面积大约等于两个标准足球场;第三张图片是中学校园,面积大约等于四个标准足球场。教师让学生观看图片,并提问学生从中可以得知什么。有的学生回答:中学校园面积是小学校园面积的 2 倍。有的学生回答:中学校园面积比小学校园面积大。接着教师再展示神舟六号飞船降落伞图片,并告知学生降落伞的面积大约有半个足球场那么大,引导学生利用语言描述飞船降落伞的面积。虽然学生对校园、飞船降落伞等不熟悉,但是利用打比方的方法可以让学生大概了解它们的面积大小,通过一个标准的参照物将面积进行量化。在学生有了初步认识后,教师可以结合学生生活实际创设情境,向学生提问:我们放学回家后妈妈问课桌面的面积有多大,同学们会通过什么为标准进行打比方呢? 学生们回答可以将书、练习本、树叶、纸杯等作为标准。接着教师将学生分为四个小组,亲自动手利用不同物品铺满整个桌面,进而观察课桌面的面积有多少个物品那么大,并让小组选出代表进行说明,同时引导学生回忆在桌面铺物品的过程,物品数量是怎么得出来的,是用一行的数量乘以几行的数量,提问学生:可以通过这几种物品得到一样的结果吗? 为什么同样的桌面,表示面积的数却不一样呢? 这些问题引发学生的思考,让学生回顾长度单位的学习,当时利用小刀、铅笔、手测量课桌长也是获得不一样的数,当利用厘米长度单位后,便有效解决了结果不一样的问题。所以,在计算或测量面积大小时,应该利用同样大小的正方形面积作面积单位,进而使得学生真正理解课堂知识,通过生活实际掌握更多的数学知识。

(二) 利用情境创设问题引发学生思考

教师的作用不容忽视,但更重要的是引导学生思考问题。因此,在课堂教学中要注意启发诱导。首先,不能只注重知识和技能的传授。老师应该多提问、发问,也可以适当采取鼓励式教育或合作讨论等方式,调动学生的积极性与主动性。其次是激发思维兴趣。最后,培养学生的创造能力以及创新意识。教师应根据实际情况,结合小学生心理特点及认知规律,对

所创设问题情境提出科学合理的建议并及时引导学生思考,达到事半功倍的效果。在小学数学课堂教学中,教师要善于引导学生的思维,并让他们学会思考和解决问题。具体做法是:(1)引导学生通过语言表达对问题、情景等知识点进行分析或探究;(2)通过观察生活情境来了解小学生的学习兴趣与爱好,以及掌握事物发展趋势与特点等情况下的心理状况。

　　情境创设问题在数学教学中能有效地引发学生思考,结合教师制定的问题情境获取数学问题,通过对问题的理解进行思维逻辑展开,进而推理出问题的正确答案。在课堂中教师应该为学生准备充分思考数学问题的时间和机会,让学生成为课堂的主体,充分调动学生的学习积极性,激发学生发散数学思维的能力,避免完全跟随教师思维看待数学问题,教师需要注重培养学生独立解决情境问题的思维能力。例如:教师在讲解"口算乘法"知识时,以小故事情境为切入点,激发学生的学习兴趣,引出课堂知识,并通过闯关的方式出示试题,让学生积极参与到课堂学习。如:第一部分口算卡片 $6×5=($　　　$)8×3=($　　　$)$;第二部分口答 5 个十是多少,10 个十是多少;第三部分说出每个数字表示什么。接着为学生创设游乐园玩耍的场景,并让学生用乘法进行计算。如:旋转木马每人 3 元,3 个人玩需要多少元?学生计算完以后,让学生思考如果 10 个人玩又需要多少钱,并让学生说出是通过什么方法计算的,进而类推出 20 个人、100 个人、1 000 个人分别需要多少元。让学生通过不同意见的交流,了解其他解决方法的思维方式,并让学生自主根据所学知识尝试写口算乘法,使得学生掌握整十、整百、整千数乘一位数的口算方法,并理解口算算理,进而能够利用知识有效地解决实际问题,提高学生的数学运用能力。

(三) 确保情境创设问题符合学习实际

　　教师在构建情境问题时,应该全面考虑情境内容和数学知识之间的关联性、情境教学的意义与学生思考的价值,避免为了创设情境而虚构一些并不存在的生活场景,使得情境问题和学生学习实际不相符。在数学教学中,教师应该注重培养学生的数学素养,在课堂内容和生活相结合之中加强学生的学习自主性,使得学生可以根据数学实例独立自主地思考问题。例如:教师在讲解"认识四边形"知识时,先让学生大胆猜一猜四边形的样子,并让学生将课件中认为是四边形的图形圈出来,再让学生说一说为什么这样选择。展示两类图形,让学生及其同桌共同观察图形特点。有的学生回答有 4 条边,有的回答有 4 个角,进而教师提问为什么有的图形具备这两个条件,却不是四边形。学生回答图形中有条边不直。让学生动手修改图形,以便加深学生对知识的理解,并让学生寻找周围哪些物体的表面是四边形,如:课桌面是长方形、瓷砖是正方形等。学生以小组合作的形式对不同形状的四边形进行分类,并由小组推荐一名学生发言。有的学生按角分,有的学生按边分。如:长方形、正方形属于直角类;梯形、平行四边形、菱形不属于直角类。学生根据自身的想法进一步认识了四边形。借助不同形状的图形,让学生自由发挥拼成一个四边形,从而感悟四边形的概念和特点。在学习过程中,学生可以很自然地联系到实际生活,问题的制定也是符合学习实际,这使得课堂教学更加高效。

(四) 加强学生情境问题的学习体验

小学阶段的学生对于新鲜事物好奇心比较重,在课堂中不能长时间集中注意力,教师需要根据创设情境提出不同的问题,满足学生的好奇心,使得学生能够集中注意力思考、解答问题,增加学生的学习体验感,使得学生能够在学习过程中获得乐趣,提升对数学知识的认同感,加深学生对数学知识的印象。在创设情境问题时,应该适当融入趣味性,激发学生的学习兴趣,吸引学生的学习目光,使得学生积极融入情境当中,有效提高数学教学效率和质量,增加学生在课堂上的互动性和参与度,进而营造出轻松、和谐的课堂氛围,从而提高班级凝聚力。例如:在讲解"千克和克"的知识时,教师可以创设超市情境,便于学生进一步理解数学知识。教师需要提前准备1千克袋装洗衣粉、两包500克的食盐、盘秤等。学生分成若干小组,各个小组成员分别准备一样物品,如:1千克水果、1千克面粉、100克肥皂、1克药包、1克茶包、10克板蓝根等,并将物品陈列在不同位置,遮盖住物品重量。教师扮演超市收银员,学生则扮演顾客,要求小组学生购买的物品重量达到指定重量标准,如:2千克、1 500克、1 110克、50克、10克等,让学生通过掂一掂感受物品的重量,并将所购买的物品进行重量对比,使得学生记住不同重量的感觉,在游戏完成后通过盘秤称一称,让学生说出盘秤的计量单位是什么。学生回答为千克,称重500克的食盐,让学生观察盘秤数字为0.5,再加500克食盐,数字变为1,让学生思考二者之间的关系,使得学生明白500克等于0.5千克,1 000克等于1千克,通过真实、生动、有趣的情境,调动学生的学习积极性,使得学生积极参与课堂活动,在活动中掌握数学知识,深化学生对知识的理解,锻炼学生的计算能力,有效提高数学教学质量。

四、结语

综上所述,在小学数学教学中情境创设问题是非常重要的。在实际课堂中情境创设问题应结合学生生活实际,使学生能够进一步认识和理解数学知识,利用情境创设问题引发学生思考,有效培养学生的思维能力;确保情境创设问题符合学习实际,使得学生能够独立学习,加强学生情境问题的学习体验,激发学生的课堂积极性和主动性,不仅让学生掌握知识,还能够培养学生数学素养,促进学生全面发展。

参考文献

[1] 万李鹏.对小学数学教学中情境创设问题的反思[J].学苑教育,2022(20):94-96.

[2] 薛红科.浅谈农村小学数学教学中情境创设问题的反思[J].试题与研究,2021(29):167-168.

[3] 李越.小学数学教学中问题情境创设的现状调查与实施策略研究[D].河北师范大学,2021.

[4] 季胜男.小学数学教学中创设有效问题情境的策略研究[D].渤海大学,2015.

【专家评析】

在小学数学课堂中,我们会发现问题是很常见的。如何让学生学会学习?这就需要教师能够从教学内容、方法和手段等方面来挖掘新课改下的情境教育。而创设具体生动有趣的话题则可以帮助老师更好地开展教学活动,提高授课效率与质量;同时也能激发小学生对知识点及技能掌握情况和理解能力等各层面上不同层次的发展需求,使他们在课堂中体验到学习乐趣,从而提升学生数学素养水平。该论文选题具有很强的应用价值,作者在吸收学术界研究成果的基础上提出了自己的看法,文字通顺、流畅,行文符合学术规范,材料比较充实,叙述层次分明,有较强的逻辑性。

随着基础教育课程改革的进一步深化,以发展学生"核心素养"为目标,要求实现课堂教学转型。将"三教"理念落实在小学课堂教学之后,作者对于小学数学教学中的情境创设问题有了自己的反思,通过阐述课堂教学中"教思考,教体验,教表达"的具体做法,体现了"三教"思想在激发学生解决问题策略的多样性和培养学生发现问题、解决问题的能力三个方面有所收获。希望作者在今后的教育教学实践中继续总结经验,并与之前的教学模式进行比较,取长补短,使数学教学工作更上一层楼。

(评析人:骆春梅　新疆塔城市第一小学)

乡村小学数学"学困生"成因及转化策略

贵州省贵阳市南明区南明小学　崔永超

众所周知,义务教育阶段的数学学习面向的是全体学生,为学生的终身发展奠定基础。在贵州部分乡村地区,小学数学"学困生"问题尤为突出。这些学生在数学学习上表现出明显的困难,成绩落后,缺乏自信和兴趣等。随着新课标和"双减"政策的落地实施,新形势下教师决不能再通过让学生死记硬背、机械的重复训练来促使"学困生"转化。解决问题还需要抓住问题的关键。造成学生学习数学困难有很多种原因,这就需要教师通过自己的观察,借助已有的经验对他们的学习表现进行"诊断","诊断"出每一位"学困生"的成因,采取相应的对策和措施做到"对症下药"。教师需通过转变学生的思想、纠正他们的行为习惯,促使"辅困"这项工作落到实处。最终,这类学生经历由"学会"到"会学",让学习变得有趣、有味、有用。针对这一问题,本文旨在探讨乡村小学数学"学困生"的成因,并提出相应的转化策略。

一、"学困生"成因

(一)家庭氛围影响

家庭氛围对孩子的学习发展具有重要影响。在乡村地区,为了提高家庭的生活质量,存在父母常年外出务工,学生由爷爷奶奶看管的情况,致使许多留守儿童缺乏父母亲情的关爱和科学合理的家庭教育。也有部分家长由于自身受教育程度的限制,无法从家庭角度为孩子的学习提供帮助,这可能导致孩子们在课下数学学习上遇到困难时不能及时解决。此外,家庭对孩子的教育期望也是一个关键因素。如果家长对孩子的教育期望不高,他们可能不会为孩子提供足够的学习资源和支持,这可能会影响孩子的学习动力和成绩。

(二)教师教学方法单一

在部分乡村小学,由于师资力量和教学资源的有限性,数学教育面临着一些独特的挑战。这些挑战在一定程度上影响了学生的学习效果和兴趣,尤其是当一位老师需要任教多门课程时,情况更是如此。老师们常常需要身兼数职,不仅要教授数学,还要负责其他学科的教学。这种工作压力可能导致他们在教学方法上的创新和多样化方面缺乏足够的精力。传统的"填鸭式"教学方法,虽然在一定程度上能够传授知识,但往往忽视了学生的学习主动性和兴趣培养。对于许多小学生来说,数学本身就是一个相对抽象的学科,如果教学方法单调乏味,很容易让学生失去学习的兴趣和动力。

(三) 学习态度不端正

学习态度不端正是一个普遍存在于许多"学困生"身上的核心问题。这种不良的学习态度不仅阻碍了他们在学业上取得进步，更重要的是，它使得他们在学习过程中难以获得成功的体验。随着时间的推移，这种持续的失败体验可能会使这类学生对学习变得"麻木"，失去原有的学习热情和动力。在这种情况下，他们往往不愿意正视自己在学习上存在的问题，而是选择逃避，将原因简单地归结为自身缺乏天赋，认为无论自己如何努力，最终的结果都是一样的。

这种消极的自我认知不仅会影响他们对自己能力的判断，还会进一步削弱学习动力。这部分学生可能会开始怀疑自己的能力，觉得自己在数学或其他学科上注定无法取得好成绩，从而放弃进一步的尝试和努力。这种心态的形成，往往是由于"学困生"在学习过程中缺乏正确的引导和支持，以及未能形成有效的学习策略和方法。

(四) 不良学习习惯

不良学习习惯对学习效率有着显著的影响，甚至可能导致学习效率严重下滑。在计算方面，这类学生常常出现抄错数字、看错运算符号的问题，或者对错数位，最终导致计算结果的失误。在阅读题目时，他们可能会错读、漏读或增读某些关键信息，从而无法准确理解题目要求和数学信息，影响解题的准确性。

在课堂上，部分"学困生"往往难以保持注意力集中，容易受到外界因素的干扰，导致听课效果不佳。他们在听讲时可能只是机械地记录教师的讲解内容，而没有真正理解其中的含义和思路。这种被动的学习方式使得他们难以形成有效的知识结构和解题能力。

在课后作业方面，"学困生"往往表现出拖沓的态度，不能按时完成作业。即使完成了，他们也可能是敷衍了事，没有认真思考和检查答案的正确性。这种不良的学习习惯不仅影响学习效果，还可能导致他们对自己的学习能力产生怀疑，从而进一步降低学习效率。

(五) 学习能力不足

在深入探究"学困生"的学习困境时，我们不难发现，他们在交流、表达和思维逻辑方面存在明显的短板。这些学生在课堂上往往显得迷茫，面对问题时不知所措，无法从合适的角度入手。背后的原因，除了可能缺乏必要的生活经验和阅读能力，更关键的是他们在知识点的掌握上不牢固。首先，从交流层面来看，部分"学困生"在表达时显得语无伦次，缺乏逻辑性和条理性。他们往往无法将思维清晰地外显出来，在通过写作或实践等方式尝试展现自己的思考过程时，这种无序状态表现得尤为明显。这种困境可能是由于长期缺乏系统性的语言训练和逻辑思维培养所导致的。其次，在课堂学习中，"学困生"在面对问题时常常感到无从下手。这是因为他们可能缺乏解决具体问题的技巧和方法，在解决问题时往往无法有效地调动和运用相关知识，导致问题解决的效率低下，甚至无法完成。

二、针对"学困生"的转化策略

笔者请教了多位有经验的数学教师，很多老师在谈到这个问题时，都提到了必须要正确看待"学困生"这一群体。在充分认识到"学困生"产生学习困难的原因后，要选择合适的策略去帮助他们。通过与同行的交流，结合已有的教学经验，笔者梳理了以下几点建议，供各位老师参考。

(一) 加强学校家庭教育指导功能

学校和家庭在学生教育过程中都扮演着至关重要的角色，家庭教育是孩子学习成长中不可或缺的一部分，家长的态度和方法往往直接影响着孩子的学习效果。面对家庭教育发挥作用较弱的家庭，加强家庭教育指导显得尤为重要。学校和老师可以通过多种途径来实现这一目标。首先，可以定期举办家长学校活动，多与家长沟通，邀请教育专家或资深老师为家长们授课，讲解数学学习的重要性，以及如何在家庭中为孩子创造一个良好的学习环境。这些活动可以帮助家长更新教育观念，提高他们对数学教育的重视程度。

此外，开展家庭教育讲座也是一个非常有效的方式。讲座可以围绕如何辅导孩子数学学习、如何激发孩子的数学兴趣等主题进行，通过实例分析和经验分享，让家长们掌握更多实用的教育方法和技巧。同时，这也为家长们提供了一个相互交流、学习的平台，让他们能够从中汲取更多的教育智慧。

(二) 加强对"学困生"的关注

在小学阶段，很多学生往往会因为老师给予的关注和肯定获得认同感，也愿意在这门学科的学习上下功夫。"学困生"需要的就是这种认同感。因此教师在面对"学困生"时要有充足的耐心，因为他们在学习的过程中，很可能会出现各种各样让教师失望的表现。这个时候教师一定要控制好自己的情绪，静下心来分析他们产生这些问题的主要原因是什么。在发现他们的闪光点时，即使微不足道，也要及时给予表扬，增强他们学习数学的信心。时间久了，这部分学生自然就能感受到教师对他们的关注，也会因教师的关注，转变他们在学习上的态度。

(三) 提高学校办学水平

通常情况下，"学困生"有一个突出的共性问题，就是在面对困难时容易放弃、退缩。兴趣是最好的老师，所以我们要将自己的数学课堂变得更具有魅力。首先，应该加强对乡村小学师资力量的投入，提高教师的专业素养和教学能力。通过定期的培训和研讨活动，帮助老师们掌握更多先进的教学方法和技巧。将数学学习变成一件有味、有趣、有用的事，这将会消除学生面对挑战时内心的恐惧。因此教师在引导学生参与知识探索的过程中应设置合理的教学情境，以核心问题为抓手，围绕核心问题以及由核心问题产生的子问题串主动进行探究，在此过程中充分给予学生独立思考的时间,培养小组合作的意识,由"要我学",转变为"我要学",让全体学生都参与进来。

同时,也可以鼓励更多的教师到乡村小学任教,为教育事业注入新的活力。此外,我们应该积极争取更多的教学资源,为乡村小学的数学教学提供更好的支持。例如,可以引入合适的数字化教学设备和在线教育资源,让学生们在更加丰富多彩的学习环境中学习数学。还可以与当地的社区和企业合作,共同开发适合当地学生的教学材料和实践活动。

(四) 提高学生的学习能力

在学习时不知道在课前该如何去预习、在课上如何去倾听、在课后如何去复习以及总结,这些是"学困生"的通病。结合吕传汉教授提出的"三教"思想,我们可以从以下几个方面着手。

1. 阅读

"读"是学习的重要方法之一。在数学学习上不仅要关注解题列式的步骤,更要关注其内在联系。忽略了内在联系,相当于修建"空中楼阁",没有坚实的基础,终究是不稳定的。所以在数学阅读上,要教会学生如何去寻找与问题相关的数学信息的方法。我们可以尝试引导学生通过"三遍阅读"来解决这个问题。

第一遍初步阅读理解数学书或题目中的内容,对阅读内容有一个大致的了解。第二遍时,鼓励学生拿起手中的笔去做标注。可以标出内容中的条件、问题、关键词并进行分类,如用圆圈圈出数据,波浪线勾出问题,在关键词下面打点等方法进行区分。在数学信息过多的情况下,还可以通过画图列表的形式帮助我们去整理信息。第三遍阅读重在理解,可让学生说清楚每一处数学信息所表示的含义或对它的理解。通过三遍阅读,可以在短时间内将阅读内容高效内化,进而再通过理清数量关系形成思路,运用方法去解决问题。

2. 预习

在预习方面,建议老师们通过设计预学案为学生提供预习的方法。可围绕"通过阅读教材你有什么收获?""还有哪些问题需要我们通过课堂来解决?""这节课的学习和之前我们学过的什么内容有联系?"这三个主要问题进行设计。

我们不难看出,预学案的设计目的是为课堂教学展开铺垫,将学生的学放在课前,同时回顾曾经学过的知识有利于建立新旧知识间的联系,将知识串成线,结成网。最后带着问题投入学习,有利于培养学生的问题意识。

3. 倾听

不能高效利用课上 40 分钟进行学习,会使学习效率大打折扣。大家会发现,时间久了我们会习惯性地关注一部分学生,这往往就让"学困生"钻了空子,课堂上容易走神,这就需要教师用一定的方式方法进行引导。我们不妨换一种方式进行提问。在面对有一定难度的问题时,可通过点名回答,让在这一方面表现较优的学生回答,给其他同学起示范作用。示范结束后,这时可以再通过随机点名软件或者由做示范的学生随机邀请一名同学进行回答,检查其他同学在刚才的学习中是否仔细倾听,这就要求每一名学生在别人回答提问时必须注意力高度集中。在遇到简单的问题时,也可以采取这样的方法。

4. 复习总结

小学生的思维正处于从形象思维向抽象逻辑思维过渡的阶段。通常学生在复习整理时,整理的知识点较为零散、不全面、不成系统,对于"学困生"来说整理复习更加困难。这就要加强整理方法的指导,在教师的指导下做到有目的、有步骤、有秩序地思考。

思维导图是一种非常好的复习整理的方法,因为思维导图具有高度概括的特点,是一个简单、高效、发散性、形象化的思维工具,能够使大脑潜能得到充分开发,激发学生的创造性思维能力。

三、结论

乡村小学数学"学困生"的成因是多方面的,需要家庭、学校和社会共同努力来解决。作为一名教师,我们应该给予有学习困难的学生更多的帮助,让他们在学习中体现出自己的价值,从而使我们的数学课更具吸引力。通过加强家庭教育指导、优化学校教育资源、激发学生的学习动力、教授有效的学习方法和策略以及建立多元化的评价体系等措施,可以有效促进"学困生"的转化,提高他们的数学学习成绩和综合素质。简言之,将"学困生"从"厌倦学习"转变为"学习困难的学生"再到"爱上学习"对每一位数学教师来说都是一个挑战,这也有助于缩小城乡教育差距,推动乡村教育的持续发展。最后希望每一位教师用爱心和耐心,让"学困生"摘掉"困难"的帽子。

第三篇

学习体验

今天我是小老师

学生：姚涵予　贵州省贵阳市南明区南明小学六(1)班
指导教师：崔永超　贵州省贵阳市南明区南明小学

一、学习体验

数学课上，我走上了讲台，心中满怀忐忑与期待。一是因为这节课有很多听课的老师，二是因为崔老师"开启"了一种充满新鲜感与挑战性的授课方式，让出他的三尺讲台，由同学们自己讲题。

这节课是有关圆柱与圆锥的练习课，而我，将要为大家分享思考题的解题过程。审题、分析、构思、解答、拓展……每一个环节我都进行了精心的设计与准备，不仅对着镜子反复"演练"，还把爸爸妈妈"抓来"充当临时"学生"。

开始讲题了，我的心一直怦怦跳个不停，就好像怀里揣了十几只小兔子一样。"这道题的条件是体积比与底面积比，关键词是等底不等高。"分析完题目，我慢慢进入了状态，"解题的关键就在于，如何利用等底等高圆柱、圆锥确定的比例，来计算出高的比……"虽然我完成了讲题任务，但是因为紧张，最终还是漏讲了补充的相似题目。

回顾整个讲题过程，我得到很多收获。

讲题锻炼了我的语言表达能力，让我思维更加清晰，思路更加严密，理解更加深刻。讲题的时候，不仅需要自己清楚地知道这道题该怎么做，还要梳理出清晰、严谨、有条理的解题过程，最终还要把抽象的概念转化为算式和数学语言，通俗易懂地表达出来，这就需要讲题人不仅要知其然，更要知其所以然。

这堂课让我变被动学习为主动学习，以前都是坐在位子上静静地听老师传授知识，虽然受益匪浅，却没有满足感。自从知道可以变身"小老师"，我不仅查阅了圆柱与圆锥相关知识点的拓展资料，还主动加练了相关习题，开始去举一反三地深入钻研。整个过程不仅让我觉得津津有味，还从中获得很大的成就感。

"纸上得来终觉浅，绝知此事要躬行。"我很感谢老师能给我这样的锻炼机会，相信下一次，我一定能讲得更好！

二、学生点评

姚涵予同学作为"小老师"，为同学们分享了数学书上的这道题目。他做了充分的准备，我认为是非常成功的。首先，在整个讲题过程中，他的表达非常流畅，虽然有那么一点点紧张,但可以看得出来他在课下肯定花了不少时间。其次,他在台上不只是自己一味地讲授,还会向同学们提出问题,让大家思考、回答,对于回答正确的同学还会给出表扬,很有老师的风范。最后,姚涵予在课下与我们交流时告诉我们,其实在讲完书上这道题目后,他自己还给同学们出了一道相似的题目考考大家,可惜紧张之中就把这件事给忘了。虽然忘记了,不过我很想说:"姚涵予,你已经做得非常好了,我要向你学习!"

[六(1)班　高邵瑾]

三、教师点评

小作者第一次当着这么多其他学校老师的面,走上讲台当小老师,就能大大方方地侃侃而谈,那份从容和自信主要来源于以下几个方面。一是在平时课堂中他经常积极举手回答问题,积极走上讲台参与课堂活动。所以在面对同学们时他才勇于表达自己的想法,做到从最初的生硬表达到现在的游刃有余。二是课下对题目的多角度思考以及知识点的资料查阅。任何学科的学习都需要进行思考和探索,尤其是数学学科,没有思考,不会探索,就不算真正的会学数学。小作者因为"完成了讲题任务,但是因为紧张,最终还是漏讲了补充的相似题目"而稍稍留有遗憾,但是这种不完美才是课堂教学的真实存在。经过这样的学习体验,学生会为消除"遗憾"而去追求完美,为今后努力做到趋近完美找到前进的方向。

四、教学反思

新课标指出数学教育中学生要形成"会用数学的眼光观察现实世界,会用数学的思维思考现实世界,会用数学的语言表达现实世界"的核心素养。在小学阶段,教师如何在课堂教学中落实"三会",成为教师亟待解决的重要问题。2014年1月,贵州师范大学吕传汉教授提出"在数学教学中教思考、教体验、教表达的教育理念,尝试用'三教'引领'创设数学情境与提出数学问题'教学,进而培育学生核心素养"的理论。结合新课标,我将吕传汉教授的"三教"教育理念融入课堂,开启了"官教兵、兵教兵"的小学数学教学模式的探索。秉承"听进去不如学进去,学进去不如讲出来"的理念,适当地让学生成为"小老师",既能让课堂变得高效,又能培养学生的能力。因此,教师在教学中要敢于让出讲台。要实施好"兵教兵、兵强兵、兵练兵"的教学模式,可以从以下几个方面着手。

(一) 鼓励学生敢于表达

在课堂上,教师应该鼓励学生积极表达自己的思想和观点,可以创设合适的情境,采用开放式的问题让学生自由发言。鼓励学生站上讲台,面对全班同学畅所欲言地表达自己的观点,学会向其他同学提问及互动。在此过程中,教师可以采用提问的方式,如:"你们觉得他说得好不? 好在哪? 有什么值得你学习的? 你有什么建议给他?"这一系列问题,使全班学生参与其中,对做得好的及时给予肯定,对做得不够好的委婉指出不足之处促其进步。通过这种方式,可以让学生更好地表达自己的想法,同时也可以锻炼他们的口头表达能力。

(二) 引导学生善于表达

教师需要引导学生准确地设计和表述问题。在数学学习过程中,学生应该了解数学词汇、公式、符号、图表等基础知识的应用。引导学生理解和掌握数学的概念和思想,以便更好地表述数学问题。例如,在每节课开始前布置预习作业、提出预习要求,我要求学生在预习时想一想:通过预习,你有什么样的疑惑? 在课堂开始阶段收集学生们提出的问题,并围绕有价值的问题展开学习。在讨论的过程中,教师可以鼓励学生使用一些关键词和逻辑方法来描述步骤和解决方案。例如,我采取的方法是,学生讨论自己提出的问题,围绕波利亚解决问题四步法(弄清题意、制定计划、动手操作、回顾反思)进行表达。在此过程中,引导他们学会在各个步骤中使用合适的语言。

(三) 提供多元表达方式

学生的发展具有个体差异性,不同的学生其表达能力存在差异,体现在语言表达能力强弱和方式偏好等方面,其中常见的学生表达方式有口头表达、书写表达、图形表达、绘画等多种方式。在数学课堂中,学生要表达自己的想法,教学中就要提供多种选择,让学生选择自己擅长的表达方式,使每个学生都有机会表达自己的想法。同时,教师应该提供清晰明了的指导和参考范例,使学生了解每种表达方式的要素和步骤。在课上我鼓励学生小组合作,采用自己擅长的表达方法,在各组间分享自己的结果。比如,让同一组的学生中语言能力较强的负责介绍思考过程,擅长写和绘画的配合讲解进行板书演示,他们在台上相互配合能让教学变得活跃有趣,也让组间交流更加直观有效。

(四) 培养写作促进表达

写作并非语文课的专利,数学课中也一样能用其理清思路、归整逻辑。因为写作是一种更加正式和系统的表达方式,可以让学生更加深入地思考问题。在教学过程中,教师可以采取让学生进行写作练习的方式,来培养他们的数学写作能力。从 2018 年开始,我在吕传汉教授的建议下,尝试进行语数学科融合,在课堂中与语文老师相互配合,鼓励学生撰写数学日记和数学小论文。从学生撰写的小论文中,我们可以直观地看到学生参与学习的体验。教师也可以以学生的体验为依据反思自己的教学,提升课堂效率。采用这样的方法,不但加深了学生的学习体验,而且在写作过程中,教师可以引导学生注意文字的规范和语法的正确,帮助他们理清思路,同时也解决了作业形式单一、缺乏整体性、学科融合性等问题。

在"双减"政策背景下,想要达到提质减负的目标,我们不仅要关注教师自身教学能力的提升,更要关注以学生为中心的教学方法的创新改革。这就要求教师引导学生在问题解决中促进思考,在师生互动中训练表达、交流,在参与真实有效的学习活动中加深体验。在"三教"中逐步实现"三会",培育学生思辨能力,从而促进学生健康成长。

五、专家评析

课堂教学中学生的学习是否发生？是仅局限于知识的记忆、理解的浅层学习，还是分析、应用、评价、创造的深度学习？这些问题的答案在于教师教学上的科学引领。

本节课让学生当了"小老师"。任课的崔永超老师，在教学中"开启"了一种充满新鲜感与挑战性的授课方式，让学生姚涵予走上三尺讲台向全班同学展示讲题。还让同班同学高邵瑾对姚涵予的解题讲课进行"点评"。然后，教师再针对学生的课堂讲授、交流评价进行教学反思。

这是在小学数学讲台上授课方法的一个大胆的改革尝试。适当地让出讲台，让学生成为"小老师"，既能让课堂变得高效，又能促进学生深度学习。它有利于儿童在解决问题的过程中增长智慧，在理解、感悟中增长智慧，在共同体的表达、交流中增长智慧，在生生互动的学习中建构知识，促进深度学习和培养学生的学习能力。这是"以学生为中心"、把"教"的研究转向"学"的研究的一种良好的教学举措。

（评析人：吕传汉　贵州师范大学）

丫丫"行医"

学生：张倬语(口述)　新疆塔城市第六小学五(4)班

指导教师：曹文彩　新疆塔城市第六小学

一、学习体验

小马虎最近学习了小数除法，可是在计算时总是出错，这可把他急坏了。丫丫自告奋勇要当小马虎的"主治医生"。

小马虎的错题： $10.8 \div 12 = 9$

$$
\begin{array}{r}
9 \\
12 \overline{)10.8} \\
\underline{108} \\
0
\end{array}
$$

丫丫坐诊： 小数除以整数，商的小数点要和被除数的小数点对齐，除到被除数的哪一位不够除时，就在商的相应数位写 0 占位。这道题的被除数 10.8 的整数部分是 10，10 比 12 小，整数部分不够商 1，要用 0 占位。

$$10.8 \div 12 = 0.9$$

$$
\begin{array}{r}
0.9 \\
12 \overline{)10.8} \\
\underline{108} \\
0
\end{array}
$$

小马虎的错题： $3.48 \div 0.4 = 0.87$

$$
\begin{array}{r}
0.87 \\
0.4 \overline{)3.48} \\
\underline{32} \\
28 \\
\underline{28} \\
0
\end{array}
$$

丫丫坐诊： 在计算除数是小数的除法时，要转化成除数是整数的除法来计算。商的小数点要和移动后的被除数的小数点对齐。

$$3.48 \div 0.4 = 8.7$$

$$
\begin{array}{r}
8.7 \\
0.4 \overline{)34.8} \\
\underline{32} \\
28 \\
\underline{28} \\
0
\end{array}
$$

怎么样,丫丫这个"主治医生"是不是很合格?听完丫丫的讲解,小马虎终于弄清楚了自己出错的原因。同学们,你们以后做题时可不能犯这样的错误哦。

二、教师点评

小数除法学习中这两处错误是同学们经常犯的。遇到除数不够除要用 0 占位;除数的小数点向右移动几位,被除数的小数点也要同时向右移动几位;商的小数点要和被除数的小数点对齐。这三点是本次学习内容中的重难点,对于部分同学来说,常常会因为马虎导致计算错误。张倬语同学观察仔细,算法清楚,数学语言表达非常准确,准确找出错因并进行了错因分析和改正。能把自己在课堂上学到的算法算理,以数学情景故事的方式准确地叙述出来,过程写得十分详细、具体,体现了数学计算的趣味性。你的学习方法非常有效,尤其是以"小医生"的身份帮助同伴诊断错题的方式,找出错因并说出自己的思考方法,这说明你上课时是非常认真地在听课,并且会独立思考,善于在练习中找出错误。总结和归纳错误,可以有效避免错误出现。通过你的叙述,老师发现你已经熟练掌握小数除法的算理了,要是再能举一反三,给小马虎再出几道相似的题,就更能考验小马虎是否有进步了,让他从"知道"变得"会学"。丫丫可真是一位合格的"小医生"。

三、教学反思

(一) 教思考:在示错中,说出错因

教学小数乘小数的计算方法后,总是有学生忘记给积点上小数点,或数错积的小数位数之和,导致计算错误。于是,在学完这单元后,我让学生利用纠错本搜集这样的错题,在练习课中讲解。课上,学生把错题抄在黑板上,俨然一位小老师似的,让同学们判断对错,并提问同学这道题错在哪里。别的同学在说的过程中,大家认真倾听,听完后互相交流,最后确定错在小数点的位置不对,是因为在算小数的位数之和时,应该是两个因数的位数相加之和。学生在集体讨论中,再次归纳出小数乘小数的计算方法,这个过程都是学生自己说出来的,记得清楚,印象深刻。

在示错中,指导学生说出错因。课堂实践中,我发现教师要给学生时间做纠错练习,针对习题中的易错题,要求学生在课前、课后进行搜集,并在课中让学生及时呈现出来,这样改错有效及时。呈现的方式多种多样,可以板书,可以屏幕投影,可以录制成小视频讲解,还可以像这次一样以创设故事情境的方式进行讲解。在说错因时,教师可以引导学生从读题入手,出示摘录的错题,在辨析中用符号或红笔把错的地方标注出来,并就错因进行分析表达,依据所学数学知识验证自己的结果。在示错中,引发全班学生的质疑与思考,既能体现学生共学的乐趣,又能发展学生读题说题的表达能力。

(二) 教体验:在辨错中,说出思路

在教学被除数是小数,除数是整数的除法计算中,在被除数遇到某一位不够除时,有学生

忘记商0占位,这是学生在计算练习时易错的地方。于是在课下,我让学生找出同样类型一道题的两种解法,在课堂中出示后,试着和其他同学对比分析,判断哪种做法是正确的,哪种做法是错误的。学生的智慧火花被点燃了,在辨析与交流中,学生找到这道题的易错点,并进行了错因分析,即:这道题除到十分位为什么商0占位?最后明确错因,全班学生在共学共思的基础上,将本节课的重难点在轻松的学习氛围中突破了。

在辨错中,引导学生说出思路。这种学习方式能让学生的思维大门一下子打开,激起学生思考的积极体验,勇于表达的信心。班上平时不爱说话、数学基础不太好的孩子,也能在交流中找到自己的发现,在倾听与表达中对自己先前模糊的知识有了较为清楚的认识。不同层次的学生在说中辨析自己的认识,通过不断地反思与交流,解题技巧在学生心中落地生根,学生的辨析与表达能力得到内化。

(三) 教表达:在评错中,说出想法

纠错本,中学生利用符号、红笔标出易错点及思路,或利用文字进行归纳整理,这两种评错方式是学生在纠错本中比较常用的方法。学生在运用符号或文字标注时,就已经引发他的思考,在头脑中对建构的知识进行合并、加工和重组,学生经历着思考的过程,锻炼其数学思维。

在评错中,鼓励学生说出想法。数学课标指出,在帮助学生克服困难、跨越障碍后,要及时帮助学生反思取得的成功经验。在日常纠错练习中,教师要鼓励学生学会反思,这种反思是课堂当中随机表达出来的,可以是课后在纠错本或错误日记中整理写下来的,反思性学习可以通过语言、文字或符号"说"出。每个单元学习结束,布置反思性的作业,不但培养学生的归纳整理能力,而且引导学生进行反思性学习。对于不爱表达的孩子来说,可以选择其他喜欢的方式进行表达,尊重学生的个性差异。

(四) 在改错中,说出发现

利用数学改错,能培养学生敢于求异、勇于探索、大胆表达的意识和能力,数学习题中错题就是培养这种品质和能力极有效的资源。在平时的学习中,我试着培养学生及时摘录错题的习惯。学生把原题目写下来或粘贴下来,并就发现的易错点进行标注分析,学生使用线段图、思维导图等多种方式呈现自己的思考过程,在探究中发现规律,得出结论。

在改错中,培养学生说出结论。教育家斯宾塞说:"学习任何东西的最佳途径是自己去发现。"那么培养学生的发现意识,就成为让学生学会自主学习的重要目标之一。在课堂教学中我们可以利用学生学习中出现的错误,充分挖掘错误中潜在的智力因素,由此提出具有针对性和启发性的问题,创设一个自主探究的问题情境,引导学生从不同角度审视问题,让学生在纠正错误的过程中,自主地发现问题,解决问题,深化对知识的理解和掌握,培养学生的发现意识。

以上思考和做法,还是有许多不足,学生的错例反映了学生的学习中出现的困难与障碍,我要关注这些错例,展开分析,设计有深度的教学活动,是帮助学生进入对知识深层理解,降

低错误率的必然途径。今后我要多研读吕教授的"三教"教学理念，多读教育教学类专著，认真吃透教参、教材，多关心了解学生。学生在数学学习中，经常会遇到这样或那样的错误，教师要重视这些错误，引导学生在体验、思考、表达中学会抓住这些错题资源，把生成的错例作为学生发展的生长点，不但会找错，还会列举出相同类型的题目，学会举一反三，在各种纠错中，培育学生"说数学"。让学生在经历从不会做题到会做题再到会编题的学习过程中，培养出良好的数学思维品质。

四、专家评析

本课设计精巧，寓教于乐，让学生在自己创设的情境故事中加深对小数除法的熟练掌握，并且以小医生治病的方式分享给小伙伴，体现了合作学习，调动了孩子学习的积极性。看完后，我主要有两方面的思考：

第一，在"双减"背景下，我们如何利用好错题本？在正常上课时间，怎样把握好时间分配？这需要老师们在备课中有所设计。

第二，运算能力作为核心素养之一，它全面支撑几大学习领域，贯穿不同学段，对于计算教学，使用什么方法才能让孩子觉得计算有趣而不枯燥。

因此，把"三教"这种新型教育理念引入教学过程中，是能达到事半功倍的教学效果的。

（评析人：刘淑青　新疆塔城市教育和科学技术局教研室）

简单又不简单的打电话

学生：袁绍依（口述）　新疆塔城市第五小学一（2）班

指导教师：谭爱玲（整理）　新疆塔城市第五小学

一、学习体验

今天又上了我最喜欢的口语交际课，真是太开心了。

这是我们这学期上的第三次口语交际课了。我特别喜欢上口语交际课。因为谭老师说要看语文学得好不好，就看你是不是能说会写。我们现在会写的字还不多，但是我们要学会说。

开始上课了，谭老师让我们猜了一个谜语，大家七嘴八舌地说：是"电话"、是"手机"。谭老师微笑着说：电话和手机已经成为人们生活中不可缺少的物品了，那你们都会打电话吗？我心想，这还不简单，打电话谁不会呀？接着，谭老师带我们一起学习绘本故事，是熊猫和小猪打电话的过程。我们边听边猜，天啊，原来打电话里的"小秘密"还真不少！谭老师先让我们说一说打电话时有哪些"小秘密"，又提醒我们看一看熊猫和小猪打电话符合不符合我们自己说的"打电话先拨对号码，说话要有礼貌，还要把事情说清楚"这样的要求。接着又让我们一起读这首儿歌，我到现在还记得：打电话，先拨号；问声好，把名报；说事情，要简要；说再见，有礼貌。接着，谭老师又让我们看了几幅图，教我们发现打电话的其他"小秘密"。然后，我们又分小组，根据老师给的几幅图练习打电话，选择自己最喜欢的一个，表演给全班同学看。在大家一次次的表演中，谭老师又让我们来夸一夸表演的同学哪里表现得好，哪里可以再改一改变得更好。当我听到同学们夸我和齐一伊的表现好的时候，我的心里美滋滋的。最后，谭老师让我们看看大屏幕上的电话号码，我一看，这不是"110""120"和"119"吗？当老师问我们是否会打这些电话时，我们异口同声地读起了黑板上的儿歌。谭老师笑着说：除了这些，还有没有其他要注意的地方呢？朱振宇第一个举手，说要说清楚地址，不然消防车还没有开到地方东西都烧完了，那我只能哇哇大哭了。同学们都哈哈笑了起来。老师又告诉我们如何正确地打这三个急救电话。这节课我们一边说，一边看，一边玩，一边学，真是太好玩了。

不过话又说回来，我以为这个简单的、谁都会的打电话，其实也不简单哦。

二、教师点评

本次口语交际活动是围绕"打电话"这一主题展开的。对于一年级的学生来说，上好口语交际课并不太容易。袁绍依同学，你是一个特别喜欢表达的孩子，在这节口语交际课中，你善于思考,思维灵活,口语表达也十分准确。你能把这节课上的情景和自己在课堂中得到他人夸赞的心情清楚地叙述出来,过程说得十分详细、具体,又体现了课堂的趣味性。你在这节课中不仅能积极参加到与同学们的交流分享中去,还能认真地倾听他人说话,遇到不清楚的地方及时提问。在小组讨论和展示过程中,你和齐一伊精彩的表演既有趣也让同学们知道了接到陌生人的电话要怎么做,还教会大家要注意安全,真的很不错。通过你的叙述,老师发现你已经能合理地组织自己的语言,并且能流利地表达出来。相信你不仅学会了打电话,也学会了如何更好地说话。

三、教学反思

语言是重要的交际工具和思维工具,语言发展的过程也是思维发展的过程,二者相互促进。好的语言表达是学生优质思维的一种外显与表现,是思维得以深化的重要载体,是优化课堂教学的前提条件。本次口语交际活动是围绕"打电话"这一主题展开的。通过几个场景展示了打电话时应注意的一般要领,并把事情说清楚等打电话的方法,使学生知道有关打电话这种交际手段的一般常识和基本要求;培养学生在交际中良好的听话、说话习惯,对学生进行文明礼貌教育,养成大方有礼貌的说话态度。在本节口语交际课教学中,我主要是让学生掌握简单的交际方法,初步培养学生正确的语言表达方式,让学生明白怎样和别人打电话,做到语言上表达清楚、简单明了。所以在教学中我通过提问、质疑、讨论等方式让学生明白道理、训练思维,提高学生的口语表达能力。

《义务教育语文课程标准(2022 年版)》明确指出:"语文课程是一门学习国家通用语言文字运用的综合性、实践性课程。"语文课程应引导学生热爱国家通用语言文字,在真实的语言运用情景中,通过积极的语言实践,积累语言经验,体会语言文字特点和运用规律,培养语言文字的能力,同时发展思维能力,提升思维品质。贵州师范大学吕传汉教授提出"教思考、教体验、教表达"(以下简称为"三教"),这种在学科教学中教学生积极思考、自主体验、善于表达的教育理念,特别符合新课标要求的致力于全体学生核心素养的形成和发展。

(一) 注重幼小衔接,关注学生心理、生理特点

低年级学生大多数敢说,爱说,可是让他们静下心来先听别人说,他们的注意力就很容易分散,可能会影响到他们所听到的内容和他人说的是否一致。若真是这样,都没听明白还怎么与人交际呢?所以我选择图文结合的绘本故事《打电话》,通过熊猫和小猪打电话的故事,引导学生去发现打电话时要注意哪些问题。通过绘本故事,找出故事中打电话的错误示范,引导学生说出正确方法。先让学生看视频,说说哪些地方做得不够好,从交谈的过程中使学生明白接打电话时应该怎么做。学生讨论得很激烈,我也及时为他们总结了接打电话时需要注意的地方。这种方式更符合这个年龄段孩子的认知特点,也在一定程度上提高了学生的学习兴趣。

(二) 创设真实的交际情境,多边互动,培养交际能力

在课堂上,我尽量避免创设单一的、失真的情境,而是与生活连接,使学生有充足的表达空间。我在课堂上用了大量时间,注重采取多种形式,特别是全班学生都能参与的形式,让学生在动态的口语交际实践中增强交际能力。这也给了学生充足的语言实践的时间与空间,保证学生有充分的"说"的时间和自由的"说"的空间。整节课上,我就是这样创设了师生互动、生生互动、群体互动等多种形式,通过情境创设、情境再现的方法,让学生多次参与情景剧的表演,将课堂还给学生,以学生为主体,让学生在练习中互相学习,取长补短,共同提高。学生在各种情境中,快快乐乐互动交际,轻轻松松实践语言,从而培养了口语交际能力。本课设计了多种多样的交际情境,不时地将学生引领进特定的情境中,激起学生的心理体验,激发学生的表达欲望。

在课堂上我结合几组生活中常见的打电话场景,借助不同的话题,组织学生学习拨打邀请电话、请假电话及其他电话,意在使学生将所学的打电话技巧,通过具体场景演示运用于生活,并学会拨打各类电话。比如,模仿日常生活中经常出现的场景让学生练习打电话,生病了向老师请假,忘记写作业了向同学询问,让学生在练习的过程中初步掌握接打电话的正确方式。小学生的表演欲都很强,角色表演能激发学生参与交际的热情。为了演好角色,学生都努力地使自己的口语表达更清楚、更完整、更符合角色的特点,学生的交际能力在表演中得到了锻炼,得到了发展。

(三) 发挥多元评价的主体作用,以评促说

低年级孩子同样有接受评价和评价他人的需求。正如新课标要求:"第一学段的评价要特别重视保护学生的学习兴趣和积极性。"这节课我关注到要评价学生口语交际的态度和习惯,重在鼓励学生自信地表达。在课堂中我充分尊重学生的主体地位,关注到学生的学习兴趣、学习能力和个体差异,引导学生进行自我评价和相互评价。比如,在小组练习打电话中,小组四个成员分成两队,相互观看对方的表演,并要求提出好的建议,把表达不好、不准确的地方改一改。在整堂课中,我不仅关注到学生的表达,也关注到学生的倾听习惯的养成,还教会学生在评价他人时要有一定的方法,可以先肯定他人做得好的,再提出中肯的建议。注意激励性的教学评价,不管学生说得如何,如果我总是说好,是不能调动其积极性的,我根据学生说话的程度和水平给予不同的恰如其分的评价。好的固然要肯定,不足的更要指出,分析原因,并有针对性地修正。在这个过程中,我没有包办代替,而是引导学生共同参与,形成师生评、生生互评、生自评的局面,引导学生评语言、评仪态,带着学生评所说内容的有序性和思路,达到以评促说的目的。

四、专家评析

口语交际是小学语文教学的重要组成部分,它贯穿语文教学活动的各个环节。本堂口语交际课教学内容充实,能体现新课标的理念,学科素养凸显,以打电话这个贴近学生生活的话

题,让学生情境表演,注重互动,实现信息的交流,达到交际的目的,也提高口语表达能力。在这堂课上学生不仅能够自己表达,也能学会如何倾听别人的意见,学会如何根据某一个话题发表自己的看法,从而培养了学生的语文学科核心素养,充分体现了学生的主体地位。

情境是口语交际的前提。开展口语交际活动需要教师根据学生的特点,创设一个个有趣味性的情境,引导学生进入情境,提高学生语言交流的能力。这堂课利用多媒体创设情境,不仅活跃了课堂氛围,也有助于学生直观地了解事物,融入情境之中。教师重视创设情境教学,丰富语文课堂。一是选择创设贴近学生生活的交际话题。二是根据情境先让学生小组内讨论交流表演,再进行全班交流展示。因为这个情境是生活的再现,学生表演得很真实,在生活中学习交际,体现了语文教学的实践性要求;在情境中引导学生学习在交际中认真倾听,理解意图,还引导学生快速思考,做出应对。

针对一年级学生,教师还关注到幼小衔接的问题,选择了符合本年龄段孩子特色的、乐于接受的方式完成学习。在评价中,这堂课从三个角度分别进行:能不能倾听,会不会表达,是不是理解。合理的评价可以激励学生,也为学生今后的发展提供方向。值得肯定的是,评价不仅由教师进行评判,还适当引导学生自身、同学加入其中,成为课堂评价的主体。

本堂口语交际课的学习,除了发展学生的语言能力以及思维逻辑之外,也为学生今后的社交奠定了基础。

这是"三教"新的数学教育模式在其他学科中的介入成功的一个例证。

(评析人:刘淑青　新疆塔城市教育和科学技术局教研室)

巧计算的蛋糕师

学生：李烁岩　中国农业大学附属小学

指导教师：赵欣然　中国农业大学附属小学

一、学习体验

萝卜镇上有一位很棒的蛋糕师，他就是胡萝卜阿波。镇上生活着年长的黄萝卜阿达爷爷和一群快乐的小萝卜，每一个小萝卜都喜欢吃阿波烤的蛋糕。特别是每当阿达爷爷过生日时，他都要请阿波烤许多香喷喷的蛋糕，邀请小萝卜们一起来庆祝。

阿波最拿手的是蓝莓蛋糕和草莓蛋糕。蓝莓蛋糕小，每个蛋糕够分给 2 个小萝卜吃；草莓蛋糕大，每个蛋糕够分给 5 个小萝卜吃。

今年阿达爷爷的生日又快到了，他找阿波商量烤蛋糕的事。

阿波面带愁容地告诉阿达爷爷："爷爷，我的蓝莓和草莓都不多了。蓝莓只够做 20 个蛋糕，草莓只够做 15 个蛋糕。您想邀请多少小萝卜参加生日聚会呢？"

阿达爷爷说："我想邀请 50 个小萝卜，但是不知道那天究竟会来多少个小萝卜。"

阿波听完，稍加计算后，开心地笑着说："如果来 50 个小萝卜的话，那我的蓝莓和草莓足够啦！"

这时，阿达爷爷狡黠地一笑。"阿波，虽然我现在还不知道生日那天会来多少个小萝卜，"他慢悠悠地说道，"但我想让你烤的蛋糕正好被小萝卜们吃完，一点也不浪费，你能做到吗？"

阿波陷入了沉思。他该分别烤多少个蓝莓蛋糕、多少个草莓蛋糕呢？能不能做到蛋糕一点也不浪费呢？

他想，这个问题需要分情况考虑。

如果来的小萝卜是偶数个，而且不超过 40 人，那好办，他只需要按照人数烤一些蓝莓蛋糕就行了。如果小萝卜的数量超过 40 个，光烤蓝莓蛋糕不够吃，这时可以烤 2 个草莓蛋糕，分给 10 个小萝卜，剩下的小萝卜还是偶数个，而且不超过 40 人，再按照人数烤一些蓝莓蛋糕就行了。烤 4 个、6 个或 8 个草莓蛋糕也可以。

如果来的小萝卜是奇数个，可以烤 1 个、3 个……只要是奇数个草莓蛋糕就行，分给 5 个、15 个……奇数个小萝卜。剩下的小萝卜是偶数个，再根据人数烤一些蓝莓蛋糕就正好合适。

想到这里，阿波的心忽然一沉——如果来的小萝卜只有 1 个或 3 个，那就做不到蛋糕一点不浪费啊！

阿波把他的担忧告诉了阿达爷爷，阿达爷爷大笑着说："小萝卜们都盼望着给我庆祝生日呢，不可能只来 1 个或 3 个那么少！阿波，你烤蛋糕的厨艺棒，没想到你的数学也这么好！"

阿波自豪地大声说道:"数学是生活中一刻也离不开的。要想做一个好的蛋糕师,学好数学也很重要!"

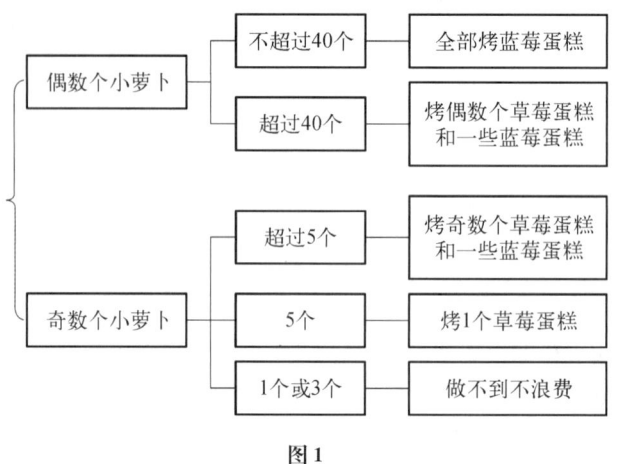

图1

二、教师点评

学生编故事的题目原型是:"有 20 枚 2 分硬币,15 枚 5 分硬币,用这些硬币组成多于 0 元,不超过 0.5 元的币值,请问可以组成多少种不同的币值?"

在解决这个问题时很多同学被难住了,于是我们进行了热烈讨论和详细讲解。为了让学生理解得更深刻,老师布置了让大家自愿再编一道类似的问题或故事的任务,于是收到了小作者创编的故事。

小作者创编的烤蛋糕情境,真实可感,是学生乐于阅读、易于理解的。年长的阿达爷爷提出了"虽然不知道生日那天会来多少个小萝卜,但是想让蛋糕师阿波烤的蛋糕正好被小萝卜们吃完,一点也不浪费"的实际问题。聪明的阿波深入思考,并进行了分情况讨论,想出要来奇数个或者偶数个小萝卜,可以怎样分配制作蛋糕的方案。阿波还生动地指出,如果只来 1个或者 3 个小萝卜是没法做到的。

在故事的最后,大家不禁感叹阿波是巧计算的蛋糕师。这个故事启发同学们,数学和我们的生活密切相关,无论未来大家从事何种职业,都需要学好数学。

三、教学反思

数学思维能力的重要性在现代社会中愈发凸显。培养数学思维能力可以提高逻辑思维能力,支撑基础学科,培养问题意识、归纳和推理能力,多角度思考问题,注重理解以及寻求帮助和交流。通过不断学习和实践,我们可以逐步提高数学思维能力,培养解决问题的能力和创新思维,为学生目前和今后的学习打下坚实的基础。因此,我们应该重视数学思维能力的培养,并不断努力提高自己的数学思维能力。

学生创编的这则小故事,深深地打动了我,同时也引发了同伴们的共鸣,让原本很复杂的数学问题变得更加生动、有意思、简单易懂了。在解答过程中还用到了分类讨论的方法,使得学生们的解答更具有条理性和概括性,思路更加清晰。相信每位同学都能够在萝卜镇上,跟随阿达爷爷和阿波蛋糕师,一起思考一起解决问题,一定会增长见识、感悟道理的。

(一) 合理的情境有利于学生理解数学问题

小作者通过创设充满童趣的烤蛋糕情境,轻松地把同学们带入其中。同学们像是在看动画片一样跟着小作者一起阅读、一起思考,一起解决数学问题。原本很复杂的数学问题,变得简单有趣了。可能是因为同学们融入到萝卜镇,想要给阿达爷爷过生日,恰好遇到了怎么做蛋糕可以恰好够吃,又不浪费的现实问题。顺着真实可感的问题思考,逐渐理清了解决问题的思路,原本很复杂的问题也就变得简单了。很多时候,创设合情合理的生活情境,可以帮助我们更好地理解复杂的数学问题。

(二) 分类讨论有助于学生解答数学问题

在蛋糕师阿波的解决问题过程中,我们清晰地感受到了分类讨论的方法,映射出的正是小作者的逻辑思维。在解决烤蛋糕的问题时,学生首先感受到了问题的复杂和无从下手。于是学生分情况讨论,对可能出现的各种情况进行分类,并逐类分析,然后综合求解。分类讨论是解决复杂问题时的重要策略,有明显的逻辑性、综合性、探索性,能培养学生思维的条理性和概括性。

我喜欢这样的数学作业

学生：王识涵　从江县城关第四小学六年级(2)班

指导教师：王光林

一、学习体验

近日,我们的数学课外作业发生了一些创新的变化。王老师不再坚持使用统一的教科书练习,而是引入了三种不同类型的作业:基础型作业、提高型作业和开放型作业。其中基础型作业是必须完成的,其他两种则可由我们自行选择是否完成。在最初几天,我仅仅完成了基础型练习,心想只要掌握当天的课程内容便足够了。对于非强制性的作业,我并没有投入太多精力。

一天中午,我在走廊上偶遇几位同学正围绕昨天的开放型作业与王老师展开激烈讨论。他们显得非常兴奋,而王老师也不时给予赞扬。这让我感到一丝不安,因为我注意到这些同学的数学成绩与我相当,但他们因为额外完成了作业而得到老师的表扬。我暗自决定,如果王老师再次布置类似作业,我也要尝试去做。

果然,那天的作业同样包括了三种题型。基础题要求我们计算一个直径 40 米的圆形草坪环岛的周长以及一个直径 10 米的花坛的面积。提高型作业需要我们计算整个草坪的占地面积,并在考虑每隔 2 米种植一棵树的前提下,计算最多能种多少棵树。至于开放型作业,它鼓励我们回家后寻找各种圆形物品,并计算它们的周长和面积。

放学后,我完成了基础题,然后开始挑战提高型作业。我发现这不仅仅是简单的求圆面积的问题,而是要通过大圆面积减去小圆面积来得出草坪的实际面积。此外,第二部分的问题还涉及我们在五年级学过的关于植树的问题,这就增加了题目的挑战性。

这样的题目让我兴趣盎然,我迫不及待地想要解决开放型作业中的问题。我找出家里的圆形饭桌,用尺子量出半径,然后计算出了它的周长和面积。这个过程让我意识到解决数学问题可以变得多么有趣和实用。接着,我测量了砧板、垃圾桶等家中所有的圆形物品,将它们的尺寸一一计算出来。

第二天,当我走进教室,我发现昨天讨论作业的同学们又在热烈地交流他们的发现。我加入了他们,发现他们的经历和我类似——我们都测算了家中各种圆形物品的周长和面积,并且都觉得这种作业方式非常有趣。我们一起分享了这次独特的数学体验,并对这种新的作业形式感到兴奋。

我喜欢这样的数学作业!

二、教师点评

识涵同学，你展现了对获取新知识敢于面对挑战的精神。面对新型的数学作业，你不仅主动参与其中，还将课堂所学应用到了生活实践中，真正体验到了数学的乐趣。你的积极态度和探索精神值得称赞。我希望这类作业能持续激发你的求知欲和探索欲，点燃你对数学的热爱。

三、教学反思

作业是教学实践的重要环节。我不再采取传统的"一刀切"式的作业布置方法，而是将作业设计成基础型、提高型和开放型三类，以满足不同学生的个性化需求。这种做法有效激发了学生们学习数学的热情。根据学生们的反馈，我对作业设计有以下几个建议。

（一）作业设计应当富有趣味性

兴趣是驱动学习的最佳动力。在设计作业时，应将现实生活与趣味元素相结合，避免机械化和刻板化。可以将学生熟悉的生活场景融入作业中，激发他们的学习动力，鼓励学生积极参与，加强学习体验，并激发他们对数学学习的兴趣。

（二）作业设计应因人分层设计

根据新课程标准，我们的目标是让每个学生都能获得良好的数学教育，不同的人在数学上得到不同的发展，逐步形成适应终身发展的核心素养。因此，作业设计应以学生为中心，结合因材施教的原则，关注学生的个体差异，使他们在完成作业的同时能够学到基础知识和技能，培养解决问题的能力，并享受学习数学的过程。

通过这次改进数学作业设计的教学实践，我深刻体会到教师在教学方法和作业设计上的创新性和灵活性，对于提升学生学习动力和学习效果的重要性。我将继续以学生为中心，从学生的学习实际出发，为学生提供更加有趣和充满挑战的数学作业，把冰冷的数学知识学习，变成学生的火热思考，激发学习兴趣，激活学生思维，促进学生在数学学习中学习能力不断增长。

学完分数问题后我的思考

学生：王瀚宸　贵州省贵阳市南明小学　六（2）班

指导教师：孙雯婷

一、学习体验

数学就像一个无尽的海洋，吸引着一代代人们去探索和遨游。我也备受数学的吸引，对数学十分热爱。尤其是孙老师接管以来，她有趣的课堂和激励的教育方式，使我更加喜欢数学这个学科，经常主动和大人讨论钻研难题，让我收获很多。

在六年级上学期第二单元"分数乘法"中，我们学会了分数与整数的相乘、分数与分数相乘、分数连乘、倒数的认识等知识点。在复习检测中，我发现有两个类型的题没能掌握好，其中一道填空题如下。

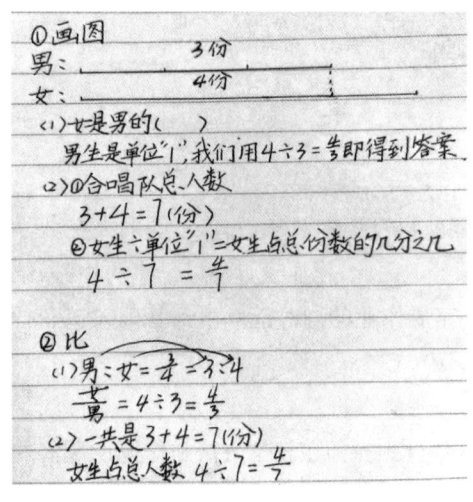

图1

图2

题目：合唱队男生人数是女生的3/4，女生人数是男生的（　　），女生人数占合唱队总人数的（　　）。这道题有两种解答方法（见图1）。

用这两种方法的任意一种解答即可。这道题告诉我们，要看清题目中的单位"1"，数学是很严谨的学科，需要一个推演的过程，不能"乱猜"。我们到了小学高年级，一道题会有很多种解法，要擅于发散思维，举一反三，这样可以更好地理解题意。再找出类似的题加以巩固复习，从而记忆深刻。

在解方程方面，我还出现了一道错题（见图2）。总结我的错误原因：在解方程时把常数"1"误认为是未知数"X"，这说明我在五年级时学习"用字母表示数"的代数式时没有完全理解，当然其中也有我审题不认真的问题。

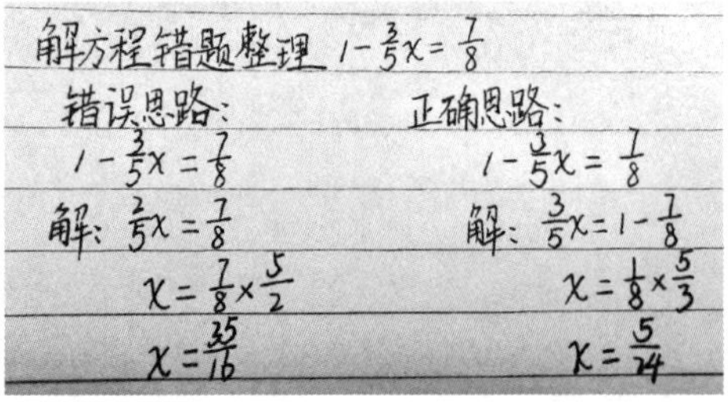

对于这道题的错误整理，我用到了"错题本"，它是学好数学的一个非常实用的工具。在上面写上错题，并勾选错因，类比分析，加深印象，然后定期复习。但是千万不能只是走个流程，要联系前面学过的旧知识分析出错的原因，并对旧知进行系统的回顾与整理，才能帮助我们提高学习效率。复习很重要，如果不复习，以后遇到同类型题，就只能"干瞪眼"。

以上两题出错归根到底都是因为我学习新知时似懂非懂，自我感觉良好，审题又粗心大意造成的。为此，我归纳总结了一些学习数学的体会：针对一些易错或典型例题，我会进行巩固复习并做到专心仔细地审题，不"轻敌"；如果再次粗心，可以对自己有一些小惩罚来提醒自己；经过长时间的努力与改善，我做题正确率越来越高了，做试卷都越发自信啦；一次次优异的考试成绩让我热爱上数学，它也爱上了我。

二、教师点评

小作者对复习检测"分数乘法"时的错题进行分析与主动探索，抓住问题中单位"1"的不同，详细回顾了解决这类题的探究过程。在回顾过程中小作者能发散思维，利用"画线段图法"和转化为"比"来更有效地分析分数的问题。可见小作者对"一个数是另一个数的几分之几"已经有了模型，将抽象的分数赋予了"生命"，扩充了分数的内涵。

第二道题目，小作者通过整理自己在"未知数是减数位置时类型题"的错误分析，借助学习工具"错题本"介绍了自己提高学习效率的方法，非常实用！孙老师也想借你的"错题本"，谈谈数学学习"温故而知新"的方法。如果由我来整理你这道错题，我会在正确的思路旁边备注：未知数是减数时，我是利用"减数＝被减数－差"的思路来移项的；当然，我们还可以利用等式的性质来解，只是过程相对比较复杂。复习数学时，更关键的是，要从一道题出发，思考同一类题是否都掌握解题方法了。

三、学生点评

通过王瀚宸同学的数学日记，我终于找到了我和你在数学学习上的差距。尽管平时课堂发言我们俩的积极程度差不多，我们俩完成作业的速度和质量也差不多，但是我的成绩总不如你理想，原来你有整理错题和分类对比错题的习惯，我想这就是造成我们成绩差距的原因。今后，我会向你学习，养成收集整理错题、举一反三的学习习惯。

（六（2）班　喻浩骞）

王瀚宸，今天我终于知道你学习数学的法宝了，哈哈！我就说呢，平时你回答问题也一般，为什么每次练习和小测都能稳步提高，而且很多次都会全对？原来你除了完成老师布置的作业，还会自己挖掘、分析错因，做到一题多解，实在是深藏不露啊！

（六（2）班　邹浚哲）

【教师点评】内心强大才是学习的胜者！从你的日记中，孙老师看到了平时不爱张扬的小王同学，在学习中对自己"高标准、严要求"的"苛刻"态度。"精准""致远"的目标方向会引领你在学习上勇攀高峰！

四、教学反思

(一) 树立积极的学习态度是数学成绩稳步提高的关键

六年级的数学不再是一门轻松的学科了，需要付出大量的努力和时间来掌握，因此，小学毕业年级的同学们必须保持积极的心态，付出比之前更多的时间来挑战小数点、分数线，要"牺牲"更多的看手机、玩游戏的时间来掌握数学基本概念、公式和定理。同学们更要有不怕困难，勇于挑战自己的勇气，只有这样，才能更好地理解和应用高深的数学知识。

(二) 有效的学习方法会让学生主动而自信地发展与进步

要使学生主动而自信地发展，教师必须做到"知生""善诱""激励""沉淀"。"教学之法，本于人性"，这就要求我们要深知学生的个性、学习水平和学习能力。"善诱"就是指要在学习中启发学生回忆学过的知识，指导他们归纳整理，将本质属性相同的知识前后联系，本质属性相似的进行区分对比，以便记忆和迁移。"激励"就是指要善于发现学生的进步与闪光点，鼓励学生善于思考，看到学生努力的一面，甚至是与众不同的地方，激发学生的进取心。

(三) 数学老师要不断更新教育理念、努力做到创新教学

现代数学教师不仅应该是教育的实践者，还应该是集教学、科研、管理、育人等多种功能于一身的复合型引导者。我们要善于从教育理论中汲取知识来指导教学实践，并在数学教学实践中归纳好的经验、体会，创造出指导学生后续自己探究学习的方法，激发学生主动探究学习的欲望。例如：使用思维导图辅助整理每个单元的知识点，采用多种不同的授课方式等。在讲授抽象的分数除法知识点时，可以还原到较浅层次的整数除法教学，唤起学生的旧知，让学生主动翻阅学过的实例，寻找解决难题的方法，让学生更加灵活、生动、感性地理解数学概念和规律。

五、专家评析

当今社会，科学技术日新月异，发明创造层出不穷，发展速度前所未有。"国运兴衰，系于教育。"学校担负着培养人才的重任，而课堂又是学校教学的主阵地。正如孙老师所言：现代数学教师不仅是教育的实践者，还应该是集教学、科研、管理、育人等多种功能于一身的复合型引导者。这就要求教师不仅要有扎实的知识和教学技能，还要从"教"的研究转向"学"的研究。如何从"教"的研究转向"学"的研究？我认为这篇文章给了大家很好的启示。

小王同学通过探索第一道题目的不同解法，既巩固了数学知识，又增强了对数学概念和

原理的理解。一题多解可以帮助学生拓展思路,养成灵活的思维方式,从不同的角度思考问题,有利于培养学生解决问题的能力。因此教师应当在教学中鼓励学生寻找不同的解题方法,并理解其背后的数学原理,感受数学的多样性和奇妙之处。小王同学对第二道题目的思考,让我们看到了错误有时也是一笔宝贵的财富。学生出错并不可怕,怕的是一错再错。当学生出现错误了,我们不要急于直接告诉学生答案,而是要以发现错误和对背后原因的思考为契机,鼓励学生在错中学,在走出错误的过程中成长。

(评析人:崔永超　贵州省贵阳市南明区南明小学)

数学"活"了

学生：王紫宸　贵州省贵阳市南明区南明小学五(8)班

指导教师：杨婷婷

一、学习体验

今天,我在学习数学时,学到一个知识点"同底等高模型":如图1,直线 l 与 $\triangle ABC$ 的边 BC 平行,A 点在直线 l 上运动时,$\triangle ABC$ 的面积不变。我很纳闷:A 点在直线 l 上运动时,$\triangle ABC$ 的形状会变,为什么它的面积却不会变呢?

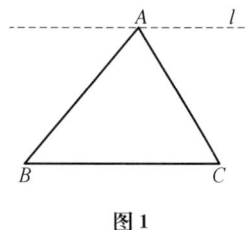

图1

我去问妈妈,妈妈让我在脑中想象 A 点运动起来的情景,然后在图上指指点点解释了许久,我还是不理解。看着一动不动的 A 点,我苦笑着摇了摇头,我就是想象不了 A 点运动的样子……我又去求助爸爸。

爸爸打开电脑,点开一个软件,说:"这个软件叫几何画板,它可以让数学'活'起来。"爸爸教我用"点工具"和"线段工具"作了一条线段 BC 和一个点 D,接着,过 D 点作 BC 的平行线 l,并在直线 l 上任意取一个动点 A,然后隐藏 D 点,用"多边形工具"作出 $\triangle ABC$,再度量出 $\triangle ABC$ 的面积和周长,如图2。爸爸说:"你现在拖动 A 点在直线 l 上运动,看一看会发生什么?"随后,我拖动 A 点,发现 $\triangle ABC$ 的形状在变,周长在变,而面积始终不变,如图2、图3。我惊讶极了! 原来数学真的可以变"活",刚刚还抽象乏味的数学知识,现在看得见、摸得着,真是有趣极了。这时,爸爸说:"刚刚你直观感受同底等高模型是'知其然',下面该'知其所以然'了,你自己探索一下为什么面积始终不变。"

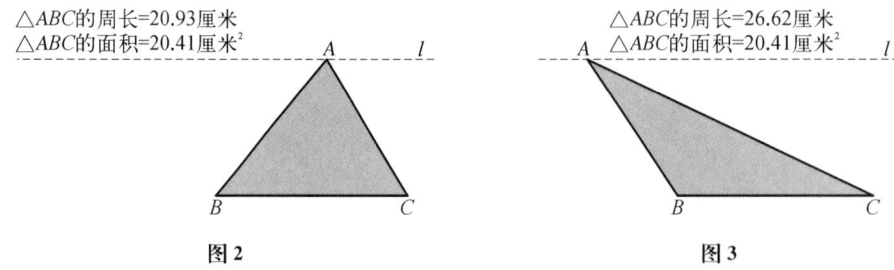

$\triangle ABC$的周长=20.93厘米
$\triangle ABC$的面积=20.41厘米^2

图2

$\triangle ABC$的周长=26.62厘米
$\triangle ABC$的面积=20.41厘米^2

图3

我滑动鼠标,让 A 点在直线 l 上"跑"过去"跑"过来,看着变化的三角形和不变的面积数字,陷入了沉思……"同底是指 $\triangle ABC$ 的边 BC,那么等高指什么呢? 为什么叫等高?"

突然,我想到了什么!

我作出 △ABC 的一条高,度量出高的长度,如图 4,然后改变 A 点的位置,发现高的长度没有变化,如图 5。

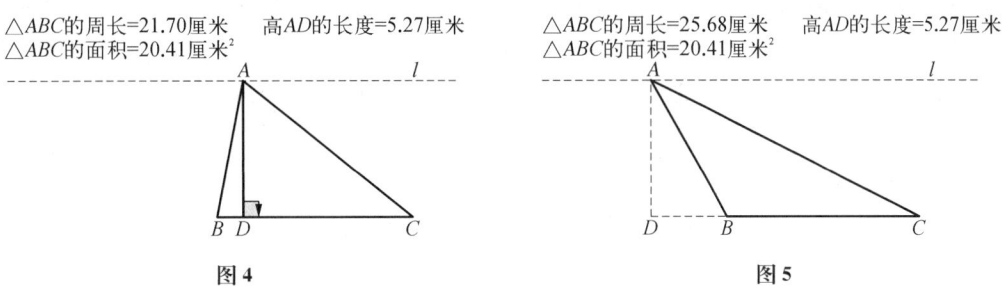

图 4　　　　　　　　　　　　　图 5

"我知道了,我知道为什么了。"我兴奋地朝爸爸大叫。爸爸笑着说:"愿闻其详。""这个图中,同底是指边 BC,等高是指 A 点在直线 l 上运动时,△ABC 的高 AD 虽然位置改变了,但长度始终没变,所以 △ABC 的面积也始终不变。""那为什么高 AD 的长度始终不变呢?""因为平行线。""太棒了,这是平行线的特性:平行线间所夹的垂线段处处相等。"

"恭喜你知其所以然了。"末了,爸爸说。

我今天真是太开心了,不仅学到了数学知识,还看见数学"活"了!

二、教师点评

小作者通过对同底等高模型的三角形面积的变化情况引发思考,从自己产生疑问后问妈妈的不理解,到爸爸给予的计算机动态演示,最后清楚地明白其中的道理并且学会一项新技能,让枯燥的数学"活"了起来。这说明小作者在日常的学习中善于发现、勤于思考,善于动脑。这样的学习和探讨,有利于学生进行数学实践与探索,拓宽了创造性学习的渠道,大大提升了学生学习数学的兴趣。

三、教学反思

从王紫宸的这段日记中,可以获得如下教学启示。

数学课程标准指出:"现代信息技术的发展对数学教育的价值、目标、内容以及学与教的方式产生了重大的影响。"计算机多媒体技术与数学教学有机结合是当前数学教学改革的必然趋势,是一种新型教学手段,它能使抽象的教学内容具体化、清晰化,能优化课堂教学,创设轻松氛围,增加课堂密度,激发学生兴趣。现在是大数据时代,我们的教学也要跟上时代的步伐,在教学中,我们要注意培养学生独立数学思考的能力,鼓励学生在遇到困难时用各种媒体来解决问题,学会寻找数学学习的课外资源,计算机软件就是一个很好很直观的表现图形变化的动态教学工具。学生自主寻找课外学习资源的过程,必将促进学生自身学习能力的培养。

(一) 培育素养高要求

如今科技进步日异月新,知识经济迅猛发展,全球化、信息化的步伐飞快向前,这些变化对学生的素养提出了更高的要求。核心素养的提出,明确了学生应具备的适应终身学习和社会发展需要的必备品行和重点能力,有力地回应了新时代的呼喊,也为深入课程改革和转变教课方式供给了方向。核心素养是对于学生知识、技术、态度、价值观等多方面要求的综合表现,是每一名学生获取幸福生活、适应个人平生学习和社会发展都需要的品行和能力。

(二) 有机融合促改革

在实际生活中,数学往往与其他学科和领域相互交织,解决问题需要综合运用各种知识和技能。培养学生的数学应用能力将促使学校开展跨学科教学,将数学与科学、工程、技术等领域联系起来,使学生更好地理解不同学科之间的关联。这有助于打破学科之间的壁垒,促进综合性教育的发展,提高学生的综合素质。当学生能够将数学知识应用于解决社会问题和改善生活质量时,数学教育将更具社会价值。学生的数学能力将不仅仅是为了应付考试,还可以为解决社会问题和推动社会进步做出贡献,这将引起社会对数学教育的更多关注和支持,有助于提高数学教育的质量和影响力。现代社会对于解决复杂问题和创新性思维的需求越来越大。

(三) 思维提升促发展

数学思维模式是指学生在解决数学问题时所采用的思考方式和方法,它不仅关乎数学知识的掌握,更关乎学生的思维方式和问题解决能力。在实际解决问题中,学生需要将具体情境抽象成数学符号和公式,然后进行逻辑推理和计算。这种抽象和逻辑思维的过程有助于学生形成清晰、有条理的思维模式,使学生能够更好地理解和解决复杂的数学问题。通过将数学知识应用于实际情境,学生可以更好地理解抽象的数学概念,从而形成更强的数学思维模式。培养数学应用能力可以促进学生的问题解决能力的培养。在解决实际问题时,学生需要分析问题、提出假设、进行推理和测试解决方案。

(四) 兴趣提升促进步

在小学数学教学中,培养学生的数学应用能力具有极其重要的意义。其中提升学生的学习兴趣是一个至关重要的方面。数学应用能力的培养不仅可以使数学教育更富吸引力,还有助于学生更深入、更积极地参与学习。通过培养数学应用能力,教师可以让数学变得更加生动有趣。学生往往对抽象的数学概念感到沮丧和枯燥,但是当学生看到这些概念如何应用于实际生活中,数学就会变得更加具体和引人入胜。

兴趣是孩子最好的老师,尤其是对于小学生来说,对于他们喜欢的东西,他们愿意去主动接触,而对于他们觉得单调枯燥的东西往往是避之不及的,因此在小学数学教学中,教师要借助计算机多媒体教学,激发学生对数学的兴趣,让数学"活"起来。

四、专家评析

为什么"同底等高模型"形状发生改变而面积不变？为解决这一问题，王紫宸同学向父母寻求帮助，与父亲利用信息技术手段进行演示，再经过独立思考，最终破解了心中的谜题。回顾小作者解决问题的整个过程，虽然看似波折，但收获满满。我们也可以真切地感受到，兴趣是最好的老师。参考这篇学习体验，再结合指导老师提出的几点建议，在培养学生的学习兴趣和数学应用能力时，我们可以尝试如下做法。

一是创设富有内涵的教学情境。教学情境的创设在教学活动中具有十分重要的意义。它能给学生提供思考空间的智力背景，从而产生某种情感体验。多年前，吕传汉教授提出中小学数学"情境-问题"教学模式，其核心环节就是（学生）提出数学问题。在课堂上，我们要鼓励学生敢于提出问题，引导学生围绕提出的问题并给出足够的时间让他们去探索。如此一来，学生不仅获取了知识，同时还培养了他们学习的兴趣和学习的主动性。

二是课堂教学还需要充分利用现代信息技术优势，将信息技术手段运用到教学中。利用互联网和在线教育平台，可以让学生更广泛地接触到数学应用场景。利用计算机辅助工具，可以将抽象的数学问题具体化、可视化，有利于问题的解决。利用现代教育手段既实现了跨学科融合，又帮助学生更好地了解到数学与不同学科之间的联系。

（评析人：崔永超　贵州省贵阳市南明区南明小学）

生活小调查

学生：王淇雅　贵州省贵阳市南明区南明小学四(6)班

指导教师：张川川

一、学习体验

数学是一个工具，帮助我们修建通向知识殿堂的道路；数学是一把钥匙，帮助我们打开通向世界的大门。

我发现，同学们在班里做卫生时，老师们总会抱怨："扫地怎么这么慢？扫这么久了，怎么还是扫不干净？"我心想：同学们扫地太慢，扫地不干净，一定是有原因的，我要利用这个学期学习的"统计表与统计图"做一个小调查，找出原因。我猜测：现在许多家庭都有扫地机器人了，同学们回家都不需要用扫把扫地。我就从同学家里是否有扫地机器人入手调查吧。

经过两天的调查，我发现全班 39 个同学家里有扫地机器人，16 个同学家里没有扫地机器人，这整整相差了 23 呀！事实证明，许多同学都依赖扫地机器人，只有少部分同学还在用扫把扫地。

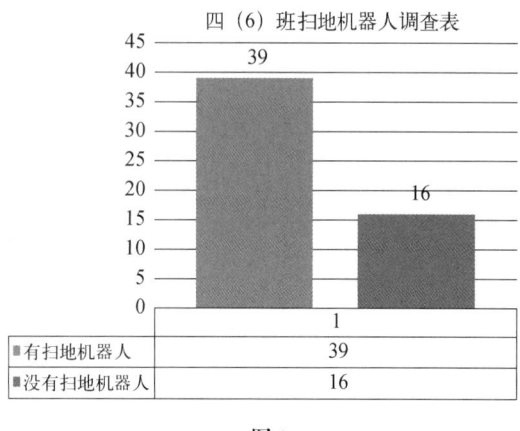

四 (6) 班扫地机器人调查表

有扫地机器人	39
没有扫地机器人	16

图1

我认为，以后在家里多用扫把扫地，既可以培养良好的劳动习惯，又可以继承勤劳节俭的优良传统，简直是一举两得呀！

这次小调查让我体会到，数学可以让我们了解到生活的方方面面，甚至还能变成一面巨大的镜子，让我们看到自己的缺点。把缺点变成优点，能够让我们更好地解决生活和学习中遇到的困难，让自己变得更好。

让我们学好数学，努力去做更好的自己吧！

二、教师点评

小作者针对生活中习以为常的"扫地"现象，运用数学统计思想进行调查。很欣喜小作者能在自己的生活里发现问题，并懂得用数学的眼光看待问题，用数学的方法解决问题。在解决实际问题过程中，小作者经历了简单的收集、整理、描述和分析数据的全过程，能根据实际问题设计简单的调查表,并通过分析统计结果,解决自己存在的困惑。数学就在我们的生活里,数学就是我们生活的一部分。

三、教学反思

从王淇雅的这段日记中,可以获得如下教学启示。

(一)鼓励孩子观察生活中的数学问题

数学核心素养的培育给小学数学课堂教学注入了新活力、新要求,也带动数学教师思考教学工作的转变和发展。数学课堂的教学设计与实践,不但要求教师要更新数学教学方式,也要鼓励孩子观察生活中的数学问题,并努力通过自己的思考去解决存在的困惑与问题,有效地促进学生自主学习的主动性、参与性。

(二)联系生活的数学教育更具有活力

联系生活的数学应用,使数学变得更加直观和有趣。通过将数学知识应用于实际问题中,学生能够更深刻地理解数学相关知识的内涵,将其运用到更广泛的领域中。因此,在数学教学中,应关注数学知识的实际应用,使学生能够将数学知识应用于日常生活,从而更好地适应社会的需求和挑战。数学课堂教学应该将课堂与生活紧密联系起来,在数学课堂教学中挖掘生活中的例子,让生活课堂化,让课堂生活化,引导学生把数学知识运用到生活实际中去体验去感受,使学生感受到数学源于生活,从而激发学生学习数学的兴趣和欲望,促进数学的有效学习。

(三)课堂教学应落实学生的主体地位

小学数学实践教学的落实必须遵循学生主体性。学生主体性强调将学生置于学习的核心位置,使其成为学习的主体参与者。在数学教学中,学生主体性的落实意味着教师应该关注学生的兴趣、需求和特点,根据学生学习的不同程度和风格,提供差异化的教学内容和方法。同时,教师应该鼓励学生提出问题、探索解决方案,激发他们的思考和创造力。通过将学生置于学习的主体地位,数学教学可以更好地满足学生的个性化需求,激发他们的学习兴趣,培养他们的自主学习能力,从而提高数学学习的质量和效果。在教育实践中,教师应积极倾听学生的声音,建立良好的师生互动,激发学生的学习动力,使他们在数学学习中能够主动参与、思考和成长。

(四)"三教"促进教师教育理念的转变

紧扣生活的数学教学设计与实践,有助于培养学生基本的数学素养,帮助学生将数学学科中的处理方法应用于处理有关的客观事物,使学生在数学活动中更加具体、更加科学地应用数学知识,进而逐渐培育自主分析问题、解决问题的能力。现实生活中处处有数学,数学源于生活,又高于生活。要将数学课堂教学生活化,在生活实践中培养学生的数学思维能力,树立学生的生活意识是十分必要的。在数学课堂教学中我们应该引导学生紧密联系生活实际,以增强学生的生活意识,让学生在生活中获取数学知识,在实践中自我发现问题和自我解决问题,在此过程中充分发挥学生的观察力、想象力和创造力。关注"三教"理念,引导学生将数学知识运用在生活实际中,培养学生用数学的眼光看问题,用数学头脑想问题,这样就能大大增强学生的生活意识,提高学生学习数学的兴趣,并在实践中增强学习数学的积极性和创造性。

四、专家评析

一直以来,我们都在思考:什么样的学习方式能让学生主动参与到学习中去;什么样的教学方式能让数学更有实践应用性。归根结底,涉及这几方面问题:学生学什么? 怎么学? 教师教什么? 怎么教? 在教学实践层面上,贵州师范大学吕传汉教授提出的"三教"策略,充分诠释了基于数学核心素养的小学数学该如何教学。这篇学生日记直观地反映了"三教"在小学课堂中的有效实践。

学生主动参与,最好的办法是亲身经历。小作者通过观察和思考生活中的扫地现象,提出问题,运用统计表与统计图的知识进行数据收集和分析,最终解决自己心中的困惑,体验了数学的实际应用和生活意义。

对于教师而言,这篇日记也为我们在新课标理念下的教学改革提供了借鉴和思考的机会。我们应该注重学生主体性和应用实践性,将数学教学与生活经验相连接。鼓励和引导学生在生活中发现数学问题,将数学课堂生活化,把"情境+问题(学习任务)"作为一种重要载体,以"三教"为教育理念,培育学生的数学核心素养。

(评析人:崔永超 贵州省贵阳市南明区南明小学)

"三学"课堂助我成长

学生：夏乐昕　福建省泉州市鲤城区第二实验小学五(7)班

指导老师：叶琳

一、学习体验

今天我在数学"三学"课堂上学到了有关三角形面积的知识，欣喜万分。

课堂上，老师通过一个流动红旗的例子引入，让我们思考如何计算它的面积。老师给我们准备了一些三角形，有相同的，也有不同的。在我"学体验"的拼图过程中，我发现不管是什么样的三角形，只要是两个完全相同的，就可以拼成一个平行四边形，这让我很惊喜。我知道平行四边形的面积是底乘高，那么其中一个三角形的面积就是平行四边形面积的一半。这样推理，我就得到三角形的面积等于底乘高除以2。

这个通过"学体验""学思考"得到的新发现，让我感到学习数学太容易了。以前我一直以为计算三角形的面积很难，但是通过拼图的方式，我知道了在今后的学习中如果碰到困惑，我们可以想方设法将它们转化成已经学过的知识，这样困难就会迎刃而解了。我喜欢这节课，在玩转三角形和面积之中动手操作，一点也不枯燥，还可以学到知识。在"学表达"的汇报体验的过程中，老师一直在鼓励我们大胆说出自己的想法，不要怕犯错。整节课不仅有趣，还让我从中获得了很大的成就感。

二、学生点评

这节数学课真的给我留下深刻印象！夏乐昕的分享非常精彩，她的语言流畅，条理清晰，虽然有一点紧张，但还是可以看出她已经完全掌握了三角形面积的推导过程，肯定在课下花了不少时间。通过她的讲解，我第一次意识到两个相同的三角形可以组合成一个平行四边形，三角形的面积公式也是在之前学习的平行四边形面积的基础上来计算的，这样我就更容易理解三角形面积的计算方法。我第一次意识到转化的思想还可以这么用，这让我大开眼界。以前我总是觉得数学很难，但是这次学到的方法让我觉得原来数学也可以这么有趣，而且不再那么难了。

[五(7班)　吕思婷]

三、教师点评

　　小作者能勇敢地站上讲台,大大方方地谈论她对于三角形面积公式推导过程的理解,是非常值得肯定的,她的自信和从容来源于她的准备充分,以及平时的积极发言。数学学科不是学会怎么做就可以了,而是要学会为什么这么做,让学生学会观察、思考、表达,这才是真正的教育。小作者思维能力出众,语言表达充分、严谨,能理解新学到的三角形面积公式推导过程。通过她的描述,我能感受到孩子们对新知识的探索和思考,希望她能继续努力,为今后的学习打下坚实的基础。

　　在这节课中,我通过实际例子和拼图活动激发学生的学习兴趣,在活跃课堂氛围的同时,培养学生的空间观念,让学生亲身体验转化的数学思想,发展演绎推理的能力,使抽象的数学概念更加具体化。学生对于公式推导过程的理解,以及喜欢动手操作的学习方式,表明了这种教学方法的有效性。我将继续在未来的教学中探索更多这样的互动和实践活动,以更好地促进学生对数学知识的理解和兴趣的培养。

四、教学反思

　　在这节课中我尝试将"教思考、教表达、教体验"放入课堂中,鼓励学生独立思考,不要怕犯错,这是我在教学过程中一直强调的重要观点。我认为想要培养学生会观察、会思考、会表达,可以从以下几点着手。

(一)鼓励学生勇敢表达

　　在教学中,教师应继续强调学生对于问题的独立思考,不仅关注答案的正确性,更要注重解题过程中的思考和探索。建立更加宽松的学习环境,激发他们的思维,引导他们从不同的角度去思考和解决问题。通过让学生分享他们独立的见解和解题思路,培养他们在数学领域的自信心。营造鼓励表达的氛围,注重对于学生回答的积极肯定,鼓励他们勇于表达自己的独特看法,这不仅能够增强学生对于数学的兴趣,也有助于培养他们更全面的思考能力。

(二)引导学生如何表达

　　在教学中,教师应计划引入更多与数学相关的口头表达机会,例如小组讨论、学生展示等活动,培养学生良好的表达能力,使他们在表达自己的思想时更加流畅、清晰。以学生的需求为导向,不断调整和改进教学策略,确保课堂更贴近学生的学习习惯和个性化需求。培养学生对于数学问题的思考和解决能力,让每个学生都能在课堂中找到自己的声音,更好地理解和享受学习的过程。

(三) 探索学生多元表达

在教学中,教师应以学生的学习体验为出发点,积极探索不同的教学方法,更好地满足学生多样化的学习需求。引入数字化工具,例如数学软件、在线模拟等工具,使抽象的数学概念更加形象化,激发学生的兴趣。学生可以更直观的方式探索数学问题,提高学习效果。将数学融入实际生活的问题里,让学生更好地理解数学的应用价值。在教学中创造更丰富、更灵活的学习环境。

在这节课后,我对自己的不足有了更深层次的认识。在今后的教学中,我将更加注重语言的准确性,确保板书清晰有序,使学生能够清晰地理解所传达的信息。我将继续关注学生的反馈,不断调整和改进自己的教学策略,提高教学效果,创造富有启发性和有趣的学习体验。

五、专家评析

什么才是真正的"学习"? 不是填鸭式的老师讲学生听,而是让学生自己积极主动地去探索、去思考。在这节课,叶老师让学生上讲台分享自己的思考,鼓励学生仔细观察、认真思考、敢于表达,给学生提供了充足的思考空间和展示自己的舞台,把"教"转为"学",让学生做课堂的主人。为了让学生在观察中成长,在思考中进步,在表达中增长见识,在教学中,老师应该为学生打造富有活力和表达力的数学课堂,并且在这个过程中与学生一同成长,实现更高效的教学效果。

(评析人:王怀鑫　福建省泉州市鲤城区第二实验小学)

我喜欢上数学课

学生：陈嘉仪　福建省泉州市鲤城区第二实验小学 206

指导老师：郭利萍

一、学习体验

今天是星期二，我很开心，因为第一节课就是我喜欢的数学课。每一节数学课对我们来说就像一场有趣的游戏。每次上课，我都充满了好奇和激情。

郭老师今天早上笑容满面地走进教室说："同学们，你们知道我们教室有多长吗？"我心里想："我哪知道呀？从来没人跟我说过。"老师又问："可以用什么工具测量教室呢？"同学们说："可以用文具包、书、尺子一个挨着一个摆放，数数一共摆了多少个？"

老师出示了活动要求，组员合作，分工明确，确定好哪两个人动手摆放、哪两个人认真数数，并做好记录，由谁来做汇报，再实践测量。

老师让我们每个组汇报测量的结果。我们小组是用数学书本来测量的，老师让我来汇报。我汇报道："我们是从教室的后面测量到教室的前面，我们组是用数学书的长测量的，我们边摆边做标记，我们组用到 29 本课本。"老师夸奖我说得非常好，语言富有条理性。我非常开心，每次回答都能得到老师赞扬，所以我喜欢数学课。我每次回答都感觉能说到老师想要的答案，真是数学老师肚子里的"小蛔虫"呀！

老师说："都是在测量教室的长，每组测量的结果一样吗？为什么？"我们回答道："不一样，因为使用的测量工具不同。"

在这节测量课中，我们知道了：不同的测量工具，测量结果不一样，测量工具越短，测量的次数就越多，测量工具越长，测量的次数就越少。我们在测量时需要做好标记，一个紧挨着一个。我觉得这节课非常有趣，老师让我们每个人参与到实践中，给我们更加深刻的印象，可以把它用到我们的生活中，我很喜欢我们的数学课。

二、学生点评

陈嘉仪同学这节课听讲非常认真，把老师上课讲的每句话都记录下来，自己在汇报时，语言非常有条理，她也很认真地记录了其他小组的测量结果。读她的日记，仿佛老师又给我们上了一节课。我也要向她学习，认真上好每一课，在数学课上积极发言，这样一来，我们的知识就记得更牢固了。

三、教师点评

陈嘉仪同学每次上数学课,表现都很积极,在课堂上总会记很多笔记,一是她看的书比其他孩子多,对很多数学题愿意用多种方法去解决;二是她上课积极回答问题,善于观察。希望她保持这样良好的学习习惯,继续努力!

四、教学反思

如何上好一堂活动课,是我一直在思考的问题。课堂的掌控、学生的突发奇想,这些都是难以预测的。经过反复思考,我把本课的教学环节设计为以下几个方面:一是以提问的方式开场——知道教室有多长吗?二是思考如何测量,这个环节发散了思维,孩子们想出了多种方法;三是动手测量,让学生说出测量过程,最后让学生总结。

这节课上学生通过活动获得知识,同时促进了核心素养的培育。在教学中怎样渗透"三教"理念?我们应该从以下几个方面去做。

(一) 聚焦核心素养,培养学生多动手

让学生在教师的指导下,通过动手操作和外部思维,体会数学知识的推理过程和方法。也就是说,通过体验,学生可以利用直观的感受去深刻理解数学、品味数学。通过一系列操作活动,让学生亲自感知什么是测量。通过观察和测量教室有多长的情境,讨论怎么测量教室的长,培养学生的度量意识,初步知道度量的一些方法。学生小组合作进行测量,并交流测量过程与结果,培养学生初步的合作能力。反思测量活动中发现或存在的问题,总结测量要注意的问题,渗透正确度量的方法,为学生下一步的相关学习奠定基础。

(二) 聚焦核心素养,培养学生多思考

经历用不同工具测量教室长度的过程。基本技能为:能用非标准单位正确进行测量,为后续使用标准长度单位做好准备。基本思想为:模型思想、一一对应等。基本活动经验为:通过四项活动,为学习厘米和米积累数学活动经验,初步培养度量意识。在课堂中始终关注学生"发现问题、提出问题、分析问题、解决问题"的能力。让学生自己感知量感,初步认识度量的意义,通过观察和测量教室有多长的情境,讨论怎么测量教室的长,培养学生的度量意识,初步知道度量的一些方法。学生小组合作进行测量,并交流测量过程与结果,培养学生初步的合作能力。反思测量活动中发现或存在的问题,总结测量要注意的问题,渗透正确度量的方法,为学生下一步的相关学习奠定基础。

(三) 聚焦核心素养,培养学生多表达

让学生自己开展小组合作,让每个人参与到活动当中,由学生自己汇报得到的结果并自

已总结,获得对测量更加深刻的理解。让学生学会表达,使学生的语言更加条理化,思维更加活跃。让学生会用数学语言来表达现实世界。

(四) 聚焦核心素养,培养学生多评价

评价方面采取小组评价与个人评价相结合、教师评价与生生互评相结合的形式,从课前准备、学具管理、认真倾听、敢于质疑、提出问题、善于合作、精彩表达等不同维度进行评价,使同学们增强小组凝聚力,善于向他人学习。让学生在今后的学习中能够做到生生互评,促进每个学生全面发展。

新课程标准中明确强调"在教学中,应注重所学内容与现实生活的联系,注重使学生经历观察、操作、推理、想象等探索过程",而在课堂教学的实施中我们发现,让学生动手实践操作是学生学习数学的一种直观有效的手段,适当地让学生进行动手操作,有助于解决数学知识的抽象性与学生思维形象性之间的矛盾,有利于提高学生的学习兴趣。在数学教学过程中,我们要正确把握"三教"理念,全面提升数学教学质量,培育学生数学核心素养。

五、专家评析

郭老师的这节课是一节活动课。"教室有多长"这节课对于孩子们的量感建立有着非常重要的影响。这节课以测量、汇报、反思这三个层次层层递进,为学生创设了思考、操作的空间,为学生提供了经历、体会、积累直接经验的机会,符合数学课标中提倡的教学理念。让学生在问题情境中学会思考、学会表达,在感悟中不断成长,不断培养学生的自主学习能力,相信他们的"学习之花"会开得更加鲜艳!

(评析人:王怀鑫 福建省泉州市鲤城区第二实验小学)

"厘米"学问可真多

学生：郭思图　福建省泉州市鲤城区第二实验小学二年(2)班

指导老师：许亚丹

一、学习体验

昨天我们数学老师说隔壁3班的许老师要来给我们上一节公开课，上课表现好的同学有神秘奖励。真的好期待，一大早，我就穿着最喜欢的校服来到了教室。

一到教室，我看到每个同学的桌子上都放着一个小托盘，里面有小棒、橡皮、纸条、订书钉这些小物品。咦，今天上科学课吗？同学们议论纷纷。

许老师一上课就问我们喜不喜欢听故事。哇，这是我们最喜欢的活动了。我马上来了兴致。接着，老师播放了一个动画故事。看完故事，我们哈哈大笑起来。老师问我们怎么回事，我马上答道：老师傅手长，徒弟手短，衣服肯定就小了。原来，在古代没有统一的长度单位。真是麻烦，经过人类的发明创造才有了现在的长度单位。

接下来的活动中，我们用1厘米小棒比一比，记一记，找一找。原来1厘米就只有我们食指的宽度这么小。许老师还让我们动手去估橡皮的长度，接着同桌合作测量纸条的长度。不知不觉，我们自己发明了一把尺子。我都不知道平时拿来连线的尺子上面藏着这么多数学知识。我们还学了怎么用尺子量线的长度，又自己画了一条4厘米长的线。最难的是许老师最后出示了一把奇怪的尺子，上面只有刻度0、2、3、6、7，让我们看看能找出几种长度。我们在老师的引领下，很快就找出了7种长度。一节课下来，我觉得自己学得很充实。最后许老师发的神秘大奖就是"课堂小明星"小奖状，真自豪，我拿到了一张。

一回到家，我就迫不及待地和妈妈分享今天学习的内容和奖状。一边说，我一边测量家里的东西：一把钥匙5厘米，一根筷子17厘米，作业本长13厘米，等等。妈妈笑着说："学习数学有这么多用处啊，看来你要用心学习了。"我使劲地点点头。数学原来不是只有数字那么令人枯燥，它也是有很多有趣的知识呀。

二、学生点评

郭思图同学上课非常认真，积极参与小组活动，勇于提出自己的想法，善于思考，懂得表达想法，这一点非常值得我们学习。兴趣是最好的老师，我今后要像他这样，寓学习于娱乐，勇于探索。

（202班　郭思图）

三、老师点评

郭思图同学有着对知识的热情和渴望。"阿福的衣服怎么小了?"引发思考,得出统一长度度量单位的必要性这一要点。从小棒入手,自己动手,了解、感知、寻找 1 cm。从被动变为主动思考:为什么衣服会小? 怎么做才有合适的衣服穿? 衣服多长合适? 怎么测量? 在一个个问题的驱动下,主动探索"厘米"这一长度单位,从各种学习活动中去认识直尺,发展自己的量感。课后懂得运用这一长度单位,去测量生活中的常见物体,得到良好的学习效果。

四、教学反思

有关本学段目标课标中明确提出:"理解常见的量","运用数及适当的度量单位描述现实生活中的简单现象"。由此可见,量的教学在小学阶段有着举足轻重的地位。从概念上看,度量是用一个数值来表示物体的某一属性;从行为上看,度量就是将一个待测量和一个标准量单位进行比较,标准的个数就是度量的结果。所以,这节课要定位于如何在度量教学的过程中培养学生的"量感"。这也是一线教师应该思考的问题。

本节课是第一次开始学习测量的方法,学习比较准确地描述一个物体究竟有多长,因此要着重帮助学生建立长度单位的观念,"数"出度量单位的个数,从而培养学生的"量感"。

结合新课标,我将吕传汉教授提出的"三教"(教思考,教体验,教表达)教育理念融入课堂,让学生动手操作,主动认识 1 厘米。

(一) 鼓励学生敢于表达

"为什么"——这个数学问题是怎么来的? 任何一个新知的产生,都有其必要性。

在这节课一开始,我用视频呈现"阿福的新衣"的故事,问"为什么同一个物体,都用'拃'作为长度单位,做出的衣服却小了",从而引起孩子们的争论,得出每个人的"一拃"不一样,也就是长度单位不一样。于是我第二次追问:"有什么办法可以让阿福穿上合适的衣服?"再次引起孩子们讨论的高潮,得到统一长度单位的必要性。在这个环节实现本节课的"很快导入"。

(二) 引导学生真实感受

通过多个体验活动"捏一捏""比一比""记一记""找一找""说一说",充分关注学生。让学生自己动手感受 1 cm 小棒的长度,会自己用 1 cm 小棒测量物体,估算物体的长度。让每个学生都融入其中,体会动手的乐趣,充分调动学习的主观能动性。再让学生找一找生活中的 1 cm,教师可以提问,如:"你觉得他找的 1 cm 符合标准吗?""你是怎么判断的?"这一系列问题有助于培养学生自主学习、合作探究的学习能力,让学生成为课堂的小老师,发散学生思维,培养学生学会表达。

(三) 引导学生善于表达

"是什么"——今天所学的知识是什么？透过现象深入学习内容的本质。在数学学习过程中，学生应了解数学词汇，尺子上有什么？（由哪些要素构成？）学生迁移应用所学知识，在刻度尺上找一找 1 cm、2 cm、5 cm。在此过程中，引导学生会用几个1厘米就是几厘米来培养量感，将学生的思维聚焦到无论从哪里开始度量，都是看度量对象里包含几个1厘米。

"有什么用"——学到的知识有什么用？可能用在哪里？还有哪些表现形式？知识的运用有两个方向：一是运用到现实；二是由此推理出新的数学知识。要回归生活，学以致用，建立模型。

数学活动经验是在"做"中积累起来的。从新教学的角度，这节课要设计好，必须以小见大、以点带面，用好一把尺子，做好三件事：学生生活经验"体验"；带着数学问题"经验"（经历）；带着所学本领"检验"。这正好体现了新思维发展型课堂所倡导的三线并行：知识线、思维线、能力训练线三线并行。让学生在思辩过程中，体验解决问题方案的多样性。

五、专家评析

教育家夸美纽斯说："教师应该用一切可能的方式，把孩子们求知与求学的欲望激发起来。"实践操作是高效课堂的法宝。在数学学习中，我们要适时地给学生提供足够的时空去动手体验和探究，让学生主动构建知识，形成技能，发展思维。本节课上，许老师让学生当了小小"发明家"，在教学中让学生动手操作，运用新知，创造出一把常见的尺子。适当地让出讲台，让学生带着问题思考，体会统一长度单位的必要性，孩子们主动思考，积极参与各项活动，带着课堂的感悟，在课后主动探索，学会运用数学的思维方式去观察、去思考、去解决日常生活中的问题，而不仅仅是停留在课堂 40 分钟里。

（评析人：王怀鑫　福建省泉州市鲤城区第二实验小学）

我是小小解说员

学生：范艾琳　福建省泉州市鲤城区第二实验小学四(1)班

指导教师：倪小玲

一、学习体验

大家好,我是今天的解说员范艾琳同学,今天我要解说的内容是——乘法分配律。

大家是不是一听见"乘法分配律"这个五个字就感到头疼? 刚开始我也一样,觉得乘法分配律是所有学过的运算律中最难的,但是现在,我不再这么认为了,相信你们听了我的讲解后,也不那么头疼了。

乘法分配律用字母表示为 $(a+b)\times c=a\times c+b\times c$。 了解这个秘诀后,你们能猜到乘法分配律是什么了吗? 是的,乘法分配律就是:两个数的和与一个数相乘,可以先把这两个数分别与这个数相乘,再把所得的积相加,结果不变。它是一种基本的数学运算定律,我们可以利用它帮助我们简便计算,提高计算效率。什么? 我听到了同学们的疑惑:为什么运算顺序都不一样了,结果却不变? 我给你们举个例子:$27\times 48+27\times 52$,按照常规的运算顺序,我们必须要先算出 27×48 的积和 27×52 的积,最后再把它们相加。这也太复杂了吧,我至少要列两个竖式才能算出正确结果。但是现在,学习了乘法分配律,我们可以按照乘法的意义来理解这个算式:27×48 表示 48 个 27 相加,27×52 表示 52 个 27 相加,合在一起就是 100 个 27 相加,也就是 $(48+52)\times 27=2\,700$。 感受到它的神奇了吗?

我们不仅在做题的时候可以利用乘法分配律帮助我们提高解决问题的效率,在日常生活中,乘法分配律也是我们的一个好帮手。当我们去超市购物时,可以使用乘法分配律来计算购买不同商品所需支付的总金额。例如,购买两包薯片和两瓶牛奶,一包薯片的价格是 7 元,一瓶牛奶的价格是 3 元,那么我们可以将总价计算表示为 $(7+3)\times 2=20$ 元。

时间就这样一分一秒地过去了,我的讲解也接近尾声。现在大家都学会乘法分配律了吗? 其实,在学习所有运算定律的过程中,我们需要掌握的不仅是法则本身,更重要的是应用它的方法去挑战难题,甚至在日常生活中也能灵活运用。让我们带着"乘法分配律"这位新朋友,一起探索数学宇宙的奥秘吧!

二、学生点评

范艾琳"解说员"为同学们介绍了"乘法分配律"这位新朋友,可以帮助我更快、更准确地计算,还能应用到生活实际中,真是太令人惊喜了。回家后我向爸爸妈妈展示了这项神奇的

"技能",并向他们展示了一番,当爸爸妈妈还在用计算器时,我就已经算出了答案。他们都迫不及待地问我到底是用了什么法宝,于是我便学着艾琳的样子,把乘法分配律讲给爸爸妈妈听,他们这才恍然大悟,并夸我的"解说"非常到位。当然了,这得感谢我的"小老师"——艾琳解说员。

[四(1)班　林可馨]

三、教师点评

在数学教学中,教师应该让学生成为学习的主体,通过让学生解说知识,不仅可以使他自己更好地理解和掌握,还可以让其他同学有不一样的收获和感受,更加激发学生的学习兴趣和自信心,培养学生的表达能力。例如,在每次上课前,教师可以让一名学生当"解说员",引导学生自主巩固,加深上节课的知识点。这样的教学方式可以让学生更加深入地了解知识的本质,提高学习效果。有些学生可能会因为性格或者兴趣等原因而喜欢用不同的方式来表达自己的想法和意见,作为教师,我们应当提供多元的表达方式来满足不同学生的需求。

四、教学反思

乘法分配律与乘法交换律、结合律这些只包含单一的运算相比,它含有乘法与加法(或减法)两种运算,思维度较高,是一种非常重要的数学运算律。教师教学用书上明确指出:"运算意义是运算定律的基础,运算定律是对数的运算过程中的基本规律的归纳与总结。因此,学生理解运算定律的内涵,离不开运算意义的支持。"乘法分配律运算意义的基础是乘法意义,因此教学时要回到乘法意义和已有计算方法知识经验的起点,根据乘法的意义理解"几个几加几个几等于几个几",在乘法分配律的意义、特征等方面进行深层次的建构,引导学生深度学习。

(一) 追问本质,整体建构

通过观察不同的解决方法,让学生真实地感悟乘法分配律的存在。在学生解决问题的过程中,通过数形结合的方式、紧扣乘法分配律的本质内涵,从不同角度、不同方面来构建乘法分配律的运算规律模型,构造乘法分配律的认知序列,从而凸显"抽象—推理—建模"的数学基本思想,体现结构化教学。

(二) 寻找联系,归纳方法

本节课按照"观察算式—仿写算式—实例解释—符号化—解释算理"的流程,通过 4 个问题组织学习,引导学生经历从归纳推理到演绎推理的完整思维过程。本课以 8×10 为例,对乘法分配律进行正逆双向探究,既让学生理解乘数的拆分和乘法的意义,又助其掌握对任意乘数的任意拆分,变化的分配律体现了知识的联系性、一致性和层次性。

(三) 回溯研究,培养意识

培养学生的符号意识,回顾知识来源,从中提炼知识共性,建立知识模型,从而形成结构化教学,这正是对新课标提出的结构化教学的落实。以乘数的拆分为切入点,抓住知识本质进行教学,让学生充分感知拆与合的过程,会用自己的语言表达乘法分配律,进而培养符号意识和表达能力。本节课借助乘法的意义从本质上完成对乘法分配律的数学表征,从乘法意义的角度去理解乘法分配律,凸显乘法分配律的本质。

五、专家评析

本节课以学生为主体,借助趣味情境的创设,发挥其教化功能。任课的倪小玲老师,以"在计算中感知模型"为基准点,激发学生的学习兴趣;以"在观察中建构模型"为生长点,触发学生的思维生长;以"在交流中表述模型"为延伸点,培养学生的探索精神;以"在辨析中巩固模型"为拓展点,引发学生的批判性思维。通过注重知识的"源"与"流",提炼知识的共性,从而建立知识的模型,形成结构化的教学。以乘数的拆分为切入点,抓住知识的本质进行教学,让学生关注算式规律的"形",感知算式规律的"意",体会内在不变的"理",会用自己的语言表达乘法分配律,促进学生的模型意识和推理意识,发展数感。

(评析人:王怀鑫　福建省泉州市鲤城区第二实验小学)

数学课上的新角色

学生：陈浩宇　福建省泉州市鲤城区第二实验小学六(6)班

指导教师：吴惠兰

一、学习体验

在我的学习生涯中，有一次难忘的经历，那就是担任"小老师"的那堂几何数学课。

当吴老师宣布我将担任这一角色时，我既兴奋又紧张。这是一个展示自己、锻炼能力的机会，对我来说也是一个前所未有的挑战。

准备过程虽十分艰辛但充实。我深入研究课本，理解每个定理及其背后的逻辑，并阅读大量资料，从不同角度理解这些概念。我在家中模拟教学，父母成了我的"学生"，他们的反馈帮助我提高讲解技巧。

终于，那一天来临，我站在讲台上，面对同学和老师。开始时我心跳加快，但渐渐地，我沉浸在讲解中，享受着传递知识的快乐。每当同学们有所领悟，我便感到莫大的成就感。这次经历不仅让我深刻理解了所学知识，也让我认识到教学是双向的学习过程。

这次经历深刻影响了我，提升了我的表达能力和语言组织能力。我开始更加重视每次学习机会，明白知识不仅是个人理解，也能成为他人的学习灯塔。我还意识到，教学是一门艺术，需要深厚的知识积淀和引导学生思考的能力。

通过这次体验，我学到了很多知识，也学会了如何学习和传递知识。它是我学习生涯中的宝贵记忆，让我认识到分享知识的力量，是我成长道路上的一个重要里程碑。

二、学生点评

这次"小老师"的学习体验让我们看到了同学们身上的潜力。陈浩宇同学在讲台上表现出色，让我们对几何学有了更深的理解。他的讲解清晰、生动，易于理解。他在准备过程中的努力和对知识深入的掌握，也激励我们更加努力学习。这堂课不仅是一次知识的学习，更是一次激励和启发，我们非常感谢老师提供的这次难忘的学习体验。

[六(6)班　张果果]

三、教师点评

作为"小老师"，陈浩宇同学在这次教学中展现了非凡的能力。他对知识的深入理解和清晰的讲解非常令人印象深刻。他所做的精心准备和在课堂上的自信表现,充分显示了他的责任感和对教学的热情。这次体验不仅加深了他对数学知识的理解,也锻炼了他的沟通和教学技巧。他的成功是其他学生极好的榜样,证明了积极参与和努力学习的重要性。

(点评:李丽萍老师)

四、教学反思

(一) 数学与日常生活的交融

在教学过程中,我深刻意识到数学不仅是书本上的抽象概念,而且它根植于我们的日常生活之中,通过将数学与生活实例相结合,学生们可以更加直观和深刻地理解数学的实用性和美感。

1. 生活中的数学实例

例如生活节奏与数学节拍的协调,音乐就是可用于数学教学中一个极佳的例子。在课堂教学中我通过音乐节拍来向学生解释分数的概念。一个四分之一音符代表整个节拍的四分之一,这直观地展示了分数在实际生活中的应用。通过这种方式,学生们不仅能学习到数学知识,还能增进对音乐节奏的理解。

2. 日常生活中的几何和图形

例如城市建筑。在城市行走时,我鼓励学生们观察周围的建筑,理解这些建筑如何展示几何知识。高楼的对角线、桥梁的拱形等等,都是几何形状和比例的直观展示。这些观察活动帮助学生们在日常生活中发现数学之美。

(二) 深化数学学习的过程与方法

在数学教学中,重要的是认识到学生的年龄和学习需求是多样化的。通过不同的教学方法和策略,可以激发他们的学习兴趣,同时帮助他们更深入地理解数学概念。

1. 适应不同年龄段学生的学习需求

对于低学段的学生,通常利用互动游戏等活动来介绍数学的基础概念。例如,通过数字和形状的匹配游戏,孩子们可以在玩乐中学习数学。这种方法不仅让数学学习变得有趣,而且帮助学生们建立起对数学的初步理解和兴趣。

随着学生的成长,我引入项目和实际问题解决的方法来让他们理解更复杂的数学概念。例如,通过设计一个简单的预算计划或建立一个小型的商店模拟,学生们可以在实践中学习预算管理、百分比和利润计算等概念。这种方法不仅增强了学生的数学技能,还培养了学生解决问题的能力。

2. 教学策略的创新

一是技术在数学教学中的应用。为了使数学教学与时俱进,我积极利用现代技术,使用互动数学游戏和模拟软件,让学生在虚拟环境中探索数学概念。这些技术不仅提高了学生的学习动力,还为他们提供了一个更加直观和参与感更强的学习平台。

二是分组合作学习。我鼓励学生在小组内协作，以便培养团队合作和集体思维。在小组活动中，学生们可以相互讨论、分享想法，并且共同解决问题。这种学习方式不仅加深了他们对数学概念的理解，还培养了他们的沟通和协作能力。例如，在一个分组项目中，每个小组负责解决一个实际问题，如设计一个环保项目的预算，这需要他们应用已学的数学知识和团队协作技能。

（三）教学方法与学生学习体验的反思

教育的本质在于不断地创新和适应，以满足学生不断变化的学习需求。反思和改进教学方法是提高教育质量和学生学习体验的关键。

1. 教学方法的创新

在教学方法上，我着重强调以学生为中心的教学。我注重学生反馈和自我指导学习的重要性。通过提供选择性任务和开放式问题，我鼓励学生根据自己的兴趣和学习速度来探索数学。这种方法不仅激发学生的主动学习意识，还帮助他们培养独立思考和问题解决的能力。定期进行的学生反馈会议和个性化的学习计划也是这种教学方法的一部分。

2. 教师角色的转变

作为现代教育者，我的角色已经从传统的知识传授者转变为学生学习的促进者和指导者，更多地发挥引导和激励的作用，帮助学生发现自己的学习路径。这种转变意味着需更多地聆听学生的声音，理解他们的需求，并为他们提供适当的资源和支持。

在面临的挑战与应对策略方面，我发现在传统与创新之间找到平衡是一大挑战。一方面，我维护教学的连贯性和基础知识的重要性；另一方面，我努力引入新的教学工具和方法。为了应对这一挑战，我持续更新自己的教学技能，并与其他教师进行交流和合作，以保持教学方法的现代性和相关性。同时，我也注重从学生的反馈中学习，不断调整教学策略以便更好地满足学生的学习需求。

总而言之，通过创新的教学方法和教师角色的转变，我致力于为学生创造一个更加动态、互动和个性化的学习环境。这样的教育不仅传授知识，更重要的是培养学生的思维能力、创新能力和终身学习的热情。这是一项富有挑战且非常有意义的使命，值得我投入全部的热情和努力。

五、专家评析

要真正营造充满生命气息的有活力的课堂，就必须让课堂具有启迪性、互动性和独创性，这样才能为课堂画龙点睛。而学生是学习的主体，他们参与课堂学习的情感体验，对自我课堂学习情况的评价更能准确地反映出教学的有效度，反映出作为共同学习体的师生双方的参与态势和互动效果。此次的"小老师"体验，将课堂的自主权还给学生，学生在多向互动的课堂讲评中，使课堂呈现出一种能动的、活泼的动力状态，是非常成功的。

（评析人：王怀鑫　福建省泉州市鲤城区第二实验小学）

有趣的年、月、日

学生：邹昊然　福建省泉州市鲤城区第二实验小学三(2)班

指导教师：赵静东

一、学习体验

上午，冬日的阳光洒满了整个教室，伴随着上课铃声，赵老师走进了课堂。

上课之前，赵老师给我们放了一段视频：地球在自转的同时还在绕着太阳转。全班同学的目光都被吸引住了。我在心里默默感叹：原来这就是年月日的由来啊！

课堂上，赵老师让我们完成一个空白的日历表，我觉得每个月都是 30 天，就毫不犹豫地在每个空格里面都填上了 30，赵老师在经过我旁边的时候神秘地冲我笑了一下。我大惑不解，不知道是哪里出了错。后来，赵老师给我们展示了两本日历，通过对两本日历的观察，我们首先认识了大月、小月，还有两个特殊月。然后我们了解了大月、小月和特殊月的天数是不一样的，还知道了原来还存在平年和闰年这两种不同的年份。除此之外，赵老师还教了我们两种记忆大小月的方法，其中的拳头记忆法特别有趣。同学们纷纷举起拳头边数边记，声音响彻整个教室。最后赵老师还带我们玩了一个小小的游戏：她说月份，我们做动作，大月拍拍手、小月跺跺脚，同学们反应都太快了！

晚上回家，我迫不及待地向妈妈分享今天的课堂内容，并要和妈妈比赛，看谁能快速说出大月是哪几个月，小月是哪几个月，最终我赢得了冠军。我还化身"小老师"，教妈妈怎么通过拳头来记忆，妈妈听完骄傲地给我竖起了大拇指。

我不由得感叹，原来数学知识就藏在我们身边的每一个角落，我们离不开数学，生活中真是处处有数学啊！通过这节课，我还深刻地体会到，一寸光阴一寸金，寸金难买寸光阴。时间是宝贵的，它就在我们身边，我们要学会珍惜时间！

二、学生点评

通过邹昊然的这篇数学日记，我对这节课有了更深的认识。这节课有视频演示，有活动，最后还有游戏，我觉得这是一节非常有趣的数学课。我们班同学都非常积极，回答问题的声音也很洪亮。赵老师叫了好几个同学去前面演示拳头记忆法，这几个同学都表现得非常好，而且都是正确的，邹昊然的回答更是精彩！这节课同学们都特别投入，边玩边学，学到了很多知识，感觉是一节特别充实而有意思的数学课。

[三(2)班　陈沂馨]

三、教师点评

小作者详细回顾了整个课堂的内容，从课前的"大惑不解"到课中"恍然大悟"，最后到回家的"复盘"，可以看出小作者对年月日已经有了深刻的认识，并且能将数学与生活联系起来，得到珍惜时间的感悟。我相信对于小作者来说，这一定是一节收获满满的课。

四、教学反思

新课标要求我们在数学教学活动中，教师要把基本理念转化为自己的教学行为，处理好教师教授与学生自主学习的关系，注重启发学生积极思考；发扬教学民主，当好学生数学活动的组织者、引导者、合作者，不仅要使学生获得数学的知识技能，而且要把知识技能、数学思考、问题解决、情感态度四个方面的目标有机结合，整体实现课程目标。结合新课标，我将吕传汉教授提出的"三教"教育理念融入课堂，并结合对苏明强教师"三教"理念知识的学习，从以下几个方面着手。

(一) 引导学生善于观察——会观察

在课堂上，教师应该引导学生用数学眼光观察，让学生畅所欲言，通过类比推理来发现新的知识。在这节课中，学生先通过观察日历，发现大月、小月和特殊月之间的区别，又通过观察平年和闰年这两本不同的日历，发现平年和闰年的区别。在此过程中，教师可以采用生生互动的方式，让学生提出自己的疑问，使全班学生参与其中，对其中做得好的及时给予肯定。通过这种方式，既可以激发学生的学习兴趣，又可以让学生学到新的知识，同时还可以让学生更好地表达自己的想法。

(二) 引导学生学会合作探究——会思考

动手实践、自主探究、合作交流是学生学习数学的重要方式。因此，我在教学本课时，让学生观察不同年份的日历，让学生在具体的操作活动中进行独立思考，鼓励学生发表自己的意见，在独立思考之后再互相交流，这样使每个学生的脑子都动起来。在学习拳头记忆法时，尽量让每个学生都参与进去，让他们相互合作，相互评价，最后总结出教学的重点。

(三) 引导学生善于表达——会表达

教师需要引导学生学会表达自己心中的疑虑，以及通过自主探究、合作探究所得的收获，引导他们在表达的过程中使用准确的语言。在本节课中，学生通过观察日历说出自己的发现，在各组间分享的时候去聆听并建议如何更好地表达，比如按照一定的顺序进行表达，从分析问题到得出结论，引导他们在表达的过程中使用准确的语言。

（四）引导学生善于运用——会运用

数学来源于生活，又用于生活。本课概念多，容易混淆，因此知识的记忆、巩固、深化还是有一定难度的，在练习中，我尽量优化以"生活"为背景的教学内容，把生活素材、生活经验、生活情境作为学习资源提供给学生去理解、去实践，使学生感悟到生活中处处有数学。这样，既可以巩固课堂内学到的知识，又可以开阔学生的视野。在教学中，教师要留给学生自主探索、思考问题的自由空间和时间，这样学生才会放飞思维，张扬个性。

五、专家评析

本节课充分做到了以学生为主体，采用了多种教学方式，如数学游戏、小组合作学习等，丰富了课堂教学形式。这不仅增加了学生与数学的互动，还培养了学生的合作意识和团结合作的能力。赵老师在这节课中不仅倡导探究式学习，促进学生自主发现和解决问题的能力，这种教学方式培养了学生独立思考和解决问题的能力，激发了他们对数学的好奇心和创造力，而且注重培养学生的数学沟通能力，引导他们学会用数学语言表达现实世界，潜移默化地让他们会思考、会观察、会表达。

（评析人：王怀鑫　福建省泉州市鲤城区第二实验小学）

我喜欢这样的数学体验课堂

学生：陈媛欣　福建省泉州市鲤城区第二实验小学三(9)班

指导老师：程梅兰

一、学习体验

晌午的阳光溢满了教室，老师给我们上了一堂既生动又有趣的数学课——"什么是周长"。

在上课前，老师先是给我们发了一张学习单。我拿到学习单，仔细端详着，心想：今天会学到什么有趣的知识呢？

叮铃铃，开始上课了，老师给我们播放了亚运会比赛视频。视频里可爱的宸宸、琮琮、莲莲，一下子抓住了我们的眼球，吉祥物们说："大家要完成任务，才能获得运动会入场门票。"全班同学蓄势待发，准备接受挑战。首先，老师要求我们摸数学课本和树叶的边线，让我们对周长有初步的了解，原来周长是一条线，不是一个面。接着让我们在学习单上描出长方形一周的长度，加深了我们对周长的理解：从起点出发沿着图形边线一圈又回到起点的长度就是图形的周长呀！随后通过玩一玩、找一找环节让同学们去判断哪些图形有周长，我们的教室的周长在哪里。周长就是物体表面或封闭图形一周的长度，我们教室里到处都有周长，比如黑板的表面、书本的表面、三角尺的表面、桌子的表面、窗户的表面、门的表面……

那么如何知道图形的周长是多少呢？老师紧接着让我们去测量数学书封面和树叶的周长。我知道数学书封面的周长可以通过直尺去测量四条边再相加。可是树叶没有直直的线，不能用直尺测量。思考很久后，我依旧一头雾水，然后举手提出疑问。老师马上给了我们一个小小的提示：可以借助线去测量吗？我恍然大悟：我们可以将线沿着树叶绕一圈再用直尺去测量。我和同桌立刻分工合作，把树叶的周长求解出来，看似小小的树叶，没想到周长竟然这么长。老师也真是神通广大，小小的锦囊妙计果真非同凡响。

老师乘胜追击，让我们通过数一数的方式，来计算方格纸上图形的周长。原来不仅可以通过测量求解周长，还能通过数格子的边数进行求解。有的同学在数的过程中出现了小失误，我有幸成为"小老师"，向同学们分享需要注意的地方："我们不能多数也不能少数，要找准起点，从起点出发再回到起点。如果还担心出错，可以在格子的边线上标上数字。"怀着紧张又激动的心情，我分享完了我的方法。很开心，老师给予了我大大的肯定，说我的发言简洁、清晰、易懂，并告诉同学们我的方法就叫作"标数法"。同学们不由自主地给予我阵阵的掌声，我笑开了花，从数学学习中我获得了满满的成就感。最后，老师进行总结，并在同学们对于这堂课的收获分享中，结束了有趣的数学课。

整堂课我们通过摸、描、玩、找、量、数等环节，对周长有了更深的认识。在我们不懈的努力下,全班都获得"运动会入场门票",我们别提有多开心了！这节课,我们在玩中学,学中玩,全身心地去感受周长的独特魅力,这真是一堂既生动又有趣的数学课呀！

二、学生点评

陈媛欣同学分享的这堂课也是我很喜欢的一堂课,这节课我现在还历历在目,通过她文章的描述变得更加具体。在测量树叶的周长时,她勇于提出疑问,做事干脆利落,能够快速分配好测量的任务。我来固定绳子,她来用线绕树叶的一周,最后我们把线拉直用直尺测量。和她配合真的很融洽,又让人很舒服,在学习中,我们一直互帮互助,相互激励。在我心目中她一直是个小学霸,每节课都能专注地听讲,课后任务也做得很完美,最值得我学习的是她的表达能力。在每次回答问题或讲题时,她总能流畅地去表达,这节课也是一样,所以全班同学才不由自主地为她鼓掌。我要与你继续共同学习,共同进步！

[三(9)班　罗文璟]

三、教师点评

小作者能完整地把这节课记录下来,说明这真是一节让她印象深刻的课。小作者有一双善于发现数学的眼睛,一双乐于触碰数学的手,一颗勇于探究数学的心,更拥有用数学语言表达自己想法的勇气。小作者能够在动手操作中提出自己的疑惑,并在老师的帮助下,尝试与同伴合作解决问题,能够感受到如此的渴望求出树叶的周长,对数学有强烈的求知欲。作为"小老师",虽然紧张,但是从分享中丝毫让人感受不到,更多的是小作者身上散发出对于数学的热爱,勇于求知,敢于分享,乐于帮助同学答疑解惑。当得到老师与同学的认可时,她脸上的笑容既是满满的成就感,也是对小作者极大的鼓励。希望在接下来学习数学的道路上,小作者能够继续勇往直前,永不止步！

四、教学反思

孩子的这篇学习体验引起了我对教学的思考,吕传汉教授曾提出为落实核心素养,应重在"三教"(教体验、教思考、教表达),培养学生的数学关键能力,进而让学生掌握"三会"(会观察、会思考、会表达)。在这堂"什么是周长"的教学中,如何带领学生去感知抽象的概念,教师的引导起着至关重要的作用。

(一) 体验层层递进

为了让学生快速感知周长这个抽象的概念,结合学生生活中的数学体验去进行摸一摸、描一描、玩一玩等动手操作,感受物体边线可以是直直的,也可以是弯弯的,物体边线有长有短,进一步理解周长就是封闭物体一周的长度,这些为如何测量周长奠定了坚实的基础。

(二) 思考循序渐进

通过生活体验及课堂操作解决什么是周长这一概念问题后,立刻引发孩子思考周长与长度有关,那它是否能进行测量呢? 在测量数学书封面的周长中,学生们能借助学习工具直尺进行测量,并将数学书的各边长进行相加,更有学生利用简便计算直接总结出了长方形的周长公式。而对于拥有弯弯曲曲边线的树叶又该怎么测量呢? 此时就要让学生去转化从直接测量法到间接测量法,借助"线"进行化曲为直。但不管是规则图形还是不规则图形,本质上就是求各边的长度之和。在循序渐进的思考过程中,学生对抽象的概念慢慢变得具体。

(三) 表达言简意赅

在整个动手操作过程中,学生不仅要观察与思考,更需要用数学的语言去表达从中的发现与结果。学生从一开始的表述,从起点出发,沿着操场边线绕一圈的长度就是周长,再到有学生说出图形一周的长度就是周长后,有同学赶紧补充图形是"封闭图形",即"封闭图形一周的长度就是周长",以及如何测量图形周长,需要注意哪些事项,等等,最后学生们都会组织好数学语言,表达简洁易懂。

"教体验、教思考、教表达"不仅仅只是应用于"什么是周长"这堂课中,在我们平时的教学中更要用到,甚至还可以将其应用于生活中的方方面面。

五、专家评析

本堂课上,学生在初步认识基础图形的基础上进行学习,要为后续长方形周长的学习做好铺垫。教师在教学中,让学生抓住周长的本质,建立周长的直观表象,同时能够把握课堂节奏,让学生在数学活动中积累经验,培养了学生的空间观念。教师不仅注重学生的体验,又能渗透数学思想,例如在测量树叶的周长时,能够带领学生从直接测量法转化成间接测量法,这是一堂很值得学习的体验课。

(评析人:王怀鑫 泉州市鲤城区第二实验小学)

一节有趣的数学推理课

学生：刘悦琳　福建省泉州市鲤城区第二实验小学三(8)班

指导教师：欧阳秋云

一、学习体验

上课铃响了，教室里顿时鸦雀无声。接着传来老师清晰的脚步声，老师带着一脸神秘的笑容走进教室。我猜这节数学课肯定不一般。果不其然，课件中出现了柯南。哇！我们今天要当名侦探破案了——中国万里长城墙砖失窃案。紧张中带着一点小激动，我的心里仿佛有十五个吊桶在打水——七上八下，同时我也跃跃欲试。老师给了几名嫌犯和几条线索。我对这些信息认真地进行分析，运用排除法，不断地判断推理，最终找出了一名作案人。当推理时间结束时，同学们纷纷举起了小手。最终，老师邀请了我上台当"小老师"。我怀着澎湃的心情走向讲台，脸上洋溢着自信的笑容。我首先根据两名警官的证词得知作案人是在早上7点前进入长城景区，并在晚上5点后离开的，而且他们的包鼓鼓的，排除了玻莉、利亚姆作案的可能。此时，我看见老师和同学们都露出了满意的笑容，我心里也乐开了花。接着，我又根据线索"他英语说得很流利"，从而得知他一定会讲英语，把不会讲英语的三个人排除。此刻，真相越来越近了，最后一条线索是"作案人脸上有痣，长头发"，因此，我又排除了里科，锁定了作案人梅兰妮。我帮警察破案啦！得到了老师和同学们热烈的掌声，我的心里美滋滋的。接着，老师又出了几道题，我们运用排除法、文字描述法、连线法、列表法等不同方法推理出结论，在判断、推理过程中，我感受到了成功的喜悦。看着开心的我们，老师也露出了欣慰的笑容。

不知不觉，下课铃声响了，我仍意犹未尽。在接触这门课程之前，我以为推理只是用在侦探小说或电影里的情节未曾想推理可以成为一种系统的学习和研究。然而，在经历了这一次难忘的学习旅程后，我领略到了推理的魅力，对推理逻辑有了更深入的理解。这对我来说是一个全新的挑战，我需要转变我的思维方式，不再是做单纯的知识接收者，而是要成为知识的实践者。

二、学生点评

刘悦琳同学平常是一个很文静的小女孩，今天让我们看到了她不同的一面。上台时，她是那么的自信大方，把她的闪光点毫无保留地呈现在我们眼前，真是出乎我们的意料。在推理过程中，她思路清晰，语言流畅自如，脸上洋溢着自信的笑容，像极了一个小警察抓到罪犯后激动的样子。我们在座位上也听得心情澎湃起来，很开心能拥有这样一个宝藏同学。她有很多值得我们学习的地方。

[三(8)班吕帝辰]

三、教师点评

本节推理课主要是把课堂交给学生，培养学生的逻辑推理能力和语言表达能力，孩子们都特别感兴趣。让我感动的是，很多性格内向的孩子也会主动举手大胆发言，真的是特别大的进步。悦琳同学是一个乐于学习，非常乖巧的孩子，平时比较害羞的她，这节课却能这么淡定自如地上台，在推理过程中展现出了良好的逻辑思维能力，能够按照一定的逻辑顺序，连贯地表达自己的观点，在分析题目中的信息时，能够提供有逻辑的推理和清晰的解释，这对她自己是一个很大的突破。作为她的老师，我会继续鼓励她在今后的学习中保持这种积极的态度和努力的精神。

四、教学反思

"有趣的推理"是北师大版三年级数学下册内容，逻辑推理对于三年级学生来说，思维性较强，也比较抽象。对于"纯文字"推理，学生容易犯迷糊，失去兴趣。怎样激发孩子的学习欲望？在这节课，我通过让学生"猜一猜""写一写""画一画"等环节，充分调动学生的积极性，学生在玩中学、玩中悟。同时，我还设计了小组讨论和分享环节，鼓励学生互相交流和学习，整节课上学生学得有味又有效。

(一)"趣"导入，引新知

课前，我通过创设"猜礼物"的游戏情境，激发学生的学习兴趣。我出示了三个不同颜色的盒子，提示孩子们礼物就藏在其中一个盒子里。学生们先是随意猜。我再提示"礼物不在蓝色盒子里"，根据这个信息只能缩小一个范围，学生还是不能确定。因此我换了一条信息，"礼物不在蓝色盒子里也不在黄色盒子里"，学生就知道礼物原来藏在红色盒子里。这样的猜一猜是很有吸力的，让学生经历盲目猜的不确定性到根据信息合情推理的确定猜，获得感性体验，接着便自然地引出课题：像这样根据已知信息经过分析推出结论的过程叫作推理。

(二)"趣"推理，学新知

教学过程是以游戏闯关的形式开展。柯南是学生所熟悉的破案高手，我利用柯南给孩子们带来三个难题进行闯关，更符合中年级的学生特点和学生认知。

第一关先是设计协助警察破一个小案件，继续激发学生的学习兴趣，对学生来说很简单，根据线索和人物特征即可找出作案人。学生知道了运用简单的排除法就可以推理出结论。

第二关属于新授环节,我出示了教材中"分别在哪个兴趣小组"这道题,引导学生分析信息、抓住关键信息、不断推理判断、记录、汇报展示结果。整个环节思路清晰,有了导入和第一关两种情况推理的铺垫,这个问题就相对简单了。学生独立思考,能用完整的语言描述推理过程,我又让学生生动地演绎推理过程,最后让学生用写、连、画来直观记录并呈现推理过程,层层递进,使推理变得简单易懂。学生通过主动参与,亲身经历,充分积累经验,获得了对简单推理初步的理性认识和情感体验。

(三)趣"练习",固新知

第三关以"一起找朋友"的形式展现,让学生分小组讨论,贴近生活又吸引学生。最后以柯南带来的一些小礼物作为奖励,再次激起学生的学习热情,让学生充满自信和成就感。"兴趣是最好的老师",在课堂上激发学生的学习兴趣,学生学习就会变得积极主动,课堂就会变得轻松而有成效。

(四)"趣"小结,记新知

在课堂上总结方法,求同引思。"能确定的先确定,能排除的要排除",让学生明白在推理过程中,不仅要有根据地猜,还要有顺序地进行分析、思考。"推理秘诀"郎朗上口,"眼睛观察、耳朵聆听",教会学生做个细心的孩子。这样的小结既让学生对所学新知加深了印象,同时也培养了学生的学习习惯。

当然,本节课也有许多不足之处,如把猜礼物环节做成课件动画播放可能更吸引学生。大部分学生都能积极参与课堂活动,但仍然有个别同学不能积极参与。这些都需在今后的教学中不断加以改进,大胆创新,力求让课堂教学更加精彩。

五、专家评析

推理是数学的基本思维方式。把"对现象的推理"作为教学内容还是第一次出现。本节课也是学生正式接触逻辑推理的开始。欧阳秋云老师通过导入、讲解、示范、练习等多个环节,让学生逐步掌握推理的知识和方法。每个环节都有明确的教学目标和任务,整个教学过程具有针对性和实效性。在课程中,师生互动、学生参与度高,课堂氛围活跃,教师能够维护好课堂纪律,确保教学活动顺利进行。建议在今后的教学中继续保持这样的良好状态,不断提高教学质量。

(评析人:王怀鑫　泉州市鲤城区第二实验小学)

一堂难忘的数学课

学生：林佳怡　福建省泉州市鲤城区第二实验小学五(3)班

指导老师：吴萍

一、学习体验

我们班吴老师上课时生动风趣，就连枯燥的数学概念课，也能让我们在笑声中获得知识。最让我难忘的是学习"质数与合数"这节课。

那天一上课，吴老师神秘地说："同学们都知道自己的学号吧，请你们把各自学号的因数写出来，一会儿我们要派上用场！"大家都埋头写起来。我一边写一边纳闷：学号和因数有什么关系？很快同学们写好了，互相猜测着它的用处。吴老师说："请因数只有两个数的同学起立。"2号、3号、5号等同学纷纷站了起来，其中也包括我这个11号。这时，大家热烈地讨论着，不一会儿有了结论："这些数除了1和它本身外，不再有别的因数。"听了同学们的结论，吴老师满意地点了点头，在黑板上写下"质数"两个大字。同学们恍然大悟，吴老师让我们在游戏中学会了新的数学知识，而且是我们通过自己的探索、研究得来的。

接着，吴老师继续带领我们在轻松的气氛中掌握了"合数"。正当同学们兴奋不已时，吴老师突然说："同学们，请安静一下。"然后她的目光投向教室后门的角落。大家这才发现1号同学始终孤零零地坐着，吴老师问我们："这1号怎么办呢？"同学们想了想喊道："'1'既不是质数也不是合数！"大家话音刚落，吴老师高喊一声："很好！"刚才还闷闷不乐的1号同学此时脸上也泛起了红光。在接下来的课中，我们又轻松地掌握了许多"质数与合数"的知识，在短短的40分钟里，大家始终处在兴奋之中。而新的数学概念我们早已牢牢地掌握。我喜欢上吴老师的课，喜欢那轻松、愉快的课堂气氛。虽然这节课已经过去许久，但至今想起来，我仍会不由自主地笑出声来。

二、学生点评

佳怡同学给我们分享了一节难忘的数学课。她讲述了吴老师如何通过一个小游戏，让我们在笑声中学习"找质数"这一课的知识。首先，她先对老师提出的"写学号"这一行为起了好奇心，随后，在老师的带领下游戏顺利进行，她心中的疑惑也随之解开，并且牢牢掌握了这一节课的知识。佳怡同学通过对课堂细节的描写，把课堂氛围和师生之间的互动表现得栩栩如生。从她的文字中可以看出，这堂课不仅让我们学到了知识，还让我们感受到了学习的乐趣。佳怡同学的这篇文章让我们感受到了她对数学的热爱。

三、教师点评

佳怡同学以精彩的文笔展现了一节酣畅淋漓的数学课。她勇于思考和探索数学的奥秘,在游戏中获取知识,这些都离不开她平时在课堂中的积极发言和认真听讲,做到在课上听说读写。佳怡同学在课后也经常积极提出问题,在学习中,有不懂之处,她都会尽力思考,若得不到答案,她会及时向老师请教。对于课后作业,佳怡同学从不拖拉,总是按时完成,也会充当"小老师"的角色去帮助其他同学讲题。希望佳怡同学在以后的学习中能扎扎实实,打好每一层基底,在数学学科的学习中更上一层楼。

四、教学反思

数学学习应该是一个生动活泼、主动而富有个性的过程。在数学课堂教学中,教师应当创造性地利用教材、活用教材,多给学生提供开放的、自主的、趣味性强、参与度高的探索背景,让不同层次的每一个学生都能融入数学,乐于探索,展示自我,使数学课堂"活"起来。怎样使课堂教学"活"起来、"动"起来呢?我认为,教师要从"独奏者"过渡到"伴奏者"的角色,在教学中要敢于"放",让学生动脑、动口、动手,主动、积极地学。课本让学生看,概念让学生悟,思路让学生讲,疑难让学生议,规律让学生找,结论让学生得,错误让学生析,小结让学生做。要让学生勇于发表自己的不同见解,敢于提出质疑,实实在在地还学生以主体地位。

(一) 树立学习信心,增进发言勇气,让学生在课堂说出来

在课堂教学中,教师要善于引导学生说出他们对每个数学问题的真实想法。也许,从这些想法中,我们会找到点燃学生智慧的火花。这就需要我们在课堂教学中创建一个能让每个学生各抒己见的言论氛围。教师要在课堂教学中营造一个"只要你能说出自己的真实想法,你就是最棒的"的言论氛围,使学生在这种氛围下毫无顾忌地发表自己的见解。从学生的解决问题思路中,教师要善于捕捉有利于开展下一个内容教学的信息,或针对学生的问题灵活改变我们的教学设计,使我们的教学真正体现"以学生为本"的理念。

(二) 诱发学习动机,激发学习兴趣,让学生在课堂动起来

动手操作是解决数学学科的抽象性与学生以具体形象思维为主的认知水平之间矛盾的重要手段。数学是一门抽象的学科,任何一个数学概念、法则、公式的产生,都离不开抽象概括、逻辑推理的思维方法,而小学生的认知是处于由直观形象思维向抽象逻辑思维过渡的阶段,在很大程度上是依靠动作进行思维,靠直观感知获取知识。因此,要解决学科性质与学生认知水平的矛盾,在教学时,组织学生进行操作活动,促使学生动手、动眼、动脑、动口,多种感官参加,相互配合,提高感知效果,为学生实现从感性认识上升到理性认识打下坚实的基础。

(三) 开展合作学习,获得成功体验,让学生在课堂活起来

在课堂教学中,对于教材中的"思考、探索、数学活动"等内容,应多采取小组讨论的形式来进行。小组讨论是改变"静态集体背景"为"动态集体力量"的最好形式。在小组中他们带着自己的观点去充分讨论研究,从不同的角度认识问题,发现自己的不足,构建完整全面的知识体系。允许他们有不同的方法和观点,用不同的方式表达自己的想法,用不同的思路和方法解决问题。让学生在交流中将知识组合,完成筛选,做出正确判断。通过讨论,在小组内达成共识,对不能解决的问题进行归纳整理,由组员轮流进行全班交流。学生们不仅打破了教师的思维定势,也从同学那里学到了分析、思考的方法,而且口头表达能力、自学能力、思维能力、合作能力、评价能力和情感交流水平在教学过程中都可以得到进一步的提高。

一句话,教师要服务于学生,"教"要服务于"学"。要善于发现学生的"标新立异"和"闪光点",及时鼓励,培养学生良好的数学情感。课堂小天地,学习大舞台,教师要充分利用好数学课堂提供的大舞台,采取有效的教学手段和措施,使教学过程成为学生自我探索、自我创新的过程,不断培养学生的创新精神和实践能力,真正地把课堂还给学生。

五、专家评析

质数和合数是"初等数论"中两个比较抽象的概念,这对数学概念的本质是以因数的个数为判断标准,除了1和它本身再也没有其他因数就叫作质数,除了1和它本身还有其他因数就叫作合数。这节课是在学生已经掌握2,3,5的倍数特征以及如何找一个数的因数的基础上进行教学的,是"因数与倍数"的后续学习内容。课前老师创设了宽松的学习环境,激发学生的学习兴趣。研究表明,学生的认知活动容易受情绪因素影响,因此,一般情况下,宽松活跃的教学氛围能够使学生大胆探索、积极发言。在教学中,吴老师有效建立了师生间平等、和谐的友好伙伴关系,学生乐于参与到学习中来,这有利于让学生在课堂说出来,有利于让学生在课堂动起来,有利于让学生在课堂活起来。

(评析人:王怀鑫 泉州市鲤城区第二实验小学)

有趣的图形变化

学生：戴安迪　福建省泉州市鲤城区鲤城第二实验小学五(4)班

指导教师：戚嘉杰

一、学习体验

从周一开始，我便期待着今天的数学课。因为这是戚老师任教我们班以来的第一节公开课，也是我之前就充满好奇，抱有诸多疑问的一堂课。

这节课是平行四边形面积的操作课。之前我们就认识了平行四边形，也会求长方形、正方形的面积，所以我对于这单元的课程充满了期待，我想学会求各种图形面积的方法，可以在生活中更好地运用它。

戚老师通过拉动一个长方形框架，给我们展示了把长方形推拉成平行四边形的过程，然后让我们自己裁剪一个平行四边形。我有幸上台展示了将平行四边形拼接成长方形的方法，得到了老师的表扬。通过这个过程，我们探究了平行四边形与长方形面积之间的关系，并学会了平行四边形的面积公式。

回到家后，我迫不及待地和妈妈分享了我今天学习的知识。妈妈说外公家的院子就是一个平行四边形，带我去帮外公计算一下院子的面积。到了外公家，妈妈和我一起量了院子其中一边的长度，妈妈刚要帮我量另一边，我连忙阻止，而是用树枝在地上画出来要量的底边的高，接着通过底乘高，成功计算出平行四边形的面积。妈妈见了，直夸我厉害！我听了，心里乐开了花。

通过这堂课，我受益良多，并解决了自己困惑已久的数学问题，获得了很大的成就感。数学真的是来源于生活，又运用于生活，我要更加努力学习数学，感受数学的魅力！

二、学生点评

这节生动形象的数学课，使我们受益颇多。这节课上，我们亲身体验了平行四边形的变化过程与面积推导过程，学习了平行四边形的面积公式。戴安迪作为数学课代表，不仅能在课堂上掌握好知识，还能将已学的知识转化为生活中的知识技能，这令我十分敬佩！我从来没想过可以自己去算出院子的面积，我回家也要试着去算出我家的面积。我要向他学习，将学过的知识运用到生活中，在生活中感受数学，体验数学。

[五(4)班涂智杰]

三、教师点评

戴安迪同学能够在课后熟练运用数学知识,将其运用到生活中去解决实际问题,体现了该同学对数学知识的灵活运用。这来源于该同学对数学的浓厚兴趣,在课堂上认真听讲,积极发言,敢于大胆操作、展示自己,并具有发现问题、提出问题的能力。丰富的知识储备和探究精神支撑戴安迪同学具有推理和解决问题的能力,获得成功探索问题的体验,并使抽象的数学知识变为具体的可行操作。

四、教学反思

《义务教育数学课程标准(2022 年版)》倡导核心素养导向,要求通过数学学习要让学生会用数学的眼光观察现实世界,会用数学的思维思考现实世界,会用数学的语言表达现实世界。吕传汉教授提出的"三教"(教体验、教思考、教表达)教学理念,与"三会"的素养导向不谋而合。那么,如何将"三教"和"三会"的理念融入课堂?笔者认为可以从以下几方面入手。

(一) 在公式推导中发展学生的推理意识

推理意识是指对逻辑推理过程及其意义的初步感悟。推理意识有助于养成讲道理、有条理的思维习惯,增强交流能力,是形成推理能力的经验基础。在面积公式的教学中,我们要引导学生经历从特殊到一般以及从一般到特殊的思维过程,通过让学生动手实践,自主探究,让学生经历知识形成的过程。引导学生运用转化思想,通过割补或拼图等方式,推导平行四边形、三角形、梯形等的面积公式,发展学生的推理意识。

(二) 在数形结合中发展学生的几何直观

几何直观主要是指运用图表描述和分析问题的意识与习惯。几何直观可以把复杂的问题变得简明、形象,有助于探索解决问题的思路,也可以帮助学生发现问题、提出问题、分析问题和解决问题,在问题解决和数学学习过程中都发挥着不可替代的重要作用。因此,教师在教学过程中,应适当借助"几何"手段,将复杂、抽象的问题简单化、形象化,这是数形结合思想的一种体现,从而使学生更快地融入课堂,增强学生学习数学的兴趣。

(三) 培养学生的空间观念

空间观念主要是指对空间物体或图形的形状、大小及位置关系的认识。空间观念有助于理解现实生活中空间物体的形态与结构,是形成空间想象力的经验基础。如今,多媒体技术已普遍应用于现代教育领域,例如 seewo 白板已成为教师教学不可或缺的辅助教学工具,它相比于传统教育教学手段,更具有灵活性、操作性、展示性。因此,我们在教学中要充分利用 seewo 白板的画图和展示功能,发展学生的空间观念。比如,本节课我通过让学生利用 seewo

白板进行裁剪,通过平移或旋转等操作进行拼接的过程,让学生直观形象地体验平行四边形与长方形面积之间的关系,在观察、操作中感知图形的大小和位置关系,从而发展学生的空间观念。

五、专家评析

对于平行四边形面积公式的学习,学生容易受到长方形面积计算公式的影响(负迁移),常常会利用类比推理的方式,推断平行四边形的面积就是两条邻边相乘。教师从学生的这一实际情况出发,让学生凭借经验和直觉,进行大胆的猜测,让学生利用方格子,在自己尝试解决问题的过程中发现问题,产生矛盾和冲突,这直接调动了学生学习的主动性,激发了学生学习的好奇心。在此基础上,再让学生通过动手操作和自主探索,亲历知识形成和建构的过程,体会转化思想和变中不变思想,在这个过程中,让学生学会了观察,学会了思考,学会了表达,也发展了数学核心素养。

(评析人:王怀鑫　泉州市鲤城区第二实验小学)

鸽巢问题的奥秘

学生：王钰琪　新疆塔城市第一小学

指导教师：邹向丽　新疆塔城市第一小学

一、学习体验

今天的数学课有些特别,课一开始,老师竟然说要给我们变个魔术。奇怪了,老师还会变魔术? 只见老师拿了一副扑克牌出来,取出大小王,还剩 52 张牌,又叫 5 名同学每人随意抽出一张牌。这是要干什么? 我们瞪大了好奇的眼睛。老师神秘地眨眨眼睛,呵呵地笑起来说:"我知道这 5 位同学抽到的 5 张牌中至少有 2 张是同花色的。"我就在想:老师是怎样判断的? 这其中一定有玄机。我们满头雾水,老师说的是真的吗? 这和今天的课又有什么关系呢?

当 5 位同学展示他们抽的牌时,真的有两张是同花色的,好神奇呀! 难道老师的隐藏身份是魔术师吗? 这时老师转过身,在黑板上写下四个大字:"鸽巢问题"。"因为 52 张牌中有 4 种花色,5 张牌中至少是有 2 张共同的花色,这就是鸽巢问题的奥秘。"这到底是巧合,还是隐藏了什么数学奥秘? 老师又说:"鸽巢问题的道理虽然简单,却能解决许多有趣的问题,运用它时,关键是找出谁是鸽子,谁是鸽巢。今天我们就用杯子和小棒来代替它们研究。"听到这里,我的好奇心更强了,心里暗下决心一定要弄个明白。

接着,老师给我们每个小组发了 4 根小棒,3 个纸杯,让我们把小棒分别放进 3 个纸杯里,看看会出现哪些情况,能得出什么样的结论。做完了实验,老师和蔼地说:"哪个小组愿意上来展示一下你们的成果?"话音刚落,我就高高地举起了手。"好,你们小组上来展示一下吧!"老师点到了我,我和小组里的一位同学配合,我演示,他记录,一共有 4 种摆法:① 4 根小棒全放在一个纸杯里;② 2 根小棒放在一个杯子里,另外 2 根小棒放在另一个杯子里;③ 第一个杯子放 1 根,第二个杯子放 3 根;④ 第一个杯子里放 1 根,第二个杯子里放 2 根,第三个杯子里放 1 根。看到我们的记录,老师又问道:"那么每个杯子里至少有几根小棒呢?"我有些疑惑又仔细地看了看记录,突然明白了,至少有 2 个小棒在一个杯子里。老师向我竖起了大拇指,得到老师的称赞,我心里美滋滋的。

我们又做了 4 个杯子里放 5 根小棒,5 个杯子里放 6 根小棒的实验,等等。我看着黑板上的各种记录,若有所思。老师问:"同学们,你们有没有发现这其中的规律呢?"我的大脑飞速旋转起来,大声地说:"不管怎么放,总有一个杯子里至少放进了 2 根小棒。"老师看了看我说:"'总有'是什么意思? '至少'是什么意思?"我说:"总有是一定有,至少是最少的意思。"老师微笑着说:"你真是一个善于思考的孩子。"听到老师的表扬,我对老师下面提出的问题更有信心去思考了,心想这节数学课绝对有趣又好玩。

接下来我更加认真地听老师提出的每一个问题,并且去思考如何解决问题。老师又说:"把7本书放进3个抽屉里,总有一个抽屉里至少放进3本书,为什么?如果把8本书放进3个抽屉里,会出现怎样的结论呢?10本呢?"同学们展开了激烈的讨论,相互交流,我也认真地思考,在汇报的过程中我也发表了自己的想法,列出了除法算式。接着老师又让我们讲清楚每一个算式所表示的意义。老师又说:"我们把放入物体的数量叫物体数,把杯子和抽屉等的数量都看成是抽屉数,那么我们得到的算式是:物体数÷抽屉数=商……余数。总有一个盒子至少有几个物体,我们把它叫作至少数。根据我们刚刚的探究,你能总结出至少数等于什么吗?大家有什么发现?""至少数=商数+1。""那么当没有余数的时候,至少数又等于什么呢?"老师接着又问。"那至少数就等于商。"我脱口而出。老师带头鼓掌,全班响起了热烈的掌声。我的心里那叫一个美呀!原来数学这么有趣,那么吸引我。最后老师说:"你们能用今天所学的知识解释老师和你们玩的魔术吗?"听完老师的提问,我又最先举手回答了老师的问题。老师说:"王钰琪同学今天表现最棒,能用所学知识解决我们生活中遇到的问题,这就是数学的魅力所在。"听了老师的表扬,我更加有信心学好后面的数学了。

在这堂课中,我学到了许多。老师还给我们说了"鸽巢问题"又叫"抽屉原理"以及它的来历。是啊!生活就是需要发现与观察,这样才会不断地有新发现。今后,"鸽巢问题"还会有更多用途,还能用于解决很多难题,在这之中我们也会有新的发现。这堂课令我十分难忘,在这堂课上,我喜欢上了数学,它是那么深奥而有趣,让人情不自禁地想要去探知、摸索、了解,最后让我彻彻底底地爱上数学。今后我一定会更加努力学好数学,去探索它更多的奥秘!

二、教师点评

王钰琪同学,你的思维灵活,有一双智慧的数学眼睛,善于观察和发现规律,让数学变得更加形象、直观,达到了预期的效果,并获得了成功的学习体验,悟出了学习道理,为后续学好数学积累了学习经验。

通过你的描述,老师发现你是一个爱学习、爱思考、勤动脑的孩子,能带着问题去探究,上课能动手操作,与同伴合作交流,通过观察、思考,亲身体验得出结论,并能大胆发言,积极表达自己的想法,在理解数学知识的同时,增长了数学见识,悟出了数学道理,获得了成功体验。老师通过你的课堂表现还发现:你还是一个拥有好奇心、求知欲强、乐于表达的孩子,而且学知识学得很扎实。老师希望你能把这些好的学习习惯保持下去。数学像宝藏一样撒落在世界的每一个角落,需要我们不断去寻找,去探索,去解密,这就是数学的魅力所在。老师希望你能学以致用,做一个有心人,去解决生活中遇到的各种数学问题。

三、教学反思

数学广角的教学是为了丰富学生解决问题的方法和策略,使学生感受到数学的魅力。本节课我让学生经历探究"鸽巢原理"的过程,初步了解"鸽巢原理",并能够应用于实际生活中,学会思考数学问题的方法,培养学生的数学思维。

(一) 创设情境,激发兴趣

本节课的难度较大,理解起来有挑战性,学生面临的学习压力较大。我利用学生感兴趣的魔术,缓解学习的压力,提高学生学习的兴趣和积极性。兴趣是最好的老师。在导入新课时,我带领孩子们通过玩抽牌的游戏,激发学习兴趣。这个游戏虽简单却能真实地反映"鸽巢原理"。通过小游戏,一下子就抓住学生的注意力,有效地调动和激发学生的学习主动性和兴趣,让学生觉得这节课要探究的问题好玩又有意义。

(二) 通过操作,构建模型

以直观素材和实际操作为载体,循序渐进地建立"鸽巢问题"最基本的数学模型。在教学中我利用摆小棒、画图等方法,借助直观、亲身经历,在分的过程中感知分的过程和结果,帮助理解题意,初步建立抽屉原理的模型。让学生灵活运用模型思想解决问题,发展学生的数学思维能力,培养学生的模型思想。

在教学时我顺应学生的认知特点,采用合理的教学策略,激发学生的探究欲望,逐步去操作理解。首先让学生通过一一列举、画图等方法,通过摆一摆、写一写等方式都列举出来,运用直观的方式发现并描述,理解最简单的"鸽巢原理",认识列举法,并通过观察统计表,引导学生自主总结出"小棒数比杯子数多1时,总有一个杯子里至少有2根小棒"。通过假设的方法证明,并用余数的除法算式表示出平均分的过程,将思维过程与数学符号联系起来,在此基础上加以引导。对比分析、沟通联系不仅有助于提高学生的逻辑思维能力,还为今后学生学习较为严谨的数学做准备。在大量列举之后,再引导学生总结归纳这一类"鸽巢原理"的一般规律,让学生借助直观操作、观察、表达等方式,从不同的角度认识"鸽巢原理"。特别是通过学生归纳总结的规律(到底是"商+余数"还是"商+1"),引发学生的思维步步深入,并通过讨论和说理活动,使学生经历一个初步的"数学证明"的过程,培养学生的推理能力和初步的逻辑能力,从而学生积累了充分的数学活动经验,实现了真正意义上的有效学习。

(三) 关注语言表达,提高表达能力

能够清晰、正确地表达,让听者或读者接受和理解你想要表达的内容,其实是一件颇为不易的事情。表达更需要层次性和结构化的思考,能否清晰、正确地表达取决于在表达之前的思考和对活动的观感与体验。学生只有经历了体验的过程,才会获得感悟。在课堂中,教师的语言表达能力十分关键。数学语言是否精简直接影响着学生对新知识的理解与掌握。例如,教材中"不管怎么放,总有一只抽屉里至少放进了几本书?"对于这句话,学生听起来很拗口,也很难理解;通过观察思考,我将这句话变成"不管怎么放,至少有几本书放进了同一个抽屉中?"对学生来说,这样相对显得通俗易懂。因此,在以后的课堂教学中,我要更加严谨准确地使用数学语言,发现并灵活掌握各种数学语言所描述的条件及其相互转化,以加深对数学

概念的理解和应用。在课堂中,还要训练学生正确运用语言表达自己的意见,理解数学道理,感受数学魅力,从而使学生学会用数学的语言表达现实世界。

四、专家评析

"鸽巢问题"是六年级下册第五单元数学广角的内容,是数与代数领域的重要知识点。"鸽巢原理"最早是由 19 世纪德国数学家运用于解决数学问题而提出的,又称"抽屉原理"。本节课教师通过几个直观的例子,借助实际操作,向学生介绍"鸽巢原理",使学生在理解的基础上,对一些简单的实际问题加以模型化,会用"鸽巢原理"去解决问题。运用"鸽巢原理"可以解决许多有趣的数学问题,并且常常会得到一些令人惊异的结果。文章中小作者的喜悦来自老师的表扬和认可。老师善于发现孩子的闪光点,对她及时进行表扬和鼓励,让小作者体会到自身的价值,享受成功的喜悦。这样一来,孩子的学习情绪变得高涨,积极性得到提高。

我们知道,数学因善于动脑思考而精彩。从文中我们可以看出,小作者登上讲台的那份从容和自信,来自她对问题的思考。在课堂上,设计什么样的教学活动,将决定学生获得什么样的数学体验。所以设计好教学活动,帮助学生积累活动体验是数学教学的重要目标。从学生的学习体验中我们可以看出,有趣的实践活动可以充分激发学生学习的积极性。小作者通过实验,仔细观察、动手操作、用心感悟,让"抽象的知识"变为"可体验的知识",从而"体验"数学建模的过程,促进自身对于"直观想象"素养的领悟。在实践中引导学生之间交流互助,让学生敢说敢言,在反思中做出评价,从而我们可以看出这样的教学有利于培养学生从数学的角度思考问题、发现问题、提出问题、分析问题、解决问题的经验,打消学生对数学的恐惧感,积极投入到数学活动的体验中,真正实现在"玩"中学、在"学"中玩的目的。因此,在教学中我们要调动学生学习的积极性,引导他们在探究中学习,在学习中长见识、悟道理。

(评析人:骆春梅　新疆塔城市第一小学)

圆柱体积的奥秘

学生：董羽瑶　新疆塔城市第一小学

指导教师：李露　新疆塔城市第一小学

一、学习体验

随着上课铃声响起，李老师拿着一个被白纸包住的圆柱体模型走进了教室，然后在黑板上用粉笔写下"圆柱的体积"。

圆柱的体积？这可难不住我们，我们早早就预习过书本上的知识了。当李老师说起体积的时候，班里的同学就毫不犹豫地回答："圆柱的体积＝底面积×高。"见同学预习的效果如此之好，李老师露出欣慰的笑容。顿时我的心里也不由自主地涌上了一丝自豪。可是帅不过三秒，李老师又问道："那么，有哪位同学说一说，圆柱的体积为什么是底面积×高呢？它是怎么推导出来的呢？"不到一会儿的工夫，原本有点吵闹的班级鸦雀无声。数学书上没有提到过啊，我们被这突如其来的问题问倒了，同学们都有些眼神呆滞地望向李老师，但随后我们的求知欲盖过了被难题难住的神情。李老师看着我们渴望知识的眼神，笑着说道："那我们今天就来研究圆柱体积的奥秘吧！"

"同学先回忆一下在之前学习体积和面积的课程里，我们都是用什么样的方式一一去攻克这些难题的？""李老师，李老师！我知道！之前学平行四边形的时候，我们是把它切割后再平移过去变成长方形的！""还有，李老师！我们把长方体分解成小块的，最后得出长方体体积等于长×宽×高……"同学们争先恐后地举手，生怕自己的答案抢先被别人说走。但是如果说完这些，恐怕半节课的时间会过去，于是李老师又将范围缩小，问道："上个学期我们学过哪个图形的面积？"大家异口同声地说道："圆！""那同学们再仔细想想，圆的面积是怎么推算的？""把圆平均分成若干份！"同学们激动地回答道。"对，我们把圆平均分成若干份，然后将小份一个一个拼在一起，就会得到一个近似长方形的图形，我们切的份数越多，拼成的图形越接近长方形。在这里，我们就用到了切割的方法。""我们再来看圆柱体。"李老师一边把模型上的白纸撕了下来向我们展示，一边微笑地说，"同学们看，圆柱的底面也是圆形，同理，我们也将圆柱沿着底面直径，平均把它切成若干份。""既然圆形分开会拼成一个近似长方形的图形，那圆柱呢？"李老师问道。我们整齐地喊着"长方体！"随后，李老师让我们小组合作讨论交流。有的小组带来了事先准备好的萝卜，把萝卜切成一个圆柱体，再把它平均分成八等份，从中间切开，再把其他的地方切开，但不能切断，最后把它们拼起来，再固定一下，就变成了一个近似的长方体；还有的小组通过圆的面积公式推导，将圆柱体分成若干等分后再拼成长方体，计算长方体的体积进而推导出圆柱的体积。接着李老师用多媒体课件演示圆柱体体积的推导过程,让我们理解得更加清晰、透彻。同时,通过自己的思考、动手操作、观察以及交流讨论,我对圆柱的体积也有了新的认识。

我们打量着这个图形,思考着圆柱的体积公式是怎么得来的。李老师接着又让我们进行小组交流讨论,在我们拿不定主意的时候,李老师给我们点明了思路:"你看,这个图形的长是圆底周长的一半,这个宽是圆的半径,它的高就是圆柱的高,而我们长方体体积公式除了长×宽×高,还可以表示为……""底面积×高!"我们恍然大悟,"所以啊,圆柱的体积就等于底面积×高。"

圆柱体积的表达式引发了我的思考,从中我获得了启示:我们要用数学的眼光去观察、审视生活,理解数学,表达数学,长见识,悟道理。

二、教师点评

透过学生的学习体验,我能感受到一个聪明的爱学习、爱思考、爱生活的数学小公主的身影。简短的文字记录了学生对圆柱学习过程的收获、感悟、思考、发现、质疑,体现了学生具有从课堂、书本、生活中发现问题,表达质疑,受到启发的良好学习习惯。她在自己动手操作后能及时进行回顾与反思,促进数学思考,能从不同的思维角度去观察,用生活语言理解数学,能从事物的外部特征去思考事物的本质属性,深化认识。

小作者通过自主实验,亲身经历了获得数学知识的探究过程,在理解数学知识的同时,增长了数学见识,悟出了数学道理,获得了实验成功的成就感,体验到实践活动在数学学科中的价值,增进了对数学的积极情感。

三、教学反思

在新课程不断向纵深推进的今天,我们的课堂既要继承传统,把课上扎实,同时也要把课上厚实。在教"圆柱的体积"一课时,我采用新的教学理念,让学生自己动手实践、自主探索与合作交流,在实践中体验,从而获得知识,并利用新知去解决实际问题。对此,我有如下教学反思。

(一) 动手实践,体验感悟

爱因斯坦说,兴趣是最好的老师。我主张以体验为中心的小学数学学习,提倡学生通过数学实践活动获得体验,构建属于自己的数学知识,促进学生数学学科素养的形成。因此,小学数学教学要创设指向性明确的问题来激发学生的学习,提高探究的兴趣和学习动机,以问题引领学生动手实践,留给学生充裕的时间和空间,让每个学生都能在课内、课外不需要别人提醒自主地开展数学探究活动。上课开始,教师创设问题情境,不时地引导同学运用已有的生活经验和旧知,探索和解决实际问题,并制造认知抵触,形成"任务驱动"的探究氛围。教师为同学提供动手操作、观察以及交流讨论的平台,让同学在体验和探索空间与图形的过程中不断地积累几何知识,以协助同学理解实际的三维世界,逐步发展其空间观念。

在制作圆柱体时,完全放手让学生去操作,活动的设计体现了以学生为主体,引导学生主动探索,让学生在活动中感悟,在活动中体验,学生在整个动手操作的过程中,进一步体会圆柱体积的形成过程。在经历活动的操作、观察、思考、猜想、验证等过程中,学生发现实验现象的意义丰富,感性认识提升,理性认识产生永不停息的探究欲望。最终,学生通过自己的努力发现数学奥秘,获得数学的体验、发现、创新,喜悦之情油然而生,数学学习兴趣变得更加浓厚。

(二) 交流表达,张扬个性

数学观察力,是新课标中提出的学生应必备的一种重要数学能力。学生在操作的基础上要学会观察,挖掘知识之间的联系,真正体现操作的价值。通过学生直观的观察,让学生去挖掘数学本质上的一些联系,让学生在知识的探索过程中有一个完成的体验过程,也对所学的知识有一个更好的理解。整节课力图让学生用自己的思维方式自由开放地去探索、去发现、去再创造,以张扬学生的个性,培养学生的动手操作能力和创新能力。学生在探究新知时,教师要给予充分的思考空间,创设实践操作的条件,营造出思考的环境氛围。教学"圆柱的体积"时,学生亲身参与操作,利用课前预习让学生用萝卜做实验并提前感知,把萝卜切成一个圆柱体,把圆柱的底面分成若干份(例如,分成 8 等份),然后把圆柱切开,再拼起来,圆柱体就转化成一个近似的长方体。回归课堂,教师继续通过分组做实验,并让有的组的学生把自己切好的萝卜带来,自己在课堂中继续拼摆。为了让学生充分体会,我把操作的机会给了学生。接着再结合多媒体演示,让学生感受"把圆柱的底面分的份数越多,切开后,拼起来的图形就越接近长方体"。接着教师指导学生悟出这个长方体的长相当于圆柱哪一部分的长度,宽是圆柱哪一部分的长度,高是圆柱的哪一部分的长度,圆柱的体积是怎样计算的道理,从而推导出圆柱体积的计算公式。这种思维的火花,我们老师应及时捕获,让它开得绚丽多彩,从而让同学的个性得到充分的培养。让同学在学习过程中体会到数学给自身带来了巨大的胜利感和喜悦感,我们老师才能寓教于乐,从而达到事半功倍的效果。

在本节课的动手操作中,让全班学生以小组为单位围坐在一起,为他们提供自主探究的空间,同时尽量延长小组交流的时间,试图把学习的时间、空间还给学生,让他们自主探究、合作交流。你有什么发现? 你是怎样想的? ⋯⋯这样一些指向探索的话语鼓励学生独立思考、动手操作、合作探究,让学生根据已有的知识经验创造性地建构自己的数学,而不是去模仿复制别人的数学。

(三) 课后小结,总结提升

华应龙老师说:"数学不是老师讲明白的,而是学生想明白的。"如何才能搭建学生想的平台呢? 通过想而明,就是要促进学生数学的思考,让小学数学学习因动手实践来感悟深刻的道理,因动脑思考来体验数学的深度。所以,小学数学学习要实现从以往的关注数学表象到深入研究数学本质的转变,采用启发式探究学习,深刻理解发生表象的原因,以表象为载体,思考数学,动手实践数学活动,从而理解数学,内化数学,让数学学习深度发生,体验动手实践探究数学知识本质带来的思考乐趣。我的这节课还有很多要完善的地方,例如备课时没有充分考虑到孩子动手操作时的费时情况,在"备学生"这方面做得不是很好。我会在今后备课时全面考虑,继续使用好先学后教的学习模式,在课堂中注重"三教"理念的渗透,继续努力和孩子们一起每天进步一点点,每天都有不同的收获。

四、专家评析

"方其知之而行未及之,则知尚浅。"这句话很明白地表达了无论是生活还是数学,活动实践都起着至关重要的作用,重视学习体验比直接告知更重要。在课堂上设计什么样的教学活动,将决定学生获得什么样的数学经验,所以设计好教学活动,帮助学生积累好活动经验,是数学教学的重要目标。

"圆柱的体积"是在学生初步认识了圆柱体的基本特征,以及长方体、正方体体积计算方法的基础上学习的,以便学生进一步研究圆柱体的特征。学生比较深入地研究立体几何图形,将促使学生空间观念实现又一次飞跃。同时这又是为学生今后学习圆锥做好充分准备的一节课。教学这部分知识,有利于进一步发展学生的空间观念,为进一步学习和解决实际问题打下基础。从学生的学习体验中,我们可以看到,有趣的实践活动可以充分激发学生学习的积极性。小作者对实验兴趣满满,通过实验仔细观察、动手操作、用心感悟,让抽象知识变为可体验的知识,从而体验数学建模的过程,促进自身对于直观想象素养的领悟。体验也离不开良好有效的教学策略,无论是引导学生在做中增进体验,还是在想中深化思考,都要求教师通过创设合适的情境,构建平等和谐的师生关系以及轻松愉快的学习氛围,促进学生自发参与学习。

(评析人:骆春梅　新疆塔城市第一小学)

第四篇

教学课例

"组合图形的面积"教学课例

清华大学附属小学　穆敏娟

一、基于单元教学设计的要求

"组合图形的面积"是小学数学第三学段"图形与几何"领域中"图形的认识与测量"主题下的内容。《义务教育数学课程标准(2022 年版)》对此学段的内容要求如下：

（一）探索并掌握平行四边形、三角形和梯形的面积计算公式；会估计不规则图形的面积。能解决简单的实际问题。

（二）引导学生运用转化的思想，推导平行四边形、三角形、梯形等平面图形的面积公式，进一步形成空间观念、推理意识、量感和几何直观。

（三）在活动中积累数学活动经验，经历独立思考并与他人合作交流解决问题的过程中，增强探索数学的兴趣和意识。

二、教材分析

（一）纵向联系知识体系

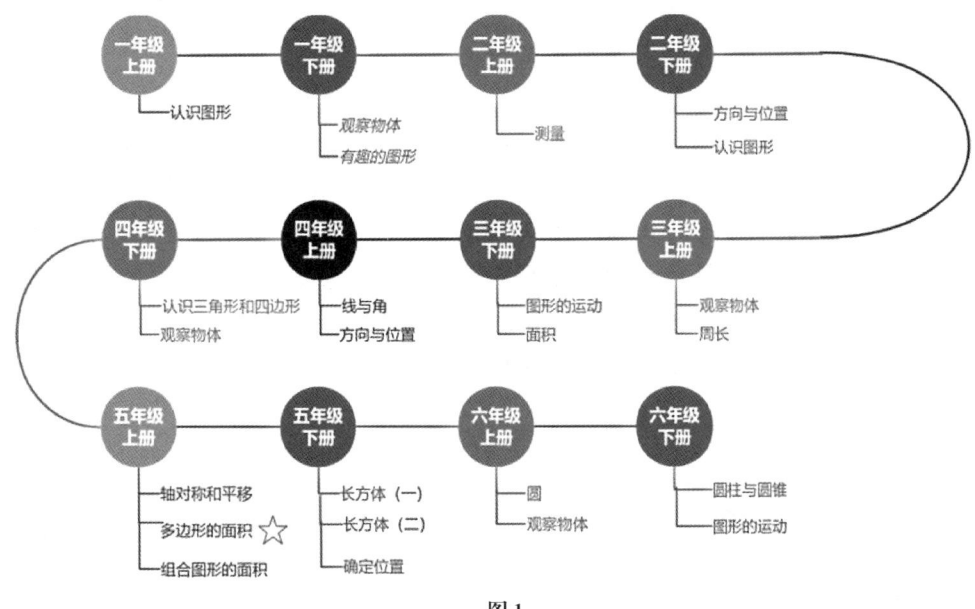

图1

有关"图形与几何"领域中"图形的认识与测量"主题的内容,教材的编排遵循螺旋上升、不断递进的逻辑,从对具体的立体图形的直观认识出发,抽象到对平面图形的认识,再到平面图形的面积测量与计算。

纵观以上教材编排的特点,我们会发现在"组合图形的面积"这一单元之前,教材已经安排了对多边形的认识,如长(正)方形、平行四边形、三角形、梯形等基本图形面积测量相关的内容。由此可以看出,教材编排是从学生认知规律出发,由浅入深,层层推进,逻辑严密。本单元意在对已有学习内容整合和联结的基础上提升学生解决实际问题能力。

(二) 横向不同版本教材的对比

人教版

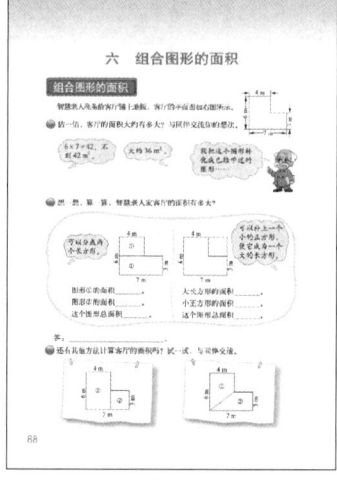
北师大版

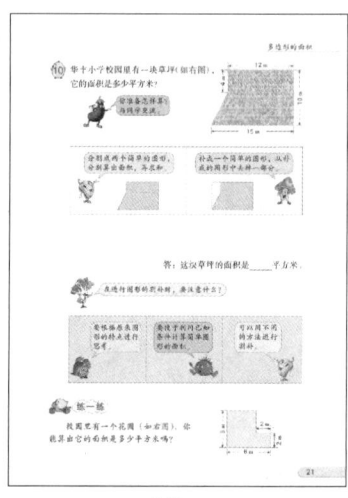
苏教版

图 2

"组合图形的面积"这一课,各版本教材都安排在五年级上册,均在学生已经认识多边形,并会计算多种图形面积的基础上进行学习。本节课可以使学生进一步认识所学平面图形的特征,是在学习了平面图形面积计算方法的基础上学习的。对比各版本教材,可以发现每个版本都是从创设情境引入,进一步探索求解组合图形面积的方法。人教版主要呈现两种"割"的方法,北师大版和苏教版则呈现"割"和"补"两个层面的方法。以上三个版本教材都是从数学与生活的联结出发,引导学生采用多种方法在真实情境中解决问题,体现方法的多样化,拓展学生思维。

三、单元教学目标

(一)单元架构

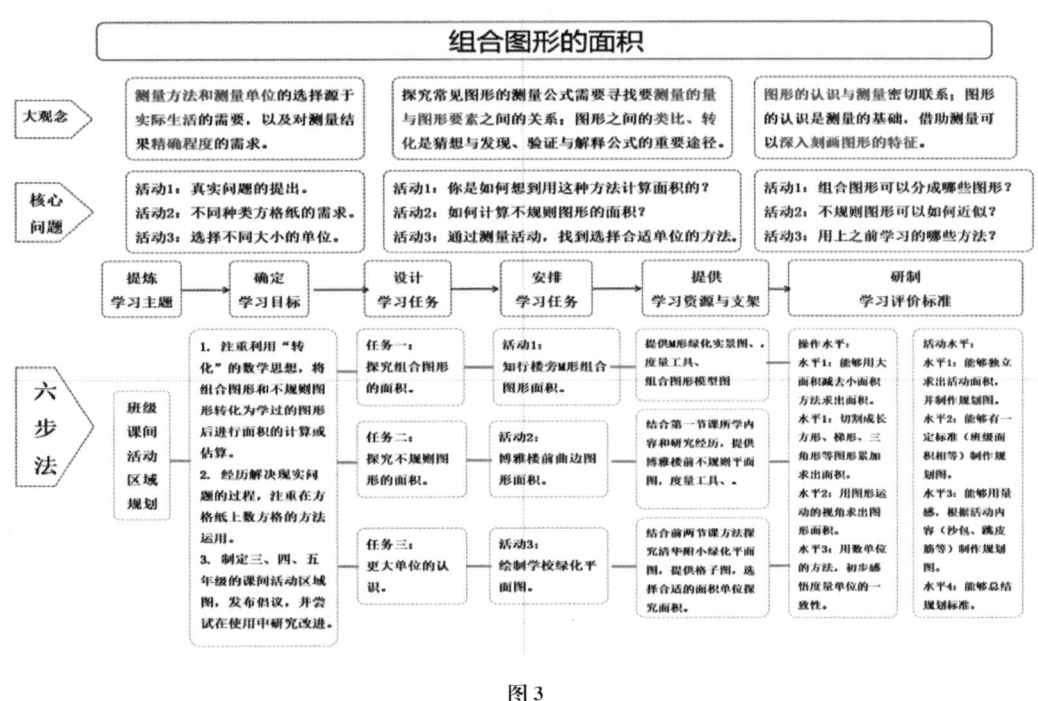

图3

(二)单元学习目标

1. 在解决与图形面积相关的问题中,了解组合图形,经历用割补法探索组合图形面积计算的过程,进一步体会"转化"思想。

2. 能正确计算简单的组合图形的面积,能估计不规则图形面积的大小,认识面积单位"公顷""平方千米",会进行简单的面积单位换算。

3. 在探索图形面积计算方法的过程中,体会方法的多样化,丰富图形变化的经验,发展空间想象力和思维的灵活性。

四、学情分析

本单元的教学是在学生掌握了平行四边形、三角形和梯形的特征,认识了组合图形,知道了面积概念并会计算长方形、正方形面积的基础上进行的。而"组合图形的面积"一课又是在学生会计算长方形、正方形、平行四边形、三角形、梯形等基本图形面积的基础上学习的。学生此时已经有一定的经验基础,尤其是初步接触了数学的转化思想,这些知识储备都会使学生学习的难度有所降低。

学生在"我书我心"的学习体验中对组合图形有比较准确的理解（即两个或者两个以上基本图形拼在一起，就是组合图形），并且有相当一部分同学猜测，组合图形的面积就是把几个基本图形的面积加起来。

一方面，结合学生书写的"我书我心"前测和学生认知进行分析，发现学生存在的问题与期待：

1. 对用单位面积度量的方法掌握得不够；

2. 对图形之间的联系印象不够深刻；

3. 学生期待的主要是在生活中的应用。

另一方面，结合学生的实际学情，通过梳理，第六单元"组合图形的面积"学习任务（绘制学校的绿化平面图）的三个子任务分别是：

1. 计算学校 M 形绿地的面积。（直边的组合图形）

2. 计算学校曲边绿植种植面积的区域。（曲边的组合图形）

3. 绘制学校的绿化面积图，为 110 周年校庆献礼。（选择合适的面积单位）

五、课时教学设计

课时目标	1. 在经历组合图形面积计算探究过程中，体会"转化"思想，掌握组合图形面积计算的方法即面积单位度量法、分割法、添补法和割补法； 2. 根据组合图形的条件，恰当正确地计算组合图形的面积，积累图形变化的活动经验，发展几何直观和思维的灵活性； 3. 通过解决生活中与组合图形面积相关的实际问题，体验数学的应用价值
教学重点	探索组合图形面积计算的四种方法
教学难点	体会测量的本质：有限的叠加性、运动不变性、正则性
教学用具	组合图形四种方法分解板贴图
学习用具	面积模型纸两张、剪刀、透明方格纸 1 平方厘米

六、教学过程

(一) 前测梳理，发现问题

1. 回顾"我书我心"，明晰目标

师：在上周五第四单元"我书我心"中，我发现在"多边形面积"单元，同学们当中，35 人学会了计算面积、28 人学会了推理面积公式，可贵的是，30 人关注到多边形面积可以用面积单位度量，而且有 13 人关注到多边形之间的关系，在关联中学习，非常可贵，点赞。

【设计意图】通过"我书我心"，了解学生的认知起点，同时通过条形统计图呈现同学们的收获，渗透数据整理和分析的价值与数学语言的表达；此外，让学生直观感受到本单元学习不仅聚焦计算、推理,更要关注用面积单位度量的方法,即测量的本质,关注图形之间的转化和联系。

2. 梳理学习内容,聚焦问题

师:对于"组合图形面积"单元学习,同学们希望学习内容能解决学校生活、社会生活和家庭生活中的问题。同学们还举出了丰富的例子,如丈量土地、活动区域、教室面积、绿化面积、油漆门窗等,也提出了与组合图形面积相关的系列问题。

【设计意图】列举同学们期待学习的内容,是尊重学生的体现,将学生兴趣与课堂学习内容紧密结合,激发学习的热情;同时,让学生学习"有价值的知识",学习内容与实际生活相关,引导学生思考数学与实际生活的紧密联系,体会数学知识既来源于生活,学习数学也可以解决当下和未来生活中的问题,体会数学学习的价值和意义。

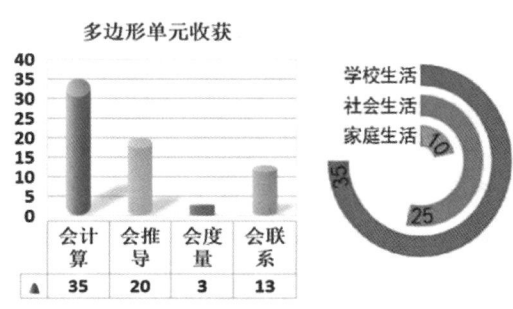

图 4　期待学习内容能够解决的问题

(二) 问题引领,多元探索

1. 明确问题,图形抽象

师:同学们期待了解校园中的绿化、活动区域等的面积,用数学的眼光观察时,想了解它们有多大,能制造多少氧气,那么,请看看这是学校的哪里?

生:这三幅图分别是知行楼前面、博雅楼旁边、小竹林。

师:今天我们主要研究第一幅图,这是我们这节课研究的内容。它的面积是多少?

图 5

师：看着这幅图，想一想，它是什么样子的，在脑海中画出它的形状。

学生观察、想象，从实物图形中抽象出平面图形。

图6

【设计意图】学生从实际生活中提出问题，体验学习数学的价值和意义，将生活中的现实问题转化为数学中的组合图形面积问题；经历实物图形—平面图形的抽象过程，从中体会如何从数学的视角观察事物，通过分析、比较抽象出几何概念，提升空间想象力，渗透用数学的眼光观察现实世界，体验学习数学的价值和意义。

2. 小组合作，分析问题

(1) 仔细观察，认真思考

(2) 小组分工合作

选用小组的工具测量给定组合图形学具的面积(测量结果保留整数)。

画、折、剪、量、说、算……方法多样(学具可以进行剪和折)。

(3) 小组汇报分工合作

(4) 小组活动，教师指导

【设计意图】

通过探究性活动设计，为小组提供工具和材料，让学生在动手操作中解决问题，激发好奇心和探究欲，让学生体会到"做中学"的乐趣，同时习得解决问题的能力；在小组合作中，同学们不仅可以独立尝试，也能合作交流，可以看到不同同学的思路，相互学习，将自己的思维过程充分展现出来，并且在操作、记录、计算中体会到小组团结协作的智慧，提升合作交流的能力与信心，培养学生的社会与情感能力。

3. 小组汇报，解决问题

师：汇报时每人说一种方法，而且要关注不同方法之间的联系。

小组汇报：

生1：我们小组经过研究，一共发现了四种方法。

第一种方法是数方格。

(实物展台展示)用透明方格纸覆盖在图形上，数格子，数的时候添补成长方形，计算有多少个格子。数方格这个方法，有些同学认为是最笨的，但我觉得这种方法也是最通用、最本质的方法。

生2：第二种方法是分割法。我们将组合图形分为两个三角形，然后将两个三角形面积加起来就是组合图形的面积。（实物展台展示）

现在我发现，还可以分成三个图形，即一个长方形和两个三角形。另外，还可以分成两个梯形。

师：贴出分成两个三角形的图形。提示：能给这种方法起个名吗？

生2：分割法。用分割法可以把这个图形分为很多种图形，然后把各个基本图形的面积再加起来。当然，在计算时，图形越少越好，越简洁越优化。（实物展台展示）

生3：（实物展台展示）我觉得除了分割法外，我先将组合图形分割成基本图形，为了便捷还可以再拼成一个基本图形，如分割为两个梯形，再把这两个梯形拼成一个平行四边形或者长方形，还可以拼成梯形等。我给这种方法起名为割补法。

师：在分割后，这些图形无论怎么移动，它的面积都是不变的。割补法在分割法的基础上又进行了优化和简化，彰显了数学的简洁美。

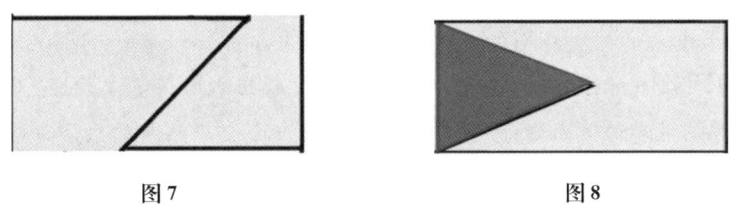

图7   图8

生4：我的方法是添补法。组合图形的面积可以看作是一个长方形面积减去一个三角形的面积。

生4：以上四种方法除了第一种是第四单元学习时常用的方法外，其他三种都是把组合图形转化为我们常见的基本图形，把未知转化为已知。以上是我们的汇报，还有其他同学补充吗？

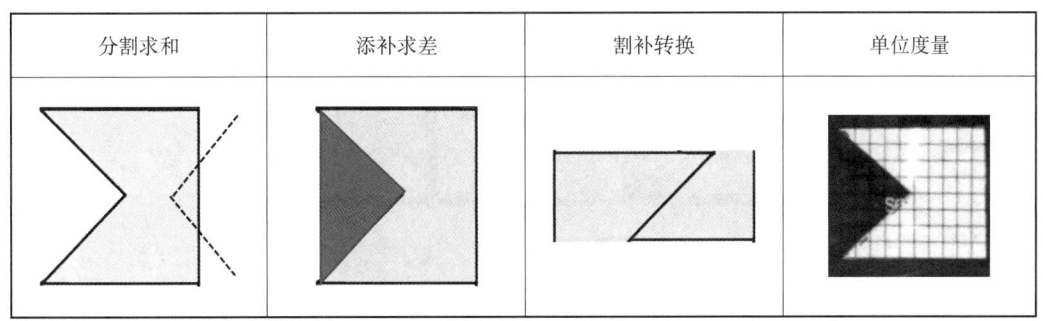

分割求和	添补求差	割补转换	单位度量

图9

生5：我想对割补法进行补充。分割法较多，可以分割成两个图形、三个图形、四个图形等。

生6：我想将上述方法进行对比：

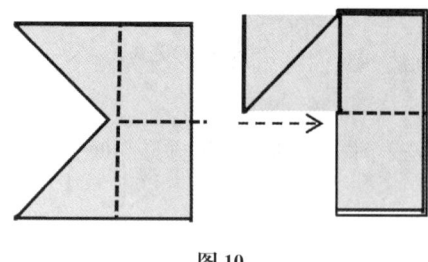

图 10

（1）"数单位"图形有些地方不是整格，可以借助四单元方法数准确；

（2）"添补法"大面积减去小面积；

（3）"割补法"是将不规则图形分成若干基本图形，再将几个基本图形拼成一个大的基本图形；

（4）"分割法"是将组合图形分成若干个基本图形，求这些图形的面积和。后三种方法共通的地方，都是将不规则图形转化成规则图形进行计算。

计算组合图形面积的方法有很多，但是以简便好算为主。在遇到实际问题时，选择哪种方法取决于图形，根据不规则图形的形状来选择简便的方法。

【设计意图】通过小组汇报分享，将学生的思维过程用数学语言呈现、分享与补充，一方面能够提升学生的数学语言表达，另一方面能够创造一个全班参与的数学分享空间，最大限度调动学生的积极性。鼓励学生用不同的方法进行计算，并以学生为主体，教师引导学生对不同的方法进行反思、对比和总结，进一步掌握和理解计算组合图形面积的方法，从而能够在实践中发现和运用最简洁的计算方法，更好地把握图形之间的联系。

（三）变式练习，提升小结（变与不变）

三角形的底边不变，移动顶点，面积不变。（运动的不变性）

观察三角形等积变形的规律，用运动的眼光看，图形会有什么变化。

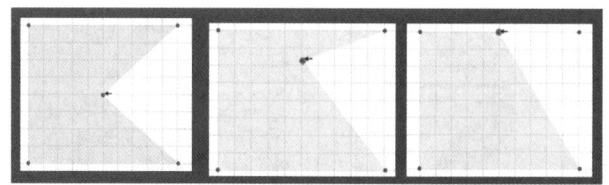

图 11

根据三角形移动的规律，求组合图形面积有什么启发？

学生口头表达内心想法，部分同学恍然大悟，还有部分同学不理解，再通过几何画板进行动画展示：通过移动点 A 到点 B，将三角形移动变成一个梯形。

学生小结变化规律：基本图形的形状不变，位置移动，面积不变；基本图形的形状变了，位置也变，面积不变。

师：图形是数学的语言,它也如我们的文字语言,既有现实的一面,也表示想象的一面。我们的图形不仅仅是静止的,我们要用运动的眼光去观察它,理解它。

【设计意图】通过变式练习,在原有组合图形面积计算的基础上,引入运动的维度,在生动的图示中让同学们更加深刻地理解测量的本质之一——运动的不变性,借以丰富对数学的理解与认识。

(四)辨析提升,加深理解

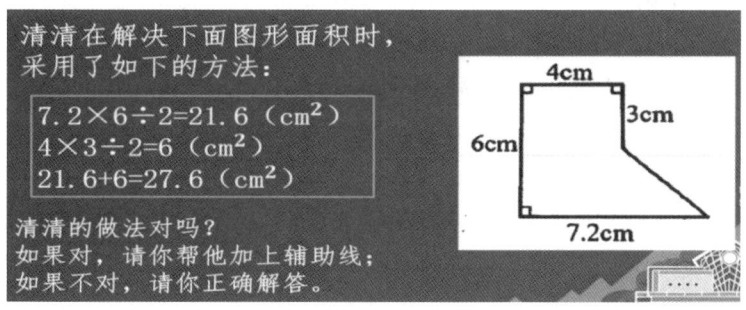

图 12

师：1. 自己独立计算。2. 对比同学们的两种计算方法,分别分成两个三角形、一个长方形和一个梯形,为什么计算结果不同? 3. 辨析中对比。4. 学生通过学具操作明晰问题。

【设计意图】在学习组合图形面积计算方法的基础上,让学生看图说话,在描述和对话中发现其中的易错点;学生在试错、讨论中建构丰富知识体系,加深理解;通过实际操作使同学们真实理解"纸上得来终觉浅,绝知此事要躬行"的道理,实现数学育人;并且,在严格的实际测量中,让同学们真正感受到数学学科的特点之一——严谨与科学。

(五) 文化渗透,拓展思考

介绍出入相补原理、渗透数学文化,拓展思考。

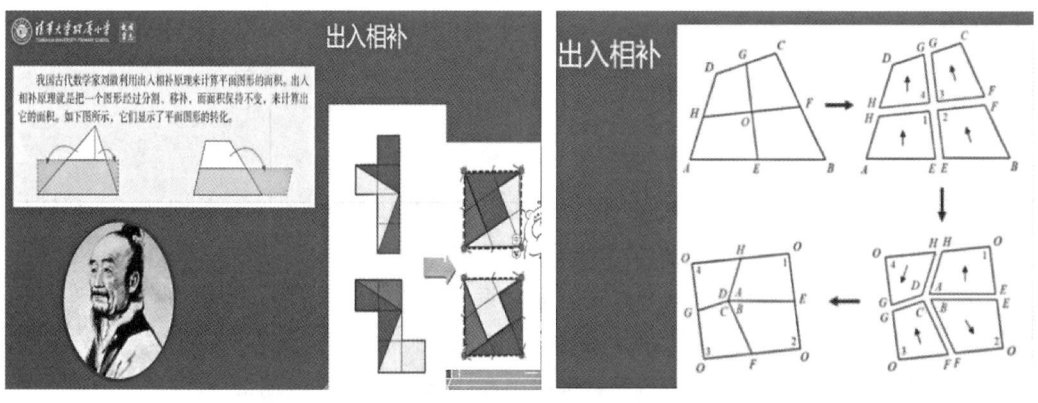

图 13

【设计意图】再次梳理各种方法之间的关系,加深同学们对方法的理解;挖掘数学中的中华优秀传统文化,实现数学知识方法传递与育人价值相统一。

(六) 回顾反思,明晰目标

1. 说一说这节课你的收获和反思:

(1) 学科内知识层面;

(2) 思想方法层面;

(3) 联系生活层面。

2. 联系生活,再提问题。

3. 根据学习内容,你还可以提出哪些数学问题?

(七) 作业设计

(一) 乐学手册6.1(常规的"6+3+1"分层作业)

(二) 每日一题:下面图形阴影部分的面积相等吗?

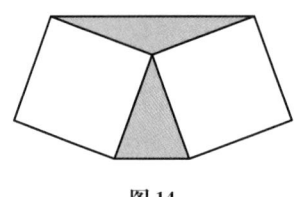

图14

(三) 我书我心——撰写本节课的学习体验(每周五全班学生撰写"学习体验",这是从"教"的研究转向"学"的研究的良好"载体")

【设计意图】

作业实行分层设计,第一项作业"乐学手册"中的10道题按照"6(基础型)+3(拓展型)+1(创新型)"进行分层设计;第二项作业是一项思考题,是来自荷兰的一道数学题目,重在激发学生学习的兴趣,用运动的眼光学习和认识图形;第三项作业是数学表达形式的作业,通过书写数学体验,让教师教研从"教"的研究,转向学生学习效果的研究。

七、学习体验

课后,同学们在"我书我心"中写下了自己在本节课的心得与收获。这是把"教"的研究转向"学"的研究的依据。部分学生的学习体验摘录如下。

生1:我知道了数学的多样化和方法间的联系。我认为格子图是这道题的"地基",其他方法可以说是在格子图基础上进行改进和梳理的。

生2:数学多么严谨、科学,不能看着像就当真,必须经过论证或测量。

生3:把静态物体看成动态物体需要丰富的想象力和生活常识,我觉得物体是有生命的,需要变通，把图形看成会移动的。同时在生活中也要做到变通，学会改变。

生4：通过这节课的学习，我感到数学不仅要数形结合，有时还需要动静结合。

生5：我发现一道题目可以有多种解法、多种思路，要深入思考，不能只想个皮毛，要去探究多层面、多角度的想法。深入生活中，很多事情也可以考虑用多种方法去做。

生6：通过这节课，我同样也领悟到数学不单单是一两道题，而是一种思维模式。

八、教学反思

(一) 基于学生认知起点，引导学生在探究中学习

在课前，引导学生讨论或者写下他们对数学学习的感受，以此作为教学的起点。同时，10岁左右的孩子难免出现数学焦虑，"我书我心"是缓解学生焦虑的有效手段。

在课堂教学设计中，要同时照顾到学生情感和认知上的发展目标，在一节课中实现双线的分层教学：掌握情况好的同学自主探究学习；掌握情况偏弱的"潜力生"在黑板前个别指导探究中学习。

课后，让学生写下学习的体验与收获，实现从教师"教"的研究到学生"学"的研究的转移。

(二) 强调面积单位度量，促进对测量本质的理解

数学的本质在于思考的充分自由。组合图形的面积是度量几何学面积中的内容，是学生认识面积的概念，掌握基本图形长(正)方形、平行四边形、三角形和梯形面积后学习的内容，包含了直线构成的图形和曲线构成的图形，以及大的面积单位公顷和平方千米。在这一单元中继续渗透面积的"有限可加性""运动不变性""正则性"，用单位面积去覆盖时，有限可加性是天然的直觉，只要不重叠，搬来搬去都是遵守"面积守恒"。努力将"测度"思想进行潜移默化，把过程学习中隐藏起来的思想方法在这节课显性化，促进学生对测量本质的理解。

数方格，即用面积单位度量的方法，看起来最简单、最麻烦的方法，也是最本质的方法。用标准单位度量，是测量的本质，但这种计算方法在初中和高中不再强调讲述。并且，面积是一个相当原始的直观概念，直到高中毕业，能求出面积的几何图形，也就是由直线构成的图形，即长方形、平行四边形、三角形、多边形等，而曲边图形也只有圆。对于其他的不规则图形，只能通过面积单位度量和大学才接触的微积分进行计算，并且，通过面积单位度量是微积分思想的重要铺垫，基于此，在小学阶段一定要把这个方法夯实。这一教学目标在教学实践中得到了落实，同学在当堂课后的"我书我心"中提到，"我"认为格子图(学生对通过面积单位度量的称呼)是这道题的"地基"，其他方法可以说是在面积单位度量基础上进行改进和梳理的。同时，通过对面积单位度量这一看似简单实则重要的方法的强调，贯彻了大道至简的基础思想。例如，有同学提到，自己明白了"最简单的往往是最重要的，所有难的公式，都是在'1＋1＝2'这个地基上建的楼"，"所有的技巧都建立在'根源'上"，这不仅是一种方法的教学，更是一种数学思考方式的渗透。

(三)通过变式练习训练,体验静止与运动的转化

从三角形一个顶点变形引起的等积变形,迁移到从不规则图形中找三角形,进行运动变化,让学生惊奇地发现新的转化图形。学生在整节课的学习中,并没有发现这种方法;图形的静止与运动对学生来说较难理解。但在此次的学习过程中,经过变式练习与几何画板的动态移动,能够培养学生从图形的静止与运动角度思考问题的意识并且发展想象力。这一收获也在同学们的"我书我心"中得到了印证,如有同学谈道"把静态物体看成动态物体需要丰富的想象力和生活常识,我觉得物体是有生命的,我们需要变通,把图形看成会动的,同时,在生活中也要做到变通"。与此相似,很多同学在书写学习体验时谈到这节课最深的感悟是以后看图形要用运动的眼光去观察,生活中也要用运动的眼光、变化的视角去观察世界,去解决生活中的问题。

(四)用贴近生活的数学,促进迁移能力的培养

2022年版义务教育课标强调教学要实现综合性与实践性,特别是让学生在实践中应用知识和方法来解决问题,实现在学习迁移中的体验。根据迁移发生的学习情境不同,可以将迁移分为"近迁移"和"远迁移"。"近迁移"意味着在非常相似的情境中应用相同的知识和技能,而"远迁移"意味着思维的巨大跳跃。"近迁移"是模式化的,需要大量的练习,一遇到某种特定模式便会激发这种技能,它是经验智慧的一种表现;"远迁移"则对学生知识掌握能力、概念理解程度、练习能力提出了更高的要求。本节课力图将学生置于真实的情境中学习,比如校园绿化的图形,以相对自然的方式构建了"远迁移"的情境。并且,本节课放手让学生表达、交流:前面学生在讲述的过程中,其他同学也在跟着思考;后面补充的学生又是第二次思考,逐渐发现新的解决问题的方法。这样基于真实情境、不断交流探讨的学习过程,是丰富学生学习体验的过程,是促进学生迁移能力发展的过程,也是促进学生深度学习的过程。

九、专家评析

本节课基于单元教学设计的教学问题和需求,依据教材分析和学情分析,确定整体把握问题解决的教学策略、方法和步骤,据此制订"学"与"教"的互动教学过程,有利于促进学生整体把握"组合图形的面积"知识和相关数学思维能力的培养。

在引导学生提出问题与解决问题的学习过程中,促进数学核心素养的培育:基于学生认知起点,引导全体学生自主探究学习;强调面积单位度量,引导学生对测量本质的感悟;通过变式练习训练,引导学生体验静与动的转化;用贴近生活的数学,促学生学习迁移能力的培养。

(评析人:贵州师范大学 吕传汉)

"分数除法"教学课例

泉州市鲤城区第二实验小学　李丽萍

一、教学设计

(一) 教材分析

　　教材中呈现了两个问题,经过比较,不难发现这两个问题的共同点是把 $\frac{4}{7}$ 平均分,第(1)个问题是把 $\frac{4}{7}$ 平均分成 2 份,分子可以被 2 整除,第(2)个问题是把 $\frac{4}{7}$ 平均分成 3 份,分子不能被 3 整除。无论是哪个问题,目的都是注重培养学生的数学四能,经历发现问题、提出问题、分析问题和解决问题的过程,让学生在观察、操作和表达等数学活动中,学会用数学思维思考现实世界,在画一画、涂一涂、算一算的过程中,借助图形语言等方法培养学生的核心素养,利用已学过的分数乘法的意义,解决有关分数除法的问题,从而理解分数除法的意义,从中总结分数除以整数的计算方法。

(二) 学情分析

　　基于学生已有的对分数的认识,分数加减法和分数乘法的知识经验以及对平均分意义的理解,直接抛砖引玉,以"怎么算? 为什么? 有关系吗? 有何用? 还有吗?"五大数学问题驱动本节课的数学思考,并结合新知的生长点进行拓展延伸,学生能够理解分数除法的意义,能用多种方法探究除数是整数的分数除法,体验分数除法和分数乘法在数学本质上的一致性,能够用数学语言表达分数除法的计算过程。

(三) 知识点

　　北师大版数学五年级下册分数除法(一)。

(四) 教学目标

　　1. 在观察、操作、表达等数学活动中,主动探索分数除以整数的计算方法,掌握分数除以整数的计算方法,理解除数是整数的分数除法的算理,能用分数除以整数的计算方法解决简单的实际问题。

　　2. 经历发现问题、提出问题、分析问题和解决问题的过程,体会数形结合、转化、变中不变的数学思想,发展运算能力、推理意识,体验除法运算的一致性,感受分数除法和分数乘法之间的关系,感悟分数的数学本质,积累观察、操作、表达的活动经验。

3.感受数学与生活的紧密联系,体会数学的神奇与美妙,体会学习数学的价值,激发学习兴趣,养成良好的学习习惯。

(五)重点难点

教学重点:引导学生探索并掌握分数除以整数的计算方法,能正确计算。

教学难点:能把握除法运算的一致性,能运用分数除以整数的方法解决实际问题。

核心问题:感悟分数除法的意义。

(六)设计思路

采用丰富的教学方式,以自主学习、小组讨论、个性展示、教师点拨、总结反馈的互动式和参与式教学,结合"三教"+"情景-问题"的教学模式,在"怎么算?为什么?有关系吗?有何用?还有吗?"问题串的驱动下,以分数乘法、除法运算为学习的基准点,基于"分一分"分饼情境的生长点,让学生在实践、探究、合作、交流等体验过程中掌握分数除法的算法和算理,感悟分数的本质,让学生共同解决问题,体会除法运算的一致性,使数学知识在充满乐趣的探索中得到升华,从而培养学生的"三会"素养。

二、教学过程

(一)复习导入,引入新知

1. 比一比哪组算得快

$\frac{3}{11} \times 2$	$\frac{3}{4} \times 16$	$7 \times \frac{7}{10}$	$\frac{5}{9} \times \frac{1}{3}$
$\frac{2}{5} \times \frac{1}{3}$	$\frac{5}{24} \times \frac{6}{5}$	$\frac{2}{9} \times \frac{7}{6}$	$20 \times \frac{3}{5}$
$25 \div 5$	$2 \div 5$	$5 \div 2$	$\frac{3}{8} \times \frac{1}{5}$

2. 计算

$\frac{3}{8} \div 5$(怎么办?)

师:前面我们学习了分数乘法、倒数,这节课,我们将一起学习新的内容——分数除法。(板书课题:分数除法)关于分数除法,你有什么想知道的?

生1:被除数是分数的除法怎么算呢?

生2:分数除法和分数乘法有关系吗?

……

师:今天我们就围绕着"分数除法怎么算?为什么这样算?有什么意义?它和分数乘法有什么关系?学习分数除法有何用?还有吗?"这几个数学问题来展开今天的学习。

【教学反思】以整数除法、分数乘法和倒数的知识经验为本节课学习的基准点,准确把握学生的认知基础。以整数除法的意义为逻辑起点,帮助孩子复习前知,当学生体会到乘除法之间的互逆关系后,引出分数除法计算的必要性,为后续的学习做铺垫。

(二)自主探究,新知教授

1. 感悟算理本质,建立数学关联

师:把一张纸的 $\frac{4}{7}$ 平均分成 2 份,每份是这张纸的几分之几? 同学们通过画一画、算一算的方法来研究 $\frac{4}{7} \div 2$ 要如何计算。

生 1: $\frac{4}{7}$ 里有 4 个 $\frac{1}{7}$,平均分成 2 份,每份就是 2 个 $\frac{1}{7}$,即 $\frac{4}{7} \div 2 = \frac{2}{7}$。

生 2:把一张纸的 $\frac{4}{7}$ 平均分成 2 份,也就是求 $\frac{4}{7}$ 的 $\frac{1}{2}$ 是多少,可以用乘法来做,即 $\frac{4}{7} \div 2 = \frac{4}{7} \times \frac{1}{2} = \frac{2}{7}$。

生 3:计算 $\frac{4}{7} \div 2$ 时,可以用分子除以整数,分母不变的方法算出结果,即 $\frac{4}{7} \div 2 = \frac{4 \div 2}{7} = \frac{2}{7}$。

2. 体验算法多样性,感悟内在联系

师:用你喜欢的方法解决问题。把一张纸的 $\frac{4}{7}$ 平均分成 3 份,每份是这张纸的几分之几? 先独立思考,再通过计算,同桌讨论,说一说你有什么发现?

生 1:无法用分母不变,分子除以 3 来解决。所以把 $\frac{4}{7}$ 通分成 $\frac{12}{21}$,使分子是 3 的倍数,这样就可以用分母不变,分子除以整数的方法来算了,即 $\frac{4}{7} \div 3 = \frac{21}{12} \div 3 = \frac{12 \div 3}{21} = \frac{4}{21}$。

生 2:将分数除法转化为分数乘法进行计算。$\frac{4}{7} \div 3 = \frac{4}{7} \times \frac{1}{3} = \frac{4}{21}$。

动手画一画,先涂一张纸的 $\frac{4}{7}$,再将这张纸的 $\frac{4}{7}$ 平均分成三份。(先把一张纸看作单位 1,再把这张纸的 $\frac{4}{7}$ 看成一个整体)学生汇报交流。

师:在这两道题的计算中,将分数除法转化为分数乘法,在转化前后,什么不变,什么变了,怎么变的?

生:除数和除号变了,被除数没变。除数变为它的倒数,除号变为乘号。

师:同学们观察得真仔细! 那么像这样的分数除以整数的题目,一般可以怎样计算呢? 请同学们在小组内互相说一说。(学生小组活动,说算法。)

师：通过研讨，我们知道了分数除以整数，可以用分子除以整数，但有时不能得到整数商，所以通常转化为乘这个整数的倒数的方法来计算。

小结：分数除以整数，等于分数乘这个整数的倒数。

师：还有需要注意的地方吗？

生：有，除数不能为0。

师：先算一算下面这两道题，再总结一下分数除以整数的计算方法。

课件出示下面两题：$\dfrac{8}{9} \div 6$　　　$\dfrac{4}{15} \div 12$

学生独立完成，教师巡视并集体订正。

师：谁能用自己的话说一说分数除以整数的计算法则？

总结算法：除以一个不为零的整数，相当于乘这个整数的倒数。

计算课前问题：$\dfrac{3}{8} \div 5$（回答"怎么办？"）

生1：除号要变成乘号，除数变为它的倒数。

生2：能约分的要约分，结果为最简分数。

【教学反思】本环节教学，正是让学生积极地探究、思考，可以发现他们用多种方法体会除数是整数的分数除法的意义，用前面我们学过的分数乘法的算理和平均分的意义，巧妙地将分数除法的计算转化成分数乘法的计算，学生借助直观图理解算理，也有的借助平均分的含义来理解，甚至还有的借助数的意义来理解，在这些已有知识经验的基础上获得新的学习体验。基于这样的情况，笔者让同学们畅所欲言，发表自己的想法，在生生之间的交流和对话中，总结归纳出除数是整数的分数除法的计算方法。

（三）学以致用，自我提升

小淘气在计算一道除法算式时，错把除以8看成乘以8，结果得$\dfrac{2}{5}$。正确的结果是多少？

【教学反思】学生在解决错中求解的问题时，通常会用倒推法，将错就错求出正确算式中的未知数，再根据正确算式的运算求出正确的结果。在探究错中求解的过程中，明确分数乘法和分数除法之间的互逆关系，让孩子们形成一种"知其然更要知其所以然"的学习态度，获取一种学以致用的能力。

（四）课堂小结，检验收获

$$\dfrac{1}{(\quad)} \div (\quad\quad) = \dfrac{1}{4}$$

【教学反思】这个环节意在培养学生的创新意识，培养归纳意识，发展运算能力，激发学生的学习兴趣，形成勇于探索的科学精神，检测学生是否掌握除数是整数的分数除法的算法及算理。学生在这个环节中有多种多样的答案，学生在交流过程中，再次体验分数除法的算法和算理,感悟除法运算的数学本质,体会运算的一致性。这一环节的设计旨在让学生敢说,敢问,想知道。先引导学生打破固定思维,留给学生自主思考的空间,引导学生较清晰地表达自己的想法,体会数学的神奇和美妙,体会数学独有的思维方式,感受数学课堂的魅力。

(五) 总结评价,畅谈感受

1. 通过这节课,你有什么收获?
2. 你还有什么想问的吗? 你能提出什么新的问题吗?

三、学习体验

分数除法的算理对学生来说是不太好理解的,大多数孩子只是粗略地掌握将分数除法转化为分数乘法的计算方法,而对于"除以一个数为什么等于乘以这个数的倒数"这个核心问题却没有真正得到理解。在和学生一起探究这个问题时,经过生生交流,借助面积模型加深对分数意义的理解,鼓励学生提出疑惑并尝试解决。

张洋浩同学:我认为这堂课十分有意思,让我在生活中可以用这种算式来解决一些关于分数的问题。我还想知道,分数能除小数吗?

陈钰滢同学:我感受到了数学的神奇,竟然可以通过分数乘法来算分数除法。我还想问:分数÷分数怎么算? 也和分数乘法有关系吗?

因此,在教学实践时,要基于学生的认知基础,优化学习路径,尽可能让不同层次的学生都能选择合适的方式理解算理,不仅要让学生在原有理解水平上有所提升,而且要让学生获得应用数学知识解决问题的成功体验。

四、教学反思

在 2022 年版数学新课标中,在把握教学内容方面,要求注重教学内容的结构化,强调通过对教学内容的整体分析,帮助学生建立结构化的数学知识体系。相应的学习方式转变为引导学生认真听讲、独立思考、动手实践、自主探索、合作交流等。因此,作为一节种子课,在让学生理解算理、掌握算法的同时,要沟通整数、小数、分数运算之间的联系,让学生感悟运算的一致性。

本节课笔者设计的是用复习整数、小数、分数的计算做铺垫,抛出"$\frac{3}{8} \div 5$ 怎么算?"的数学问题,结合同学们关于分数除法这节课所提出的数学问题"怎么算? 为什么? 和分数乘法有关系吗? 有什么用?"的问题串,围绕教材的例题展开教学。

(一) 从问题串出发,思考一致性

通过"比一比,算一算,哪组算得最快"这个环节帮助学生复习学过的知识,为学生后面学

习分数除法的意义奠定基础;通过尝试解决"$\frac{3}{8}\div5$怎么算"这个数学问题,唤起学生已有的知识经验,加深学生对除法意义的理解。学生在探索解决问题的多样性的活动中积累经验,强化对除法意义的感知和思考。

学生提出猜想:$\frac{3}{8}\div5=\frac{3}{8}\times\frac{1}{5}$。学生可能是自己提前预习了,因此对分数除法的计算方法有了一定的认识,发现分数除法的计算和分数乘法有着密不可分的联系。有了猜想,同学们就要思考:怎么去验证分数除法和分数乘法的关系? 这又是为什么呢? 在思考中,学生感悟除法意义的一致性,理解分数除法的意义。

(二) 在数形结合中,体验一致性

学生在解决"把$\frac{4}{7}$平均分成2份,每份是几分之几?"和"把$\frac{4}{7}$平均分成3份,每份是几分之几?"的数学问题的过程中,从整数除法的意义"平均分"出发,感悟分数除法的本质仍是整数除法。启发学生用"画图法"来表达自己的思考过程,学生带着"如何用数学语言表达清楚问题的关键"的思考,将口语表达转换成图画表达,让学生结合图来说一说分子上$4\div2$表示什么意思。让学生感悟分数运算就是在分数单位相同的前提下分子的运算,即整数的运算,这样就把整数运算和分数运算沟通起来。而当分子4无法整除3时,可以将分数单位细分(变小),这样分数单位的个数增多了,就又能除了。这与小数除法的算理是一致的。

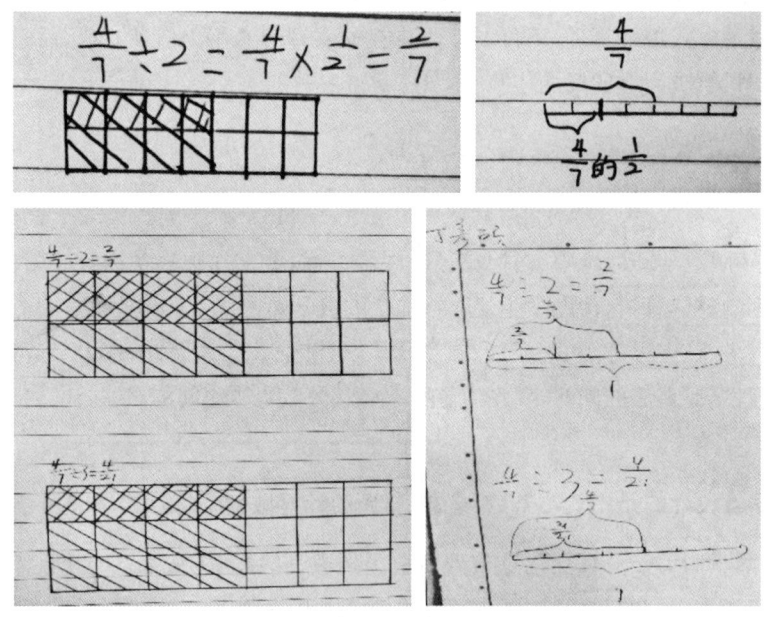

两次探究使学生深刻感受到分数除以整数,用分子除以整数的计算方法的本质就是在分数单位相同的情况下将分数单位的个数进行平均分。

通过对整数除法和分数除法的对比与沟通,打通除法运算的壁垒,跳出知识的界限,逐步

明晰分数除法在算法和算理上的共通性,启发学生感悟除法运算的一致性和整体性,也让学生感受到分数乘法和分数除法的内在联系,即都是分数单位个数的运算。直观图、示意图、线段图,通常能将数学中抽象的数量关系直观形象化,实现"一图点醒梦中人"的表达效果。

五、专家评析

知识的"迁移"是一种好的学习方式。通过对知识的理解、内化,引发思考,大胆地将没有学过的知识转化成已有的知识,运用已有的知识经验迁移解决新的问题,使转化的数学思想贯穿课堂始终,主要通过语言、画图等方式表达数学思考。

李老师利用学生已有的分数乘法的经验和除法的意义,借助直观图展开整数是除数的分数除法的教学,"迁移"运用除法的意义巧妙地解决分数除法的算理。可见同学们不但理解了除法的意义,而且会用数学的思维思考运算的一致性。在教学中,运用分数乘法的算法解决除数是整数的分数除法应该"怎么算"的实际问题,又通过除法的意义解决"为什么"的问题,一是强调学生自主学习的积极性,二是关注学生在知识生长中所生成的非预设性的问题。学生在知识发展中,体验分数除法的算理;在知识形成中,掌握除数是整数的分数除法的算法;在知识应用中,用数学思维思考数学问题、解决问题,从而实现"三教"课堂,激发兴趣,激活数学思维,让数学学习真实发生。

(评析人:泉州师范学院　苏明强)

"测量单元复习课"教学课例

泉州市鲤城区第二实验小学　谢康利

一、教学设计

（一）教材分析

度量是数学的本质，是人类创造出来的数学语言，是人类认识、理解和表达世界的工具。对于小学数学而言，关键的度量意义有两个：一是"度"，即统一度量单位，理解统一单位的必要性；二是"量"，用公认的单位去量。在小学阶段主要通过学习长度、面积、体积、容积和角度这五个方面来培养学生的度量思维。而其中的长度就是学生在小学阶段最先接触的度量内容。所以说，长度的学习是建立学生度量结构的基础，培养度量思维的源头。

（二）学情分析

对于一维单位的学习，厘米的认识是学生对于长度单位认识的开始。分米和米是通过厘米累加得到的，毫米是通过厘米细分得到的。这一单元的学习是在学生学习厘米和米的基础上，进一步学习新的长度单位毫米、分米和千米。这一堂复习课是在学生学习这五个长度单位的基础上，帮助学生系统梳理测量的有关知识，长度单位的进率、单位换算及实际应用等。

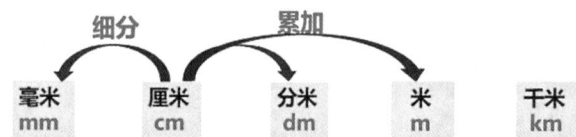

（三）教学目标

1. 在观察、思考、表达等数学活动中，系统复习测量的有关知识，理解长度单位之间的关系，掌握长度单位之间的进率，能正确进行单位换算；会估计和测量物体的长度，能选择合适的长度单位来表示物体的长度，能解决简单的实际问题。

2. 经历发现问题、提出问题、分析问题、解决问题的过程，发展量感和空间观念，体会数形结合、变中不变、类比的数学思想，积累观察的经验、思考的经验和表达的经验。

3. 感受数学与生活中的联系，体验数学的价值，体会数学的神奇与美妙，激发对数学的学习兴趣，养成良好的学习习惯，树立学好数学的自信心。

（四）重难点

重点：长度单位之间的关系及单位换算。

难点：长度单位的实际应用及单位换算。

(五) 核心问题

1. "有哪些"：通过这一单元的学习你有哪些收获？

2. "在哪里"：生活中在哪里会用到这些长度单位？

3. "有何用"：这些长度单位有何用？

4. "还有吗"：观察数线你还有什么想知道的吗？

(六) 设计思路

　　本节课根据"三教"+"情景-问题"的教学模式，以"五指记忆法"为"根"、以长度单位为"叶"，改变传统单一的讲授方式，创造一堂充满魅力的数学课，让学生在深度体验的过程中，学会思考、学会表达，从而促进学生数学核心素养的形成与发展。

　　在测量单元复习课中，以长度单位"五指记忆法"为基础，通过"测量树"，围绕测量树生根、长叶、结果以及落叶进行课堂设计，并利用"有哪些、在哪里、有何用、还有吗"四个问题组成问题串，促进学生建构完整的知识体系，形成整体、关联、有序的知识脉络。

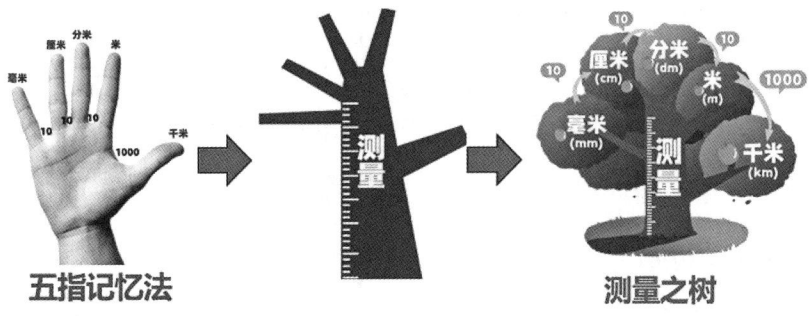

二、教学片段

(一) 情境导入，梳理知识

　　师：今天在上课之前老师想让大家看一个动画视频。在看这个动画视频时，请同学们认真观察：视频中隐藏着什么数学信息？

　　（播放视频）

　　师：大家看见了什么？

　　生1：小本子长约23厘米。

　　生2：圣诞爷爷高约18分米。

　　……

　　师：看来同学们都有一双火眼金睛，能捕捉到这么多的数学信息呀！这些数学信息都与物体的长度有关。为了知道物体的确切长度，我们就需要进行测量。之前老师在土里种了一粒测量树的种子,经过不断的浇水施肥,慢慢地这粒种子生根了,长出了粗壮的枝干。

【教学反思】数学教学应注重激发学生学习的好奇心和求知欲。以具体形象思维为主的二年级学生思维活跃,对各种新鲜事物充满好奇,要抓住学生这一年龄特点,开展量感教学活动,为学生营造精彩的课堂学习氛围,增强数学学习的代入感。在课题开始之前播放一个视频,引导学生发现数学信息,思考信息之间的关联,培养学生的"四能",从而引出本课以测量树"生根、长叶、结果、落叶"为主线的主题式教学,这也是测量树的"生根"环节。

师:咦,大家看黑板,这光秃秃的测量树好看吗?……那我们就需要用一些知识树叶来装饰它,这些知识树叶其实就藏在数学书本的第 34 页到 37 页里。下面请大家一起回顾一下:这一单元我们学到了什么?

生:在"铅笔有多长"这一课我学到长度单位毫米、分米。毫米可以用字母 mm 来表示,分米可以用字母 dm 来表示。

……

师:要想知道一支铅笔到底有多长,我们就可以利用测量工具直尺进行测量。同学们,你们可以从直尺中找出 1 毫米、1 厘米和 1 分米吗?

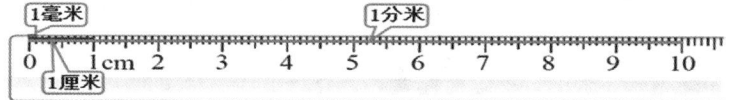

【教学反思】在用眼找一找的活动中加深学生对单个标准量大小感知的同时,引导学生思考将 1 厘米平均分成 10 小格,其中 1 小格的距离就是 1 毫米,10 个 1 厘米就是 1 分米,进一步加深学生对量与量之间的对比。

师:测量时可以用尺子,除此之外,其实在我们的身上也藏着一个测量工具,你们知道是什么吗?

生:我们的手。

师:那大家可以用手比划出 1 毫米、1 厘米、1 分米和 1 米吗?

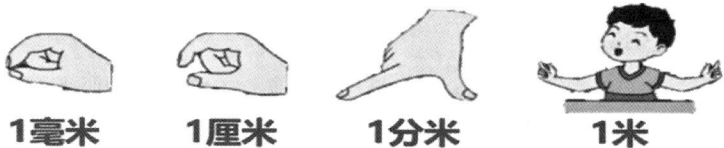

【教学反思】在闭眼用手比一比的活动中,加深学生对单个量大小的感知,进一步丰富长度单位的表象,培养学生基于量感的想象力。

师:大家从书本上找到了不少知识树叶。要将这些树叶安在枝干上,该怎么安呢?

生:我觉得这光秃秃的枝干与我们的手很相似。我想把千米贴在 1 号枝干上,米贴在 2 号枝干,3 号枝干贴分米,4 号贴厘米,5 号贴毫米。因为毫米、厘米、分米和米相邻长度单位之间的进率比较小,都是 10,而千米和米之间的进率比较大,是 1 000。

师:你的新思路让大家有了新方向,想法真不错,能够利用单位之间的进率来安装"树叶"。

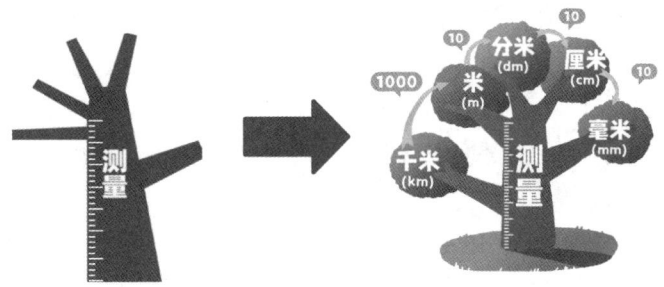

【教学反思】用眼看一看观察枝干规律,动脑想一想将树叶安在枝干上,这也就是"长叶"环节。在动脑想一想的活动中,通过观察枝干,启发学生根据长度单位之间的进率将测量树的枝叶补充完整,进一步培养学生对多个量之间关系的直观感知,发展量感。

(二) 游戏闯关,巩固知识

师:在同学们的帮助下,这棵测量树已经枝繁叶茂了。如果有更多的果实来装饰,它也许会更美丽。可果实都藏在宝箱里,需要我们打通一个个游戏关卡,打开宝箱,得到果实。

【教学反思】改变单一的讲授式教学方式,通过丰富的教学方式,激发学生探究新知的欲望和学习动机,积极参与教学中的思维活动,促进深度体验,让学生在学习过程中感悟思想、积累经验,促进学生核心素养的发展。

1. 我会填

师:第一关"我会填",在括号内填上合适的长度单位。

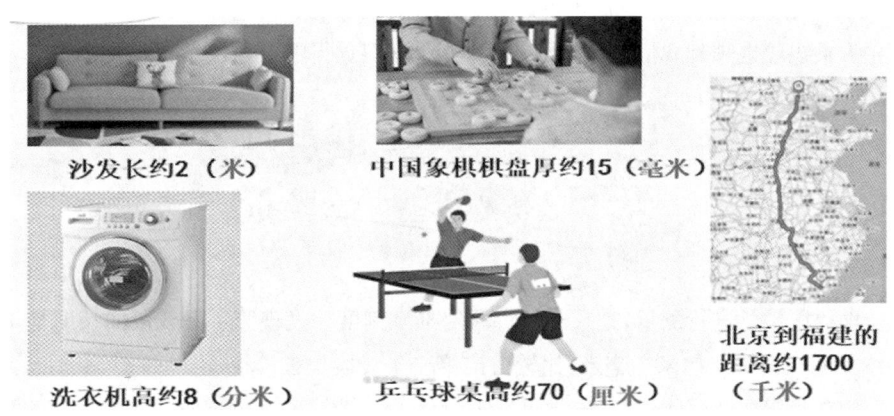

生1:沙发长约2米,飞机每小时飞行的距离约800千米,洗衣机高约8分米,乒乓球桌高约70分米,中国象棋棋盘厚约8毫米。

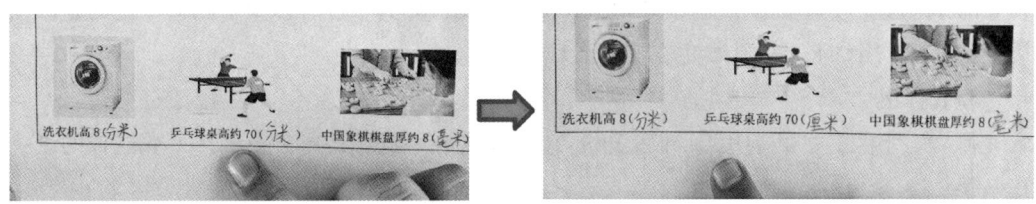

生2：不，我觉得乒乓球桌高约70厘米。如果填分米，70分米＝7米，人的高度都没有7米。

师：你真是一个细心又严谨的同学，感谢你的提醒。其实，当我们估测描述物体长度时，可以联系生活实际，利用身边熟悉的长度进行对比推断。恭喜大家顺利通过第一关，打开宝盒，里面藏着一个苹果。

【教学反思】数学知识源于生活，且用于生活。只有将数学与生活紧密联系，学生才会亲近数学。在实际情境的估测活动中，引导学生利用身边熟悉的长度进行对比推断，结合日常生活经验，理解长度单位的意义。在提升学生对现实生活感知能力的同时，发展量感。

2. 我会比

师：第二关"我会比"，比一比下列长度的大小。

3厘米 ⊘ 3分米　　　　5毫米 ⊘ 4厘米

700厘米 ⊘ 1米　　　　1千米 ⊘ 990米

生1：3分米＝30厘米，3厘米小于30厘米，所以3厘米小于3分米。我用相同的单位换算得出结果。5毫米小于4厘米，7毫米小于1米，1千米大于990米。

生2：在比较3厘米和3分米的大小时，我用了不同的方法。厘米和分米前面的数值相同，都是3，可以直接比较长度单位。

师：你的想法很有创意！看来在比较长度大小时，我们可以利用单位换算，统一单位后再比较大小。当数值相同时，我们也可以直接比较长度单位。

师：两条线段也来到我们课堂想要一决高下，你们觉得哪一条线段比较长呢？

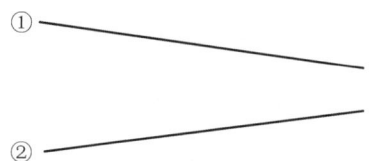

生：我利用尺子进行测量，把尺子的一段对准0刻度。发现第一条线段的长度是4厘米，第二条线段的长度是4厘米5毫米，比较得出第二条线段更长。

师：看来我们在测量物体时，通常可以把物体的一端对准0刻度呀。第二关又顺利通过了，我们打开这个宝盒，里面藏着两个苹果。

【教学反思】第一部分通过比较不同长度，加深学生对不同长度单位之间进率的掌握。第二部分通过比较线段的长度，引导学生在测量时要计算其中含有多少个测量单位的量。使用量一量、比一比的方法，让学生在实践活动中形成量感。

3. 我会用

师：来到第三关"我会用"。难度升级，10张纸叠在一起大约厚1毫米，100张这样的纸叠在一起大约是多少厘米呢？

10张纸叠起来大约厚1毫米，
100张这样的纸叠在一起大约厚多少厘米？
1000张？10000张呢？

10 张	→	1 毫米
100 张	→	10 毫米=1厘米
1000 张	→	100毫米=10厘米 =1分米
10000 张	→	1000毫米=100厘米 =10分米 =1米

　　生：100 张这样的纸叠在一起大约 1 厘米。因为 10 张纸叠在一起约 1 毫米,100 张有 10 个 10 张,就是 10 个 1 毫米,10 毫米=1 厘米。

　　师：那 1 000 张呢？这样的纸叠在一起大约多少分米呢？

　　生：1 000 张里面有 10 个 100 张,10 个 100 张就是 10 厘米,10 厘米=1 分米。

　　师：那 10 000 张呢？

　　生：10 000 张里面有 10 个 1 000 张,10 个 1 000 张就是 10 分米,10 分米=1 米。

　　师：又来了一个宝盒,打开看看,里面居然有三个苹果。

　　【教学反思】通过对不同张数的纸叠在一起有多厚问题的探究,在推理过程中,理解数量的实际意义、长度单位与现实世界的关系,进一步丰富学生对长度单位的表象,发展量感和推理意识。

(三) 课堂总结,拓展知识

　　师：今天这棵测量树在大家的努力下经历了生根、长叶、结果,可是到了秋天,一片片树叶会落下,你觉得这些树叶会落到什么位置上呢？

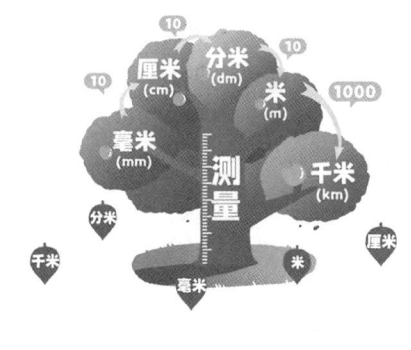

　　【教学反思】驱动学生深度思考,加强对长度单位的表象,强化对长度单位的思维认知,让学生在反复的积累、实践、应用中,养成科学的思维习惯,发展核心素养。

　　生：我觉得从左到右依次是毫米、厘米、分米、米和千米。因为毫米、厘米、分米和米相邻长度单位之间的进率都是 10,而千米和米之间的进率是 1 000。

　　师：不愧是数学小博士,老师和同学们都要向你学习。这米和千米之间的距离怎么这么大？大家觉得里面还会藏着什么吗？

　　生：我觉得有可能还藏着十米、百米。

师：通过今天的学习，观察这根数线，大家还有什么想问的吗？

生1：在毫米的左边是不是藏着比毫米更小的长度单位呢？

生2：在千米的右边是不是藏着比千米更大的长度单位呢？

【教学反思】在"落叶"中，通过深度思考，在"数线"上标出"落叶"位置，使长度单位回归"数线"。在建立量感的基础上，进一步巩固不同长度单位之间的进率，将计量单位的学习由抽象转化为具象，培养学生的应用意识。引导学生思考千米和米之间还有什么，有没有比毫米更小的长度单位，有没有比千米更大的长度单位，培养学生的创新意识，让学生会用数学语言表达现实世界，才能促进核心素养的形成与发展。

三、学习体验

张斯琦：在今天的课堂上出现了像手掌一样的树枝，我们根据长度单位的进率给光秃秃的树枝装上了树叶，通过游戏闯关得到苹果，让我感觉数学知识仿佛一棵测量树在我的脑海中生长，特别有意思！

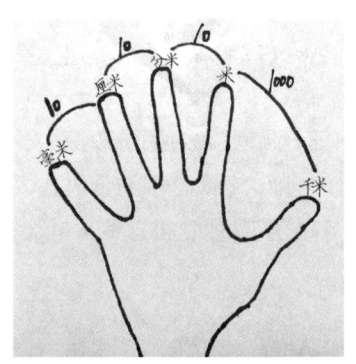

李炜轩：今天的数学课犹如一场魔术表演，一棵树在我们大家共同的努力下生根、长叶、结果、落叶，让我感受到了数学的魅力。通过闭眼用手比划出1毫米、1厘米、1分米和1米，让我在头脑中更深刻地记住了长度单位的大小。

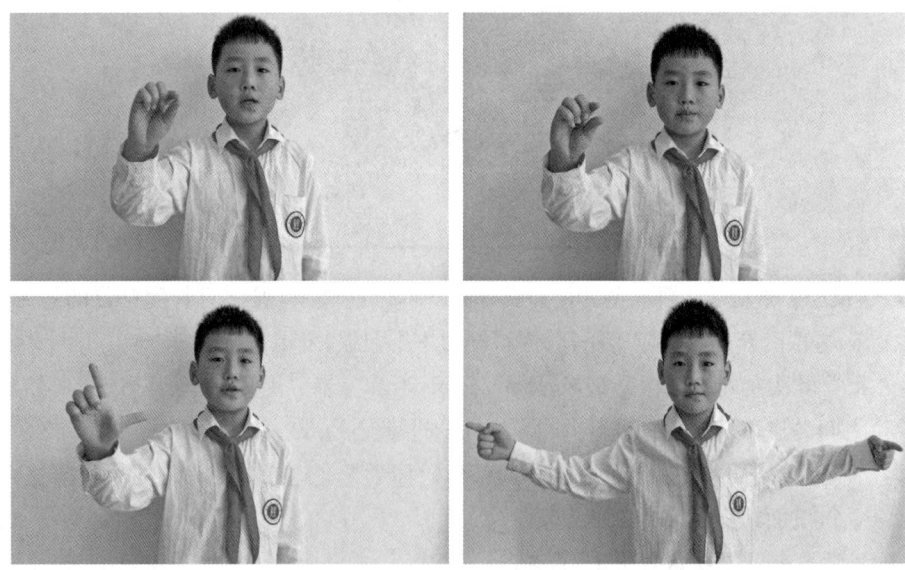

王宇彦：今天的"落叶"环节让我印象特别深刻，一片片树叶飘落到数线上。通过观察数线，我有了新的思考：米和千米之间有没有藏着其他长度单位，在毫米的左边有没有比毫米更小的长度单位，在千米的右边有没有比千米更大的长度单位？数学可真神奇啊！

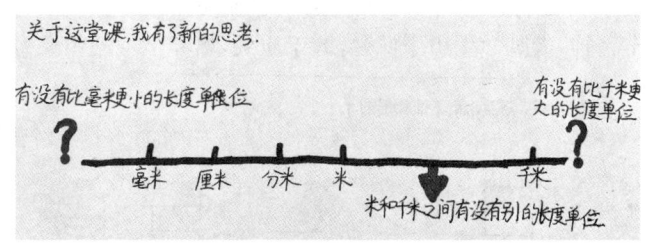

四、教学反思

(一) 理清脉络，生根落地

在"生根"环节，以一部生动有趣的动画片为导入，激发学生学习的好奇心和求知欲。通过引导学生发现数学信息，思考信息之间的关联，引出"测量树"的"生根"。

(二) 知识梳理，枝繁叶茂

在"长叶"环节，通过用眼看一看、找一找，用手比一比、画一画，动脑想一想、说一说等方式，调动学生多种感官参与体验，在发现、提出问题的同时，帮助学生建立单个标准量大小的直观表象，提升对度量单位和量的多少的综合感知，发展量感，让学生用数学语言表达现实世界，系统复习测量的有关知识。

(三) 寓学于趣，硕果累累

在"结果"环节，借助游戏闯关，将教学内容与学生已有生活经验和知识背景相结合，使学生从熟悉的生活中发现数学，激发学生学习动机，培养学生勇于探索的科学精神。经历观察、思考、表达等数学活动，发展推理意识，提高解决问题的能力，树立学好数学的自信心。

(四) 回归本质，叶落归根

在"落叶"环节，让学生在"数线"上找出长度单位的位置，紧扣"还有吗"，让学生自主提问，不断探究，不断思考。在学生讨论的过程中，渗透科学精神，鼓励学生勇于探究，敢于质疑，培养学生的创新意识。

五、专家评析

谢老师执教这一堂测量复习课由长度单位的"五指记忆法"演变成"测量树"，围绕测量树生根、长叶、结果以及落叶进行课堂设计,并利用"有哪些""在哪里""有何用""还有吗"四个问题,让学生在情境中体验,在体验中思考,在思考中表达,促使学生建构完整的知识体系,形成整体、关联、有序的知识脉络。然而,在教学过程中,教师的引导语还可以多加揣摩;在教学设计中应注重量感的培养,让学生感悟单个量的大小,感知量与量之间的关系;在学生的讨论过程中,可以渗透科学精神,鼓励学生勇于探究,敢于质疑,培养学生的想象力和创造力。

(评析人:泉州师范学院　苏明强)

"搭一搭"教学课例

泉州市鲤城区第二实验小学 林淑艳

一、教学设计

(一)教材分析

"搭一搭(一)"一课是北师大版小学数学二年级下册第一单元"除法"第2课时的内容。为了更深入地学习这一课内容,笔者针对人教版、苏教版和北师大版三种教材进行了分析:三个版本的教材都注重数感、符号意识和运算能力的培养,以过程目的为导向,教材内容虽然不同,但又具有共性:人教版教材和苏教版教材均先学习余数及有余数除法的意义,接着探究除数和余数之间的关系,再加以运用;而北师大版教材先认识除法竖式,再进一步理解除法的意义,然后学习有余数的除法,认识余数及有余数除法的意义,探究除数与余数之间的关系并解决简单的实际问题。

教材通过四个问题讨论了三部分内容:第一,结合搭正方形的过程,认识余数;第二,通过用一组连续根数的小棒分别搭正方形的活动,探索余数和除数的关系;第三,在用不同根数的小棒搭正方形的过程中,验证探索活动中的发现。

(二)学情分析

在本节课之前,学生已经有了两方面的知识基础。其一,在二年级上册"分一分与除法"的内容中,学生已经理解了平均分的含义,初步认识了除法,知道除法算式的意义,能比较熟练地进行表内除法的计算。教科书还呈现了分物还有剩余的问题,使学生初步体会到在平均分物的过程中,有时不能全部分完,虽然没有给出余数的概念,但为学习有余数除法积累了数学活动经验。其二,学生在二年级上册对"除法的认识"相关知识的建构过程中也积累了一些对平均分及除法等的观察经验、操作经验和思维经验,为后面学习有余数的除法的认识奠定了基础。

(三)知识点

有余数的除法。

(四)教学目标

1. 在利用小棒搭正方形的观察、操作、思考等数学活动中,了解余数,理解余数及有余数除法的意义,掌握有余数除法中除数与余数之间的关系,能用有余数除法解决简单的实际问题。

2. 在具体情境的探究中,发展数感、符号意识、模型意识和运算能力,体会集合思想、分类思想、对应思想和类比思想,积累数学活动经验。

3. 感受数学与生活的紧密联系,感悟除法知识之间的内在联系,体会数学的神奇与美妙,激发数学学习的兴趣,养成良好的学习习惯。

(五) 教学重难点

重点:了解余数,理解余数及有余数除法的意义,能用有余数的除法解决简单的实际问题。

难点:理解余数及有余数除法的意义,掌握有余数除法中除数与余数之间的关系。

核心问题:如何理解余数一定小于除数?

(六) 设计思路

本节课根据"三教"+"情景-问题"的教学模式,通过精心的教学设计,让学生在深度学习体验中,学会思考、学会表达。首先创设搭正方形的情境,让学生认识到 4 根小棒可以搭一个正方形,提出数学问题——13 根小棒可以搭几个正方形,还剩几根? 让学生通过搭一搭、画一画、想一想等数学活动,解决数学问题,并尝试用算式表示自己的计算结果,从而初步认识有余数的除法算式。然后让学生通过搭一搭、填一填等数学活动,明确 14~20 根小棒可以搭多少个正方形,还剩几根,并用算式表示。再通过观察,发现余数必须要比除数小,并尝试解释其中蕴含的道理。最后拓展延伸余数要比除数小的结论应用及求出被除数的内容等,进一步拓展学生数学思维。

二、教学过程

《义务教育数学课程标准(2022 年版)》指出:数学教学必须注意从学生的生活情境和感兴趣的事物出发,为他们提供参与的机会,使他们体会到数学源于生活。

因此,本节课笔者主要设计有以下几个环节。

(一) 基准点:复习旧知,情境串联

师:同学们,你们喜欢摆小棒吗? 今天我们就和淘气、笑笑一起玩搭一搭的游戏吧。[板书课题:搭一搭(一)]

师:淘气和笑笑正在用小棒搭正方形呢。他们拿了 12 根小棒来搭,请问可以搭几个正方形? 你是怎么知道的?

学生根据已有经验,选择以下方法解决问题。

生 1:搭一搭,边搭边数,1 个正方形需要 4 根小棒,8 根可以搭 2 个,12 根可以搭 3 个。

生 2:搭 1 个正方形需要 4 根小棒,可以想 4 的乘法口诀,看看哪句结果是 12,(三)四十

二,这样就能得出可以搭 3 个正方形。

生 3:搭一个正方形需要 4 根小棒,有 12 根小棒,求可以搭几个正方形其实就是求 12 里面有几个 4,可以列出除法算式:12÷4=3(个),得出结果是可以搭 3 个正方形。

师:同学们的想法真是丰富多彩。这个除法算式中的每个数表示什么意思,你能结合情境说一说吗?

生:12 表示 12 根小棒,4 表示每搭一个正方形需要 4 根小棒,3 表示可以搭 3 个正方形。

师:你说得真详细!

【教学反思】通过学生熟悉而又喜欢的生活情境引入,激发学生的学习兴趣。通过实际搭正方形的过程,让学生在实际生活中挖掘数学问题,激发学生的已有知识经验和生活感悟,为新课学习做铺垫。

学生在此之前已了解搭一个正方形需要 4 根小棒,12 根是总数,求可以搭几个正方形就是求 12 里面有几个 4,可以用除法算式来表示。学生也掌握了如何求商的办法,因此此环节的设置帮助学生回顾已有知识,为学习新的内容埋下伏笔。

(二) 生长点:动手实践,建构新知

1. 活动一:搭一搭,说一说——初步体会余数,理解等式的意义

师:淘气和笑笑现在又拿来 13 根小棒搭正方形,请你帮他们搭一搭,边搭边思考:可以搭几个? 还剩几根?

生:和刚才一样,可以边搭边数,数出来可以搭 3 个正方形,还剩 1 根。我想到了用乘法口诀,(三)四十二,3 个正方形用 12 根,还剩 1 根。

师:你能用算式表示出这个结果吗?

生:13 根小棒,搭一个正方形需要 4 根小棒,求可以搭几个正方形就是求 13 里面有几个 4,用除法计算,列式为 13÷4=3(个)。

师:还剩 1 根,如何在等式中表示出来? 数学家很聪明,想到用……来表示,省略号在语文当中表示语意未尽的意思,其实相当于表示还有的意思,数学家们把结果用算式这样表示出来:13÷4=3(个)……1(根)。(板书)

师:你知道它们每个数字叫什么吗?

学生根据已有知识经验回答。13 叫作被除数(板书),4 叫作除数(板书),3 叫作商(板书),有人回答出 1 叫作余数。(板书)

师:那么余数是什么?(板书)请同学们同桌互相讨论。

生:余数就是表示还有剩余。

师:没错,当我们把一个数平均分时,如果分到最后有剩余且不够再分一次,剩余的部分就是余数。

师:回到情境中,请你说说等式中每个数各表示什么?

生:13 表示有 13 根小棒,4 表示搭一个正方形需要 4 根小棒,3 表示可以搭 3 个正方形。1 表示还剩下 1 根小棒。

师：你说得真详细！接下来请大家观察一下，这个算式和我们解决问题时列的算式有什么不一样的地方？

生：多了省略号和一个余数，还多了一个单位。

师：这里为什么写两个单位？两个单位一样时可以把两个数加在一起吗？

生：两个单位代表的是不同的东西，一个是3个正方形，一个是1根小棒。当单位一样时也不能把两个数字加起来，因为是表示不同东西。

师：你说的有理有据，真棒！

师：刚才两种情况都可以搭3个，它们有什么（板书）相同和不同的地方？

生：相同点：都是知道了总数，将总数平均分，用除法计算。不同点：第一次的正好搭完，没有剩余；第二次搭完后还有剩余。

师：像这样平均分地搭完后还有剩余，就是我们今天所要学习的"有余数的除法"。（板书并让学生齐读副课题）

师：我们之前学习的平均分后正好分完或者搭完的除法称为"整除"。（板书并让学生齐读）

【教学反思】以学生为主体，通过操作活动帮助学生感受搭物时有搭完和搭不完两种情况。两种情况都可以用除法算式表示出来，但又有所区别。学生通过对比体会两种情况的相同点和不同点，帮助学生理解搭完后有剩余的情况，并用除法算式表示，从而更好地理解余数的含义、有余数除法的含义，体会类比思想和符号表示思想。这个活动的目的是让学生在操作过程中体验、认识余数。

2. 活动二：搭一搭，比一比——发现感受余数比除数小

探索用不同根数小棒摆正方形的余数变化。

(1) 搭一搭：淘气和笑笑又拿来了两堆小棒，一堆14根，一堆15根，你们小组合作，仿照刚才用13根小棒搭正方形的过程，在小组内操作，边搭边画，并在表格内依次用算式记录，共同讨论填写算式和单位。等会儿每组派出一位代表来汇报。

师：请你来回答，14根小棒可以搭几个正方形，还剩几根？

生：我边搭边数，14根小棒可以搭3个正方形，还剩2根，我们列出算式 $14 \div 4 = 3$（个）……2（根）。（板书）

师：请你来回答，15根小棒可以搭几个正方形，还剩几根？

生：我边搭边数，15根小棒可以搭3个正方形，还剩3根，我们列出算式 $15 \div 4 = 3$（个）……3（根）。（板书）

(2) 请你继续画一画：用16、17、18、19、20根小棒搭正方形，并逐次将表格中的等式填写完整。

师：观察以上图表，你有什么发现？

生：我发现，有时小棒正好用完，有时小棒会有剩余，而且随着小棒总数的增加，剩余的小棒数量也相应增加。

师：每次余下的根数有什么特点？

生：1、2、3一直循环，而且一会儿大一会儿小。

师：这是怎么回事呢？有时剩的多，有时剩的少。

师：请你再观察一下余数和除数，你发现了什么？

生：剩余的根数都比 4 根少。

师：为什么（板书）余下的根数都比 4 根少呢？

生：因为和 4 根一样多或者比 4 根多的时候表示还可以继续搭，继续分。

师：同学们真是火眼金睛，也说得很好！从这里我们也得出一个结论，那就是余数＜除数。（板书）

师：真的是这样吗？有没有特殊情况呢？请同学们再分别用 25、31 根小棒搭一搭正方形，把你的结果告诉大家。

生 1：如果用 25 根小棒搭正方形，能搭成 6 个正方形，还剩余 1 根小棒，余数小于除数。

生 2：如果用 31 根小棒搭正方形，可以搭成 7 个正方形，还剩余 3 根小棒，余数也小于除数。

师：通过这一系列操作活动，我们知道在有余数的除法中，余数必定小于除数。

【教学反思】余数要比除数小，对于数学知识而言，是结论；对于学生的数学理解而言，是过程。本环节设计了动态、连续性的过程，既使学生巩固了有余数除法的意义，又使他们在不断变化的余数中自然地发现其中蕴含的规律，以及规律背后的道理。另一方面向学生渗透借助直观研究问题的意识和方法，在观察、操作中体验集合思想和分类思想。

在这个活动中，学生可以很自然地发现，有时小棒正好用完，有时小棒会有剩余，而且随着小棒总数的增加，剩余的小棒数量也相应增加，但是增加到一定程度，这个过程突然被"中断"了，也就是小棒刚好用完，再继续下去，似乎又出现一个"循环"。学生在这样的"循环"过程中体验到余数一定小于除数。

（三）延伸点：巩固延伸，深化认知

师：淘气和笑笑知道大家很厉害，又拿出一些小棒想搭正方形，但是数量不知道，请问搭到最后可能会剩几根呢？为什么？

根据学生想法列出算式：□÷4＝□（个）……□（根）

师：如果搭到最后是这样一个结果：

□÷4＝9（个）……□（根）你觉得可能有几根小棒？为什么？

通过这道练习，学生就将本节课所学重点知识内容总结出来并有所延伸。

【教学反思】让搭小棒的情境贯穿整堂课，便于学生感悟为什么余数比除数小，理解有余数的除法各部分之间的关系。同时，学生独立完成后交流，可互相学习借鉴，进一步体会有余数除法的意义以及余数与除数之间的关系。

学生进一步理解了余数和除数之间的关系，并且能根据余数和除数之间的关系求出被除数，学会应用并有所拓展。

（四）拓展点：课堂总结，拓展思考

今天的课已经结束，前方的路还在延续，我们要勇于探索，善于思考，发现并提出新的问题,你们还有其他问题吗?

关于有余数的除法,你还想知道什么? 学生可能会说除法可以列竖式计算,有余数的除法能否列竖式计算呢? 余数还有其他妙用吗?

【教学反思】总结延伸,激发学生的学习兴趣,通过生生之间的相互交流讨论和补充,建构除法的知识体系,形成模型意识。学生在这一环节中拓展了思维,在意识中建构了除法的计算知识体系,学会了用数学思维的方式思考问题。

(五) 板书设计

笔者的板书设计遵循新课标理念,以淘气和笑笑用小棒搭正方形的情境贯穿全课,建构知识体系,体现了本节课教学内容里的基本方法和基本思想,同时又把前后知识联系在一起并有所拓展,为学生学习本节课的内容及日后学习奠定了基础。

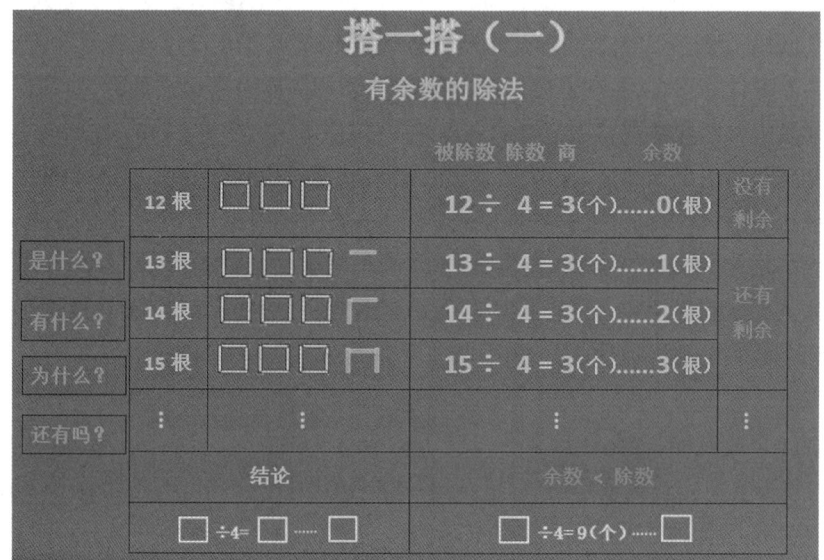

三、学习体验

(一) 学生讲解学习单第一题和第二题的做题思路与想法

王歆瑜: 这节课很有趣,老师让我们在课堂上用小棒直接搭一搭,让我们一看就知道小棒有没有剩余,剩多少,我一下子就明白了怎么做。

郑宇阳: 这节课中,因为小棒不够,我后来就没有用小棒搭,直接用画的方式,我边画边根据摆的过程将除法算式列出来。列出来我就发现了算式中藏着一些规律,除数都是一样的,余数一会儿大一会儿小。老师让我们再继续观察对比余数和除数,我一下子就看出来余数都比除数小。我感觉把这些图和算式放到一起观察,可以对比,一下子就可以看出来了。

（二）学生讲解学习单第三题的做题思路和想法

陈浩泽：一开始我在做第 3 题的第 1 小题时看不懂，后来老师引导我们回想前面的搭一搭时想到，搭一个正方形需要 4 根小棒，其实就是求这些小棒里有几个 4，可以用除法算式来表示：（　　）÷4＝（　　）……（　　）。求可能剩几根小棒其实就是求什么呢？我一下子想到就是求余数，余数一定小于除数，所以就可能剩余 1、2、3 根小棒。我感觉老师太厉害了，她让我懂得怎么做这样的题。

吴伊景：我们这节课学到的最主要的结论就是余数一定小于除数，所以当我看到题目就知道可以根据这个结论来做题，我还知道被除数＝除数×商＋余数，所以我根据这些做出了最后一道题。我觉得这些知识真的很好用，数学知识真的很神奇。

四、教学反思

（一）用旧知唤醒新知，促进数学深入学习

数学学习就是在原有知识经验基础之上，引发新的认识冲突，促进知识生长、发展，让学习真实发生。有余数除法的认识教学牢牢抓住了平均分没有剩余的除法知识点，进一步引发学生思考，如果平均分后出现剩余该怎样在算式中表示出来。紧接着又让小学生对比前后两种情况，找出其中的相同点和不同点，彰显有余数除法的特性，为进一步认识有余数的除法奠定基础。

（二）立足学生主体地位，感受体验数学乐趣

学生是课堂学习的主人，如果忽视学生的学，学生的体验将无从谈起。因此，以体验为中心的小学数学教学要立足于学生，让学生亲自参与活动过程，在探究活动中获得成功的体验。课例中引导学生动手操作搭一搭，在搭的过程中体验有时有剩余，有时又没有剩余，不断循环，从而让学生在循环的过程中体会到余数一定小于除数的结论。

（三）构建主题情境串联，贯穿课堂教学始终

杜威在《我们怎样思维》这本书中提出"思维起于直接经验的情境"。如何激发学生的思维，达到课堂的高效，这就需要教师充分利用直接经验的情境为串联，贯穿于课堂教学的始终。课例从头到尾引用了淘气和笑笑拿不同数量的小棒搭正方形的这一情境，激发学生思维碰撞，认识新的知识并有所延伸拓展，让学生更加深刻理解了有余数除法算式中余数一定小于除数的结论。

（四）问题驱动学生思考，提高数学思维能力

学生的科学探究能力与其科学思考的深度密切相关。深度思考就是思维的深加工，也是学生巩固、转换和内化信息的过程，是通往理解、领悟、运用的通道。只有当学生的已有经验与新信息形成有效连接时，他们的思维层次才能得到提升。课例中学生在认识有余数除法的

基础上拓展延伸,进一步理解了余数和除数之间的关系,并且能根据余数和除数之间的关系求出被除数,学会应用。同时建构了除法的知识体系,形成模型意识,提高学生数学思维能力。

五、专家评析

在本课中,教师紧紧围绕基准点、生长点、延伸点和拓展点四个方面进行教学。教师构建主题情境串联,贯穿于整个教学始终,放手让学生动手操作,建立表象,让学生学会利用已有知识和经验,给学生提供充足的思考空间。并以此推进新知的生长,进而根据不同数量的情况延伸操作练习,解决问题。学生通过观察、操作、对比、思考,借助归纳推理,发现规律,从而掌握余数一定小于除数的结论,并将此结论进行应用和拓展,激发学生不断深入思考,逐步感受数学的魅力所在。同时学生也学会了用数学的眼光观察现实世界,学会了用数学的思维思考问题,学会了用数学的语言表达自己的想法。

(评析人:泉州师范学院　苏明强)

"10以内加减法单元复习课"教学课例

泉州市鲤城区第二实验小学　曾巧婷

一、教学设计

(一) 教材分析

"10以内加减法"是一年级上册"数与运算"的教学内容,是10以内数的认识的延伸,是整数加减法运算的最初级阶段,让学生初步感知加减法运算的本质,为后续进位加法和退位减法奠定重要基础。

(二) 学情分析

在"10以内加减法"的学习中,学生已有的基础知识是10以内数的认识,这为数的运算奠定了重要基础,已有的技能是数数,数数是不进位加法和不退位减法的关键。因此,10以内数的认识和数数是10以内加减法的重要基础。

(三) 教学目标

1. 通过观察、思考、表达等数学活动,理解加与减的意义,掌握有关10以内数的加减法的基本运算技能,会根据具体情境提出加、减法问题并解答,能用加、减法解决生活中简单的实际问题。

2. 经历发现问题、提出问题、分析问题、解决问题的过程,发展量感,体会数形结合思想、变中不变思想、分类思想,积累观察的经验、思考的经验和表达的经验。

3. 感受数学与生活的紧密联系,激发学习数学的兴趣,养成良好的学习习惯,树立学好数学的信心。

(四) 教学重难点

重点:正确计算10以内的连加、连减、加减混合运算。

难点:理解加减法的意义,能用10以内的加减法解决生活中简单的实际问题。

(五) 设计思路

10以内的加减法是在学生认识了10以内数的基础上学习的。它是学习20以内数的加减法的直接基础,也是今后学习更复杂计算的重要基础。本节课的设计根据"三教"+"情景-问题"的教学模式,既要尊重学生的认知基础,又要注重培养学生的运算能力,在主动探索、合作交流的过程中,获得充分的学习体验,学会思考、学会表达,促进学生数学核心素养的形成与发展。

结合学生的年龄特点,大部分学生处于6～7岁,学生的思维水平是以视知觉为主,笔者想到把数学学科与语文学科相融,以经典故事《青蛙王子》为脉络,结合"是什么?如何用?在哪里?还有吗?"四大数学问题,系统结构化地设计本节课。由王子变青蛙,这只"小青蛙"寻找金球位置信息、取金球、送金球、青蛙变王子,环环相扣、循序渐进地复习和巩固提升复习本单元10以内加减法单元知识。

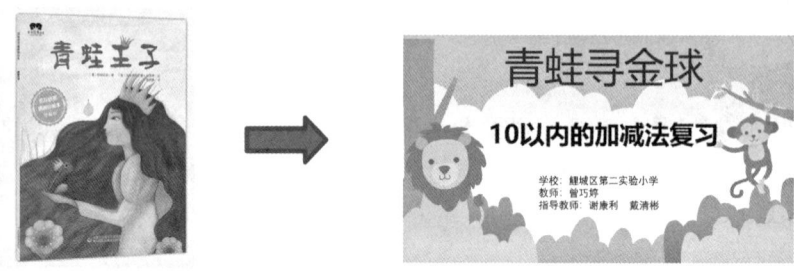

二、教学过程

(一) 故事导入,激发兴趣

师:老师听说咱们班的同学非常喜欢听故事,今天,老师就给同学们带来一个小故事,你们想听故事吗?注意,等下听故事的时候眼看、耳听,不说话,让我们一起在故事中学习数学知识。(播放视频)

【教学反思】故事是最初带领孩子们认识这个世界最简单而又有趣的方式之一,将故事引用在数学教学中,不仅能提高学生数学学习的趣味性,激发其学习兴趣,还能将抽象、系统的数学知识转化为具体、生动、形象的故事形式。一年级的小朋友具有活泼好动的性格特点,上课集中注意力的时间较短,因此本节课笔者将孩子们最熟悉的童话故事《青蛙王子》进行改编,成为一个全新的故事《青蛙寻金球》进行导入,很好地吸引学生的注意力,抓住孩子们好奇的心理。这一故事符合一年级学生的年龄特点,也满足提高教学效率的需求,点燃学生的求知欲,将"要我学"转变为"我要学"。

(二) 寻求闯关,巩固知识

师:小公主听到青蛙的要求,想了想自己的金球,她决定答应青蛙的要求,青蛙即将开启它的寻金球之旅。让我们来看看它遇到了什么难题。青蛙找了一圈都没发现金球在哪,直到它遇到了几位朋友,它们给青蛙带来了一个消息。在听消息前,老师先考考你们:图中有几种小动物?分别有几只?有谁可以用数学的语言来说一说。

生:图中有3种动物,分别是乌龟、螃蟹、鱼,有1只乌龟,2只螃蟹,7条鱼。

师：7 条鱼？这个 7 怎么来的？

生：左边有 4 条鱼，右边有 3 条鱼，合起来一共有 7 条鱼。

【教学反思】把核心素养设定为义务教育数学课程标准的统领性目标，那么会用数学的眼光观察现实世界就极为重要，笔者将其改为会用数学的眼光观察海底世界，并用数学的语言表达海底世界。学生通过观察，将动物的数量变成具体数字，并且学会通过部分看整体。

师：（播放视频）原来，金球被乌龟藏起来了。瞧，乌龟设置了什么难题？（计算）这可把青蛙难倒了。同学们，你们愿意帮助青蛙通过考验吗？（愿意）

1. 我会算

师：让我们通过开火车的形式帮助青蛙通过考验。

$6+4=10,9-2=7,10-3=7,3+6=9,7-4=3,10-0=10,8-2=6,5+5=10,7-7=0,9-6=3$。

师：恭喜你们帮助青蛙通过了乌龟的考验。果然这难不倒咱们班的同学，咱们班小朋友的计算能力棒极了，计算得又快又准确，请为自己点赞。那老师再考考你们，仔细观察这些算式，发现它们都是什么算式？一共有几道算式？有几种运算？加法有几道？减法有几道？

生：它们都是加法算式和减法算式，一共有 10 道算式，加法有 3 道，减法有 7 道。

【教学反思】通过开火车这种一呼一应的方式，可以让学生体验数学活动的乐趣，也培养学生团结合作的意识，提高学生的运算能力。学生在理解加减法意义的基础上，体会它们之间的内在联系并正确进行口算。

2. 我会跳

师：（播放视频）原来金球被乌龟放到了荷叶上，仔细观察，金球在第几片荷叶上？请同学上来标一标，其他同学跟着一起数一数。

生：在第 10 片荷叶上。请同学们跟着我一起数，1、2、3……10。

师：这边还有 1 个数字 0，你可以猜猜它的位置吗？

生：青蛙的位置为 0，因为这是起点。

师：青蛙想要取到金球，必须先跳过荷叶，请同学们按要求，帮青蛙分 2 次跳荷叶取金球。请你试着像老师这样表达：

我是这样想的

第一次从（　　）跳到（　　），跳了（　　）下，跳到第（　　）片荷叶，算式是（　　　　　　　　　　）

第二次从（　　）跳到（　　），跳了（　　）下，跳到第（　　）片荷叶，算式是（　　　　　　　　　　）

师：老师看到有些同学露出了疑惑的眼神，不急，让老师带着你们试着取金球。老师是这样想的，首先老师想请青蛙从 0 跳到第 2 片荷叶上，请问它跳了几下？让我们一起来数一数（2 下），青蛙跳到第 2 片荷叶，得到算式 0＋2＝2，0 表示青蛙起跳的位置，2 表示青蛙跳了 2 下，得数 2 表示青蛙第一次跳到了第 2 片荷叶上，接下来青蛙要第 2 次跳荷叶，它要从第几片荷叶起跳？（第 2 片）跳到第几片荷叶？（第 10 片，即金球的位置）让我们一起来数数第二次青蛙跳了几下？得到算式 2＋8＝10，2 表示青蛙第一次跳了 2 下，8 表示青蛙第二次跳了 8 下，10 表示青蛙 2 次跳荷叶，跳到了第 10 片荷叶。这是老师的想法，你有不同的想法吗？请在学习单上试着跳一跳，填一填。

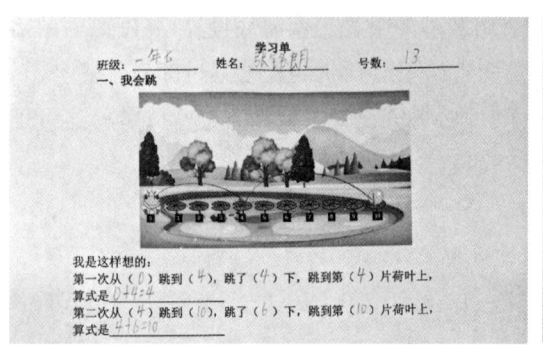
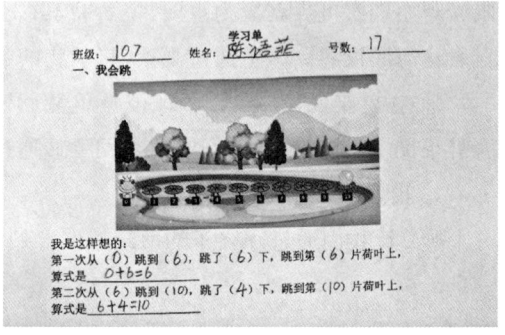

生 1：第一次从（0）跳到（4），跳了（4）下，跳到第（4）片荷叶，算式是（0＋4＝4），第二次从（4）跳到（10），跳了（6）下，跳到第（10）片荷叶，算式是（4＋6＝10）。

生 2：第一次从（0）跳到（6），跳了（6）下，跳到第（6）片荷叶，算式是（0＋6＝6），第二次从（6）跳到（10），跳了（4）下，跳到第（10）片荷叶，算式是（6＋4＝10）。

师：青蛙拿到金球后迫不及待赶紧要送回去给公主了，可是当它往左跳了 2 片荷叶后发现自己忘记把金球抱走了，只能又往右跳回去取金球，有谁可以把青蛙 2 次跳的过程列算式，并说一说算式中的每个数字表示什么？

生：10－2＋2＝10，10 表示青蛙从第 10 片荷叶往回跳，2 表示往回跳了 2 片，2 表示又往前跳了 2 片，10 表示又回到了第 10 片荷叶上。

师：请同学们前后桌讨论，帮助青蛙 1 次跳回到陆地上，将金球送回来给公主。青蛙应该 1 次跳几下？如何列算式？

生：一次跳 10 下，10－10＝0。

师：那如果青蛙分 2 次跳回到陆地上，应该怎么跳？

生 1：第一次从（10）跳到（9），跳了（1）下，跳到第（9）片荷叶，第二次从（9）跳到（0），跳了（9）下，跳到陆地，得到算式（10－1－9＝0）。

生 2：第一次从（10）跳到（3），跳了（7）下，跳到第（3）片荷叶，第二次从（3）跳到（0），跳了

(3)下,跳到陆地,得到算式（10－7－3＝0）。

师：恭喜你们顺利地帮助青蛙取到金球送给公主,在青蛙将金球送给公主时,让我们再来瞧瞧荷叶上的数字,你想到了一样什么学习用品?（尺子）老师考考大家,有比10还大的数字吗? 有比0还小的数字吗?

【教学反思】通过送金球的环节,先数荷叶为荷叶标数字,发展学生的量感,再进行取金球及送金球,培养学生用数学语言表达青蛙行动的路线,培养学生的概括能力、表达能力,最后将荷叶看作数线,在建立量感的基础上发展学生的抽象能力。

3. 我会填

师：咱们班的同学可真厉害,都是小小数学家。现在请同学们将刚才我们用到的几个算式在学习单上进行分类,想想分类标准,将序号填写在荷叶上。

【教学反思】在课堂上恰当地运用分类能帮助学生养成良好的思维习惯,建立准确清晰的概念,找到解决分类问题的最佳方法,并能促进学生优化知识结构。学生立足于理解加减法的基础上,对算式进行分类,知道除了按得数将算式进行分类,还可以根据算式符号来分类,算式是由加号组成的为加法,由减法组成的为减法,既有加号又有减号的算式不是加法算式也不是减法算式,是加减混合算式,进而培养学生的符号意识。

(三) 课堂总结,拓展知识

师：公主拿到她的金球,并让青蛙用她的金盘子吃饭,睡她软软的床,还给了青蛙晚安吻。瞧! 发生了什么? 青蛙变成了王子。同学们想知道王子发生了什么? 为什么会从王子变成青蛙吗?

师：（播放视频）在故事的最后,王子和公主过上了幸福的生活,观察这幅图,你获得了什么数学信息? 可以提出什么数学问题? 请一位同学当小老师提问,一位同学进行回答。

生1：原本有5颗苹果,掉了2颗苹果,还剩几颗苹果?
生2：5－2＝3。

生1：5表示什么？2表示什么？3表示什么？

生2：5表示原本有5颗苹果，2表示掉下来的2颗苹果，3表示还剩下3颗苹果。

师：在生活中，在哪里发现5－2＝3这个算式，这个算式可以解决生活中的什么问题？

生：我原本有5颗糖，吃了2颗，还剩下3颗糖。

师：通过今天的学习，你学会了什么？

生1：原来生活中处处有数学，我们要学会善于发现生活中的数学。

师：通过今天的学习，你还想学习什么？

生2：最小的数是多少，它比0还要小吗？

生1：最大的数是多少，比100还大吗？

【教学反思】数学源于生活，生活处处有数学，学生在研究现实问题的过程中学习数学、理解数学，通过算式想到可以解决生活中的什么问题，把学习到的数学知识应用到生活实际，使学生亲近数学，感到学习数学的快乐，初步体现数学与现实生活的紧密联系。学生通过数学的眼光从现实世界中发现数量之间的关系，从而提出数学问题并解决数学问题，进行数学探究，培养学生用数学的眼光观察现实世界，会用数学的思维思考现实世界，会用数学的语言表达现实世界。最后的"还有吗？"环节，培养学生的创新意识，基于现有的知识，还想进一步学习什么，激发学生勇于探索新的数学奥秘，培养学生的求知欲，使学生主动学习。

三、学习体验

张铭朗：今天的数学老师仿佛变成了语文老师，给我们讲了一个全新的青蛙王子的故事，我们在故事中学习数学知识，运用所学的数学知识，成功帮助青蛙王子变回人，并和公主幸福地生活在一起，使我非常有成就感。

李炜轩：今天的荷叶变数线环节让我印象深刻，原来普普通通的荷叶藏着不一般的数线，荷叶的数量是有限的，但数线是无限的，数学世界太神奇了，我很喜欢数学！

　　苏陈晨：原来只要有一双数学的眼睛,就能发现生活中处处有数学,从王子和公主过着幸福的生活那幅图中,我能找到很多数学信息。我今天当小老师提问同学们,与同学们分享我的发现,现在的我可喜欢和同学们分享生活中的小事,并用算式来表达我的生活小事了。原来不止语文的写画能表达生活,数学的算式也能表达生活呀。

四、教学反思

(一) 以问题为主旨,驱动课堂

　　本节课结合新课标的问题导向意识,以"是什么、如何用、在哪里、还有吗"四个问题作为教学的起点和导向,让学生主动学习和探索知识内容,从而更好地将数学知识运用到实际生活中。

(二) 以知识为点,夯实基础

　　以经典童话故事《青蛙王子》为导入,通过精彩的视频画面激发学生的兴趣及对于学习内容的好奇。为"找金球"环节设计了口算闯关环节,加强学生的运算能力及调动学生的积极性。

(三) 以故事为线,寓教于乐

以青蛙找金球的故事为线,通过用眼观察、用手跳荷叶画路线,用规范的语言表达思路等方式,帮助学生有条理地思考问题,学会先思考后行动,最后用数学的语言表达数学信息、数学问题及解决实际问题的思路。以学生已有的知识作铺垫,后将新旧知识相联系,进一步得到升华。

(四) 以应用为面,学以致用

在最后的"幸福生活"环节,通过用数表示物体的个数及事物的顺序,找到相对应的数学信息,进而提出数学问题并解决数学问题。从简单算式发现生活中的实际问题,学生学会尝试用所学的知识方法解决问题,在解决问题的过程中,感悟分析问题和解决问题的基本方法,感受数学在生活中的应用,形成初步的应用意识,激发学生学习的兴趣及树立学习数学的信心。

五、专家评析

10 以内加减法是"数与代数"领域中"数的认识与运算"这一主题的教学内容,它是"数的认识"的延续,是"数的运算"的开始,10 以内数的认识和 10 以内数的运算是一个主题、一个整体,10 以内数的认识应该为 10 以内数的运算服务,在 10 以内数的认识中积累的数数的经验,是 10 以内加减法运算的关键。从核心素养的角度分析,本节课主要关联数学思维,主要体现在运算能力,因此,在教学时,要注意利用数线,借助数形结合的方式,通过"向前跳"和"向后跳"两种方法,感悟加减法的数学本质和内在关系,提高 10 以内加减法的口算能力,为后续进位加法和退位减法奠定重要基础。

(评析人:泉州师范学院　苏明强)

"小数乘法复习课"教学课例

泉州市鲤城区第二实验小学　刘海超

一、教学设计

(一) 教材分析

　　"小数乘法复习课"是北师大版四年级下册第三单元内容,是在学习完小数乘法单元后的一节复习整理课。新课标中指出,本单元的学习属于数与运算的教学。通过整数、小数、分数的运算,进一步感悟计数单位在运算中的作用,感悟运算的一致性。数的运算教学应注重对整数、小数和分数四则运算的统筹,让学生进一步感悟运算的一致性。因而本单元教学最突出的特点应体现一致性和整体性。

(二) 学情分析

　　本单元的学习建立在学生已经掌握整数乘法算法算理的基础上,通过本单元的学习,学生也已经掌握小数乘整数、小数乘小数的算理和算法,这一堂复习课是在学生已经掌握小数乘法算理算法的基础上开展的,借助本节课的复习,在帮助学生梳理小数乘法算理、算法的同时,体会小数乘法与整数乘法、分数乘法的联系,感悟乘法运算的一致性。

(三) 教学目标

　　1. 通过观察、思考、表达等数学活动,理解小数乘法的算理,掌握小数乘法的算法,能正确进行计算,会解决简单的实际问题。

　　2. 经历复习梳理的过程,体会分类思想、转化思想,感悟乘法运算的一致性,发展运算能力,积累观察、思考、表达的活动经验。

　　3. 感受数学与生活的紧密联系,体会数学的神奇和美妙,锻炼学生克服困难的意志,养成认真计算的习惯,树立学好数学的信心。

(四) 重点难点

　　重点:通过观察、思考、表达等活动,用类比、归纳等方法理解小数乘法的算理及乘法的运算一致性。

　　难点:经历梳理复习小数乘法算理的过程,理解乘法计算间的一致性。

（五）核心问题

小数乘法的意义和算理是什么？小数乘法与整数乘法、分数乘法间有什么联系？

（六）设计思路

《义务教育数学课程标准（2022年版）》在有关数与代数的总述中提到：数的认识具有一致性、数的运算具有一致性、数与运算也具有一致性。其本质是理解数是对数量的抽象，理解数是基于计数单位的表达，感悟数的运算以及运算之间的关系，体会数的运算本质的一致性。

本节课根据"三教"＋"情境-问题"的教学模式，在小数乘法单元复习的基础上，由"细观察，巧分类"到"说算理，话联系"再到"建链条，悟一致"进行教学设计，层层递进，环环相扣，让学生在感悟小数乘法和整数乘法运算一致性的同时，体会分数乘法计算上的一致性，促进核心素养的形成与发展。并利用"有哪些？是什么？有何关系？还有吗？"四个问题驱动学生更加积极地思考，促进学生更好地建构完整的知识体系，形成整体、关联、有序的知识脉络。

二、教学过程

（一）细观察，巧分类

师：在本节课前同学们已经自己总结了"小数乘法"单元的知识点，下面我们来一起回顾一下这单元学到了什么？

生1：小数乘法的计算方法。

生2：积的变化规律。

……

师：大家的收获都很多，那这节课我们就来共同梳理一下本单元的重要知识吧！

5×8	12×8	36×12	128×52
8×0.5	5×0.9	27×0.99	36×1.1
5.4×2	3.6×1.8	5.28×0.35	5.28×500

师：请同学们把以上算式分成两类，可以怎么分呢？（请一位同学来分类，其他同学在学习单上分类）

师：谁能看懂这位同学的分类标准是什么吗？

生：他是按照整数乘法和小数乘法分的。

师：如果把小数乘法继续往下分，分成两类，又可以怎么分呢？

生：小数乘法可以分为"小数×整数""小数×小数"。

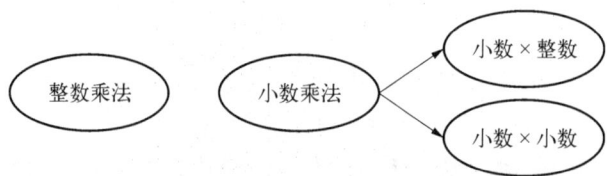

师：乘法被分为小数乘法和整数乘法两类,小数乘法和整数乘法有着紧密的联系,你们能说清楚这些联系吗？让我们接着梳理吧！

【教学反思】学生目前已经学习乘法中的整数乘法和小数乘法,通过分类让学生审视,深入思考小数乘法与整数乘法之间的联系,为第3个环节"建链条,悟一致"做准备,让学生在感悟小数乘法和整数乘法运算一致性的同时,体会分数乘法在计算上的一致性,促进核心素养的形成与发展。

(二) 说算理,话联系

师：大家还记得学习"一位数×一位数"的乘法计算时,我们是怎么计算的吗？

生：通过乘法口诀计算,比如 5×8 表示 8 个 5 相加的和,直接用乘法口诀"五八四十"就可以了。

师：那"两位数×两位数"的乘法,用一级装备——乘法口诀还能完成吗？

生：那就需要竖式计算了,比如 36×12 需要先用第一个乘数 36 乘第二个乘数的个位 2,再用第一个乘数 36 去乘第二个乘数的十位 1,所得的积要与十位对齐,最后再把两部分所得的积加起来。

师：哦,"两位数×两位数"的乘法要用到二级装备——竖式了。"三位数×两位数"呢,装备是否需要再升级呢？

生：不需要,"三位数×两位数"的乘法只是数位增多了,算法和算理其实是一样的。

师：小数乘法中又是如何计算的,以 0.5×8 为例,说一说需要用到什么装备呢？

生：其实计算方法和整数乘法是一样的,也是利用乘法口诀计算,只是计数单位不一样,0.5×8 表示 8 个 0.5 相加,0.5 里有 5 个 0.1,也就是 40 个 0.1 就是 4 了。

师：也就是说,小数乘法和整数乘法的意义是一样的,它们都表示"几个相同加数和的简便运算"。因而我们说,小数乘法和整数乘法在意义上是一致的。

【教学反思】通过梳理简单的整数乘法和对小数乘整数计算方法的复习,让学生初步体会小数乘法和整数乘法运算的一致性——运算意义的一致。

师：那"两位小数×两位小数"的乘法计算,又要注意什么呢？

生：要注意末尾对齐。

师：如果是"小数×整十整百数"呢,也要末尾对齐吗？

生：那就需要这个小数和整十整百数 0 前面的数对齐,就比较简便了。

师：所以小数乘法,非 0 的数末位对齐最简便。

师：下面请同学们在学习单上计算 5.28×0.35,并说说计算过程。

生：计算 5.28×0.35 就要用到二级装备列竖式了,把小数乘法转化成整数乘法来计算("转");然后按照 528×35 的计算方法来计算("乘");再根据"积的小数位数是两个乘数小数位数之和",5.28 是一个两位小数,0.35 是一个两位小数,所以乘积是一个四位小数,把积的末尾小数点向左移四位,点上小数点("点");最后根据小数的基本性质,去掉小数末尾的 0("简")。

师：这位同学的表达非常清晰，小数乘法计算时我们只要抓住"转（小数乘法转化成整数乘法）""乘（按照整数乘法算法来计算）""点（根据积的小数位数与乘数的小数位数关系点上小数点）""简（乘积末尾有 0 的可以根据小数的基本性质去掉 0）"这几个关键字，就可以把乘积准确计算出来了。

师：同学们能结合计数单位，再把上面这道乘法算式计算一遍吗？

生：

$$5.28 \times 0.35$$
$$=(528 \times 0.01) \times (35 \times 0.01)$$
$$=(528 \times 35) \times (0.01 \times 0.01)$$
$$=18\,480 \times 0.000\,1$$
$$=1.848\,0$$
$$=1.848$$

其中 0.01×0.01 表示把两个乘数的计数单位相乘，所得的乘积就是积的计数单位啦！而 528×35 就是积的计数单位的个数。

师：现在谁能试着总结一下小数乘小数计算方法与整数乘法的联系吗？

生：其实小数乘小数的计算方法与整数乘法的算理也是相同的，只不过计数单位变了！

师：确实是这样，不管是整数还是小数，它们都是基于计数单位的表达，看来在小数乘法的算法背后还藏着许多道理呢，在这背后的道理中我们发现确定新的计数单位很重要。

【教学反思】通过对小数乘法算理的进一步梳理，使学生领悟积的小数位数与乘数小数位数关系的深层次原因，进一步体会小数乘法与整数乘法的一致性——算理的一致性。

（三）建链条，悟一致

师：同学们，大胆想一下，难道只有小数乘法和整数乘法的运算存在一致性吗？

生：会不会乘法运算都存在一致性呢？

师：让我们共同来构建一下乘法运算的链条吧。请大家利用刚才的学习经验，一起来回顾一下这道整数乘整数 230×150，写一写，算一算，看看你有什么新发现吧！

$$230 \times 150$$
$$=(23 \times 10) \times (15 \times 10)$$
$$=(23 \times 15) \times (10 \times 10)$$
$$=345 \times 100$$
$$=34\,500$$

生：整数乘法的计算其实也是先确定积的计数单位，然后再确定积的计数单位的个数。

师：确实，不管是整数乘法还是小数乘法，它们都是在先用"计数单位×计数单位"得到积的计数单位，再根据"个数×个数"得到积的计数单位的个数。

师：虽然我们还没有学习分数乘法计算，但我们不妨来想一下，分数乘法可不可以用这样的方法来计算呢？让我们一起来看一下。淘气、笑笑和奇思三人给妙想过生日，他们每人吃了$\frac{2}{9}$块蛋糕，4个人一共吃了多少块蛋糕？

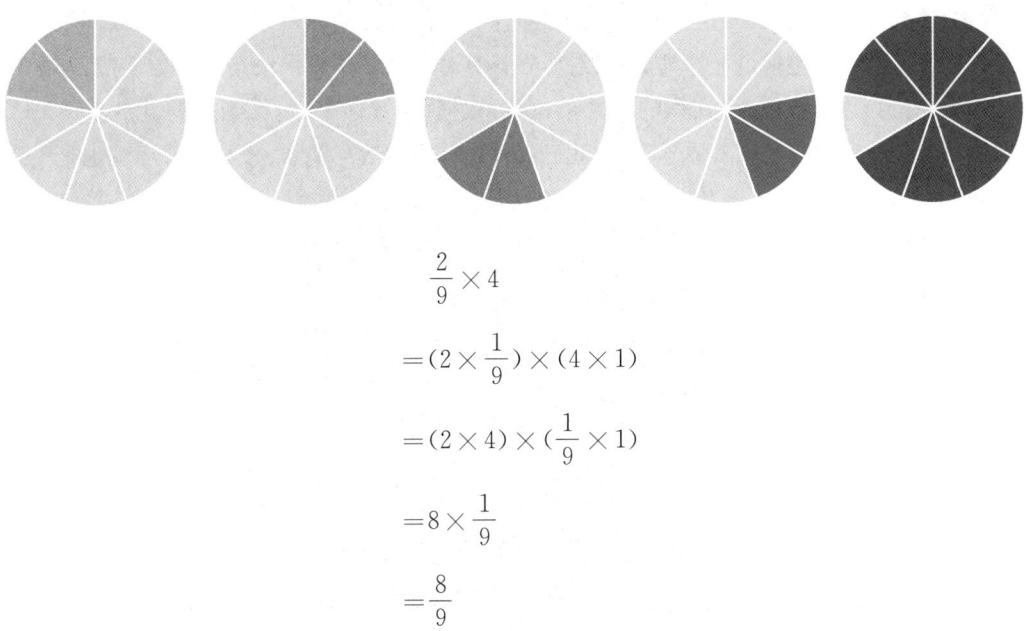

$$\frac{2}{9} \times 4$$
$$= (2 \times \frac{1}{9}) \times (4 \times 1)$$
$$= (2 \times 4) \times (\frac{1}{9} \times 1)$$
$$= 8 \times \frac{1}{9}$$
$$= \frac{8}{9}$$

师：现在，再请同学们观察这三组算式，你能说说小数乘法与整数乘法、分数乘法之间计算时有什么共同的特点吗？

生：都是在先用"计数单位×计数单位"得到积的计数单位，再根据"个数×个数"得到积的计数单位的个数。

师：是的，在乘法运算中不管乘数是整数、小数还是分数，它们的运算本质上是一致的，都是先确定积的计数单位，再求积的计数单位的个数。

师：通过今天的学习，大家还有什么想知道的吗？

生1：分数乘法中还有"分数×分数"，也是这样确定积的计数单位，再求积的计数单位的个数吗？

生2：除法运算是不是也存在运算一致性呢？

【教学反思】通过回顾整数乘法、联系小数乘法、贯通以后的分数乘法，构建乘法的运算链条，感悟乘法运算的一致性，从而实现结构化教学。

三、学习体验

黄梓涵：通过今天这节课的学习，我更加深刻理解了为什么"积的小数位数等于两个乘数小数位数之和"，以前我们是通过积的变化规律来理解的，原来还可以通过先用"计数单位×计数单位"得到积的计数单位，再根据"个数×个数"得到积的计数单位的个数，这真是太神奇啦！还让我知道了计数单位的重要性,像加减法是计数单位的累加和累减,乘法计算也和计数单位有关;同时也让我体会到数学的学习真是融会贯通的。

汪皓:今天的数学课虽然是复习课,但是一点也不枯燥,真有趣! 这节课不仅复习了整数乘法,还梳理了小数乘法,让我体会到整数乘法和小数乘法的一致性,这个一致性不仅是运算意义的一致性,还包括运算算理的一致性,在计算时不管是整数乘法还是小数乘法,都是先用"计数单位×计数单位"得到积的计数单位,再根据"个数×个数"得到积的计数单位的个数;同时虽然分数乘法还没具体学习,但我已经知道分数乘法与整数、分数乘法运算也是一致的。这节课让我增长了见识、悟出了道理。我已经开始期待除法复习课了,是不是除法运算也存在一致性呢?

胡锦月:今天的数学课真是一节有意义的课,对于小数乘法,原来我知道是要转化成整数乘法来计算,然后再根据乘积小数位数与乘数小数位数关系点上小数点;通过这节课的学习,我们更加清楚为什么小数乘法的算法是这样的,这就是知其然更知其所以然吧。

四、同伴互助

苏瑜曼:本节刘老师的课紧紧围绕"感悟运算一致性"展开,环环相扣,先建立乘法计算结构,通过复习整数和小数乘法的意义,让学生初步体会"运算意义的一致性";然后梳理整数乘法、小数乘法算法,通过计数单位,沟通整数乘法、小数乘法间的联系;同时还引导学生结合整数与小数乘法间的联系,猜测分数乘法的算法,彻底打通了乘法运算的算理,体现了乘法运算间的一致性。

李丽萍:虽然本节课是一节小数乘法复习课,但刘老师并没有仅仅局限于单纯复习小数乘法的知识,而是以"运算一致性"为抓手进行设计,在让学生深刻体会小数乘法与整数乘法运算一致性的同时,自然地想到分数乘法的算法,在让学生"长见识,悟道理"的同时,促进核心素养的形成。但教师还应该多注意过渡语的衔接,同时要多思考如何有效地引导学生思考,促进自己目标的实现。

五、教学反思

(一) 灌注活水,滋润课堂

在日常教学中,学生往往比较喜欢新授课,觉得有新鲜感、比较有趣,对于复习课和练习课,大多数学生却兴致不高,觉得枯燥、乏味,因而在设计本节课时,笔者就在思考如何能让学生在复习课中既能梳理旧知识,又能获得新知识,提高学习积极性。仔细研读2022年版新课标后,笔者发现课标中明确提出:本单元的学习属于数与运算的教学。通过整数、小数、分数的运算,进一步感悟计数单位在运算中的作用,感悟运算的一致性。数的运算教学应注重对整数、小数和分数四则运算的统筹,让学生进一步感悟运算的一致性。因而本单元教学最突出的特点应体现一致性和整体性。所以,笔者把目标设定在"感悟运算一致性"这几个字上,运算一致性不仅在于运算意义的一致,更在于运算算理的一致,利用"计数单位"这个桥梁建立起小数与整数乘法的联系,更自然地过渡到对未来的知识——分数乘法算法的猜想,在复习课上还能学到新知识,极大提高了学生的学习兴趣,在"长见识"的同时更"悟出道理"——乘法运算的一致性。

(二)梳理算法,聚焦单位

在单元教学中笔者发现学生对小数乘整数的算法掌握比较好,但一些"中下生"和"学困生"有时不能准确计算出小数乘小数的乘积,表面上看是学生对"积的小数位数与乘数小数位数的关系"这一知识没有掌握扎实。但仔细分析下来,从这些学生的角度思考会发现,小数乘小数尤其当一个乘数小于1时,乘积会小于另一个乘数,这与学生之前的认知是冲突的:两个数相乘不是应该越乘越大吗?怎么还越乘越小了?因而这一类同学经常会出现点错小数点的情况。也有一些同学通过死记硬背记住了怎么确定乘积小数位数,但也只是知其然,不知其所以然。如何让学生切切实实理解领悟小数乘法的算法呢?笔者认为应该从计数单位出发,结合整数乘法,梳理算法,才能打通隔断墙,夯实承重墙。所以本节课笔者以"算法梳理"为主线,聚焦计数单位,让学生领悟乘法运算中计数单位的作用,感悟运算的一致性。

(三)深挖本质,贯通联系

新课标背景下数学学习倡导大单元整体教学,在这样的大方向下,笔者认为小数乘法复习不能单单局限于复习有关小数乘法的知识点,而是应该利用好复习课这个载体,让学生站在乘法的视角来研究运算,不管是整数还是小数、分数乘法,它们的本质都是一致的。当然这节课仍然存在很多不足,其实更深挖,单位不仅存在于数与运算中,在图形与几何领域中,单位是面积单位,在统计与概率中它是统计单位,在本节课上,对跨领域的关联还远远不够,虽然在梳理算理环节聚焦单位了,但学生对单位的内涵理解还不够丰富,跨学科教学将是笔者今后努力的方向。

六、专家评析

小数乘法在乘法知识体系中具有承上启下的作用,"承上"是整数乘法,"启下"是分数乘法,在整数乘法、小数乘法和分数乘法中,变的是计数单位,不变的是乘法的数学本质——计数单位的累计,因此,乘法运算的本质具有一致性。刘老师执教的这一堂小数乘法复习课,由"小数乘法的算法梳理"到"整数乘法算法的回顾",再到"分数乘法的猜想"进行教学设计,并利用"有哪些""是什么""有何关系""还有吗"四个问题驱动学生数学思考,引导学生梳理乘法的知识体系,建构乘法知识结构,促进数学知识的结构化和系统化,体现了大单元整体教学的基本理念,是一次有益的教学尝试。

（评析人：苏明强　泉州师范学院）

"确定位置"教学课例

泉州市鲤城区第二实验小学　苏瑜曼

一、教学设计

(一) 教材分析

本节课属于"图形与几何"领域,《义务教育数学课程标准(2022 年版)》要求:能用有序数对(限于自然数)表示点的位置,理解有序数对与方格纸上点的对应关系。在第一学段学习了用前后、上下、左右、东南西北等表示物体具体位置和简洁的路线知识的基础上,学习用"数对"这一概念来确定位置,于学生而言,描述物体的位置有上一学段的基础,并不难,问题在于如何在教学中将发展学生抽象思想贯穿于学生数学学习活动的全过程,融入数学学习的各个领域,以促进学生核心素养的发展。本节课以四个问题(为什么? 是什么? 有何用? 还有吗?)为驱动,借助西游记的情境,解决"孙悟空在哪儿"的问题,让学生感悟数学抽象。

(二) 知识点

北师大版数学四年级上册"确定位置"。

(三) 教学目标

1. 通过观察、操作、思考、讨论等数学活动理解数对的概念;能用数对表示物体的位置,会解决简单的实际问题。

2. 经历发现问题、提出问题、分析问题和解决问题的过程,体会变中不变思想、对应思想、数形结合思想,发展符号意识和空间观念,积累操作活动经验和思维活动经验。

3. 感受数学与生活的紧密联系,体会数学的价值,激发学习的兴趣,树立学好数学的信心,养成良好的学习习惯。

(四) 重点难点

重点:理解数对的概念;能用数对表示物体的位置,会解决简单的实际问题。

难点:发展符号意识和空间观念。

(五) 设计思路

本节课根据"三教"+"情境-问题"的教学模式,以学生熟悉的文学著作《西游记》为背景创设教学情境,以"数对是什么? 为什么要学习数对? 数对有什么用? 还想学习什么?"四个问题驱动教学,推进教学进程,让学生在情境中获得充分的体验,在体验中促进更为积极的思考,在深度思考中学会表达,让学生会用数学的眼光观察现实世界,会用数学的思维思考现实世界,会用数学的语言表达世界,形成和发展数学核心素养。

二、教学过程

(一) 创设情境,引出问题

师:在上课前,老师想邀请大家一起听首《西游记》主题曲,想听吗?

师:咦,歌曲中有火眼金睛、手里拿着如意金箍棒的是谁啊?

生:孙悟空。

师:孙悟空最擅长 72 变。现在他变公鸡、变大山、变猪八戒,我们继续看……变变变,现在谁知道孙悟空在哪儿了?(板书课题)

生:他藏在那个黑点后面了。

【教学反思】以学生熟悉的《西游记》主题曲为导入,设计富有童趣的故事情节,配以幽默的动画,快速吸引学生的注意力,激发学生学习数学的兴趣。

(二) 表达位置,揭示数对

1. 一个点

师:只有一个点,大家同意吗?

生(齐答):同意!

2. 五个点

师:孙悟空继续变,现在孙悟空在第几个点?

生 1:倒数第二个点。

生 2:第一个点。

师:还有不同意见吗?

生 3:每个点都有可能。

师:同意吗?

生(齐答):同意!

师:那有几个可能呢?

生(齐答):五个!

师:刚刚一个点大家很快就找到了,现在五个点就有五个可能,但孙悟空只有一个,那你能确定吗?

生(齐答):不能!

师:想不想听孙悟空的提示?

生(齐答):想!

师：孙悟空说他在第一个。现在你知道是在哪里了吗？（学生上台指示）

师：怎么会有两个答案呢？孙悟空只有一个,答案应该唯一啊！孙悟空只给了一个答案在第一个点的提示,同学们为什么找出了两个点呢？

生：因为从左往右数有一个"第一个点",从右往左数也有一个"第一个点"。

师：他们描述的什么不一样？

生（齐答）：方向。

师：对的,所以我们在确定位置（板书）的时候一定要有统一的规定。

师：猴哥又给提示了,他在从左往右数的第1个点。现在我们能确定他的位置吗？（老师直接指）

生：能。

师：这个点对吗？确定吗？

生（齐答）：确定。

3. 更多点

师：好！一个点的时候毫不犹豫地找出来,五个点的时候光知道是在第一个点还不够,还要知道它的方向,才能确定位置。（边说边播放课件）现在孙悟空继续变变变。你还能找到孙悟空吗？

生：不能！

师：这么多的点,每个点都有可能,到底有几种可能呢？

生：25种可能。

师：我们请猴哥出来,再给我们一点提示好不好？（2,5）你觉得猴哥藏在哪里？谁来说说自己的想法。

生1：从右往左数第2个,从下往上数第5个。

师：有没有道理啊？

生（齐答）：有道理。

生2：从下往上数第2个,再从右往左数第5个。

师：还有没有别的想法？谁能把自己心目中的猴哥找出来？

生3：从上往下数第2个,从右往左数第5个。（想法合理即可）

师：好,谢谢！

师：大家觉得这几个同学的答案有可能吗？

生（齐答）：都有可能。

师：因为,孙悟空心目中的规定到底是怎么样,我们清楚吗？

生：不清楚。

【教学反思】以"孙悟空藏哪儿"为主线,结合具体情境,从"1个点"→"5个点"→"多个点",环环相扣、由简入深探寻孙悟空的位置。在这个过程中,学生不断地思考,体会"一一对应""数形结合"等数学思想。

4. 教学数对

师：看来这个方向的规定很有必要。孙悟空呢不藏了，老师把他请出来。孙悟空就在这。现在(2,5)这两个数到底表示什么？请大家小组讨论讨论，看看孙悟空心目中的规定到底是怎样的。现在告诉大家，你们觉得2表示什么？5呢？

生1：2表示从左往右数第2组，5表示从下往上数第5个。

师：谢谢，这位同学的表达能力非常好，已经非常接近了。有没有更好的表达方法？

生2：不是第2组而是第2列。

师：哦，那这也是第二列啊，还有没有补充？

生3：他没有说完整，应该说从左往右数第2列，再从下往上数第5个。

师：好，同学们的回答非常棒，2表示从左往右数第2列。竖排的我们就叫列，列是从左往右数，比如这是第一列、第二列、第三列、第四列。5表示从下往上数第5行。横排的就叫行，行是从下往上数，第一行、第二行、第三行、第四行、第五行。像这样的数，科学家给它取了个名字，谁来猜猜是什么？（学生回答）

师：没错，我们数学中把它叫作数对。（板书：是什么）这个(2,5)就叫数对，它可以用来确定……？

生（齐答）：位置。

师：我们在写数对的时候，是先写列再写行，用括号包起来，中间用逗号区分。〔板书(2,5)〕2表示从左往右数第2列，5表示从下往上数第5行。（板书）这两种表示方式，你觉得哪种更好呢？为什么？（板书：为什么）

生：数对(2,5)更好，因为它更加简洁。

师：没错，用数对来表示位置更加方便简单。那数对怎么读呢？它读作：数对二五。（板书）

【教学反思】这一环节的设计，通过孙悟空出现的位置(2,5)来探讨这两个数所表示的意义，让学生自主思考表示数对的探究过程，学生通过交流逐步抽象出数对，发展了符号意识。同时，学生经历"数对是什么？对于表达位置的不同方式，你觉得哪种更好？为什么？"等问题的驱动，感受量化表达方式的简洁性、必要性和重要性。

(三) 观察思考，发现规律

1. 观察数对

师：同学们找到了孙悟空，用数对(2,5)表示他的位置。现在请你们帮忙，找出唐僧和猪八戒的数对好吗？想好就可以举手哦。

生1：唐僧的数对是(1,5)。

师：好的，谢谢！

生2：猪八戒的数对是(5,1)。

师：好的，请坐。请同学们观察一下唐僧和猪八戒这两组数对，有什么发现？

生：它们是反过来的。

师：怎么反过来的？

生：一个是数对一五，一个是数对五一。

师：(1,5)和(5,1)表示的是同一个位置吗？它们什么变了，什么不变？

生(齐答)：不是。它们的行和列发生了变化，但都是表示位置。

【教学反思】这一环节的设计，通过数对(1,5)和数对(5,1)的对比，帮助学生用"数形结合思想"去分析问题，让学生在观察中发现什么变了，什么不变，体会变中不变的思想，同时明确一组数对只能表示一个位置，感受一一对应思想。

2. 比较行列

师：前面是列，后面是行，你写错顺序，它表示的位置就不同了，所以一定要注意，小心书写的顺序，先列后行，中间用逗号隔开，再加一个括号。一组数对只能表示一个位置。请同学们继续帮忙，找一找白骨精的数对。

生：数对一五。

师：怎么感觉好眼熟？跟谁的数对一样？

生(齐答)：唐僧。

师：麻烦了，唐僧和白骨精都在数对一五上，同一个点，唐僧会不会有危险？被白骨精抓走了吗？

师：请你认真观察，是不是真的被抓走啦？

生：不会！

师：你从哪里看出来的？

生：白骨精那里多了个第0行。

师：同学们同意他的意见吗？

生(齐答)：同意！

师：眼睛真亮！我们的唐僧是从第一列开始数，就像同学们坐的位置，有没有听说第0组的？

生(齐答)：没有。

师：其实这就是生活中的数对，白骨精这个是从0开始数的，坐标当中的数对，所以同学们在做题的时候有可能会遇到生活中的数对，有可能会遇到坐标中的数对，甚至更多的数对，大家一定要注意数的起点。

(四) 练习巩固，拓展提升

1. 师：看到同学们这么迅速地找到了孙悟空，孙悟空也特别想来找你们，但是他不知道你们的位置，你们能将自己现在所坐的位置用笔写在学习单上吗？写之前我们先统一规定一下，以你们最左边这一列为第一列，最靠近老师的这一行为第一行。现在请你拿起桌子上的学习单，行动起来。好，完成的同学举起你的数对。现在同学们都清楚自己的位置了，报到谁的位置，那位同学就请站起来，让孙悟空看到你们好吗？数对二一。

(学生起立)

师：你们同意吗？很好，我们快速一点好吗？数对三三、数对一四，正确吗？

生(齐答)：正确。

2. 师：看来大家都写对了自己的位置,猴哥已经来到我们班级,但是在门口遇到了白骨精,白骨精说如果猴哥想要进来,需要破解一个密码,对出正确的暗号,你们能帮帮猴哥吗?请把这个暗号写在刚才的空白纸上。

生：能。

(2, 6) (4, 5) (5, 7) (6, 4) (1, 3)
你 是 最 棒 的

师：找出来了吗? 好,现在请你们对着同桌大声喊出这个暗号。

【教学反思】这两个环节的设计是基础性的练习,让学生灵活运用数对来表示位置,旨在检测学生是否掌握数对的读法和意义。同时,第二环节通过学生破解密码,逆向思维,得到暗号"你是最棒的",体会推理思想,将数学与德育结合起来,培养了学生的自信心,传播了正能量。

3. 师：猴哥在同学们的帮助下已经来到我们的班级,给班里一些同学带来了礼物。是送给哪些同学的呢? 请第 5 列的同学们站起来,按顺序报自己的数对,你就能获得小礼物啦!

生：数对五一、数对五二、数对五三、数对五四。

师：观察这些数对,它们什么变了,什么不变?

生：它们的列都不变,都是第五列,行发生了变化。

师：假如后面还有同学,是不是可以继续报出更多的数对?

生(齐答)：是。

师：如果是不知道行,你用什么表示呢?

生：$(5, x)$。

师：同意吗? 谁能看懂他的方法?

师：还有其它的吗?

生：用$(5, y)$,$(5, a)$,$(5, 口)$……

师：大家真的太棒了。现在请同学们仔细看好了,点到谁,谁就站起来哦……$(6, \triangle)$,采访一下,为什么你站得这么快?

生：因为 6 表示的是我们这一列。

师：谢谢，请坐！那么数对(□，3)的同学请起立。

师：哇！咱们班的反应实在太快了。如果想要一个数对就可以请全班的同学都起立，你知道是哪个数对吗？

生 1：是数对(χ，γ)。

师：还有吗？

生 2：数对(□，$\triangle$)。

师：掌声送给你们自己，看来大家都掌握了运用数对表示数。

【教学反思】这一环节的设计，将原本用数字表示位置，拓展到用未知数来表示数对，再到用符号来表示数对，层层深入，不断拓展，不断发展学生的抽象思想，将知识的深度拉到一个较高的层面，让学生对数对的理解不仅仅停留在表面，同时渗透变中不变思想、符号思想。

4. 师：其实在我们生活中，也有很多数对的影子。（板书：有何用？）我们在定位当中就是用经纬度来定位的，比如南昌在北纬 29 度，东经 116 度。还有，象棋里、车票里也有数对的影子，数对还有很多。

【教学反思】这一环节的设计，旨在让学生体会数学与生活的密切联系，体现"数学回归生活"的基本理念。

(五) 回顾总结，驱动思考

师：这节课你有什么收获吗？或者你还想学什么吗？（板书：还有吗？）

师：看来大家的收获都很多，那么确定物体的位置一定要用两个数吗？这个正方体上有一个蓝色的星星，用数对怎么表示呢？这个问题留给同学们下课之后去探究。今天的课就上到这里。下课，同学们再见！

【教学反思】这一环节的设计，进一步拓展了学生的思维，从二维的平面问题拓展到三维的空间问题，驱动了学生新的思考，让学生进一步感受数学的魅力与神奇。

(六) 板书设计

孙悟空藏哪儿

(2, 5)

第5行 ● ● △ ● ●
第4行 ● ● ● ● ●
第3行 ● ● ● ● ●
第2行 ● ● ● ● ●
第1行 ● ● ● ● ●
第1列 第2列 第3列 第4列 第5列

确定位置

规定

数对
(2, 5)
从左往右数第2列 从下往上数第5行
读作：数对二五

是什么？
为什么？
有何用？
还有吗？

三、学生体验

(一) 学生会观察

在学生课堂基础练习中,大部分同学都理解了数对的概念,会用数对表示物体的位置,能解决简单的实际问题,体验数学与生活息息相关。

(二) 学生会表达

学生欣赏数学语言的简约与优美,逐步养成用数序语言表达与交流的习惯,在课的末尾畅所欲言,畅谈自己的收获。比如:

黄兰希:"我认识到了数对的作用以及数对给我带来的方便。"

林元郎:"我理解了数对中第一个数字表示列,第二个数字表示行,数对不仅能用数字表示,还可以用字母表示。"

叶高骙:"我学到了数对的读法以及如何确定数对在哪里。"

(三) 学生会思考

夏乐昕:"如果在一个正方体里的一个点,要怎么用数对表示呢?是写三个数字还是两个数字呢?"

李熠宸:"数对有两个数字表示,有没有三个数字表示数对的呢?"

黄锦欣:"数对还可以运用在哪里?"

黄柏煊:"可以用数对表示方向吗?"

曾羽萱:"魔方上的一个点用数对怎么表示?"

叶高骙:"数对有算式吗?数对有分数吗?有小数吗?有负数吗?"

四、教学反思

"确定位置"这一课是北师大版小学四年级上册第五单元第二课的内容,本课设计打破了传统的"教教材",结合学生学情,创造性地改编故事情境,最大限度地激发学生的学习兴趣。回顾本节课,始终有四条主线贯穿课程:1. 童趣导入,激发兴趣;2. 关注起点,注重维度;3. 联系生活,德育融入;4. 分层练习,巩固拓展。

(一) 童趣导入,激发兴趣

本节课开头以西游记主题曲导入,师生齐唱,配以幽默的动画,激发学生学习兴趣,快速吸引学生的注意力,营造轻松、愉悦的课堂气氛。

(二) 关注起点,注重维度

本节课贯彻课程设计低起点的理念,从"1个点"到"5个点"再到"多个点",探寻孙悟空的位置,引导学生由一维定位入手,再到二维定位,最终拓展到三维空间问题,注重课堂维度,由浅入深,环环相扣地发展学生空间观念,渗透数学思想。

(三) 联系生活,德育融入

本节课在新授时设计生活中数对的影子,让学生认识生活中有数对的应用,同时结合自己在教室中的位置,让学生感受学习数对的必要性,体会数学源于生活,服务于生活。在练习中,学生找到暗号,并对同桌大声说出暗号"你是最棒的",融入德育,培养阳光自信的少年。

(四) 分层练习,巩固拓展

在新授后,设计了两个基础练习:(1)根据自己的位置写出数对;(2)帮助孙悟空找出自己的暗号,逆向思维,促进学生对数对的理解。第三个练习则是开放性活动,设计"座位中的数对"这一活动,进一步加深学生对数对的认识与理解,发展抽象思维与符号意识。

五、专家评析

在小学数学中,表达物体方位大致经历三个阶段:一是利用前后、左右、上下等 6 个方位词表达物体的相对位置;二是借助东南西北 4 个方向词表达物体的相对位置;三是利用数对精准表达物体的位置。数对是物体位置的量化表达形式,数对表达位置的本质是借助参照、方向和距离三个基本要素达到精准表达物体位置的目的。本节课以西游记为背景展开教学,引导学生经历了从一维定位到二维定位再到三维定位的过程,体会数对表达位置的优越性,同时,让学生经历发现问题、提出问题、分析问题和解决问题的过程,发展空间观念,体会变中不变思想和数形结合思想。让学生在情境中体验,让学生在体验中思考,让学生在思考中表达,不仅落实了"三教"的教学理念,而且发展了学生的核心素养。

(评析人:泉州师范学院 苏明强)

参考文献

[1] 苏明强.小学数学教学案例研究(第二辑)[M].长春:东北师范大学出版社,2021.

[2] 苏明强.小学数学教学案例研究(第一辑)[M].长春:东北师范大学出版社,2020.

"分扣子"教学课例

泉州市鲤城区第二实验小学　陈鲤芳

一、教学设计

(一) 教材分析

本节课是北师大版小学数学一年级下册"数学好玩"中的教学内容,在分扣子的活动中,积累分类的经验,逐步提高学生的思维能力和实践能力。为了体现综合与实践活动的基本过程,教材设计了"在情境中明确任务""议一议""做一做""想一想"的过程,鼓励学生从头到尾地思考问题,在活动最后设计了"自我评价"栏目,鼓励学生对自己的活动过程进行评价。

(二) 学情分析

在进行本活动以前,学生已经对按不同标准分类有了充分的认识。所以,本节课从学生熟悉的扣子出发,通过活动,增加学生的感性认识,进一步掌握分类的知识。

(三) 教学目标

1. 通过观察、操作、思考、讨论等数学活动,了解分类需要确定分类标准,掌握分类的方法,并能对分类后的结果进行比较、分析。

2. 经历发现问题、提出问题、分析问题、解决问题的探索过程,发展数感、空间观念与数据意识,体会变中不变思想、归纳思想、分类思想和集合思想,积累观察的经验、表达的经验和思维的经验。

3. 体会数学与生活的联系,激发数学学习的兴趣,养成良好的数学思考习惯,感受数学的神奇和美妙。

(四) 重难点

重点:引导学生按照不同的标准分类。

难点:根据分类的结果,体会分类的标准不同,但结果一样。

(五) 核心问题

按照不同标准将扣子进行分类。

(六) 设计思路

本节课根据"三教"+"情境-问题"的教学模式,引导学生在生活情境中"发现"数学,通过演示"实践"数学,指导学生在现实生活中"运用"数学。通过"创设情境,导入新课""合作探究,动手操作""拓展探究,丰富知识""走进生活,激励发展""全课总结,回顾提升"五个教学环节,引导学生在情境中进行体验,在体验中进行思考,在充分思考中与同伴交流,从而学会思考、学会表达,为后续的数学学习奠定重要基础。

二、教学过程

(一) 创设情境,导入新课

故事导入:《外婆的纽扣宝盒》。

师:同学们,今天陈老师给大家带来了一个有趣的绘本故事,你们想不想听?

生:想。

师:绘本故事的名字叫《外婆的纽扣宝盒》。朵朵正在外婆家吃饭呢,突然间"哐当"一声,小花猫把外婆的纽扣盒子给打翻了。几个小伙伴好不容易把撒满一地的纽扣捡起来了,但是这些纽扣看起来很怎么样呢?

生:很乱。

师:没错,很乱,我们要把它们……?(板书:怎么办)

生:分一分。

师:好,同学们,那怎样给这些扣子分类呢?(板书:分类;怎么分)

今天陈老师把这些扣子请到我们教室来了。为了使我们的表达更清楚,陈老师先给大家介绍一下,像这样中间有个"洞"的,我们称它为"扣眼",把像这样有两个扣眼的叫它两眼扣,把像这样有四个扣眼的叫它四眼扣。现在请你们拿起信封1,将这些纽扣分一分吧。(板书:分扣子)

【教学反思】对于一年级的孩子而言,利用他们喜闻乐见的绘本更能激发他们的学习兴趣。本节课用绘本故事《外婆的纽扣宝盒》中的情境"扣子撒了一地,需要整理"自然地引入分扣子这一活动内容,激发学生主动分类的内在需求,促使学生积极主动地参与实践活动。

(二) 合作探究,动手操作

师:好,现在谁来上面帮朵朵分一分呢?

(学生上讲台分)

师:谁看懂了她的分法呢?

生:按形状分。(板书:按形状分)

师追问:按形状把它们分成……?

生:圆形和正方形。

师:没错,刚才这位同学的分类标准是按形状分(板书:标准),把它们分成圆形和正方形。

师:还有不同的分法吗?

（学生上讲台分，一边分一边说）

师：谁再来说说这位同学是怎么分的呢？

生：他是按扣眼数分的。（板书：按扣眼数分）

师：能讲得更具体一点吗？

生：他是按照扣眼数把它们分成两眼扣和四眼扣。

师：真棒，同学们，刚才他们分类的标准一样吗？

生：不一样。

师：那分类的结果也……？

生：不一样。

【教学反思】在这个环节中体现了学生自己发现不同分类标准下结果可能是不同的。老师给学生提供了直观、形象的学习材料，让学生经历"从操作到分析"的分类过程，并通过"想一想""议一议""分一分"，使学生在动手实践中体验分类标准不同所带来的分类结果不同。

师：刚才我们帮朵朵把这些纽扣分好了。观察一下朵朵的这些纽扣，你发现了什么？

生：扣眼数不一样。

师：没错，已经分好的这堆其中有扣眼数不一样的，那你还能继续把它们分一分吗？

师：谁来？（学生上讲台分）

师：谁看懂了他的分法？

生：他是按扣眼数分成了圆形四眼扣和圆形两眼扣。

师：同意吗？那还能继续分吗？

生：不能。

师：这样我们就真正做到帮朵朵把这堆纽扣分清楚了。那这些还能继续分吗？（可以）这些呢？（可以）这些呢？（可以）

师：真棒，现在请你们在刚才分的基础上，继续往下分吧，直到不能分为止。

师：请同学到讲台上来继续分一分。

生上台边分边说：按扣眼数分，把它们分成方形两眼扣和方形四眼扣。

小结：那我们一起来回忆一下，刚才我们怎么分的？先看左边的，第一步先按形状分成圆形的和正方形的，通过观察发现已经分好的这两堆里的扣眼数不一样，还可以按扣眼数再继续分。再看右边的，第一步先按扣眼数分成了两眼扣和四眼扣，通过观察发现已经分好的这两堆里的形状不一样，还可以按形状再继续分。

师：请你们比较两种分类的结果，你有什么发现？

生：分得的结果都是一样的。（请学生边指边说哪里是一样的）

师：看来分类是要根据标准来分的，分类的标准不一样，结果就不一样，而分类的标准一样时，即使顺序不一样，结果也是一样的。

师：朵朵说，你们真了不起，帮我分好了扣子，我要快快拿去给外婆看看，我们班的小朋友多么厉害！（也请你们小心翼翼地把分类好的扣子摆放到陈老师给你们准备的纽扣盒子里）

【教学反思】这里激发孩子继续探索的欲望，让学生在之前活动的基础上继续分下去，通过实际操作，感受分类标准一样，即使分的顺序不一样，但结果也一样。再次引导学生观察每一类扣子是否可以接着往下分，最后分到每一类扣子形状相同、扣眼数也相同。帮助学生提高把握图形特征、抽象出多个图形共性的能力，很好地渗透了统计的意识。最后一个环节把桌面分好的扣子整理到盒子里，与本节课分类整理相呼应。让学生体会分类整理的好处。

(三) 拓展探究，丰富知识

师：外婆觉得这样好方便呀！于是外婆又买来了一些扣子，请你们帮忙分一分吧。

师：别着急，先听活动要求。先观察这些纽扣，想一想你想按什么标准分，一直分下去，结果会一样吗？同学们边分边思考：你们组先按什么分，再按什么分，最后按什么分？分完后，数一数，你们把这一堆扣子一共分成了几类。现在同桌合作，一边分一边说。完成的小组举手示意，老师看看哪个小组分得又快又好。

师：老师刚刚在巡视的时候，发现有个同学是这样分的，请你们猜猜他是怎么分的？(出示 PPT)

师：分成了 2 类，猜猜他是按什么标准分的？

生 1：按形状分。

生 2：按颜色分。

生 3：按扣眼数分。

师：那陈老师给你们一个小提示，左边是 6 个，右边是 11 个，谁能想出来他是按什么分的？

生：他是按颜色分的。

师：现在找找看，每一类里面的纽扣还有不同的吗？(有)(出示三个集合)那谁想出来他是再按什么分的？

生：他是按形状分的。

师：想一想，那他最后再按什么分呢？

生：按扣眼数分。

师：刚才我们是先按颜色，再按形状，最后按扣眼数，把它们分成了 6 类。如果不按这样的标准来分，结果会不会一样呢？(出示第二种分法)

师：我们现在来验证一下：比较刚才方法一的分法和结果与方法二的分法和结果，你发现了什么？

生：分的结果是一样的。

师：同学们，通过刚才的分类，我们发现，我们分的顺序不一样，但分类的结果却是一样的。

【教学反思】在学生掌握了分类的多种标准后，及时让学生在练习中运用知识、巩固知识、消化知识，进而提高学生综合运用数学知识解决问题的能力，进一步巩固理解"分类标准不同分类结果就不同；分类标准相同，即使分法不同，结果也一样"的数学思想，直观感悟分类所带来的好处。

师：外婆非常感谢各位同学们的帮助，夸你们不仅有一双巧手，还有一个聪明的脑袋。外婆用大家分好的纽扣给自己心爱的毛衣钉上了新的纽扣。

【教学反思】以绘本故事作结尾，首尾呼应，增加课堂的趣味性，提高学生的学习兴趣，提升课堂效率。

(四) 走进生活，激励发展

列举生活中存在的分类现象。

师：分类是帮助我们整理的好助手，其实我们在生活中也会用到分类的知识。（板书：在哪里）

师：不信，你看，走进超市，所有的商品都进行了分类摆放，生活中的垃圾也是如此，分类投放，环保卫生，还能废物利用。这说明我们的生活中处处有数学。希望同学们学会用数学的眼光观察现实世界，就可以找出数学存在于我们身边的痕迹，也会使我们的生活变得丰富多彩。谁愿意与大家分享一下，日常生活中你在哪里还见过像这样的分类现象。

生1：书店的书籍按分类摆放。

生2：鞋店的鞋子也是分类摆放，分为运动鞋、休闲鞋、皮鞋和凉鞋。

【教学反思】将本节课的分类思想延伸到生活中，让学生直观感受到分类的价值，拓宽孩子的视野，加深学生对于分类必要性的理解，感受数学在生活中的应用。

(五) 全课总结，回顾提升

1. 师：在帮助朵朵和外婆分扣子的过程中，相信你们也一定有很多收获吧。谁想来向大家分享，你学到了什么？

生1：我发现分类是帮我们整理的好方法。

生2：有的时候一个扣子可以找到不同的分类标准，比如：扣子的颜色、形状和扣眼数量等等。

生3：分的顺序不同，但是分的结果也是一样的。

2. 那你还能发现并提出新的问题吗？

生：今后的数学学习中还有哪些知识用到分类呢？

【教学反思】通过回顾反思，让学生获得认知结构，促进知识间的联结与发展，巩固学生已有知识，完善知识体系，积累数学学习经验和方法，提高数学学习能力，让学生享受思考和想象的快乐，喜欢并爱上数学。

三、学习体验

杨梓怡：通过这节课的学习，我学会了根据不同的标准来分扣子。在分的过程中，我发现按照不同的标准来分，分的顺序不同，分的结果还是相同的。我也要像聪明的朵朵学习，当学习遇到问题时要先冷静思考,再用学过的知识去解决生活中遇到的问题。

傅奕炜:当我第一次拿到一堆扣子时,我就迫不及待地把它们分成了正方形的和圆形的2类,我正得意洋洋的时候,又发现每一堆扣子里的扣眼数还不一样,我再按照扣眼数再把它们分成正方形四眼扣、正方形两眼扣、圆形四眼扣和圆形两眼扣。通过这节课的学习,让我体会到了数学的神奇之处,也让我更加喜欢学数学了。

林清如:在平时的课堂上,我不敢举手发言,但是这节课在陈老师的鼓励下,我大胆举手回答问题了。我把怎么分扣子的过程都清晰地分享给同学们听,并得到全班同学给我的掌声,我很开心!在今后的学习中,我也会更加努力学好数学!

四、教学反思

(一)激发学习兴趣,体验知识内涵

常言道,兴趣是最好的老师。心理学认为,学生只有对所学的知识产生兴趣,才会爱学,才能以最大的热情投入到学习中去。在教学时,要抓住一年级学生的年龄特点,创设恰当的情境,激发学习的兴趣,体验知识内涵。

在"分扣子"教学中,笔者用学生感兴趣的绘本故事《外婆的钮扣宝盒》中的情境——"扣子撒了一地,需要整理",自然地引入分扣子这一活动内容,激发学生主动分类的内在需求。此外,提供漂亮精致的钮扣,让学生动手操作,小组合作,交流讨论,总结结论:分类标准不同,分类结果就不同;分类标准相同,即使分法不同,结果也相同。

(二)核心问题引领,促进发散思维

在有限的教学时间里,需要设计精准的语言和问题来启发学生动手操作和有效探讨。把握整节课的核心问题,以它为主线,来突破本节课的重难点。

例如:"分扣子"一课,目标是通过观察、操作、思考、讨论等数学活动,了解分类需要确定分类标准,掌握分类的方法,并能对分类后的结果进行比较、分析。在教学时分为三个环节。一是让学生动手操作:一堆杂乱的扣子要分类是否需要定标准?二是小组合作、交流探讨:还可以继续往下分吗?三是个性展示,选出代表性的小组展示他们的结论,其他小组先认真观察和聆听,再进行补充:聚焦讨论在原来分类的基础上还可以继续分下去吗?从而培养学生的发散性思维。

(三)引导表达交流,提升逻辑思维

在新课标核心素养背景下,促进学生发展的最根本途径是使学生"明理",让学生学会"说理"。加强学生的说理能力培养,这对学生学好数学知识和解决数学问题有着重大意义。一是有利于提高学生学习能力上的灵活性;二是有利于提升学生的语言表达能力;三是有利于增强学生的逻辑思维能力。

例如:"分扣子"一课,让学生先说一说他是根据什么标准分的,在此基础上,还可以继续

分吗？引导学生说完整的话，让其他同学认真听，并适当地进行补充。在此教学过程中，注重的是引导学生将自己头脑中已有的思路，通过自我分析、整理，然后再用语言表达出来，并且在表达的过程中注重条理逻辑和内容清晰，充分彰显出学生在学习中的主体性，同时提高学生的逻辑思维。

总之，新课标、新理念，给予我们新的航标，为了更好地前行，我们要努力开创新课堂，为孩子们的健康成长保驾护航。

五、专家评析

分类往往标志着思维的正式开始，分类常常可以加深对事物的认识，是数与代数、图形与几何、统计与概率等知识学习的重要基础。陈老师执教的"分扣子"一课，由主题情境贯穿到底，用绘本形式串联起来，层层推进，由简单到复杂，从一个分类标准到两个分类标准，再过渡到三个分类标准，层层递进，体现"由浅入深、深入浅出"的设计思路。陈老师的教学，强调了"教体验"，每人安排一份扣子，做到人人参与，让学生在动手操作中体验分类的标准、分类的过程和分类的结果；凸显了"教思考"，教师引导学生凭借经验和直觉大胆地猜想结果，再进行操作与验证，让学生在活动中体验，在体验中思考；体现了"教表达"，引导学生在分类的基础上，通过观察、比较、分析，有条有理地表达自己的思考，促进学生学会思考、学会表达。

（评析人：泉州师范学院　苏明强）

"元、角、分"教学课例

泉州市鲤城区第二实验小学　戴清彬

一、教学设计

(一) 教学分析

"买文具"是北师大版小学数学二年级上册第二单元第一课时中的教学内容。《义务教育数学课程标准(2022年版)》将"认识人民币"的学习整合到综合与实践领域,意在基于学生的生活体验,帮助学生在活动中认识并会使用人民币,体会元与角、角与分之间的换算关系,通过购物等一系列活动,体验数学与生活的密切联系,在购物情境中会进行简单的计算,解决简单的实际问题,感悟数学知识与现实生活的联系,发展量感,培养学生爱护人民币、合理使用人民币的意识,积累使用货币的经验。基于真实情境的学习,更有利于学生用数学的眼光观察现实世界。

(二) 学情分析

本节课的教学对象是二年级学生。一、二年级学生还是需要在课堂上多做一些游戏互动、师生互动,在游戏中发现问题和创造新知识,同时让学生参与学习体验,积累活动经验,感悟思想方法,从学习中体会数学的快乐。学生是学习的主体,根据课堂的主要内容给学生创设一定的情境,如故事情境、游戏情境,激发学生的学习主动性,让学生交流、自主探索,通过让学生动手实践,使学生真正成为学习的主人,切实提高课堂教学效率,改变过去"教师教、学生听"的传统模式。

(三) 知识点

辨认人民币面值,理解人民币单位之间的关系,会用人民币购物。

(四) 教学目标

1. 通过观察、操作、思考、讨论、分析等数学活动,初步认识小面额人民币,了解人民币的实际价值及在社会生活中的功能和作用,掌握元与角、角与分之间的换算关系,会在具体购物情境中进行简单的计算,能解决简单的实际问题。

2. 经历在具体情境中发现问题、提出问题、分析问题和解决问题的过程,发展量感,培养金融意识,体会分类思想、变与不变思想、转化思想、集合思想,积累使用人民币进行购物的生活经验。

238　教思考:师生互动促进小学生数学深度学习探究

3. 体会人民币与生活的紧密联系,体会人民币的价值,感受学习数学的乐趣,培养合理使用和爱护人民币的意识。

(五) 教学重难点

重点:认识小面额人民币,掌握它们之间的换算关系。

难点:了解人民币的实际价值及在社会生活中的功能和作用,会在具体购物情境中进行简单的计算,能解决简单的实际问题。

核心问题:教会学生认识人民币的方法,掌握人民币单位之间的关系,让学生在生活过程中学会付钱、找零钱等实际问题。

(六) 教学思路

本节课根据"三教"+"情境-问题"的教学模式,采用四个环节推进教学进程:激发兴趣—初步感知,探究新知—情境模拟,动手实践—拓展延伸,引发思考—交流收获。通过"是什么?怎么样? 为什么? 还有吗?"四个问题驱动学生进行数学思考,让学生在情境中进行体验,在体验中进行思考,在思考中进行表达,从而发展学生数学核心素养,让学生真正做到"做中学知识,用中育素养"。

二、教学过程

(一) 趣味猜谜,激发兴趣("猜一猜")

师:在上课之前,老师给大家带来一个谜语,想看看你们是不是会思考、爱思考的小朋友。

师:请同学们认真仔细听:

薄薄一张纸,用处可真大。

买书买文具,都要用到它。

生:是钱/人民币。

师:你们知道钱是用来干什么的吗?

生:买东西、买书、买文具……

师:这节课我们就一起来学习——认识小面额的人民币,并学习怎样用它们来买文具。

【教学反思】上课前教师通过猜谜语的游戏活动,调动学生参与学习课堂的积极性,让学生在猜谜语的过程中积极思考,进一步拉近师生的距离,为本节课创设一个欢乐的学习氛围,同时增强学生对学好数学的自信心。

(二) 初步感知,探究新知("认一认")

师:你们认识钱/人民币吗?

生:认识。

师：（出示1元人民币）老师出示的这张钱，它的面值是多少？

生：1元钱。

师：你怎么知道这张钱是1元钱呢？你是用怎样的方法知道的呢？

生1：钱上面有汉字"壹圆"。

师：你有着一双善于发现的眼睛。

师：还可以在哪里看出来这张钱是一元呢？

生2：钱上有数字"1"。

师：真是善于观察的小小数学家。

师：接下来请同学们再来仔细观察一下，瞧，人民币上面还有一行文字，这行文字你们认识吗？

生：中国人民银行。

师：看来同学们认识的字可真多！

师：是的，我们国家的钱都是中国人民银行发行的，所以我们中国的钱还有一个名字叫"人民币"。

师：接下来，再请同学们来看看，它的面值又是多少呢？

生：5分。

师：你通过什么方法知道的呢？

生1：上面有数字5，汉字"分"。

生2：上面有汉字"伍分"。

师：掌声鼓励。

师：其实认识人民币的方法还有很多种，让我们一起通过视频介绍来了解更多识别人民币的方法吧！

师：看了视频的介绍，你还可以通过什么方法来辨认人民币呢？

生1：颜色。

生2：大小。

师：现在请同学们打开信封，感受一下人民币的颜色和大小，并且请同学两两互相说说看，你是用什么方法认识人民币的。

师：现在请同学们再来观察一下，人民币正面、背面都有着什么相同的图案？谁发现了？

生：国徽。

师：国徽是我们国家的标志，人民币上都有国徽，我们要爱护人民币，不要在上面乱涂乱画，更不要损坏人民币。

师：原来钱币隐藏着这么多知识和奥秘！

师：通过刚才的学习，谁来介绍一下，你是通过什么方法辨认小面额人民币的面值呢？

生：可以通过数字、汉字、颜色、大小。

师：通过你的介绍，相信大家对人民币一定有了更深的了解。

师：现在，我们来做一个小游戏：我说你做。请听好活动要求：老师说人民币的面值，同学们根据老师说的面值来拿出相应的人民币。

（老师说人民币的面值，学生举起人民币，同时老师手中也出示相应的人民币，与同学们对答案）

【教学反思】数学"直白"是一种美，直接引入，唤醒学生生活经验，激发学生认识人民币的需要和参与式学习的热情，通过样币唤起学生的注意，在学生已有基础知识和基本技能的基础上进行教学，让学生在感知的基础上形成表象，会用眼睛观察、会用自己的语言表达、会总结辨别人民币面值的方法，同时通过视频的引导和对样币观察，教育学生爱护人民币，渗透爱国思想的品德教育。

（三）合作探究，渗透思想（"分一分"）

师：刚才我们认识了小面额人民币，现在你们能不能把这些钱分一分类呢？请同桌互相讨论一下，你是按什么标准分类的？

生 1：可以按材质，分成纸币和硬币两类。

师：哪些是纸币呢？把你手中的纸币举起来。

（学生举起纸币，5 元、2 元、1 元、5 角、2 角、1 角）

师：这些钱都是用什么制作成的？

生：纸。

师：对了，像这样用纸做成的钱币，我们可以把它分成一类，叫作纸币。

师：像这些钱币（1 元、5 角、1 角、5 分、2 分、1 分）是用金属制作的，我们把它们叫作硬币。

师：还有别的分类方法吗？

生 2：还可以按人民币的单位分成三类。

师：你们知道人民币的单位有哪些吗？

生 3：元、角、分。

【教学反思】本环节为学生搭建一个合作平台，让学生通过小组讨论的方式大胆想象，对人民币进行分类，通过看一看、想一想、说一说的活动，学生更深层次体验到人民币的单位和不同面值，从而扎实掌握本节课的基础知识。在初步认识人民币之后，学生小组合作，在分一分活动中进一步认识人民币及其单位，体会分类思想，进一步在认识人民币的活动中，区分不同面值的人民币以及学会用不同方法把人民币分类。

（四）解决问题，联系旧知（"想一想"）

师：今天课堂上老师给同学们请来两位好伙伴：熊大、熊二。举起手和它们打声招呼吧！

师：熊二今天遇到一个大麻烦，你们愿意帮助它们吗？

生：愿意。

师：（故事导入）熊二今天想带 10 枚一角钱出去逛超市，但是它想 10 枚一角钱拿着太不方便，硬币又多又重，于是，熊二就去找熊大想办法。熊大说，这个好办，就给了熊二 1 枚一元钱硬币。熊二很生气，觉得自己吃亏了。同学们，熊二究竟亏不亏？

生1：不吃亏。

师：为什么呢？

生2：因为10个一角等于1个一元。也就是说,10角＝1元。

师：说得真好,谁还能像这位同学一样说一说呢？

生3：10角＝1元,1元＝10角。

师：让学生多说。

师：原来元和角之间的进率都是10,那么请你们猜一猜,角和分又有怎样的关系呢？

生：1角＝10分。

师：1角＝10分。（让学生一个一个地数）

师：想一想,我们在一年级下册学过的什么单位之间的进率也是10呢？

生：计数器中的个位和十位之间的进率是10,十位和百位之间的进率也是10,当个位满十时,需要向十位（前一位）满十进一。

师：元、角、分也是这样,当10个分满十需要向角进一,所以10分＝1角。当10分满十需要向元进一,所以10角＝1元。

师：这三张钱,让你选一个,你会要哪一个？为什么？

生：元最大,角在中间,分最小。

师：你能上来摆一摆它们的位置吗？

生：元右边,角中间,分左边。

【教学反思】通过故事导入解决实际问题,让学生通过先猜测后验证的方式,进一步认识人民币单位之间的关系和联系,发展量感,教师通过提问引发学生思考,回忆计数器之间相邻的两个计数单位进率是10,让学生体会"变中不变的思想",新知识的获得就水到渠成,同时加深学生对知识点的印象。

（五）情境模拟,动手实践("演一演")

1. 情境模拟（老师模拟店员,学生模拟购买者）

师：瞧,在上个学期的六一儿童节那天,我们学校举办了"爱心义卖"跳蚤市场的活动,今天我们班也来举办一个属于我们班级自己的跳蚤市场。

师：我们就用你们信封中的人民币来玩购物游戏。

师：老师当售货员,你们到老师这里来购买开学需要的学习用品。

师：瞧！货架上的学习用品可真多。谁能一口气说出图中的数学信息呢？

（学生回答）

师：你想买什么？

生：我想买一支钢笔。

师：买一支钢笔需要怎样付钱呢？

生1：一张一元纸币。

生2：两张五角钱。

生 3：10 张一角纸币。

……

师：付钱的方式可真多呀！大家真是爱思考的小朋友。

2. 情境模拟(学生模拟店员,学生模拟购买者)

生 1：你想买什么？

生 2：我想买……

生 1：怎么付钱呢？

生 2：……

(老师给予肯定)

师：瞧,你们能运用今天学习的内容来解决实际问题,真棒！

3. 解决问题

师：刚才我们学会如何正确地付钱,现在熊二也想来我们班级的跳蚤市场,它想用手中的 1 元钱买 1 把尺子,应找回多少钱？(小组讨论)

生：1 元－8 角＝2 角。

师：观察这个算式,你有什么发现？

生：单位不同。

师：那该怎么办呢？

生：可以先把不同的单位换成相同的单位,然后再进行加、减计算。

生：1 元＝10 角,10 角－8 角＝2 角,应找回 2 角。

师：你可真是一个爱思考的孩子呀！遇到单位不同的情况,我们要先统一单位再进行加减计算。

师：瞧,你们能运用今天学习的内容来解决实际问题,真棒！

【教学反思】从活动设计来看,基于课标(2022 年版)鼓励设计多学时的长程学习,可以采用"课内＋课外、校内＋校外、集中＋分散"等灵活方式进行。本环节从校园文化特色出发,以真实的问题情境驱动学生探索,在"模拟付钱"活动中,了解购物是一个等价交换的过程,借助付钱、找换零钱等问题,帮助学生巩固人民币的计算方法,培养量感和应用意识。在交流活动中唤醒学生：人民币的认识离不开现实的购物活动,促使学生体会人民币在社会生活中的功能和作用,感悟数学知识和现实生活的联系。

(六) 拓展延伸,引发思考("算一算")

师：接下来,老师想向你们发起挑战,你们敢接受我的挑战吗？

生：敢。

师：请同学们完成学习单任务四：一把小刀 7 角,如果都付 2 角的,至少要付几张？

生：至少需要 4 张。2＋2＋2＋2＝8 角。

师：表达得非常清晰。

【教学反思】有效的数学学习活动不能单纯地依赖记忆和交流,动手实践、自主探究、合作交流都是学生学习的方式。本环节设计通过拓展练习,主要考查学生是否对人民币的内容有所掌握,检验学生读题、做题是否认真,能否运用所学知识去理解题意。进一步激活学生的数学思维,激发学生的数学思考,培养学生的思维能力。

(七)交流收获,总结回顾("说一说")

师:通过今天这节课的学习,你有什么收获吗?

(学生回答)

师:今天我们认识小面额人民币,关于人民币你还有哪些想知道的吗?(板书:还有吗?)

(学生回答)

【教学反思】课标(2022年版)指出,教师不仅要帮助学生从"生活"过渡到"数学",还要帮助他们学会用数学知识解决生活中的问题,在教学中培养学生的数学思维。所以,虽然教学接近尾声,但是学生学习的热情不减,教师通过追问学生关于人民币"还有哪些知识"、想了解新知识或者存在的困惑,促使学生"打破砂锅问到底"的精神,真正做到从学生生活走进数学课堂、数学课堂融入生活、培养学生的应用意识这三个方面进行教学实践。

三、学习体验

学习体验1:学数学还是有必要的,可以用数学知识解决生活问题,感受数学给生活带来的乐趣。

学习体验2:今天我用一张10元去超市,买了一瓶4元的饮料和一包3元的零食,我提前算好了一共要花7元,还要找回3枚一元硬币,真好玩!我要多用数学眼光观察生活。其实生活中处处有数学呀! 数学离不开生活!

学习体验3:老师总是不停地让我们思考、不间断地提问,留给我们足够多的时间,对我们错误的回答也是面带微笑,让我们在错误中获得深刻的学习体验,学会如何付钱和找钱。

四、同伴互助

李丽萍老师:本节课将知识融入实践活动中,突出活动主体。在教学时,教师把握好知识学习与实践活动的关系,借助活动主题和活动推进的需要,产生学习相关知识的需求,聚焦知识的学习。以发现和提出问题、分析和解决问题为基本结构,引导学生有序解决问题。尽可能引导学生在活动中感受真实购物情境中出现的各种情况,并借助回顾与反思活动,帮助学生进一步发展应用意识,积累购物经验。

林淑艳老师:本节课通过"会观察"人民币面值,让孩子把计数器进率知识迁移到人民币单位元、角、分的进率,引发学生"会思考"人民币单位的进率;通过故事情境串联,让学生"会说理"人民币单位的换算,在综合实践活动主题式学习中,让学生真实模拟购物情境中所出现的数学问题,并"会运用"所学的知识解决数学问题。

五、教学反思

《义务教育数学课程标准(2022年版)》在课程内容要求中指出：数学教学要以"在实际情境和真实问题中运用数学知识和方法,经历发现、提出、分析、解决问题的过程中,感悟数学知识之间、数学和社会生活之间的联系,积累活动经验,感悟数学思想,形成和发展核心素养"为目标。基于这些认识,回顾本节课,有如下教学体验。

(一) 多种活动进行,辨识运用钱币

本节课课前用猜谜语的游戏来激发低年级孩子学习的兴趣,通过猜一猜、认一认、分一分、想一想、演一演、算一算、说一说等一系列活动,引导学生在探究、思考过程中用眼观察、小组讨论思考,鼓励学生大胆表达交流,让学生能清晰表达和交流信息,认识元、角、分,知道它们之间的关系,在模拟活动中会合理使用人民币,积累使用钱币的经验,形成对钱币多少的量感。

(二) "三教"理念结合,促进课堂生成

本节课运用学习任务单,在学习任务单(一)(二)中,先通过小组合作交流思考,让小组派代表上台阐述自己的想法。虽然低年级孩子口头表达能力有限,但老师作为辅助者,应适当给予孩子帮助,多鼓励孩子大声表达自己的想法,真正做到把课堂交给学生,让学生成为课堂的主人,在数学课堂中训练学生用数学语言表达。基于课程标准的分析和教材分析,以真实的问题情境体验驱动,在此加设模拟购物环节,既培养学生的解决问题能力,也是承载本节课学习认识人民币的价值。

(三) "三会"思想实践,提高学生素养

以新课标(2022年版)为依据,让学生逐步体会,会用数学的眼光观察现实世界,会用数学的思维思考现实世界,会用数学的语言表达世界。"三会"总目标在教学设计中十分重要,通过四个问题(是什么？ 怎么样？ 为什么？ 还有吗?)驱动学生思考,能明确教学目标、重难点,思路清晰,在小学阶段,通过学生探究性学习,回归到数学课堂本质中,让学生明白学好数学要用数学的眼光看待生活中的每一个问题,真正做到与生活"对话",并且在解决问题中审视自己能够运用数学的哪些知识解决实际问题。让学生真正做到走进数学课堂,走出生活实践,真正做到"玩中学""做中学""答中思"的模式,提高数学课堂教学效率。

(四) 课堂自我评定,提高师生认知

本节课采用评价表,让学生通过自评的方式,目的在于让学生自我认知在本节课中是否掌握知识点,也能及时让学生发现自己的不足之处,同时通过自评也能给予老师反馈,本节课内容是否讲授模糊不清,及时进行自我反思。

六、专家评析

　　戴清彬老师大胆尝试"三教"＋"情境-问题"的教学模式,教学思路清晰,把"方法、分类、关系、运用"融为一体,让学生学会用数学的眼光去观察辨识人民币,掌握认识人民币的方法,让学生在观察体验中,尝试从"变与不变"的角度学会思考,通过生生互动交流的方式,产生思维的碰撞,逐步学会表达。通过创设购物情境,让学生成为"售货员"和"购物者",在模拟购物的实践中,让学生发现问题引发思考,解决购物中的实际问题,获得丰富的体验,促进积极的思考,学会有效的表达,让课堂变得高效,让学生深度学习,从而发展学生的数学核心素养。

（评析人：泉州师范学院　苏明强）

参考文献

　　［1］黄琳,李文英."认识人民币"教学实录及评析[J].湖南教育,2006(33)：25－36.

　　［2］曹一鸣.新版课程标准解析与教学指导（小学数学）[M].北京：北京师范大学出版社,2022：164－185.

"倍的认识"教学课例

泉州市鲤城区第二实验小学　林瑜婷

　　"倍的认识"这一节课如果按照常规的教学过程,一般是让学生在具体情境中观察、表达物体数量之间的关系,再通过画一画、圈一圈、列除法算式等过程来感受"倍"与体会"倍"。学生对两个数量已经有"比多比少"的经验,"比多少"是对个体进行比较,而"倍"其实是对两个整体进行比较,这也正是本节课的难点。部分学生不理解要将哪个数看成"1 份",自然对"倍"的概念模型建构也是不成功的。

　　基于以上困惑与思考,笔者查阅了各种版本的教材,试图找到理想的学习素材,结果发现了《女巫的神奇罐》这本书。在这本绘本里,女巫的神奇罐能将放进去的一份食物变成几份,学生在思考"放进去的食物"和"变出来的食物"时就已经主动建构了两个比较的整体,"1 份"和"几份"清晰了,再对二者进行比较,从而建立"倍"的模型就很容易了。

一、教学设计

(一) 教材分析

　　"倍的认识"是北师大版小学数学二年级上册第七单元第 6 课时的内容。本节课是在初步认识平均分和除法意义的基础上,结合"快乐的动物"的具体情境图学习两个数量之间的倍数关系,感受"倍"的意义,体会"倍"与平均分的联系与区别;对"倍"的意义的理解,既要学会画图表征,又要能够用算式求解,有意识地渗透数形结合的数学思想。

(二) 学情分析

　　学习倍的认识,是在已经理解乘法与除法的意义、能够计算两位数乘一位数以及表内除法的基础上进行的。本节课是学生接触"倍"的概念的第一课,对于低年级的孩子来说,"倍"这个概念是比较陌生也比较抽象的,缺乏已有的知识基础和生活经验。通过学习,学生将建立"倍"的概念,提高应用乘、除法运算解决实际问题的能力。

(三) 知识点

　　北师大版二年级上册第七单元"倍的认识"。

(四) 教学目标

　　1. 在观察、操作、思考的活动中,理解"倍"的意义,会用图形和除法算式表示两个数量之间的倍数关系。

2. 经历发现问题、提出问题、分析问题和解决问题的过程,发展数感、应用意识,体会集合思想、数形结合思想、变中不变思想,积累观察的经验、思考的经验和表达的经验。

3. 感受数学与生活的紧密联系,激发学习数学的兴趣,树立学好数学的信心,感受数学的神奇与魅力。

(五) 重点难点

重点:体会"倍"的意义。

难点:会求两个数量之间的倍数关系,能解决相关的生活问题。

核心问题:如何用"倍"描述两个物体之间的数量关系。

(六) 设计思路

本节课根据"三教"+"情境-问题"的教学模式,通过创设《女巫的神奇罐》这一绘本教学情境,激发学生的学习兴趣,让学生动手摆一摆、分一分,理解谁是谁的几倍,通过画一画、说一说,让学生获得丰富的体验,深化对"倍"的认识,增进合作交流的意识和语言表达的能力,通过涂一涂、圈一圈,表示两个量之间的关系,学会从数量关系的角度思考问题,用"倍"的知识表达关系,进一步深化对"倍"的理解。教学流程:创设情境,导入新课→自主探索,获得新知→巩固练习,深化新知→总结评价,畅谈感受。

二、教学过程

(一) 创设情境,导入新课

师:同学们,你们喜欢听故事吗? 今天老师给大家带来了一个故事,叫作《女巫的神奇罐》。(播放音频)

师:小女巫在两个罐子里各放进 1 个苹果,于是从绿色罐子里出来了 2 个苹果,从蓝色罐子里也出来了 2 个苹果。村民们小声地嘀咕着,"好像也没什么不同嘛"。小女巫又往绿色的罐子里放了 3 个苹果。咦,现在出来几个苹果? (4 个)你发现了绿罐子的秘密吗?

生:变出来的苹果比原来的多一个。

师：你们可真会观察,绿罐子的秘密就是变出的苹果总是比原来的多一个。蓝色罐子有什么秘密呢？小女巫也往蓝色罐子里放了3个苹果,变出来了6个苹果。

【教学反思】遵循二年级学生好奇、好动的特点,以"女巫的神奇罐子"这一学生喜欢的情境入手展开教学活动,学生乐于参与到学习中,改变学习枯燥乏味的思想,积极主动地探索知识。

(二) 自主探索,获得新知

1. 体会"倍"的意义

师：咦,这次跟绿色罐子不一样了,村民们思考着,那蓝色罐子又有什么秘密呢？

生：变出的苹果数比原来的苹果数多3个。

生：变出的苹果比原来的多1倍。

生：变出来的苹果是原来的2倍。

师：我听到了一个字叫作"倍"。这节课就跟着老师一起来认识一下这位新朋友吧！（板书课题：倍的认识）

师：村民们也跟大家一样正思考着蓝罐子的秘密,他们决定把苹果一个一个地摆出来比较。老师这里也有几个苹果,谁愿意上台根据这幅图来摆一摆？原来的苹果摆在第一排,变出的苹果摆在第二排。

师：在摆的过程中,你有什么想提醒大家的吗？

生：一一对应。

师：你的动手能力可真强。变出的苹果数比原来的多？多在哪？你可以用手指圈一圈吗？或者也可以反过来说,原来的苹果数比变出的少？少在哪？

师：这是我们一年级学的知识,可以用"多"或者"少"来比较两个数量之间的关系,那么我们今天学习的"倍"是什么呢？（板书："是什么"）。其实"倍"和"多""少"一样也可以用来表示两个数量之间的关系。

师：谁能用"倍"来说一说6和3之间的关系？

生：6是3的2倍。

师：为什么是2倍呢？（板书：为什么。预设学生表达不清楚）

师：如果我把原来的3个苹果圈在一起,看成是一份,那么6里面有几个这样的一份呢？

生：2个。

师：哪个同学上台来圈一圈、画一画,让同学们一眼就看出这里面有两个这样的一份。

师：哇,现在看出来了吗？把原来的3个苹果圈在一起,看成一份,也就是1个3(板书：3)。这6个苹果也这样一份一份地圈在一起,就得到了这样的几份？举起小手和老师一起圈一圈、数一数,1个3,2个3。也就是说,6里面有几个这样的3？（板书：2个3)这时,我们就可以说6是3的2倍。

师：2倍就是这么来的。现在你知道6为什么是3的2倍了吗？谁来说一说？

生：把3看成一份,6里面有2个这样的3,我们就可以说6是3的2倍。

师：谁愿意再来说说看？谁还想说？

师：关于倍的数学问题又该怎么算呢？你能用一个算式来解决这个问题吗？（板书：变出的苹果是原来的几倍？）

生：$6 \div 3 = 2$。（板书）

师：关于这个算式，你们有什么问题想问他吗？

生：这个算式在这个故事中每个数表示什么意思？

生：6表示变出的苹果数量，3表示原来的苹果数，2表示变出的苹果数是原来的2倍。

师：你对他的回答满意？谁再来说说看？

师：以后我们在求"谁是谁的几倍"这样的问题时，只要看这里面有几个这样的一份，就可以表示成它的几倍。但是要注意，我们知道"倍"是一种数量关系，它不是单位名称，所以在得数后面不用写"倍"字。

【教学反思】因为倍数是一种新的数量关系，可以让学生动手摆一摆、分一分圆片，在摆、分的过程中让学生真正理解谁是谁的几倍，接下来让学生画一画，最后说算式。让学生在探究性学习中通过自主参与学习活动，获得亲身体验，在一种兴奋、积极的心态下学习数学，激发他们探索、创新的欲望。

2. 加深对"倍"的认识

师：刚才我们通过摆一摆、圈一圈、算一算的方法，知道了蓝罐子变出来的苹果是原来的2倍。那么灰罐子又会有什么秘密呢？小女巫也往灰罐子里放了3个苹果，变出了几个？你们猜猜灰罐子的秘密可能是什么呢？下面我们就一起来验证一下灰罐子的秘密吧！

师：请同学们选择你喜欢的图形表示现在的苹果数，再试着像刚才那样画一画、圈一圈、算一算来完成学习单第1题。

（学生操作，教师巡视）

师：（汇报展示）你算出的灰罐子的秘密是什么呢？

师：你能说说为什么是3倍吗？

生：我把原来的3个苹果看成一份，9里面有3个这样的3，所以说9是3的3倍。也就是变出的苹果数是原来的3倍。

师：表达得真清楚，解决这个问题，你写的算式是……？

生：$9 \div 3 = 3$。

师：老师有个问题，这个算式里两个3的意思一样吗？谁来说说每个数分别表示什么意思？

师：通过大家的努力，我们已经把三个罐子的秘密都找出来了。

师：这时候一个村民发出了疑惑声，请你们观察一下这两回变苹果的过程，有什么相同点和不同点吗？请你们先同桌之间交流交流。（为了方便观察，老师把这两回变苹果的过程都请到了屏幕上）

师：你发现了什么相同点？

生1：相同点都是放进去3个苹果

生 2：不同点是一个是 2 倍，一个是 3 倍。

师：蓝罐子放进去 3 个，变出几个这样的 3？所以可以表示成它的 2 倍。灰罐子变出几个这样的 3？所以可以表示成它的 3 倍。

师：如果你是小女巫，你想把苹果放进哪个罐子里？

师：正当村民们忙着高兴的时候，女巫又拿出了一个红色的罐子，往里面倒了一些苹果，村民们都没看清楚她倒了几个苹果，只知道女巫画了一幅图来表示。

原来：◯

现在：◯ ◯ ◯ ◯ ◯

师：你知道红罐子的秘密是什么吗？为什么？

生：变出的苹果是原来的 5 倍。因为有 5 份。

师：你觉得女巫可能放了几个苹果呢？

生猜测：7 个。

师：倒进去 7 个苹果，说明这个圈里就是几？就是把谁看成一份？那变出的就会有几个这样的 7？（5 个 7）那变出的是原来的几倍？

师：如果倒进去 8 个呢？把谁看成一份？就会有 5 个这样的 8。变出的还是原来的 5 倍。

师总结：所以我们以后在表示倍数关系时，不管数量是多少，只要看这里面有几个这样的一份，就可以表示成它的几倍。

【教学反思】在这一环节中，力求实现教学由"扶"到"放"的过程。让学生在自主探究与合作交流活动中加深对"倍"的认识，培养合作交流和语言表达的能力。

（三）巩固练习，深化新知

1. 动物联欢会

师：有了神奇罐子的帮忙，村民们开心极了，连忙把家里各种各样想要变多的食物带来了。不仅村民开心，就连村子里的小动物们也很开心，为此它们办起了联欢会，我们一起去看看吧。请你们仔细观察有哪些小动物参加，并把它们的数量登记在学习单的第 2 题。准备好了吗？

师：谁来汇报一下你的结果？

师：这些小动物之间有没有倍数关系呢？接下来请同学们先仔细观察，选择两种小动物打勾，然后提出一个跟"倍"有关的数学问题，并解答。

生1：小鸭是松鼠的几倍？

师：有和他一样的问题吗？算式也一样吗？有什么问题想考考他？

生2：每个数表示什么意思？

师：你对他的答案满意吗？

……

师：咦，我刚刚看到有一位同学的算式是 $8÷1=8$，谁知道他问的是什么问题？

师：小动物们之间的倍数关系还有很多，剩下的我们等下课后再来交流。

师：联欢会愉快地结束了，而另一边的村民们却还在不断地往神奇罐子里丢食物，眼看着食物就要堆成山了。这时老女巫回来了，她看见这个场景生气极了。（播放音频）老女巫说只有你们回答对下面这个问题我才告诉你们方法，同学们，你们愿意帮帮小女巫吗？

2. 涂色游戏

这里有 15 个〇，请你们给〇涂上颜色，再根据涂色结果数一数、圈一圈、算一算〇是●的（　　　）倍。（剩下的没有涂颜色的圆是涂色的多少倍？）听清楚要求了吗？请完成学习单第3题。

（口头解释：想想看你要涂几个〇才合适呢？涂完再数一数剩下几个〇，再用剩下的〇和涂色的〇做对比。）

师：你涂了几个？还剩几个？（涂了3个，还剩12个）

师：所以要把谁看成一份？（3）那剩下的12里面有几个这样的3呢？

师：伸出小手和老师边圈边数，1个3、2个3……所以白色是黑色的几倍？算式是……？

【教学反思】 为学生提供独立的思考空间，让学生在解决问题时对新知识进行回顾与反思。通过练习体验，加深对"倍"的理解。尤其是第2题涂色游戏是一个开放题，学生用不同的涂法来找不同的数量关系，既巩固了两个数之间的倍数关系，又开放了学生的思维，初步培养了他们寻找多种解题策略的意识。

(四) 总结评价，畅谈感受

师：谢谢同学又帮助小女巫解决了一个难题，老女巫的这个办法就是让村子里下一场雨庄稼就不会枯萎了。于是老女巫往蓝罐子里放了5朵乌云，你们知道会变出来几朵吗？

生：10朵。

师：为什么？

生：5的2倍是10。

师：老女巫这样反反复复好几次，终于开始下雨了。村民们开心地呐喊着，我们得救啦！

师：不知不觉这节课要结束了，今天你有什么收获？通过今天的学习，我们知道了表示两个数量之间的关系不仅有"多""少"，还有"倍"，还有其他数量关系吗？（板书：还有吗？）这个问题就留着我们今后的学习再来探讨。

【教学反思】用一个美好的故事结尾让学生感受到成功带来的喜悦，引导学生说数学收获，梳理、深化数学内容，达到新课标提倡的"培养核心素养，落实学科育人"的目标。

三、学习体验

刘子谦：这节数学课林老师一边讲故事一边教会我们数学知识。故事是讲女巫的神奇罐子，绿罐子变出来的东西比原来的多1，蓝罐子变出来的东西是原来的2倍。我们一起帮助村民解决了难题，这节课上得很开心。

陈浩宁：这节课我知道了什么是倍，还知道解决倍的问题在什么时候用乘法，在什么时候用除法。我很喜欢这节课，因为这节课和别的课不同，是用绘本来上课的。我也想拥有女巫的神奇罐子，这样我就可以变出2倍的东西了。

尉荣轩：上课了，又到了我最喜欢的课——数学课。林老师给我们讲了一个关于神奇罐的故事，我学到了"倍"，"倍"是我的好朋友。我还知道了"倍"就是把本身当作一份，看里面有几份，就是几倍。

有十个足球，有两个篮球，足球是篮球的几倍？
足球 ○○○○○○○○○○
篮球 △△
10÷2=5
答：足球是篮球的5倍

有2朵玫瑰花，玫瑰花的5倍是多少？
玫瑰花 △△
玫瑰花5倍 △△ △△ △△ △△ △△
答：玫瑰花的5倍是10   2×5=10

四、教学反思

(一) 建构整体比较的模型

在一年级时，我们是通过连线、一一对应来帮助学生建立个体比较的模型。而"倍"的学习则需要帮助学生建立整体比较的模型，并让学生通过模型体会整体比较的必要性。绘本中的魔术罐很好地解决了这个问题。首先，在魔术罐变食物的过程中，学生会将放进去的食物数量和变出来的食物数量自动地看作两个整体；其次，学生在观察魔术罐变食物的过程中，在好奇心的驱使下会去主动思考"这个魔术罐有什么魔法呢"，从而去发现两个整体之间的变化与关系，最后得出"放进去的食物"与"变出来的食物"是1份与几份的关系也就没有什么难度了。可以说，道具"魔术罐"成功地帮助学生建构起两个互相比较的整体，并让学生充分感受到两个整体进行比较的必要性。整体比较的模型一旦清晰建构，再引入"倍"的概念就是水到渠成的事情了。

(二) 在思维可视化的学习中加强概念建构

在整节课的学习中，笔者特别注意学习过程中的直观形象，尽量给学生提供思维可视化的学习机会,比如,每次"变食物"的过程和结果一定要保留具体直观的板书;多给学生动手画一画、圈一圈的机会,在画、圈的体验中理解"倍"的意义,加强对"倍"这一概念的清晰建构。

(三) 重视模型建构,淡化算式抽象

关于除法算式何时出现这个问题,教材上在"倍"的概念出现之时就引出除法算式。笔者却认为这节课我们更应该将重点放在概念模型的建构与学生的多重体验上,可以淡化算式抽象。在概念模型建构上舍得多花时间,"倍"的概念理解到位了,学生对算式抽象就比较容易接受;反之,则会出现概念模糊不清,算式抽象也费劲。

五、专家评析

本节课"倍的认识"是学生从加法结构到乘法结构飞跃的伊始,"倍"是描述两个量之间关系的数学概念,由于学生缺乏经验支撑,因此显得比较抽象。本节课林老师根据"三教"+"情境-问题"的教学模式,巧妙运用数学绘本《女巫的神奇罐》创设了教学情境,以讲故事的形式,激发了学生的学习兴趣,围绕"是什么?""为什么?""怎么算?""还有吗?"四个问题组成的问题串组织教学,故事情节连贯,教学问题层层递进。通过摆一摆、分一分、画一画、说一说、涂一涂、圈一圈等操作活动,由浅入深,深入浅出,层层递进,不仅具有趣味性,而且具有思考性,帮助学生构建"倍"的概念,感悟"倍"的含义,学会用"倍"描述两个量之间的关系,让学生不仅学会了思考,而且学会了表达。希望青年教师在教学磨课的过程中,若遇到问题、产生困惑,要做到及时反思,调整策略,这样教学水平就会有所长进。

(评析人:泉州师范学院 苏明强)

"图形中的规律"教学课例

泉州市鲤城区第二实验小学　刘贵远

一、教学设计

(一) 教材分析

"图形中的规律"是安排在北师大版小学数学五年级上册综合实践活动"数学好玩"里的第二课。"图形中的规律"这一教学内容,设计了"摆三角形"和"点阵中的规律"两个探索活动。"摆三角形"这个探索活动,在北师大版的旧教材里,是安排在四年级下学期,现在的新教材将其调到了五年级上学期,并和"点阵中的规律"安排在一起。"图形中的规律"这一教学内容看起来似乎与学生很陌生,与其他知识没有必然的联系,是一节相对独立的数学活动课。其实在前面的学习中学生已经接触过一些,如一年级的找规律填数,二年级的按规律接着画,以及四年级探索图形的规律,它们都是逐步将数形结合在一起,对知识进行进一步提升。

(二) 学情分析

学生已认识各种平面图形,并了解将简单图形独立排列所需的小棒根数和所摆图形个数之间的关系。在生活中学生有接触过一些有规律排列的物体,如跳棋棋盘、学校操场的方砖、彩灯等,但是根据图形排列找规律并在实际生活中加以应用有一定的难度。五年级的学生已经具备一定的学习能力,例如动手实践、自主学习、合作交流、探究发现。因此,本堂课通过让学生用小棒摆图形,从中发现规律,在具体操作活动中体验探索的过程和方法。在观察与操作过程中易于激发学生的兴趣,有利于每一位学生创造性地学习知识,积累经验,展开思维,发展能力,进一步培养学生善于表达,勇于表达和共同学习的能力。

(三) 知识点

图形中的规律。

(四) 教学目标

1. 在观察、操作、比较、思考、表达等数学活动中,了解连续摆三角形的方法和规律,能用字母式表示三角形个数和小棒根数之间的关系,能解决简单的实际问题。

2. 经历发现问题、提出问题、分析问题、解决问题的过程,发展空间观念和推理意识,体会数形结合思想、归纳思想、变中不变思想、符号表示思想,积累观察的经验、思考的经验和表达的经验。

3.感受数学与生活的紧密联系,体验数学的价值,体会数学的神奇与美妙,激发数学学习的兴趣,养成良好的学习习惯,树立学好数学的信心。

(五)教学重难点

教学重点:找出图形中隐藏的规律,将"图的规律"转化成"数的规律"。

教学难点:利用规律寻找多种解决问题的方法,体会图形与数的联系。

核心问题:了解连续摆三角形的方法和规律,能用字母式表示三角形个数和小棒根数之间的关系,能解决简单的实际问题。

(六)设计思路

本课根据"三教"＋"情境-问题"的教学模式,按照"从头想起—图表分析—寻找规律—解决问题"的顺序推进教学、探索规律,采用比较分析法、小组合作法和卷入讨论法。在教学中,充分贯彻学生的主体性原则,注重引导学生获得丰富体验,促进学生积极思考,发现图形中的规律,鼓励学生用准确的语言描述自己的发现。

二、教学过程

(一)基准点——创设情境,提出问题

1. 问题导入

师:摆一个独立的三角形需要几根小棒?两个呢?三个呢?10个呢?

生:1个三角形要3根,2个要6根……

师:n个呢?你有什么发现?三角形个数与小棒根数之间存在着什么关系?(循序渐进地追问)

2. 认识摆法

师:除了这样独立摆三角形外,还可以怎样摆三角形?

生:连续摆三角形。(课件出示连续摆的三角形)

【教学反思】通过抓住关键词"独立摆"与"连续摆"进行提问,让学生认识两种不同摆的方式能带来不同的结果——小棒所需根数不一致,由此引发学生的思考:独立去摆三角形,三角形个数与小棒根数是存在规律的,那么连续摆三角形又有怎样的规律呢?为后续的教学进行铺垫。

(二)生长点——图表分析,寻找规律

1. 发现问题

师:这样连续摆三角形有什么好处?

生:摆三角形用的小棒更少了。

师:请你仔细观察,为什么用的小棒数量更少了?

生：我发现两个三角形少用了一条边，三角形之间存在公共边。

师：像这样摆一个三角形需要几根小棒？两个呢？三个呢？

生：1个需要3根，2个要5根，3个7根。

师：如果继续往下摆三角形，10个呢？100个呢？n个呢？这时候还继续一个个去数根数吗？有什么好办法来解决？

生：可以用画图，可以用列算式去求……

师：当我们在数学中遇到这种有规律的图形问题，我们就可以用图表进行分析。（板书：图表分析）

2. 小组活动探究

（1）照着 △▽△▽△ 的样子，在表格里画出连续的三角形，寻找三角形个数和小棒根数之间的关系，并用式子表示出小棒根数。

（2）当发现规律后，就来推算一下摆100个、n个三角形需要多少根小棒。

（3）2人一组，观察讨论，在5分钟内共同完成图表。

探究摆 △▽△▽ 三角形个数与小棒根数之间的关系

三角形个数	画出摆成的图形	小棒根数	用式子表示出小棒根数
1			
2			
3			
100			
……			
n			

3. 学生汇报（重点汇报为什么这样列式）

学生2人一组进行讨论，老师适当引导和纠正，帮助学生在规定的时间内完成学习单。本节课有多种摆三角形的方式，在指导的过程中，要注意收集学生探究出的不同方法。

预设一：第一个三角形是由3根小棒围成，从第二个三角形开始，每增加一个三角形就增加2根小棒。

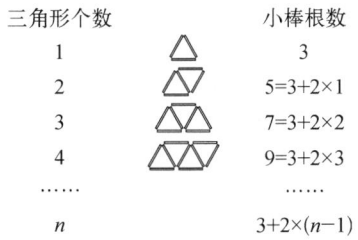

三角形个数		小棒根数
1	△	3
2	▽	$5=3+2×1$
3	△▽	$7=3+2×2$
4	△▽△	$9=3+2×3$
……		……
n		$3+2×(n-1)$

预设二：把三角形的第一根不动,要摆成三角形再添两根,摆两个需再添两根。依此类推。

三角形个数		小棒根数
1		3
2		$5=2\times2+1$
3		$7=2\times3+1$
4		$9=2\times4+1$
……		……
n		$2\times n+1$

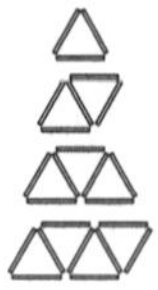

预设三：第一个三角形需要 3 根,如要两个三角形就可以再拿 3 根,两个放在一起会多出一个公共边。则减去多余的 1 根,三个放在一起则会多两个公共边,则减去多余的 2 根,依此类推。

三角形个数		小棒根数
1		3
2		$5=2\times3-1$
3		$7=3\times3-2$
4		$9=4\times3-3$
……		……
n		$n\times3-(n-1)$

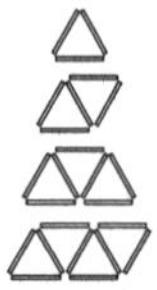

4. 对比归纳

师:通过刚才的探究,我们得到了三种连续摆三角形的方法,方法一和方法二的式子比较复杂,我们现在把它们进行化简,化简后你有什么发现?(课件出示化简后式子)

【教学反思】围绕课堂教学以学生为主,要充分发挥学生的能动性这一目标,在这个环节设计了小组合作探究活动,让学生以数形结合的形式,借助画连续摆出的三角形,来感受如何去摆,同时随着摆的三角形数量的递增,就不得不要求学生学会推理,去主动发现其中的规律,来进行后续的表格完成。在教学前,预设了三种不同摆的形式,但是在实际教学中由于时间的关系,学生完成的表格中只出现了两种预设的情况,这时候就需要老师来引导。整个活动应该始终贯彻以学生为主这个原则,将课堂交给学生,让学生在做中学、学中思,能用数学的语言去表达连续摆三角形的规律。

(三)延伸点——学以致用,深化理解

师:学了连续摆三角形的规律,你还想探究什么图形? 我们能不能用探究连续摆三角形的方法来探究其他图形呢?

1. 连续摆四边形的探究

如果我们把三角形换成正方形,也按照刚才的连续摆法,正方形的个数和小棒的根数之间存在怎样的规律?

2. 连续摆六边形的探究

用小棒如下图所示摆图形。

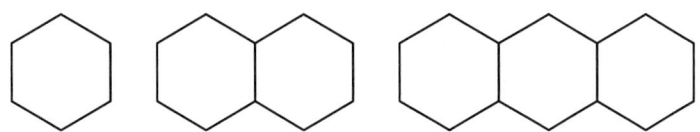

（1）摆 1 个六边形需要 6 根小棒,摆 2 个六边形需要（　　　）根小棒,摆 3 个六边形需要（　　　）根小棒,摆 20 个六边形需要（　　　）根小棒。

（2）如果想要摆 n 个这样的六边形,那么需要多少根小棒?

【教学反思】 通过上一个环节的探究,学生知道了连续摆三角形的规律,并且能用字母式表示出该规律。本环节就是以此进一步来进行延伸的,继续探究连续摆四边形(正方形)和六边形的规律,由于有上一环节的铺垫,因此,这个环节主要是让学生学会用数学的眼光去观察和对比,体会在连续摆图形中,什么是不变的,什么是变的,体会变中不变的数学思想。

(四) 拓展点——类比推理,追本溯源

1. 类比推理

连续三角形摆法的规律:三角形小棒的根数＝$1+2n$

连续四边形摆法的规律:四边形小棒的根数＝$1+3n$

连续五边形摆法的规律:五边形小棒的根数＝$1+4n$

连续六边形摆法的规律:六边形小棒的根数＝$1+5n$

师:如果继续往下,你知道八边形摆法的规律吗? 十二边形呢? ……

学生思考后发言。

2. 追本溯源

师:这些式子中不变的是什么?

生:不变的是 1。

师:式子里变的又是什么?

生:n 前面的数。

师:n 前面变的数和什么有关呢? 同桌之间互相说一说你的想法吧。

学生讨论后发言,如果没有发现,可引导学生看课件,并用红色圈画课件,让学生纵向对比图形的边数和 n 前面的数的变化情况。

生:n 前面的数是"边数－1"。

师:那么,你能总结出连续摆 n 个 n 边形的规律吗?

生:n 边形小棒的根数＝$1+(边数-1)n$

师:式子里面两个 n 表示的意思一样吗?

生:不一样。

师:分别表示什么?

学生思考后回答。

3. 收获与分享

师：学了这节课，你学到了什么？你还有什么想知道的？

老师鼓励学生畅所欲言。

【教学反思】经过前面的教学，学生的脑海中已经大致建构出连续摆图形所需要小棒根数的模型，因此可直接出示问题，让学生通过类比推理，得出字母式。那么如果继续下去，多边形其实是无穷无尽的，这个时候就需要用一个万能公式来表示，它就是规律。发现的规律需要借助符号进行表征，而符号可以表示数量、关系和一般规律，这也是本节课的核心。

三、学生体验

"图形中的规律"这个专题旨在让学生经历一个直观操作、探索的过程，体验发现规律的方法。但对于具体所涉及的规律是什么，对学生来说是个难点，笔者这节课的设计，就是要突破这个难点，发展学生数学思维能力。

那么学生是如何思考的呢？我设计了以下学习单，让学生自主进行探究。

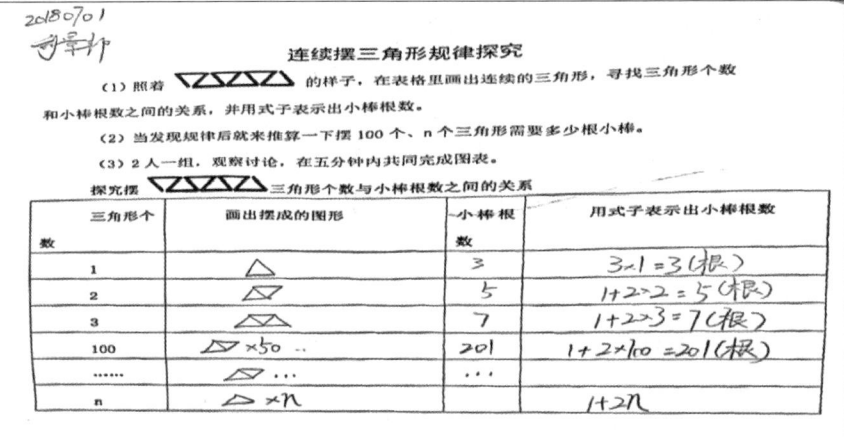

通过这节课的学习,同学们也有了新的认识和体会,让我们一起来看看他们眼中的这堂课是什么样的吧。

在这节课,我学会了摆三角形的两种方式,一种是独立摆三角形,另一种是连续摆三角形,两种不同摆的方法所需要的小棒根数是不一样的,我和我们组通过探究得到了三种方法中的一种,发现了连续摆的时候,只有第一个三角形需要三根小棒,后面每增加1个三角形只需要增加两根小棒,完成这个发现后,其实我们还有些不同的方法,但是时间好像来不及了,所以我们只能把这种方法完善在学单上,听了后面的内容,果然还有其他方法三种方法得到了三个不同的字式,结果化简完,我们发现最后得到的却是相同的一个得式,这应该就是老师一直说的变中不变的数学思想吧,数学真的神奇,真有趣!

鲤城区第二实验小学 魏鸿霖

探究完了连续摆三角形的规律,我心里想这节课应该结束了吧,没想到,老师继续有我们的了连续四边形和五边形的图形,刚开始看到的时候,还有点迷糊,但是,经过我旁边同学的提醒,我也慢慢发现这不就是刚才连续摆三角形用的同样的规律吗,反应过来后,我也跟着同学们迅速回应出老师的问题,再往下老师继续提出了连续摆八边形和十二边形的问题,这可难不倒我了,还是同样规律,在当我自信满满的时候,这时候,老师又提出连续摆N边形的规律,我顿时傻眼了,这该如何表示呢?其实我心里早有答案,可是一到嘴边就又说不出来,果然,这个字母式有点复杂,不过经过今天的学习,我对这些式子好像也不是那么可怕了。

鲤城区第二实验小学

吴语乐

四、教学反思

(一) 教师引领,共同探究

数学思考的形成不仅要借助一定的数学情境,更应通过深入的探究性实践活动,让学生在活动中逐步领悟。针对这一点,在探究第一个主题图有什么规律时,放手让学生利用手中的小棒去操作、去观察,并结合研究报告单和自学提示得出结论:每多摆 1 个三角形就多用 2 根小棒。并激发学生探究的欲望,解决更深层次的问题。又让学生变换角度思考,通过小棒演示,引导学生探索发现这个图形另外的规律,培养学生多角度看待问题。

(二) 猜想验证,发散思维

在接下来的操作、汇报活动中,孩子们从边摆边记录一个个的正三角形到发现每多摆 1 个正三角形就要增加 2 根小棒,开始舍弃摆图形而直接在记录表中填写小棒根数,再到因填数太麻烦而想到用"算"的方法,还出现了三种不同的算法,并运用数形结合的思想将每种算法说得有理有据。我们可以清晰地看到孩子们在动手操作的同时积极调动思维,不断寻找解决问题的最佳策略。我们可以真切地感受到孩子们思维激流的涌动、智慧光芒的闪耀,这抛出的第一问在不经意间使课堂成为智慧飞扬的天地。

在解决"摆 10 个正三角形需要多少根小棒"问题学生斩获颇丰之后,教师接连抛出了"像这样摆 100 个正三角形一共需要多少根小棒?""摆 n 个正三角形一共需要多少根小棒?"两个问题。看似简单的两个问题却平中见奇:一是通过实际运用让学生在解答结果的相互比照中检验自己发现的三种解决方案的正确性;二是将正三角形的个数由具体的数过渡到用字母"n"来表示,实现了中小学教学的接轨;三是将像这样摆正三角形的普遍方法归纳总结出来,让学生经历从具体到抽象、从个别到一般的提炼与升华过程,为唱好下一幕大戏做足铺垫。

对于学生中发现的三种不同的算法,我们认为,数学教学中既要重视培养学生的发散思维,又不可忽视思维开放之后的收敛,于是一改"你喜欢哪种方法就用哪种"的套路,另辟蹊径,引导学生将这三种表面上看起来完全不同的算法一一化简,沟通方法之间的联系,让学生亲眼目睹"三种不同的方法居然是同一种"这一不可思议的结果,引发学生激烈的思维碰撞。教师再恰当地予以引导,"咱们学习数学,就是要善于抓住问题的本质,寻找最便捷的解决方案",给学生以方法论的指导,使学生的认识从感性走向理性。一放一收,这也是本节课设计的亮点之一。

随着思维的不断深入,不仅老师会发问,孩子们也兴致勃勃,一个个精彩的富有价值的问题抛了出来:"如果是摆正方形,小棒的根数与正方形的个数之间会有什么规律呢?""那要是摆正五边形、正六边形,会不会也有什么规律呢?"这些问题的提出标志着孩子们从被动学习变为主动学习,从接受提问变成自主超越,他们的兴趣和思维已经深深地融入课堂之中了。

(三) 拓展延伸,提升思维

找规律的教学不是纯粹为了形成某个数学概念,也不只是为了推导出某个公式,而是为了让学生在寻找规律的过程中积累探索规律的活动经验,掌握研究规律的方法,进而形成解决问题的能力。因此对于同学提出的"像这样摆"正方形、正五边形、正六边形、正十边形……正 a 边形所需小棒根数的问题开展独立研究时,我们欣喜地看到,有了前面摆正三角形的操作体验和规律寻求作为支撑,孩子们并没有简单地重复用小棒摆的研究过程,而是采用边想象边记录,在脑海中去建构数学模型,有的学生干脆直接运用类比的思想进行推理。在整个过程中,孩子们的思维层级不断提高,实现了具体形象思维向抽象逻辑思维的飞跃。

如果让学生的思维参与终止于正 a 边形所需小棒的根数,本节课的研究也非常透彻了。但我们觉得对学生思维的培养好比放风筝,我们可以舒展手里的拉线,让那些意欲徜徉蓝天的孩子的思维飞得高些,再高一些。

五、专家评析

本节课刘老师根据"三教"+"情境-问题"的教学模式,设计了四个主要环节推进教学:基准点——创设情境,提出问题;生长点——图表分析,寻找规律;延伸点——学以致用,深化理解;拓展点——类比推理,追本溯源。在教学过程中,引导学生经历了发现问题、提出问题、分析问题和解决问题的过程,不仅掌握了知识——三角形个数与小棒根数的关系,而且习得了方法——从头想起、图表分析、寻找规律、解决问题,同时培养了"四能"。在问题情境中驱动学习的进程,让学生获得丰富的体验,学会观察,学会思考,学会表达。让学生在问题解决过程中,逐步学会用数学的眼光观察现实世界,逐步学会用数学的思维思考现实世界,逐步学会用数学的语言表达现实世界,促进学生数学核心素养的形成和发展。

(评析人:泉州师范学院　苏明强)

"两位数乘两位数"教学课例

泉州市鲤城区第二实验小学　罗文婷

　　本节课主要学习在解决问题的过程中,能选择适当的方法进行估算,把估算这种数学方法和实际生活中的问题相结合,体会估算在生活中的作用。解决两位数乘两位数的简单实际问题,并采用多名运用不同算法学生交流的方式,让学生自己自主探究进位乘法的计算方法,经历探究的全过程,激发学生热爱数学的情感。

一、教学设计

(一) 教材分析

　　"两位数乘两位数"一课是小学数学第二学段"数与代数"领域中数的运算的教学内容,旨在运用两位数乘两位数解决实际问题。这节课的情境问题串,三个问题中有两个与估算有关。第一次估算,是估计电影院的座位是否够容纳 500 名观众。通过这个估算过程,探索如何结合具体情境进行估算的方法,体会估算本身也是生活中常用的解决问题的办法。第二次估算,通过计算得到运算结果后,可以通过估算来检验运算结果的合理性。

(二) 学情分析

　　学生已掌握两位数乘两位数的不进位笔算,并且有了估算经验,这为过渡到本节课的知识起到了辅垫作用。学习本节课知识,有利于学生完整地掌握两位数的乘法计算,为后续学习乘数数位是更多位的乘法奠定了基础。

(三) 知识点

　　两位数乘两位数(进位)笔算乘法。

(四) 教学目标

　　1. 在观察、思考、表达等数学活动中,了解估算,理解两位数乘两位数(进位)的竖式计算算理,掌握有进位的竖式计算方法,能进行正确的计算,会进行合理的估算,能解决相关的简单实际问题。

　　2. 经历发现问题、提出问题、分析问题、解决问题的过程,发展运算能力和推理意识,体会转化思想和类比思想,积累观察的经验、思考的经验和表达的经验。

　　3. 感受数学与生活的密切联系,体验数学的价值,体会数学的神奇和美妙,激发学习数学的兴趣,养成良好的学习习惯,树立学习数学的信心。

(五) 重点难点

重点:掌握有进位的乘法竖式计算方法,会正确估算。

难点:理解有进位的乘法竖式计算的算理,会用估算解决生活中的实际问题。

核心问题:掌握两位数乘两位数(进位)的笔算及估算方法。

(六) 设计思路

根据"三教"+"情境-问题"的教学模式,采用"学案引入—自主学习—组内帮扶—小组讨论—个性展示—教师点拨—总结反馈"的方式展开教学,促进学生数学核心素养的形成与发展。教学流程:"创设情境,时事导入"—"合作探究,学习新知"—"巩固练习,深化新知"—"总结评价,畅淡感受"—"拓展延伸,引发思考"。

二、教学过程

(一) 创设情境,时事导入

师:同学们,新冠病毒感染疫情牵动着每个人的心,在这场没有硝烟的战争中,总有一群大白为我们保驾护航,正因为有了他们的守护,我们才能在短暂的分别后重返校园。返校之后,为了表达对白衣天使的感谢,三年级9班的小朋友们想要请白衣天使们看电影。同学们,你们喜欢看电影吗? 那就让我们一起到电影院看看吧。

【教学反思】本环节根据学生身边的时事,创设和白衣天使看电影的情境。情境是学生身边的事、感兴趣的事,可以激发学生的学习兴趣,让学生带着疑问有目的地进入新知的学习。

(二) 合作探究,学习新知

师:来到电影院门口,白衣天使们犯难了:他们有500人,电影院的座位够吗? 你们能帮助他们估一估电影院的座位够不够吗?(板书"怎么估")

1. 学生自主估算

师:请同学们用自己喜欢的方法估一估。

2. 分享估算方法

师:谁愿意来说一说你的估算方法?

生1:我知道电影院有21排,每排能坐26人,我把21排估成20排,$20 \times 26 = 520, 520 > 500$,所以我认为座位够。

师:你可真善于思考,其他同学听懂了吗? 我们可以把一个数往小了估,另一个数不变,估算结果会比实际结果小,往小了估还够,实际的座位就一定够。

师:还有不同的方法吗?

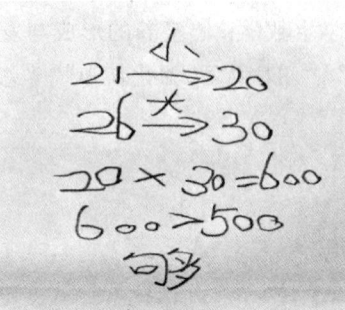

生2：我把21排估成20排，把每排26人估成25人，$20 \times 25 = 500$，$500 = 500$，正好够。

师：你分析得真清楚。是的，我们还可以把两个数都同时估小，正好能坐下，实际座位就一定比500个多，所以肯定坐得下。

生3：我把21排估成20排，把每排26人估成30人，$20 \times 30 = 600$，$600 > 500$，够坐。

生4：我觉得这样不可以，一个数估大了，另一个数估小了，那估算的结果怎么确定够不够呢？

师：你观察得真仔细。同学们，你们也是这么想的吗？那老师就有疑问了：这三种方法我们得到的结果都是够，为什么前两种可以，第三种却不行呢？请同学们同桌讨论。

生5：因为前两种方法都是把一个数估小，或者两个数都估小，这样估出来的结果肯定比实际结果小，还够坐，实际就一定够，而第三种方法，虽然把排数往小了估，可是却把每排座位数往大了估，这样的估算结果有两种情况，可能比实际座位数多，也可能比实际座位数少，如果估算的结果比实际值大，那么就不准确了。

师：你们小组分析得真清晰，让大家一听就明白了。

3. 教师小结

师：我们可以把排数往小了估，或者排数和每排座位数都往小了估，如果估算结果还够坐，说明实际座位一定够；如果一个往大了估，一个往小了估，估算出的结果还要进一步确认是不是真实存在的。

师：那电影院的座位到底有多少呢？算一算才知道。（板书"怎么算"）

1. 学生自主计算

师：请同学们用自己喜欢的方法算一算，写在学习单上。

2. 分享计算方法

生1：我把21排分成20排和1排，先算20排有$20 \times 26 = 520$个座位，再加上1排的26个座位，$520 + 26 = 546$（个）。

师：同学们，你们看明白了吗？他用了之前我们学习的口算的方法，很快就计算出了座位数。还有不同的方法吗？

生2：我把21排座位拆成20排和1排，把每排26个座位拆成20个和6个，分别相乘再相加。$20 \times 20 = 400, 20 \times 1 = 20, 20 \times 6 = 120, 1 \times 6 = 6, 400 + 20 + 120 + 6 = 546$(个)

师：同学们知道这是什么方法吗？是的，这是之前学习的表格法。你对之前学习的知识掌握得可真扎实。

3. 重点讲解有进位的竖式计算的算法

师：老师看到更多的同学用的是我们昨天刚刚学习的竖式计算。谁愿意和大家分享一下你的计算过程？

生1：我用的是竖式计算，首先要数位对齐 26×21，先用第二个乘数的个位分别和第一个乘数的个位和十位相乘，$1 \times 6 = 6$，6写在个位，$1 \times 2 = 2$，十位上的2表示2个十，2写在十位上，再用第二个乘数十位上的2分别乘第一个乘数的个位和十位，十位上的2表示2个十，$2 \times 6 = 12$ 表示12个十，在十位上写2，向百位进1，十位上的2乘十位上的2，表示4个百，加上进位的1个百，百位上写5，最后将两次结果相加，$26 + 520 = 546$(个)。

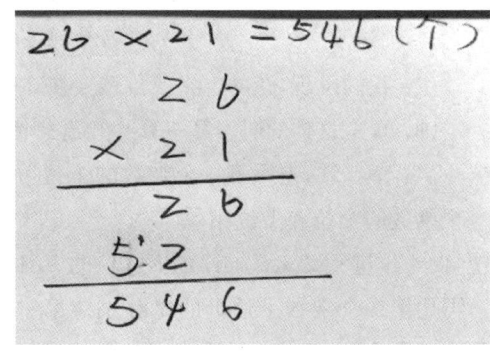

师：你真是一个善于思考的孩子，类比昨天的竖式计算就学会了有进位的竖式计算方法。对于有进位的竖式计算，你有什么需要提醒大家的吗？

生：满十要向前一位进，不能忘记进位的数。

师：同学们，你们发现了吗？我们用这三种不同的方法，都计算出了546个座位。口算、表格法、竖式计算这三种方法之间又有什么联系呢？请同学们小组讨论。

生2：我们小组发现这三种方法都是把21排拆成了20和1，分别相乘再相加。

生3：我们小组发现这三种方法都能找到 20×26 和 1×26。

师：同学们观察得真仔细，无论是口算、表格法还是竖式计算的算理都一样。不知不觉中我们已经学会了两位数乘两位数（进位）的计算方法和估算。（板书课题）

【教学反思】 汇报时，应请学生解释估算的过程。针对学生汇报的情况，教师可引导其他学生对不同的结果进行评价、质疑、发表不同意见，从而让学生明确若估算不能准确解决问题，必须进行精确计算。教师应明确，优化的主体是学生，优化的结果并不只是一种答案，优化的过程可能要几节课才能完成，更重要的是让学生经历比较、分析和选择的过程，让学生在与同伴交流算法的过程中学会选择适合自己的算法。本环节教学，正是让学生积极地探究、思考，可以发现他们将21进行分解，用前面学习的两位数乘一位数，两位数乘整十数来解决，将新知识转化成旧知识，体现"先分后合"，学生在理解算理的基础上，理解算法就得到提升。

（三）巩固练习，深化新知

师：学习了新知识，你们会用吗？现在没有500人，白衣天使们只有38人有时间去看电影，每张电影票是12元，用我们今天刚学习的估算，帮助白衣天使估一估要花多少元。（板

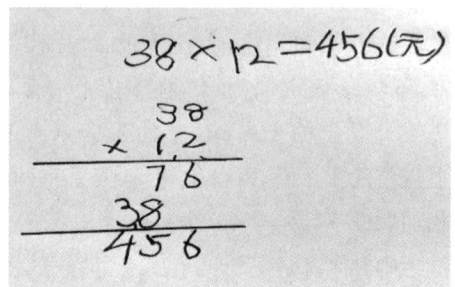

生1：我把 38 人估成 40 人，$40 \times 12 = 480$（元）。

生2：我把 12 元估成 10 元，$38 \times 10 = 380$（元）。

师：同学们，他们一个人往大了估，得到 480 元，一个人往小了估，得到 380 元，结合这两种方法，你们有什么发现？同桌讨论。

生：我们发现，花的电影票价钱会在 380 元和 480 元之间。

师：真是这样的吗？算一算才知道。请同学们用竖式计算算一算。

生：38×12，先用第二个乘数的个位分别和第一个乘数的个位和十位相乘，$2 \times 8 = 16$，6 写在个位，向十位进 1，$2 \times 3 = 6$，加上进位的 1，十位上写 7，再用第二个乘数十位上的 1 分别乘第一个乘数的个位和十位，十位上的 1 表示 1 个十，$1 \times 8 = 8$ 表示 8 个十，在十位上写 8，十位上的 1 乘十位上的 3，表示 3 个百，百位上写 3，最后将两次结果相加，$76 + 380 = 456$（元）。

师：其他同学算出的结果和他一样吗？我们花的钱真是在 380 元和 480 元之间呢，看来估算不仅能快速帮助我们解决问题，还能够帮助我们确定一个区间，真是一个验算的好方法。

【教学反思】设计这样的练习题，有两个目的：一是激发学生的兴趣，解决习题的单一性；二是巩固两位数乘两位数的算法，检测学生是否掌握，培养判断此类题的方法多样性。数学课要注意动静结合，这一阶段应是学生安静地做练习的时候。教师应走到学生当中，观察学生解决问题的具体过程，特别是多关注学习困难的学生，进行个别化、针对性的帮助与指导。知道用估算的方式确定结果的范围，学生的估算能力在逐渐提升。

(四) 总结评价，畅谈感受

师：通过今天的学习，你有什么想和大家分享的？

生1：今天又学习了两位数乘两位数的竖式计算，我还知道了满十要向前一位进一。

师：是的，我们要做一个细心的孩子，千万别把进位的数给忘了，它会伤心的哦。

生2：原来估算又快又方便，还可以确定一个区间，帮助我们验算。

师：是的，我们要做一个善于观察的孩子，找一找生活中这样的估算还有吗？（板书"还有吗？"）

【教学反思】以上教学设计，以学生的学习心理和知识起点为基础，通过创设有效的数学情境，激发学生强烈的探究欲望，在使学生学到新知识的同时，经历数学知识的形成过程。这样的教学会更有效地激活学生的数学思维，使学生在知识、能力以及情感态度等方面都得到较好的发展。教师引导学生从知识、情感等方面进行总结,有效地把对学生的反思总结和评价能力的培养渗透到每一堂课中。

三、学习体验

黄宸睿:终于盼到了我喜欢的数学课,罗老师在课前给我们讲了一个小故事。大家都知道,这几年新冠病毒感染疫情困扰着我们,在这场没有硝烟的战争中,有了大白的守护,我们才能重返校园,这个故事让我印象深刻,更想要继续学习数学,原来数学就藏在一些日常生活中,也感谢这些最美逆行者。

李思颖:叮铃铃……上课铃声响了,我怀着激动的心情等着老师的到来,又是一节难忘的数学课。通过这节课的学习,我知道了估算能帮助我们快速地解决问题,又快又方便,估算的方法有很多,要选择合适的方法,我还学会了有进位的竖式计算方法,真是太开心了。

范梦芮:这节课可真有意思啊,我知道了估算可以帮助我们确定数的范围,还知道了计算的方法有很多种,算理都一样。一直羡慕罗老师总是能快速地计算,原来是有秘诀的,只要我好好学习数学,相信有一天我也可以。

吴雨桐:罗老师今天给我们上的课,让我知道了有些题目可以先估算再笔算,这样的话,正确率会很更高,

李舒淼:通过这节课的学习,我知道估算还是验算的一种方法,估算又快又方便。

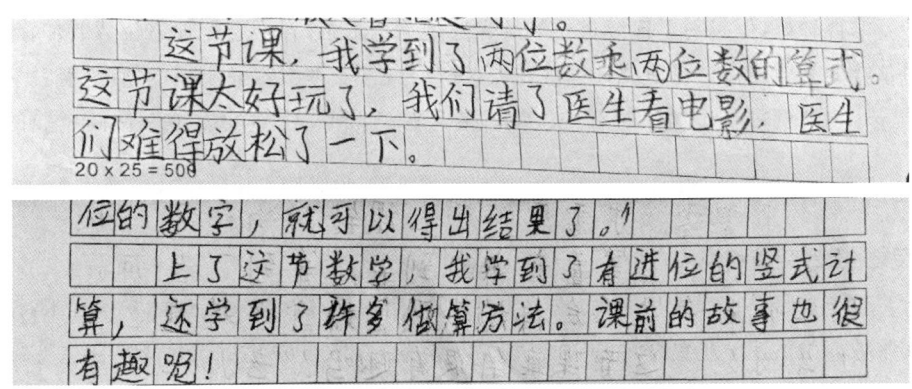

四、教学反思

本节课,笔者采用的是时事导入,创设学生熟悉并且感兴趣的情境,再围绕教材的例题展开新知探究。先让学生试着估一估,给学生充足的时间探索、交流,体现估算教学方法的多样化,达到优化的目的。让学生自己自主探究进位乘法的计算方法,经历探究的全过程。重视学生已有的知识基础,放手让学生运用知识迁移自主探究,通过"试着算一算""说一说你是怎么想的",让学生通过独立思考解决问题,说清楚自己的思路。学生不只是"知其然",更"知其

所以然"。这样的设计,激发学生以积极的心态,调动原有的知识和经验尝试解决新问题,在学生自身的再创造活动中建构数学知识。再进行精确计算,感受算法的多样性,体会不同算法的算理一样,体现运用数学知识解决实际问题的实用性。

(一) 渗透估算,发展数感

《国家课程标准》在课程实施建议中指出:"估算在日常生活中起着十分广泛的应用,在教学中,教师要不失时机地培养学生的估算意识和估算技能。"

在本节课中,即使学生可以通过本节课理解算理,掌握算法来精准计算,但是学生在计算的过程中难免出错,还发现很多孩子觉得估算没有意义,甚至在要求估一估的时候也会出现直接进行精确计算来解决问题。学生的估算意识不强,并且没有意识到估算可以帮助我们确定一个区间,从而起到验算的作用。

因此本节课设计要求先估算再计算,通过估算,学生先确定一个数,或是确定一个区间,学生在精准笔算时,也会"装"着这个数,自然而然地用来判断最终笔算结果的正确性。日积月累,学生养成估算的好习惯,不但提高计算正确率,学生的数感也会提升。

(二) 数形结合,理解算理

本节课是在学生已掌握两位数乘两位数的不进位笔算基础上,进一步学习有进位的笔算。有了前一节课的学习,为过渡到这节课起到了很好的铺垫,学生对于乘的顺序以及积的书写位置掌握较好,但是对于连续进位的计算还是觉得困难,容易忘记加进位数或加错了,或者将进位数与乘数相乘。可以抓住这些错误,进行分析,梳理出容易出错的情况,有针对性地加以指导。本节课进一步加深对有进位算理的理解,有利于学生完整地掌握两位数的乘法计算。

(三) 反复推敲,突破难点

计算教学本身是枯燥无味的,而我们学习计算,是要把计算与现实生活联系起来,让数学为现实服务。为了让学生更好地理解算理,掌握算法,在教学中笔者设计了从学生实际出发的教学情境,由易到难,循序渐进,鼓励学生自己寻找解决问题的方法,充分体现了"让学生在生动具体的情境中学习数学"的教学观念。

本节课知识的层次性强,让学生通过解决问题自然地理解个位满十要向十位进位,十位满十要向百位进位的原则。学生在解决一系列的问题中边探究边练习,探究与练习交替进行,循序渐进,主动地解决自己碰到的数学问题重点,突破了难点。

通过本节课的教学,笔者体会到:对这一课时知识的教学千万不能急,不能光看学生计算出的结果正确与否,还应关注学生是否理解了算理。看似简单的计算,实际上对初次学习的学生来说是挺困难的事情。在教学中应多观察、多思考学生出错的原因,帮助其对症下药。加深对算理的理解是学生熟练掌握计算方法的关键。

五、专家评析

　　"两位数乘两位数"是整数乘法的关键内容,是多位数乘一位数的延伸,是三位数乘两位数的重要基础,起到承上启下的作用。本节课关联的核心素养是数学思维,主要表现在运算能力和推理意识两个方面。估算是发展学生运算能力的重要内容,罗老师引导学生用估算解决问题,让学生选择适当的方法进行估算,体会估算在解决问题中的作用,不仅培养了学生自觉估算的意识,而且发展了学生的运算能力。在两位数乘两位数笔算算法的讨论中,让学生经历了与他人交流算法的过程,体会算法的多样化,引导学生优化算法,在此基础上,通过数形结合的方式,研究竖式计算,理解了算理,掌握了算法,发展了推理意识,提高了运算能力。

(评析人:泉州师范学院　苏明强)

"平行四边形"教学课例

泉州市鲤城区第二实验小学　戴清彬

一、教材设计

(一) 教材分析

"平行四边形"是图形与几何领域中图形认识的教学内容,学生在小学数学一年级下册已经对长方形、正方形、三角形等平面图形有了初步的认识,二年级下册再次对长方形、正方形的特征有了进一步的认识,为本节课"平行四边形"的学习做好了知识和经验的准备。平行四边形的学习促进学生对现实世界的认识,发展学生的空间观念和几何直观。教材结合学生的生活实际,通过拉一拉、量一量、移一移、画一画等活动建构直观化、形象化的平行四边形的特征,不仅能引导学生感受数学的学习方法,体验数学学习的乐趣,而且为今后进一步学习平行四边形奠定基础。

(二) 学情分析

学生在一年级时没有系统地学习平行四边形,但是学生对平行四边形并不陌生,能对生活物品中平行四边形进行简单的识别,但本学段学生的思维处于形象直观阶段,直观观察和操作是学生获取数学知识的主要手段,学生在总结平行四边形的概况时语言稍微有点困难,教师需要耐心引导学生,帮助学生用数学语言表达。

(三) 知识点

平行四边形的特征、性质。

(四) 教学目标

1. 在观察、操作、思考、讨论等数学活动中,认识平行四边形,理解平行四边形的特征、性质,会用数学的语言描述平行四边形的特征、性质,能画出平行四边形。

2. 经历发现问题、提出问题、分析问题和解决问题的过程,探究平行四边形的特征,发展空间观念和几何观念,体会转化思想和变中不变思想,积累观察的经验、思考的经验和表达的经验。

3. 感受数学与生活的紧密联系,激发学习数学的兴趣,激发学好数学的信心,养成提出问题、解决问题的好习惯。

(五) 教学重难点

重点：理解平行四边形的特征，掌握画平行四边形的方法。

难点：通过小组活动观察、操作、总结并归纳平行四边形的特点，能用量一量、比一比等方法来验证平行四边形的特征，体会平行四边形与现实生活的联系。

核心问题：什么是平行四边形？平行四边形有什么特征及性质？

(六) 设计思路

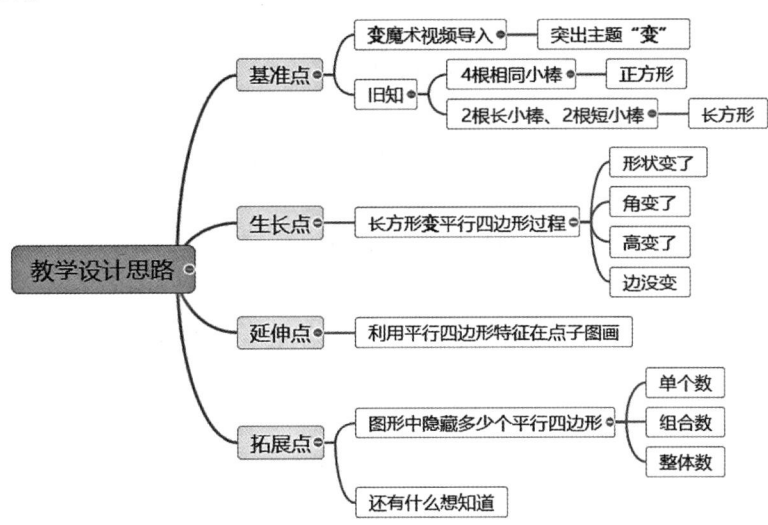

教学流程：播放视频、激发兴趣，巩固旧知、引入课题，运用方法、探究新知，动手操作、点子作图，联系生活、内化新知，总结收获、拓展延伸。

二、教学过程

(一) 播放视频，激发兴趣

师：同学们，你们喜欢变魔术吗？

生：喜欢。

师：接下来老师邀请一位外国友人给你们带来一段魔术视频，你们想看吗？

生：想。

师：(视频播放结束)魔术神不神奇！魔术师厉不厉害！你们想不想也成为一名像他一样优秀的魔术师？

生：想。

师：要想成为一名优秀的小小魔术师，就要用数学的眼光观察物体变化，用数学的语言表达自己想法，用数学的思维去思考问题。

师：只有通过自己的发现和努力，才能获得观察徽章、表达徽章、思维徽章，只有收集这三个徽章，你们才能成为真正的小小魔术师，你们有信心吗？

生：有。

【教学反思】本节课以变魔术视频为基准,让学生体会魔术的神奇和魅力,让学生感受"变"的乐趣。《义务教育数学课程标准(2022年版)》在总目标中提出让学生逐步体会"三会",所以在教学导入中设计"三会"目标。教师通过与学生沟通交流的方式,进一步拉近教师与学生的距离,利用视频播放创设一个欢乐的学习氛围和环境,通过收集观察徽章、表达徽章、思维徽章的方式来激发学生的学习兴趣和建立学好数学的信心。

(二)巩固旧知,引入课题

师:(课件播放:变)观察这4根小棒,你发现了什么?

生:4根小棒一样长。

师:可以拼成什么图形吗? 说一说,这个图形有什么特征?

生1:正方形。

生2:有4条直的边,4条边都相等,有4个直角。

师:表达得非常清晰。

师:(播放课件:再变)接下来请同学们再观察这4根小棒,你又有什么发现?

生:上面2根小棒一样长,下面2个小棒一样长。

师:你观察得可真仔细呀!

师:那你们能根据这4根小棒摆出一个我们学过的图形吗?

生:能。

师:拿出你的拼接条学具,动手摆一摆吧。

师:(请学生把拼出来的图形上台摆在黑板上)是个长方形。

师:长方形有什么特征呢?

生:长方形有2组对边相等,有4条直的边,4个都是直角。

师:你真了不起!

师:看来同学们对变魔术都满怀热情,老师也想变成一位魔术师来变变魔术。

师:请同学们仔细观察。(老师手拿长方形拼接条拉动)接下来就是见证奇迹的时刻,拉动后的图形形状"变不变"(板书)?

生1:形状变了。

师:形状变了,那这个图形"是什么"(板书)?

生2:变成平行四边形。

师:今天我们就一起来学习图形王国的新朋友。(出示课题:平行四边形。齐读:课题)

【教学反思】全国数学魅力课堂名师讲师团苏明强教授在《小学数学教学案例研究(第三辑)》中提到基于基础知识和基本技能的学习,能够帮助学生积累一定的学习经验,让学生从已有的知识和认识经验进行新知导入。本环节就是通过摆4根小棒引出本学期所学的平面图形(长方形、正方形),让学生会说出图形相应的相关特征,在学生已有的认知中继续生长出拉动后变成什么图形,为本节新课教学做铺垫。让学生在观察、操作、分析、思考的过程中发现长方形拉动(左拉动、右拉动)变成新的图形平行四边形,引出课题"平行四边形"。

(三) 运用方法,探究新知

师:你们会变吗?平行四边形隐藏着哪些"有哪些(板书)"秘密呢?你们想不想自己动手尝试变一变?

生:想。

师:在动手操作之前,老师想请一位同学来读一读任务要求,谁能大声、有感情地读一读?

(学生朗读)

师:读得非常好!

师:(强调)那在动手操作的时候我们要重点观察什么?

生:图形什么变了?什么没变?

师:对了,我们要观察长方形在变成平行四边形这个过程中,什么变了,什么没变?

师:(计时2分钟,小组讨论)老师给你们2分钟的讨论时间,同桌两两合作并完成"学习单任务一:动手操作,感悟变化",等一下老师请小组派代表汇报。

师:你们准备好了吗?

生1:角变了,边没变。

生2:长方形框架高慢慢变了。(若学生无法发现高变了,老师用手势引导学生)

生3:形状改变了。

师:是这样吗?

师:接下来请同学们拿出长方形拼接条和老师一起向右拉一拉,再向左拉一拉(师与生一起拉动),然后学生自己随意试着拉一拉。

师:我看看谁拉动的图形比较有特点。(把有特点的图形放在黑板上)

师:请同学们把长方形拼接条放在一边,观察黑板上这一组图形,中间的长方形向左拉动后是什么图形?向右拉动后又是什么图形?

生1:长方形图形向左拉和向右拉都可以变成平行四边形。(若学生无法发现,老师可以口头提示)

生2:中间图形不变,其余两边都变成平行四边形。

师:说明在拉动过程中,形状变了。

师:请同学们再一次观察这一组图形,长方形一开始比较高(手势),拉动后变成平行四边形就慢慢地变矮了(手势)。

师:同学们有一双善于观察的眼睛。

师:现在请同学们仔细观察一下,长方形和任意一个平行四边形,它们角有什么变化?边又有什么变化?

生1:有的角变大,有的角变小。

生2:长方形4个角都是直角,拉动后的平行四边形有2个锐角和2个钝角。

师：请你上台指一指，2 个钝角在哪里？2 个锐角在哪里？（生上台指认）

师：同意吗？

生：同意。

生 3：对角相等。

师：你真棒！你已经拥有四年级的数学眼光，老师为你点赞。（老师根据图形解释对角相等）

师：那边有什么变化？

生 1：边没变。

师：请你们猜一猜，边有什么特征呢？

生 2：对边相等。

师：我有疑惑，你们怎么就知道平行四边形的对边相等呢？有什么方法能证明一下吗？

生 1：用直尺量一量的方法。

师：请你上台测量一下，边说边量。

生 1：对准 0 刻度线，开始测量上面的边是 8 厘米，下面的边也是 8 厘米，左边的边是 12 厘米，右边的边也是 12 厘米。

师：测量结果说明了平行四边形的边怎么样了？

生 1：上下两边相等，左右两边也相等，说明平行四边形对边相等。

师：平行四边形有几组对边？

生 2：两组。

师：语言表达得真清晰！

师：还有其他方法说明平行四边形对边相等吗？

生 3：我是通过移一移平行四边形的小棒来证明平行四边形对边相等。

师：你的动手能力真强！

师：（总结）谁来介绍一下今天我们的新朋友平行四边形有什么特征？

生：平行四边形对边相等，有 2 个锐角、2 个钝角。

师：通过你的介绍，老师对平行四边形有了更深的了解。

师：接下来请同学们仔细观察，现在图形还是平行四边形吗？

生：是。

师：再变。

生：是。

师：为什么我变来变去，还是平行四边形呢？你是根据平行四边形的什么特征来判断的呢？

生：因为平行四边形对边相等，有 2 个锐角、2 个钝角。

师：你观察得可真仔细！

师：恭喜同学们获得观察徽章，希望同学们继续努力，获得剩下两个徽章！

【教学反思】《义务教育数学课程标准（2022 年版）》中提到图形的认识教学要鼓励学生动手操作，感知图形平行四边形的特点，引导学生经历图形的抽象过程，积累观察事物的经验，形成初步的空间观念。让学生感知平行四边形是由长方形拉动形成的,在拉动的过程中,观察图形的角、高、形状变了,边没变,让学生运用量一量、移一移小棒等操作方法来证明平行四边形具有对边相等的特征。

(四)动手操作,点子作图

师:刚才我们知道了什么是平行四边形,现在你们想不想把你认识的平行四边形画下来?

生:想。

师:现在请同学们完成"学习单任务二:动手操作,点子作图"。(计时1分半)

师:(展示学生作品,追问学生)你是利用平行四边形的什么特征画的呢?

生1:我是利用平行四边形对边相等的特征画的。

生2:我是通过数点子的数量来画出平行四边形对边的。上边4个点子,平行四边形有对边相等的特点,下边也是4个点子,左边3个点子,右边也是3个点子。

师:表扬你通过数点子的数量去画平行四边形。同时这也是检验图形是否正确的方法。

师:现在请同学们同桌两两互相说一说,你是利用平行四边形的什么特征画的呢?

师:谁还能像刚才那位同学那样完整地说一说?

生:通过数点子的数量来画出平行四边形的对边。

师:说得真好!再次祝贺同学们获得第二枚表达徽章,希望同学继续保持这一份自信,收集下一枚徽章。

【教学反思】弗赖登塔尔说过:学习数学的唯一方法就是实行"再创造"。《义务教育数学课程标准(2022年版)》在总目标中提出让学生逐步体会会用数学的语言表达问题。本环节通过点子作图的形式,让学生用自己的语言表达画图的方法并自己去总结画法。基于这些理解,本环节让学生利用刚才所学的平行四边形对边特点,主动发现和探索还可以通过数点子数量的方法画出平行四边形,让学生在画完后能进一步验证图形是不是平行四边形。

(五)联系生活,内化新知

师:其实平行四边形就悄悄地藏在我们的校园里,你们能发现平行四边形在哪里(板书)吗?

生:学校的伸缩门、楼梯护栏……

师:(播放课件:学校大门的推拉门视频)推拉门用的是平行四边形的什么性质来制造的?请同学们仔细观看视频,从视频中寻找答案。

生:学校推拉门就是利用平行四边形容易变形和不稳定性来制造的。

师:现在请同学们再次拿出长方形拼接条拉一拉,感受平行四边形容易变形和不稳定的性质。

师:把拼接条放在一边。

师:在生活中平行四边形也处处可见。瞧,停车场、升降机、挂物架都是平行四边形。

（学生用手比划一下吗？）

师：通过视频的介绍，相信同学们对平行四边形有了进一步的认识。

师：接下来，我们就一起来玩个小游戏，有谁想试试？

（游戏互动）（游戏后出示答案，进一步巩固平行四边形的特征和性质）

师：看来这个游戏难不倒大家，那老师向你们发起挑战，你们敢接受我的挑战吗？

生：敢。

师：请同学们完成"学习单任务三：思维延伸，体会图形"。活动要求：数一数，下面图形中有（　　）个平行四边形。

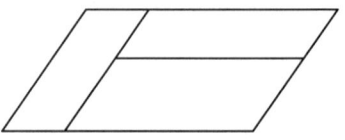

（展示学生学习单并让学生说出数平行四边形的方法。）

师：祝贺同学们，收集三枚徽章成功成为一名小小魔法师。

【教学反思】苏明强教授在《小学数学教学案例研究（第三辑）》中提出让学生自己去主动探索和发现身边存在的物体和知识，使学生在此过程中体验成功的喜悦，增强学习知识的自信心。本环节让学生用数学的眼光去观察现实世界中推拉门、楼梯扶手、起降机、挂物架等物体都是平行四边形，通过视频介绍让学生了解到平行四边形容易发生变形，具有不稳定性的特点，在教学中设计游戏环节和思维延伸训练，进一步让学生巩固平行四边形的特征和性质，发展学生发展空间观念和几何观念，真正做到"玩中学""做中学"的理念。

（六）总结收获，拓展延伸

师：通过今天的学习你有什么收获？

生1：平行四边形对边相等，有2个锐角和2个钝角。

生2：平行四边形有容易变形和不稳定性的性质。

生3：……

师：关于平行四边形，你们"还有什么"想知道的吗？还有吗？（板书）

生：……

师：哇，关于平行四边形，我们班的同学还有这么多知识想学习，在今后的学习中，我们可以继续探讨平行四边形的更多奥秘！这节课，我们就学到这里。

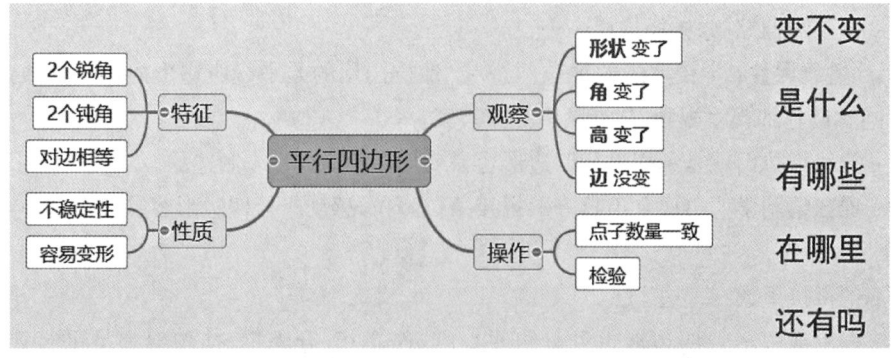

【教学反思】本环节让学生表达本节课的收获,激励学生表达关于平行四边形还有哪些想学到的知识,比如:学生提问平行四边形到底有多少种,进一步体现出数学的极限思想,从而引发学生思考,让学生从收获中继续生长出新的问题。

三、学习体验

郑勋暖同学学习体验:

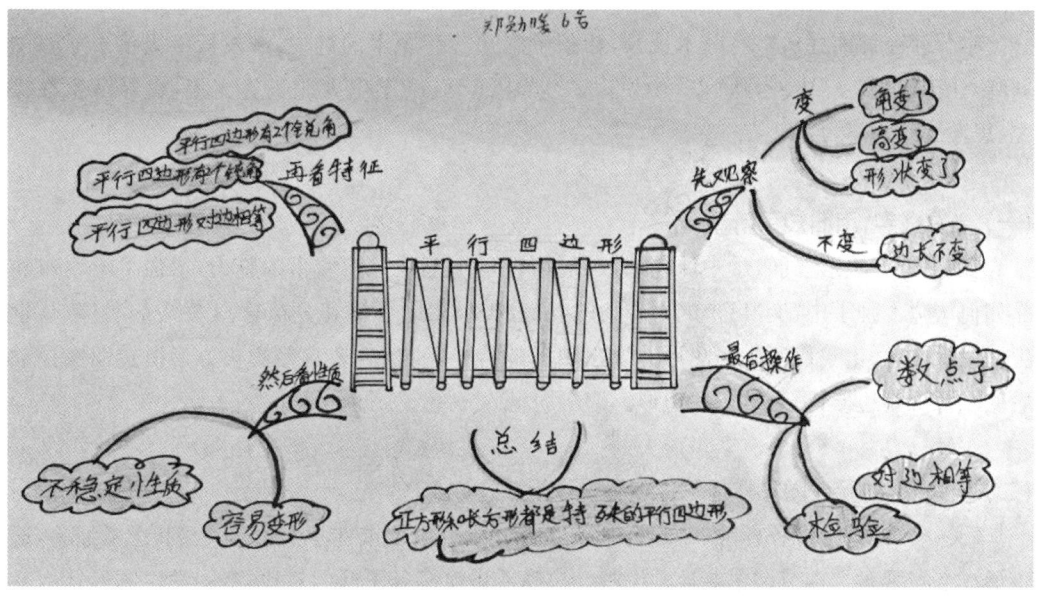

蔡慎博同学学习体验:

查一心同学学习体验：本节课可以一边学习，一边玩游戏，又可以动手操作，感受图形的变化，课堂氛围活跃，板书很漂亮，通过板书思维导图学到本节课所学知识，让同学们一起分享知识，并且能在现实生活中寻找到平行四边形的影子，发现原来生活处处都有数学。

李铭浩同学学习体验：原来有趣的平行四边形就在我们的身边，我要多用数学的眼光去观察事物，感受数学就在身边。

四、教学反思

本节课在课前播放"变"魔术视频，让孩子感知"变"魔术的魅力，激发低年级孩子学习的共鸣，让孩子从"变"中看，从"变"中说，从"变"中思，鼓励学生大胆表达交流，引导学生在探究、思考过程中学习。

(一) 激发兴趣，用旧知引新课

在"平行四边形"的教学中课前播放视频，让学生感受"变"魔术的魅力，增强了学生对物品如何从魔术师手中"变"出来的兴趣，其次通过4根相同小棒和2根长、2根短的小棒，让学生动手操作，摆出我们所学的图形并说出图形的特征，让学生亲自经历长方形拼接图在拉动后变成平行四边形，引入平行四边形。

(二) 观察变化，验证图形特征

《义务教育数学课程标准(2022年版)》在课程内容中要求："学生积累观察和思考经验，逐步形成空间观念。"本节课主要让学生观察拉动前后拼接条图形的对比，追问学生图形什么变了、什么没变，加强学生的观察意识和学习体验。

本环节主要分为三个小模块：一是让学生动手实践操作拉动拼接条，观察发现拉动前与拉动后图形的对比；二是让学生交流表达拉动后图形角变了、形状变了、高变了，边没变；三是让学生运用量一量、移一移、推理等方法验证平行四边形对边相等的特征。

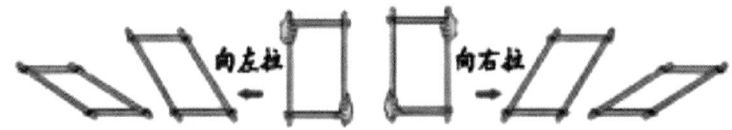

(三) 表达交流，拓展思维水平

本节课运用学习任务单，在学习任务单(二)中，让学生自己先动手在点子图上将平行四边形补充完整，再让学生小组合作交流：你是运用什么方法画出来的？

老师把课堂交给学生，让学生成为课堂的主人，在数学课堂中，训练学生用数学语言表达，培养学生的表达能力。低年级孩子的口头表达能力有限，老师作为辅助者，应适当给予孩子帮助，多鼓励孩子放声说，大声表达自己的想法。最后，本节课以游戏为结尾，低年级的孩子还是希望学习和游戏能够同时进行，一方面符合孩子心理方面的特征，另一方面可以从"玩"中学到知识，在游戏中又可以进一步巩固所学的内容。课后追问还想学习的知识，让学生思考，促使学生在收获中继续生长出新的问题。

(四)"三会"实施，提高数学课堂

以《义务教育数学课程标准(2022年版)》为依据，让学生逐步体会会用数学的眼光观察现实世界，会用数学的思维思考现实世界，会用数学的语言表达世界。首先学生会用数学眼光观察拉动长方形变成平行四边形后图形的变化，会观察身边事物是否与数学相关联，其次把课堂交给学生，让学生从交流、讨论中得出在点子图中如何画出平行四边形的方法，最后追问还有哪些想学习的知识，让学生思考，促使学生在收获中继续生长出新的问题。

"三会"总目标在教学设计中十分重要，通过五个问题(变不变、是什么、有什么、在哪里、还有吗)驱动学生思考，能明确教学目标、重难点，思路清晰，让学生真正做到通过"玩中学""做中学"的模式，提高数学课堂教学。

五、专家评析

本节课戴清彬老师主要围绕平行四边形，利用五个问题组成问题串，驱动学生深度思考，让学生在学知识的过程中，长见识、悟道理。1. 长方形拉动后形状"变不变"？2. 如果形状变了，变成什么？3. 平行四边形都有哪些秘密？4. 平行四边形的这些秘密有什么用？5. 关于平行四边形你还想知道什么？通过对问题的思考，让学习真正发生，让学生成为课堂的主人。

(评析人：泉州师范学院　苏明强)

本堂课教学设计总体良好，情境建议可以直接运用推拉门为导入，利用教具让学生直观地去感受，让学生观察并表达出自己的想法，但教师在证明平行四边形对边相等这个问题时用词需要准确，低年级的学生还无法理解证明的意义是什么，建议改成"如何验证平行四边形对边相等"。本节课设计游戏互动良好，教师在设计游戏时还需要多鼓励学生玩类似的智力游戏。

(评析人：贵州师范大学　杨孝斌)

教师让学生上台的时间相对紧凑，建议多一点时间让学生去表达、去探究、去思考。本节课教师引导学生认识新知实践设计较好，可以选择多让学生主动去探讨、发现，从发现中去解决问题，教师在课后可以抛给学生问题去思考，让学生有充分的时间去解答。

(评析人：贵州师范大学　吕传汉)

"面积单位"教学案例

泉州市鲤城区第二实验小学　李丽萍

一、教学设计

（一）教材分析

　　面积单位是面积这个二维几何量的关键所在,是几何图形二维大小度量的重要基础。本节课学习的是平方厘米、平方分米和平方米三个面积单位,往前延伸是平方毫米,往后延伸是平方十米、平方百米(公顷)和平方千米。在本节课的教学过程中,应该将学生已有的生活经验与面积单位的知识贯穿起来,不仅要强化学生对知识的理解,还要激发学生产生质疑,从而主动探索数学与生活之间的密切联系。

　　量感是对量的大小和量的关系的一种感悟,数感是对数与数量、数量关系和运算结果估计的感悟,数是量的一种抽象,因此,量感是数感的重要基础。本节课涉及三个常见的面积单位(平方厘米、平方分米和平方米),是培养学生二维几何量量感的重要载体,在教学时重点在于培养学生对单个几何量大小的感悟,这是后续学习两个二维几何量关系的重要基础。

（二）学情分析

　　对于小学生来说,受到知识水平和认知规律及生理特点等因素的影响,必须让学生经历感知,再到表象,最后到形成概念应用的过程。而对于面积单位,有部分学生知道常用的面积单位有哪些,但是对于这些单位具体有多大并不是很清楚,需要通过学习进一步明确和规范。

　　通过本节课的学习,也许有学生会想到:学习了长度单位就可以用公式求出长方形和正方形的周长,那么学习了面积单位,是不是就可以运用公式来求长方形和正方形的面积呢?这样就水到渠成地为下一节课的学习做了铺垫。

　　基于此,在教学时,要时刻关注学生的空间观念,将类比、变中不变等数学思想渗透进实际课堂当中,学生在用面积单位去测量时,一点点地产生质疑和矛盾,才知道面积单位产生的必要性,进而才会认识以较小的面积单位去测量较小图形的面积,从而得到需要更大的面积单位来测量更大图形的面积大小。

（三）知识点

　　北师大版小学数学教材三年级下册"面积单位"。

(四) 教学目标

1. 在观察、操作、表达的数学活动中,认识平方厘米、平方分米、平方米等面积单位,能根据物体表面的大小选择合适的面积单位,能运用面积单位估计物体表面的面积。

2. 感受统一面积单位的必要性,经历平方厘米、平方分米、平方米等面积单位的形成过程,通过量一量、画一画、剪一剪、想一想等多种方法,体会数形结合思想、变中不变思想,发展量感和空间观念,积累数学活动经验。

3. 感受数学与生活的紧密联系,体验面积单位的价值,体会数学的神奇与美妙,激发学习数学的兴趣,形成勇于探索的科学精神。

(五) 教学重难点

教学重点:结合具体的测量活动,体会统一面积单位的必要性,认识平方厘米、平方分米、平方米等面积单位,感悟 1 平方厘米、1 平方分米、1 平方米的大小,掌握常用的面积单位,建立面积单位的表象。

教学难点:认识平方厘米、平方分米、平方米等面积单位,感悟 1 平方厘米、1 平方分米、1 平方米的大小。

核心问题:感知什么是面积单位。

(六) 设计思路

根据"三教"+"情境-问题"的教学模式,采用丰富多样的教学方式,以自主学习、小组讨论、个性展示、教师点拨、总结反馈的互动式和参与式教学。在"有哪些? 有多大? 在哪里? 有何用? 还有吗?"等问题形成问题串的驱动下,让学生在实践、探究、体验、反思、合作、交流等学习过程中长见识、悟道理,从而培养学生的"三会"素养。

因此,本次课主要采取以下两种方法:(1)动手操作学习法,以游戏的方式鼓励学生全员参与、自己探索,让学生亲身经历观察、操作、归纳、验证的过程,培养学生探究的意识和能力;(2)小组合作学习法,通过同桌交流、小组合作,让学生共同解决问题,体会"面积单位"的产生及发展,使数学知识在充满乐趣的探索中得到升华。

二、教学过程

(一) 你说我画,感知面的大小

1. 感知面的大小

师:同学们,你们知道 1 厘米、1 分米、一米有多长吗? 一起来比划一下。那这些长度单位是用来描述什么的?

生:长度、高度……

师:是的,长度单位是用来描述高矮的。那你们学过"什么是面积"吗? 今天咱们继续来学习和面积有关的知识。在学习之前,咱们先来做一个"你说我画"的游戏。

你说我画游戏。(一同学描述物品表面的大小,另一个同学在黑板上根据描述画出物品的大小,其他同学判断是大了还是小了,画画的同学再根据提示调整比划的大小)

(老师提供一颗电子模型和一本笔记本)

师:同学们,像这样没有一个统一的标准来描述物体的表面有多大,我们的生活多不方便啊,所以我们就需要学习面积单位啦!(板书:面积单位)那么这些面积单位是什么?有哪些?有多大?在哪里?这节课我们就按照这样的顺序来学习。(板书:是什么?有哪些?有多大?在哪里?)

【教学反思】通过游戏引导学生观察比较两个图形的大小,如果这两个图形大小一样是不是就公平了?让学生在认识面积之后,对面积的大小有初步的感知,再次加深学生对"面"的体验,激起了学生的求知欲望。

2. 测量教材封面的大小

师:刚才大家看到的两个物品的表面大小不一样,现在同学们看看我们的数学课本,数学书封面的大小应该一样吧?

生:一样。

师:现在我们以同桌为一组,拿起学具袋内的透明方格纸,两人合作测量一下数学书封面有多大,有几个方格呢?

生:6个。

生:24个。

师:明明是同一本书,量出来的为什么不一样呢?那该怎么办?

生:因为方格的大小不一样,要统一格子的大小。

师:看来,为了测量图形面积的大小,我们需要统一面积单位。(板书:面积单位)

【教学反思】这一环节的设计,旨在通过游戏活动,让学生感知若没有面积单位,描述面的大小时就会遇到困难,教学生会思考:"没有面积单位怎么描述面的大小呢?应该怎么办?"通过测量数学书的封面,用不同的方格纸测量得到不同的格子数,让学生感知统一面积单位的必要性,继续把学生的思维向前推进,渗透变中不变的数学思想,为后续量感的建立奠定基础。

(二)你测我摸,认识面积单位

1. 认识 1 平方厘米

师:既然我们需要先统一面积的单位,那首先我们来认识一个比较小的面积单位。你知道有哪些吗?

生:1平方厘米。

师:你的知识面真广!请大家在方格纸中画一个边长是1厘米的正方形,并涂一涂。

师:像大家画的这样大的正方形,面积就是1平方厘米,用字母表示就是 $1\ cm^2$。

(板书:边长是1厘米的正方形,面积是1平方厘米,记作 $1\ cm^2$)

生齐读:边长是1厘米的正方形,面积是1平方厘米。

师：现在请大家从学具袋中找到最小的正方形。观察一下这个正方形，这个正方形的大小是多少呢？

生：1 平方厘米。

师：请你们闭上眼睛想一想：1 平方厘米有多大呢？睁开眼睛在手上找一找，哪里的面积大约是 1 平方厘米呢？

生：指甲盖。

师：你观察得真仔细！请你说一说生活中哪些物体表面的面积大约是 1 平方厘米。

生汇报：大拇指的指甲盖、电脑键盘的按键、教室开关的按钮、纽扣……

师：刚才我们做游戏的这颗小电子，现在有谁知道它的面积大约是多少？

生：大约是 1 平方厘米。

师小结：因此，当我们在测量较小物体的面积时，通常使用较小的面积单位——平方厘米。（板书：平方厘米）

【教学反思】 这一环节的设计，旨在让学生在认识长度单位的基础上生长出 1 平方厘米的面积单位，以长度单位为基准点培养学生 1 平方厘米的量感，通过画一画、看一看、想一想 1 平方厘米有多大，再找一找生活中的 1 平方厘米在哪里的过程，体验 1 平方厘米的大小。

2. 认识 1 平方分米

师：请同学们用 1 平方厘米的这个正方形量一下你们的桌面，你有什么感受？

生：太麻烦了，能不能用比较大的正方形来量呢？

师：请你在方格纸中画出边长是 1 分米的正方形，并涂一涂。

师：根据 1 平方厘米的经验，你认为你画出来的这个正方形面积是多少呢？

生：1 平方分米。

师：你们太聪明了！像这样边长是 1 分米的正方形，面积是 1 平方分米，记作 1 dm^2。

（板书：边长是 1 分米的正方形，面积是 1 平方分米，记作 1 dm^2）

生齐读：边长是 1 分米的正方形，面积是 1 平方分米。

师：请同学们从学具袋里拿出那张紫色的正方形纸片，这个正方形和你画出来的那个正方形是否一样大呢？你觉得这个紫色正方形的边长是多少？它的面积是多少呢？

生：这是边长为 1 分米的正方形，面积是 1 平方分米。

师：请同桌轮流用手摸一摸这个面的大小。摸完之后把这张紫色的正方形纸片藏在你们的数学课本底下。

师：请以端正的坐姿告诉老师你藏好了！好，请闭上眼睛想一想：1 平方分米有多大？睁开眼睛拿出双手比划一下。

师：请从学具袋里拿出剪刀和白纸，在白纸上剪出面积大约是 1 平方分米的正方形。注意：请不要用尺子去量，也不要参考你画出来的正方形，更不要拿出藏在数学课本下的紫色正方形纸片去比。

师：请大家把剪出来的这个正方形和藏在数学课本底下的这个面积是 1 平方分米的紫色正方形纸片比较一下，评价一下自己剪得怎么样？

生 1：剪出来的 1 平方分米和画出来的正方形纸片大小差不多。

生 2：剪出来的 1 平方分米和画出来的正方形纸片差太多了。

师：差得有点多的同学，再摸摸你画出来的这个正方形面，感受一下 1 平方分米的大小。

师：说一说生活中哪些物体表面的面积大约是 1 平方分米？

（多媒体出示笔筒的面、开关板的面、手账本的封面）

师：刚才我们做游戏的这本笔记本，现在谁知道它的面积大约是多少？

生：大约是 1 平方分米。

师小结：当我们在测量较大物体的面积时，通常使用较大的面积单位——平方分米。
（板书：平方分米）

【教学反思】这一环节的设计，旨在通过教师引导学生动手操作、观察思考、独立思考、合作交流等体验 1 平方分米的过程，培养学生对 1 平方分米的"量感"的表象认识，并将类比思想渗透进教学当中，让学生自主学习、自主评价。通过列举生活中 1 平方分米的面积，加深学生对 1 平方分米的印象，体会数学与生活的联系，强化学生对 1 平方分米的表象记忆，深化 1 平方分米的量感，培养学生的动手操作能力。

3. 认识 1 平方米

师：现在老师想考一考大家。如果老师用这张 1 平方分米的正方形纸片来量教室地面的面积，你觉得可行吗？

生：不可行，要用更大的正方形。

师：那你们还知道有什么更大的正方形吗？

生：1 平方米。（出示 1 平方米的正方形）

师：你懂得真多。那你知道它的边长吗？它的面积是 1 平方米吗？

生：它的边长是 1 米。它的面积是 1 平方米。

师：是的，现在我们把这 1 平方米请到黑板上。

师：像这样边长为 1 米的正方形的面积就是 1 平方米，记作 $1 m^2$。（板书：边长是 1 米的正方形面积是 1 平方米，记作 $1 m^2$）

生齐读：边长是 1 米的正方形面积是 1 平方米。

师：下面请大家用手比划一下 1 米有多长。

师：请 4 个同学把手摊开，围成一个四边形，猜一猜围成的这个图形的面积大约是多少？

生：1 平方米。

师：接下来咱们来玩个游戏，用四根米尺在地板上围成一个 1 平方米的正方形，请同学们上来站一站，看看这 1 平方米的面积能站多少个小朋友。

生：12 个小朋友。

师：请同学们想一想，你见过身边哪些物体的面积大约是 1 平方米呢？

（多媒体展示 1 平方米的物体的面：一个桌子的桌面、大电视机的屏幕。）

师小结：当我们要测量更大面积时，我们通常要用更大的面积单位——平方米。（板书：平方米）所以，测量教室的面积，应该用哪个面积单位呢？为什么不用平方厘米呢？

【教学反思】让学生认识到1平方分米的局限性,感受要度量更大的面积需要比平方分米更大的单位,体会平方米这一面积单位的必要性,通过"围一围""站一站"等操作活动,帮助学生建立对1平方米的量感,使学生深刻体验到1平方米的大小,启发学生多维度思考1平方米的大小,能从多个角度加深对1平方米的认识。

(三) 你判我断,深化数学思维

师:学习面积单位有什么用呢?我们一起来看看淘气的日记。

淘气的日记

今天是我的生日。晚上妈妈到市场买了很多菜回来。其中有一条4厘米长的大鱼和一只30平方厘米高的鸡。妈妈开始忙着为我们做饭。

不一会儿,饭菜都做好了。这时爸爸也回来了。我就忙着把这些菜都端到桌子上。开始吃饭了,我拿起20米长的筷子夹起鱼头,放到大约1平方米的碗里,大口大口地吃了起来。

吃饱了,我就开始做作业。作业做完了,时间也不早了。我来到了10平方分米大的卧室,躺到3平方厘米长的床上呼呼大睡。我的生日过得真愉快!

生生互动,纠正《淘气的日记》中使用不当的单位。

师小结:看完淘气的日记,我们要好好地使用长度单位和面积单位才不会闹出笑话。

【教学反思】这一练习题目的设计,不仅让学生进一步巩固已学的基础知识,还考查学生对平方厘米、平方分米和平方米的量感,加深学生对"长度单位"和"面积单位"的认知,感受长度单位与面积单位的区别与联系,进一步激活学生的数学思维和数学思考,渗透了分类思想。

(四) 你比我划,建立数学关联

师:你觉得光有这平方厘米(手指着指甲盖)、平方分米(双手比划出1平方分米)、平方米(摊开双手书空出一个面积大约1平方米的四边形)三个面积单位够吗?你觉得有比1平方厘米更小的面积单位吗?有比1平方米更大的面积单位吗?请大家带着这几个问题到生活中寻找面积单位的奥秘吧!

【教学反思】一堂课的收尾,可以是"挥一挥手,不带走一片云彩"的回顾,也可以是"欲穷千里目,更上一层楼"的展望。这节课的收尾显然是属于后者。为新课的学习做一个很好的铺垫,使这节课"完而未完",整堂课的设计不仅教学生会思考统一面积单位的必要性,也教学生体验面积单位的大小,促进学生深度学习,厚实体验量感的本质,让课堂焕发出数学应有的魅力。

三、学习体验

祝语辰同学:数学很有趣,有好多好玩的活动。那还有比平方厘米还小的面积单位吗?有比平方米还大的面积单位吗?如果有,它大约是多大呢?

沈圣杰同学:李老师是个很有趣的老师,这节课上得很轻松,很快乐。李老师都是选用正方形来描述面积单位是什么,能不能用长方形呢?

　　学生主动建构面积单位的概念,对学生而言是不容易的。让学生经历面积单位的产生、建立、内化、应用的过程,是真正体会并形成认知结构的关键。而"如何感悟1平方厘米、1平方分米和1平方米的大小",这个核心问题却没有真正得到解答。在和学生一起探究这个问题时,经过生生互动,借助生活中的事物如指甲盖、开关板、电视屏幕等,加深对面积单位概念的理解,鼓励学生提出疑惑并尝试解决。因此,在教学实践时,基于学生的认知基础,关注活动的感知,尽可能让不同层次的学生都能选择合适的方式理解,不仅让学生在原有理解水平上有更进一步发展,而且也获得了应用数学知识解决问题的成功体验。

四、同伴互助

　　戴清彬老师:李老师精心设计了大量让学生动手操作、用眼观察、用心思考等多元化的开放、有效的数学活动,教学生思考、带学生体验、让学生会表达,学生愿学、爱学,学得不乏味、不疲倦,完全参与到学习活动中,时刻关注合理分配学生体验的时间,因此课堂气氛轻松、有趣。在体验面积单位大小的数学活动时,多追问"怎么做的",让学生的思考过程充分地展示出来,以了解学生的思考维度。

　　周金英老师:整个教学过程中注重发展学生的动手操作能力,教学逻辑清晰,通过生生交流、师生互动,讨论"明明都是同一本书,量出来的为什么不一样呢? 你们有什么要问的吗?"这个互动活动,让学生体验到统一面积单位的必要性,再随着实际不够用的需要,从小到大认识面积单位,在需要中认识,在体验中感知,最后通过练习培养学生能根据现实情况选择合理的面积单位。

五、教学反思

　　长度单位、面积单位和体积单位是小学阶段图形测量最基本的测量单位,虽然它们的测量对象不同,但是测量的本质是一样的,都是用规定的测量单位与所测量对象进行比较,看它含有多少个这样的测量单位。在教学中,要做到整体把握教学内容,注重教学内容的结构化,注重教学内容与核心素养的关联,让学生真正感受到面积单位的内涵和价值。

(一) 关注冲突,激发数学思考

　　面积单位的产生是因为人类生活需要测量,因而对"面积单位"这个概念的学习应该关注它的起点,基于学生感悟统一单位的重要性,体会统一面积单位的必要性,建立"面积单位"的学习。在引入面积单位时,以"你说我画"的游戏引导学生观察比较两个图形的大小,初步感知面积的大小,而后又依托测量数学课本面积大小的情境,在交流中激发矛盾,引发新的认知冲突——"明明都是同一本书,量出来的为什么不一样呢? 你们有什么要问的吗?",使学生感悟得出面积单位是在实际测量的需要中产生的,体会统一面积单位的必要性。

(二) 关注活动,体验量感本质

事物的表象存在于人的大脑当中,不易表达,此时就需要借助活动来深化感知本质。学生对面积单位的理解,不能仅停留在表象,还要能够理解面积单位的核心意义是边长为单位长度的正方形。教学时,通过多样化的数学活动,引导学生看一看有多大,摸一摸有多大,画一画有多大,说一说有多大等手、眼、脑的多感官参与,经历估测和实测的对比体验,多方位理解面积单位的大小,深刻体验 1 平方厘米、1 平方分米、1 平方米,是培养量感的重要过程,为抽象思维的发展奠定坚实的基础。

(三) 关注实践,提升核心素养

苏霍姆林斯基说,"我们在课堂教学中就要给学生足够的时间经历观察、猜测、验证等活动过程,让学生累积丰富而有效的数学活动经验。这是学生学好数学、提高数学素养的重要基础"。计量单位是由递进的多个单位组成的,在教学中,依托基本单位的实际大小的清晰表象,借助方法迁移,体会类比思想,从中获得间接体验,感悟计量单位的实际大小。学生在实际动手做数学的过程中有观察、有想象、有动手操作、有实际运用,自主探究面积单位,在知识迁移中建构新的面积单位,充分感知常用的面积单位,在每次感知前,都会留一定的实践空间让学生去想象,再进一步估测,从而有效地培养量感。

"面积单位"的课堂教学设计中,经历教"思考"的过程,用核心问题引领教学,通过感受生活中的 1 平方厘米、1 平方分米和 1 平方米,让学生会用数学思维感悟面积单位的大小,学会"想数学";经历教"体验"的过程,通过量、测、画、摸等动手操作,在解决问题、深入思考的过程中构建面积单位的知识表象,学会"做数学";经历教"表达"的过程,让学生会用数学的语言归纳面积单位是什么,能类比推理 1 平方分米和 1 平方米的概念,学会"说数学"。因此,用"三教"教学理念＋"操作探究型"的教思考模式进行课堂教学设计,学生的学习就能够真正地发生,能够营造轻松、愉悦、开放的数学课堂,将学习推向比较高的站位,学生厘清了面积单位的数学本质,体验到了面积单位的大小,是培育学生"三会"素养的一种良好的途径。

六、专家评析

在教学过程中,我们要通过巧妙设计核心问题和推进数学思考的问题串,驱动学生进行必要的数学思考,让学生在学知识的过程中,独立思考,学会思考,并且逐步学会想得更清晰、更全面、更深刻,这样才能让数学课更具有思考的味道,才能让课堂焕发数学应有的魅力,让学生真正好玩起来。

李丽萍老师在"面积单位"的教学中,通过导入"你说我画"的游戏,唤起学生对"面积"的认识,再抛出驱动数学思考的四大数学问题(是什么? 有哪些? 有多大? 在哪里?),使学生对"面积单位"的思考发生。全体学生在教师一系列问题串的驱动下,学会了在课中如何动手操作积累数学活动经验、学会了在课中如何用数学语言表达"面积单位",学会了在课中真正体验面积单位的大小:一是让学生在基础知识的学习过程中感悟到面积单位的数学本质,促使学生思维的深度发展;二是让学生在掌握知识、习得技能的同时,体会数学思想,积累思维经验;三是让学生在好玩的数学课中学习,感受数学的魅力,促进数学核心素养的养成,在点点滴滴的体验中培养适应时代的学习能力。

（评析人：泉州师范学院　苏明强）

"包装的学问"教学课例

泉州市鲤城区第二实验小学　黄炳洋

一、教学设计

(一) 教材分析

　　"包装的学问"是北师大版小学数学五年级下册"数学好玩"中的一节综合实践课。在这节课之前学生已经学习正方体、长方体的表面积计算,会计算合并、分割正方体和长方体的表面积以及体积。本节课是从节约的角度,组织学生探究有关"包装学问"的数学活动,并引导学生发现、总结规律。在活动中重点培养学生综合运用长方体等相关知识解决实际问题的能力,使学生在实践、操作、探索中感受优化思想,形成数学思考,发展空间观念,树立节约意识。

(二) 学情分析

　　本节课是在学生掌握了长方体、正方体的特征及表面积计算等相关知识的基础上,进一步探究几个相同长方体拼摆成新长方体的多种方案并且使其表面积最小的最优策略。这是长方体、正方体表面积的练习课,主要意图是通过这样一系列与生活密切联系的实践活动,培养学生综合应用所学的知识解决实际问题的能力,结合生活,利用节约意识做好德育教育,让学生感受数学来源于生活,并服务于生活。

(三) 知识点

　　北师大版五年级下册"数学好玩"第 3 课时"包装的学问"。

(四) 教学目标

　　1. 在观察、操作、表达的数学活动中,利用长方体的表面积等有关知识,探索多个相同长方体叠放后使其表面积最小的最优策略。

　　2. 经历发现问题、提出问题、分析问题、解决问题的过程,探索各种包装的方法,发展空间观念、推理意识,体会分类思想、优化思想,积累数学活动经验,提高解决问题的能力。

　　3. 感受数学与生活的紧密联系,体会数学的价值,激发数学学习兴趣,养成有序思考的良好习惯。

(五) 教学重难点

　　教学重点:利用长方体的表面积等有关知识,讨论如何节约包装纸。

教学难点：引导观察、操作、表达、反思，得出节约包装纸的最佳策略。

核心问题：探索多个相同长方体叠放后使其表面积最小的最优策略。

(六) 设计思路

学生是学习的主人，本节课努力为学生搭建合作探究的平台。从研究一盒维他奶到24盒的包装方法，由浅入深，并不断总结优化包装策略。本节课设计了四个环节，体现解决数学问题的一般方法：猜想—验证—结论—完善。培养学生的实践能力和创新意识，重视学生探究解决问题的策略，优化思想，并及时渗透德育教育。

二、教学过程

(一) 礼物导入，激发兴趣

师：同学们，今天老师给大家准备了两个礼物，你们想要吗？(好像不是很想，再问一遍)第一个礼物现在就给大家，第二个礼物在课结束的时候再揭晓。我们先来看看第一个礼物。

师：根据包装的大小，猜猜里面的东西有多大？用手比一比，看看谁比的最接近。

(学生比划出大小)

师：礼物只有一个，老师出个题目，谁能回答对，我就把这个礼物送给谁，敢不敢试试？

师：先来预热一下。请看，(摆出)两个相同的正方体拼在一起，表面积减少了几个面？请一起回答。

生：两个面。

师：三个呢？(摆出)

生：四个面。

师：看来这些都难不倒你们，那我要出题了，请准备举手回答。四个相同的正方体拼在一起，最多减少几个面？怎么摆？

生1：(摆出)6个面。

师：有不同的想法吗？

生2：(摆出)8个面。

师：你可真会思考，这个礼物就送给你啦。(学生打开礼物)

师：跟你猜的一样吗？对于这个包装，你有什么感想？

生：包装盒这么大，里面的东西却这么小。这也太浪费包装纸了。

(引出课题)师：我们掌声恭喜他。同学们，包装里的学问可多了。今天这节课我们就从节约包装纸的角度一起来研究它吧。(板书：包装的学问)

师：一起读一遍。(齐读)

师：在接下来的学习中，想一想，节约包装有没有什么秘诀？(有没有)如果有，是什么？(是什么)为什么会有这样的秘诀？(为什么)我们就带着这三个问题开始今天的学习，好不好？

【教学反思】采用礼物激发学生学习兴趣,复习旧知,为新知铺垫。通过猜礼物和拆礼物形成对比,让学生直观感受过度包装浪费资源,引出本节课主题。提出三个驱动问题,引领学生思考。在礼物的设计上如果有多个形成对比,效果会更出彩。

(二) 由浅入深,打好基础

师:同学们,如果现在要把这盒维他奶重新进行包装,需要多少包装纸? 想一想,求的是什么?

生:表面积。

师:你们的反应真敏锐,是的,我们可以把这盒维他奶看成一个长方体,在接口处不计的情况下,求包装纸的大小就是求这个长方体的表面积。

师:在实际包装物体时,纸的两端会留出一部分,也就是接口,因此实际包装的用纸面积比计算表面积得出的数据要大,但在这里接口处不计。

师:要计算这个长方体的表面积,需要知道哪些条件?

生:长、宽、高。(出示长宽高,学生齐读)

[出示:$(6 \times 4 + 6 \times 10 + 4 \times 10) \times 2 = 248$ 平方厘米]

师:通过计算,包装一盒维他奶需要 248 平方厘米的包装纸。

师:在之前的学习中,我们还知道长方体有 6 个面,并且相对的两个面大小相等。为便于接下来的研究,我们将最大的面叫大面,最小的面叫小面,介于大面和小面之间的面叫中面。

【教学反思】这部分内容是为之后探究多个长方体摆法打基础的,帮助学生回顾表面积的计算方法,并为每个面取名字,便于记录摆法。

(三) 合作探究,发现秘诀

师:包装一盒维他奶需要 248 平方厘米的包装纸,那包装 2 盒需要多大的包装纸呢?

生 1:$248 \times 2 = 496$ 平方厘米。

师:还有不同的想法吗?

生 2:可以把 2 盒维他奶拼在一起包成一包。

师:这样拼起来包装跟分开包装有什么区别?

生 2:拼起来包装会比分开包装更节省包装纸。

师:有的同学不理解了,究竟节省在哪儿了呢?

生 2:拼起来包装时会重叠 2 个面,而这 2 个面隐藏起来,不用再包,包装时也就节省了这 2 个面的面积。

师:你的回答真清楚,帮同学们解决了困惑。那节约包装纸有没有什么秘诀呢? 有的话,是什么?

师:"六一儿童节快到了,淘气和笑笑分别想把 2 盒和 3 盒维他奶包成一包,送给他们各自最要好的同学。但是,他们都遇到了同一个问题,怎么包才能最节约包装纸?"

师:为了提高效率,现在我们分组行动(1～3 小组)帮助淘气,(4～7 小组)帮助笑笑。

师：不动手，想一想，你打算怎么摆，有几种摆法。想好了就举手。

生1：我想到了2种摆法。

生2：我想到了3种摆法。

师：你们的空间想象力真棒。

师：3盒维他奶这样摆可以吗？

生：不可以，不美观，也不会是最节约的。

活动要求：（请全班一起齐读）

（1）摆一摆：摆出了（   ）种包装方案。

（2）猜一猜：摆的哪（   ）种方案最节约包装纸。（板书：猜想）

（3）算一算：把表格补充完整。（板书：验证）

（4）议一议：你们发现了什么？（板书：结论）

师：在活动开始前，老师还有一个要求，就是在摆的时候把摆法记录下来。怎么记呢？例如摆的是2个大面重叠，我们可以写2个大面重叠，也可以简写成"2大"。"2大"是表示什么意思？

生：2个大面重叠。

师：真聪明。活动时间只有5分钟，所以小组既要分工明确，又要共同合作。现在活动开始。

（活动时间：5分钟）

师：活动结束。现在是分享精彩的时刻。我们先去淘气那边看看。

生1：我们小组发现了3种摆法：方案一重叠了2个大面；方案二重叠了2个中面；方案三重叠了2个小面。

生2：我们猜想2个大面重叠最节约包装纸。

生3：通过验证，2个大面重叠的表面积最小，最节约包装纸。

生4：我们发现重叠部分的面积越大，包装纸的面积就越小。（若未能得出该结论，再提示：重叠部分面积与包装纸的面积有什么关系？）

师：你们小组的发现真有价值，掌声送给他们。那这个结论正确吗？我们再去笑笑那边看看。

生1：我们小组发现了3种摆法：方案一重叠了4个大面；方案二重叠了4个中面；方案三重叠了4个小面。

生2：我们猜想4个大面重叠最节约包装纸。

生3：通过验证，4个大面重叠的表面积最小，最节约包装纸。

生4：我们同意重叠部分的面积越大，包装纸的面积越小。

师：你们小组真棒！既分工明确，又善于合作。

（小结）师：通过大家的共同努力，淘气和笑笑都顺利完成包装，并节约了不少纸。我们还发现了一个节约包装纸的秘诀，一起齐读一遍。（板书：重叠面积越大，表面积就越小。）

师：淘气是这样算的，你看得懂吗？（出示PPT）

生：看得懂，他是用两个长方体的面积减去重叠部分的面积。

师：笑笑说她有更简单的算法，我们快去看看？（出示 PPT）

生：她是直接比较重叠部分的面积，重叠面积越大表面积越小。

师：你还有更简便的比较方法吗？

生：可以只计算一个重叠面。

师：掌声送给自己，你们太了不起了，能够把复杂的问题简单化。

【教学反思】这是本节课重点研究的内容，采用小组合作的形式，充分开放课堂，让学生在小组活动中想一想、摆一摆、猜一猜、验一验、议一议，先通过想一想初步构建空间概念，再通过验证，讨论得出结论，初步感知"重叠的面积越大，表面积越小"。学生在小组活动中通过思考、动手操作、获得基本的数学活动经验，形成数学思考。但是在活动中，小组分工不明确，会影响到活动进展，所以在活动开始前一定要强调清楚活动要求。在小组汇报完成后，应当请其他同学进行评价，多一些生生对话，在学生得不出结论时，老师再加以引导。

（四）打破定势，完善秘诀

（提出质疑）师：2 盒和 3 盒维他奶都是把大面重叠，表面积就最小，那是不是所有包装问题都是只要把大面重叠在一起就是最节约包装纸呢？

1. 有序思考，进行分类

师：今天同学们的表现非常棒，老师想把 4 盒维他奶包成一包，送给课堂上表现最好的小组。想一想，你打算怎么摆，有几种摆法？

生 1：3 种。

生 2：6 种。

师：能想到 6 种，你的想象力真好。

师：接下来以小组为单位摆一摆，不计算，并完成这部分学习单。（5 分钟）

师：又到分享精彩的时刻了，哪个小组来？

生生配合：我们小组找到了 6 种摆法，第一种 6 大，第二种 6 中，第三种 6 小，第四种 4 大 4 中、第五种 4 大 4 小、第六种 4 中 4 小。6 大、6 中、6 小为一类，4 大 4 小、4 大 4 中、4 中 4 小为一类，我们是根据重叠面的个数进行分类的。

2. 比较筛选，提出猜想

师：有了你们这样一群合作小伙伴，就没有难解决的事。可是哪种摆法更节约包装纸呢？6 种摆法进行验证有点麻烦，有没有办法按照分类对比筛选掉一些呢？

生：6 中、6 小可以筛选掉。4 大 4 小、4 中 4 小也可以筛选掉。

师：剩下 6 大和 4 大 4 中，猜一猜哪种摆法更节约包装纸？说说你的判断理由。

生 1：我认为 6 大比较节约包装纸，因为重叠的面越大，表面积越小。

生 2：我不认可，我觉得 4 大 4 中比较节约包装纸，因为重叠的面数越多，表面积越小，越节约包装纸。

3. 优化验证，完善秘诀

师：有理有据，那到底是哪种摆法更节约包装纸呢？我们需要验证一下。

师：通过之前笑笑的方法，我们只要比较重叠部分的面积，也就是比较 6 个大面和 4 个大面 4 个中面。那有没有更简便的比较方法呢？（板书：6 大 VS 4 大 4 中）

生1：只要比较 2 大和 4 中就可以了。（板书：2 大 VS 4 中）

生2：只要比较 1 大和 2 中就可以了。（板书：1 大 VS 2 中）

师：我们一起来计算一下（板书：$6×10=60$ 平方厘米，$4×10×2=80$ 平方厘米），哪一种更节约包装纸？

生：4 大 4 中。

师：所以包装能只考虑大面重叠吗？还要考虑什么？

生：不能，还要考虑重叠的面数。

师：那能只考虑重叠面数吗？

生：也不能，比如 4 中 4 小重叠 8 个面，但是不一定比 6 大的表面积小。

师：是的，比如要包装 4 本数学书，还会是 4 大 4 中最节约吗？

生：不是，应该是 6 大最节约。

（小结）师：看来想要节约包装纸，不仅要考虑大面重叠，还要考虑重叠面的数量，做到具体问题具体分析。

【教学反思】这是本节课的教学难点，对于包装 4 个长方体，分 3 部分进行：首先探究有多少种包装方案，小组内想一想、摆一摆。接着在找出的 6 种包装方案中，让学生通过直观观察排除不节约包装纸的方案，只留下 2 种方案，并猜想哪种包装最节约包装纸，预设学生有前一个活动的初步感知，会猜想 6 个大面重叠是最节省包装纸的。最后，采用共同探究的形式，不断思考更优的计算方法，让学生发现 4 个大面 4 个中面重叠才是最节省包装纸，引发了认知冲突，从而得出结论：重叠面积越大不仅要考虑重叠大面，还要考虑重叠更多的面，具体问题具体分析，才能越节省包装纸。

（五）拓展提升，联系实际

师：我们探究 4 盒以下维他奶如何包装最节约包装纸，得出了很有价值的结论，但是如果要探究 6 盒、10 盒甚至 24 盒的包装方法呢？有没有更厉害的秘诀呢？

师：请看问题，把 24 个完全相同的正方体包装在一起，怎样包装最节约包装纸？观察下面 6 种摆法，你能马上找出哪种摆法最节约包装纸吗？你有什么猜想？

生：最后一种，因为它的长宽高最接近。

师：这个猜想太大胆了，我们快回头验证一下。观察每种方案中表面积与长、宽、高，你有什么发现？

生：当拼好后的长方体的长、宽、高越接近，就越节约包装纸。

师：真是善于观察思考和总结的孩子，掌声送给他。也就是在体积一定的情况下，拼好后的长方体越接近正方体，表面积就越小。（一起齐读一遍）

【教学反思】通过更多数量完全相同的长方体纸盒的包装问题，再次引发思考更优化的解决方法，再次感悟包装策略。在观察和猜想中应给学生更多表达和发现的时间，再进行验证。体会数学学习方法,感受数学与生活的紧密联系。

(六) 收获礼物,渗透德育

师:同学们,这节课我们一起研究了如何节约包装纸,这就是数学中的优化思想(板书:优化思想),在我们之前学习的租车问题、沏茶问题、烙饼问题也是用到了优化思想。这些问题教会了我们省时间、省费用、省材料。希望同学们在以后的学习和生活中也能更多地运用优化思想来解决问题。

师:还记得老师在课前准备了两个礼物要送给大家,那另外一个礼物你们期待吗?

师:这个礼物需要大家闭上眼睛,努力回想这节课我们学习的知识来召唤它。等到老师说可以了才能睁开眼睛。

师:可以睁开眼睛了,你们猜到第二个礼物是什么了吗?

生:包装的学问。

师:真聪明,快来说说你的收获吧。

(学生分享收获)

师:通过今天的学习,你还想研究什么?(板书:还有吗)

生1:不规则物体的表面积。

生2:圆柱的表面积。

生3:球体的表面积。

生4:包装中还有什么其他学问。

师:这些问题都很有创见,老师真为你们骄傲,希望同学们带着这份求知精神,继续探索数学的奥秘。

(收尾)师:精美的包装纸给产品披上了美丽的外衣,也给人带来了无尽的想象,但是过度包装,只是表观上的奢华,虚有其表,良好的产品需要用美学吸引眼球,用本质赢得人心。孩子们,物是如此,人亦如此,让我们用智慧和善良包装自己。

【教学反思】通过这节课研究节约包装纸,在解决问题中不断完善结论,不断优化计算方法,从而提高学生运用数学知识解决问题的能力。在分享收获时应当注重培养学生在日常学习中反思总结的学习习惯。在提出新的问题时,由于学生还没有养成延展性的学习习惯,难以提出比较有价值的数学问题,但还是要鼓励学生去想、去说。培育核心素养,落实学科育人,是新课标改革的主要精神。在本节课的课末,通过谈话,渗透节约意识,体会知识的重要性,德育教育自然就水到渠成了。

三、学习体验

"包装的学问"这个专题旨在让学生在观察、操作、表达的数学活动中,利用长方体的表面积等有关知识,探索多个相同长方体叠放后使其表面积最小的最优策略。但是发现规律、描述规律,对学生来说是一个难点,笔者这一节课的设计,就是要突破这一难点,发展学生探索解决数学问题的能力。

那么学生是如何思考的呢？笔者设计了以下的学习单，让学生自主进行探究。

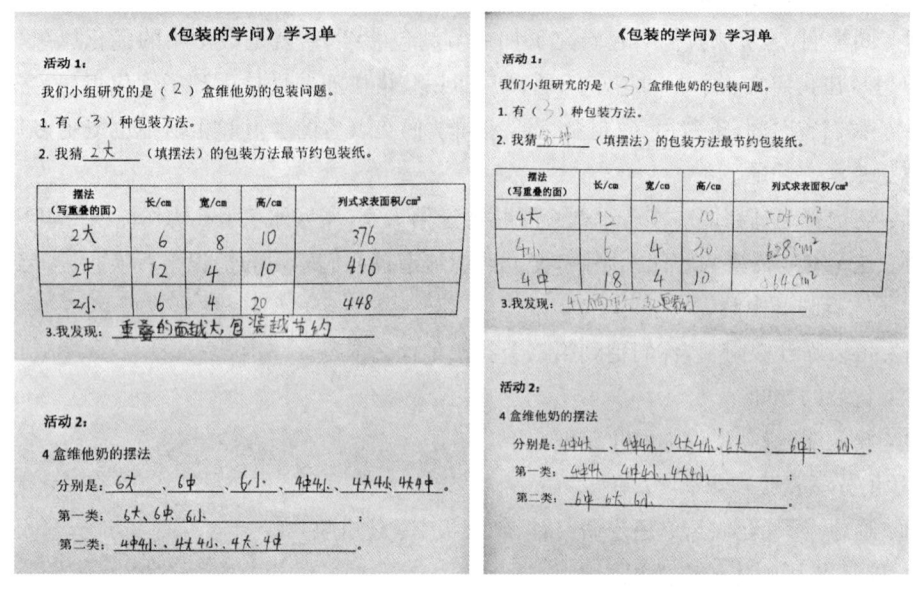

一节课的成效如何？学生是否学有所获？我们往往通过练习、测试等方式来检查，这样的方式很片面。在这节课后，笔者布置了一次特殊的数学作业——写一写这节课的学习体验。然后笔者再根据学生的学习体验进行深度教学反思。

李芸熙：上课前，老师准备了两个礼物，第一个礼物要抢答。老师让我们猜猜里面的东西有多大。同学用手比了比，说"有这么大"。结果打开后，里面只有小小一瓶维他奶，那个同学很无语。

杜欣怡：要拆第二个礼物了，老师神秘地说："你们把眼睛闭上，想想这节课学到什么，想到的越多，它就越大。"十几秒后我们睁开眼，映入眼帘的是黑板上遮着一块布，里面是知识点。最后，老师告诉我们，要用智慧包装自己。

赵璞：今天，我们下去上公开课。一路上我十分紧张，脑子里想着，要是回答问题时答错怎么办？要是不会怎么办？可是问题都很简单，我也慢慢放松下来。可是很快，老师问："三瓶饮料放在一起，怎样摆放最省包装纸？"刚开始学的我瞬间被难住了。还好，老师让我们小组合作解决问题。在小组同学的齐心协力下，我们很快地解决了难题。这真是人心齐，泰山移呀！

滕宇灿：老师刚开始问，"三瓶维他奶有几种摆法"。我们纷纷回答"3种"。太简单了。老师又说："那么四瓶呢？"我挠挠头，慢慢举起手，说："4种。"老师摇摇头，说："再好好想想吧！"我心里十分愧疚、失望。

杨辰逸：我觉得数学有一点点难，但也很有趣，很好玩，我也想学三角体的表面积要怎么算。

侯彬艺：老师让我们分组活动，我拿着两个长方体摆来摆去，正在寻找规律，我的脑子灵光一闪，是不是两个最大的面重叠表面积就越小呢？我果断尝试，果然如此！我兴奋地拿出 3 个长方体，没错，这个规律是对的！接下来的题我都势如破竹，连连答对。下课前，老师让我们闭上眼。过了许久，我们睁开双眼，黑板上全是这节课的知识。我们明白了，这是最好的礼物。

四、教学反思

(一) 激趣导入，直观对比

在导入环节和结尾部分，设计了两个礼物，符合学生现阶段的特征，能够激发学生学习乐趣。第一个礼物让学生通过回答重叠部分面的个数问题获取，为之后探究节约包装纸的最优策略做知识铺垫。让学生根据包装猜猜礼物的大小，然后打开发现礼物小小的，形成直观对比，引出过度包装，引导学生节约包装纸。结尾的礼物是将本节课所有知识点拼成的长方体，让学生感悟良好的产品需要用本质赢得人心，并引导学生用智慧和善良包装自己，渗透德育。

(二) 合作探究，发现秘诀

通过探究 2 盒、3 盒维他奶如何节约包装的问题，通过想一想、摆一摆、猜一猜、验一验、议一议的数学活动，让学生在活动中分析问题，解决问题，并得出节约包装的秘诀。让学生在小组合作中解决问题，能够降低问题的难度，提高学生解决问题的信心。本环节做到了引导学生"想""做""说"，体现了"三教"的教学理念。在学生探究时间和计算方法上都因为本节课内容量较大而进行了设定，如果能有更多时间让学生探究和表达，体验会更深刻，学习成果会更好。

(三) 打破定势,完善秘诀

在发现重叠大面,表面积就越小的基础上,让学生通过想一想、摆一摆、分一分、选一选、猜一猜、验一验、议一议的数学活动,得出结论:"节约包装纸,不仅要考虑大面重叠,还要考虑重叠的面数,做到具体问题,具体分析。"从之前积累的只要计算重叠部分面积的最优策略,继续思考更加优化的策略,提高优化思想的运用。

(四) 联系实际,拓展提高

联系实际,如果要包装 24 盒维他奶,怎么包最节约包装纸?学生发现从重叠部分面积去考虑的策略不方便,由此思考有没有更厉害的秘诀。通过"猜想—验证—结论"的探究过程,让学生再一次将节约包装纸的策略提升到更高的高度,能够解决实际生活中的大多数问题。

(五) 联系前后,引发思考

联系以往学习的沏茶问题、烙饼问题、租车问题以及今天学习的包装问题,它们都体现了数学的优化思想,让学生对优化思想有更广的认识,能够尝试思考"还能节省什么"。

本节课的不足之处主要体现在以下方面:

1. 本节课设计内容较多,因为时间有限,对学生思考、体验、表达的时间进行了限制,没有给学生充分的时间。比如在小组分享时,小组分享后没有让其他小组进行点评,而是老师直接点评,得出结论,缺少生生之间的对话和学生自己讨论结论的过程。也因为太想在这节课内让学生掌握所有知识,结果适得其反,担心学生回答的不是笔者自己预设的,影响课堂的节奏。所以总体来说,学生的体验感不足,对知识点的感受和理解不够深刻。

2. 在设计上没有注重联系生活实际。如果能从生活中的实际问题出发,用数学方法加以解决,既可以培养学生解决实际问题的能力,也可以更好地提升本节课的深度和广度,激发学生的学习兴趣。

五、专家评析

1. 综合实践课应当重视学生的探究,最好连堂,多给学生充分思考发表意见的时间。比如一个小组上来分享,请另外一个小组发表意见。

2. 可以从 24 个长方体如何包装这个问题出发,让学生自主思考探究。

3. 想要更好的教学效果,可以减少单向灌输的教学方式,给学生一个核心问题,让学生讨论思考。如果学生回答与预设有冲突也没有关系,可以把预设的内容改成问题抛给学生进行思考。

4. 减少课堂上的齐答,多一些生生对话,形式化的东西没有必要太多。

(评析人:贵州师范大学　吕传汉)

1. 可以用华罗庚的《大哉数学之为用》中的语句提升整节课的高度。

2. 在环节设计上可以先出示 24 盒维他奶怎么包最节约包装纸这个问题,再以它为核心问题,从 1 盒、2 盒逐步探究,由简入繁,这样设计更符合生活。

3. 在教学过程中,有没有其他计算方法可以先让学生说,学生说不出来再告诉他。当学生想到除了加法还可以用减法,再提问学生"一定要减出来吗?",从而实现一步步升华。

4. 在教学设计中应当宏观设计,注重细节。比如在出示"越接近正方体,表面积就越小",应当讲明前提条件是体积相同。

5. 老师引导学生怎么比较筛选出的两种摆法中谁的表面积更小,从 6 大和 4 大 4 中比,到 2 大和 4 中比,最后到 1 大和 2 中比,运用了等式性质,对之后的学习有潜移默化的影响。

(评析人:贵州师范大学数学教育研究所所长　杨孝斌)

六、附件

（一）板书设计

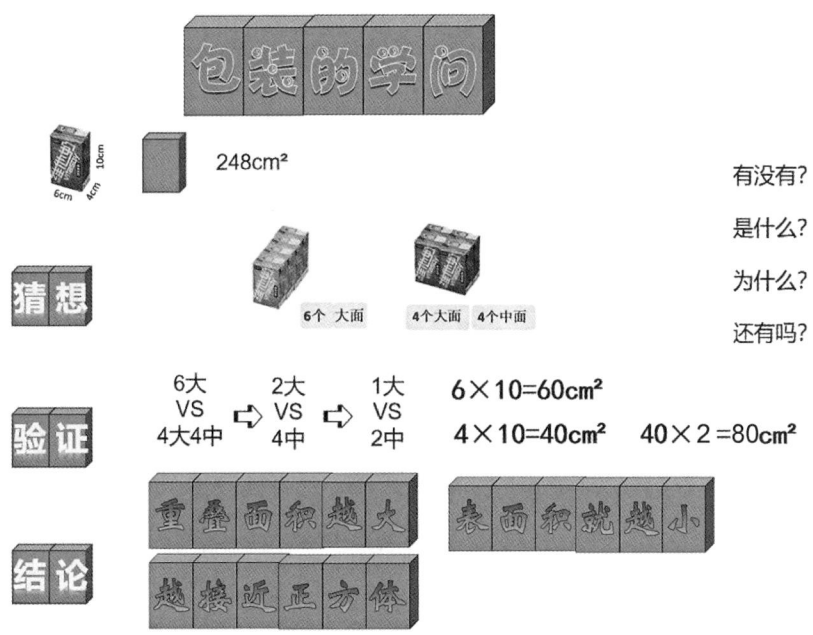

（二）学习单

"包装的学问"学习单

活动 1：

我们小组研究的是(　　)盒维他奶的包装问题。

1. 有(　　　)种包装方法。

2. 我猜_____(填摆法)的包装方法最节约包装纸。

摆法(写重叠的面)	长/cm	宽/cm	高/cm	列式求表面积/cm²

3. 我发现：_____

活动2：

4 盒维他奶的摆法：

分别是：_____、_____、_____、_____、_____、_____。

第一类：_____；

第二类：_____；

我是按照(　　　　　　)进行分类的。

"平均数的再认识"教学课例

泉州市鲤城区第二实验小学　周金英

一、教学设计

(一) 教材分析

"平均数的再认识"是北师大版小学数学五年级下册第六单元第三课时的内容。在此之前,学生已初步认识平均数,了解平均数具有代表性。因此借助已有知识经验再认识集中趋势,有助于培养学生的数据意识,为以后学习新的统计量奠定基础。

(二) 学情分析

(1) 知识起点:学生在四年级已经初步认识了平均数,知道平均数是一组数据匀出来的,代表这组数据的平均水平;会用"移多补少"或通过计算(总数÷总份数)求平均数,理解平均数在最大数和最小数之间。

(2) 已有生活认知:知道在现实生活中人们经常用到平均数来帮助分析解决问题,如平均分数、平均速度、平均身高等。个别学生可能在电视上看到过"去掉一个最高分和一个最低分再求平均数"的评分规则。

(3) 思维特点:平均数是一个刻画数据集中趋势的统计量,是一组数据平均水平的代表。对于平均数,学生更多的是关注它的代表性,而忽视平均数背后鲜活的数据"个体"及其反映出的不同数据特征。集中趋势对于学生来说,更多的是一种模糊的存在。

(三) 知识点

北师大版数学五年级下册"平均数的再认识"。

(四) 学习目标

1. 在观察、思考、表达的过程中,进一步认识平均数,知道用平均数可以刻画一组数据的集中趋势,了解平均数的"灵敏性",能用平均数解决有关的简单实际问题。

2. 经历发现问题、提出问题、分析问题、解决问题的过程,体会数形结合思想、变中不变思想、随机思想,发展数据意识和应用意识,积累数据分析、用数学语言表达现实世界的活动经验。

3. 感受数学与生活的密切联系,体会平均数的价值和意义,激发学习数学的兴趣,养成良好的学习习惯。

(五) 重点难点

教学重点：理解平均数代表一组数据的集中趋势。

教学难点：体会平均数的"灵敏性"，能解释去除极端数据的合理性。

核心问题：怎样在教学中引导学生初步感受数据的"集中趋势"？怎样引导学生感受到极端数据对平均数的影响，体会平均数的"灵敏性"？

(六) 设计思路

根据"三教"＋"情境-问题"的教学模式，采用问题驱动的方式进行教学，通过以下四个问题驱动学生深入思考：是什么？合理吗？怎么办？还有吗？以问题为导向，从而达到在学习中促进学生数学核心素养的培育。让学生经历发现问题、提出问题、分析问题、解决问题的过程，体会数形结合思想、变中不变思想、随机思想，发展数据意识和应用意识，积累数据分析、用数学语言表达现实世界的活动经验。

二、教学过程

(一) 复习平均数的代表性

1. 出示人数不同的 2 个小组的身高数据，利用平均数计算比较 2 组平均身高水平，复习平均数的计算方法。

2. 讨论 149 cm 和 150 cm 所表示的意义，理解平均数具有代表性。

小结：平均数能代表一组数据的平均水平。

（板书：代表性——平均水平）

总结：有了四年级学习平均数的经验，我们对数据的分析多了"平均数"的眼光，也已经知道平均数是什么，怎么算。关于平均数还有很多有意思的知识，今天我们就围绕着"是什么？合理吗？怎么办？还有吗？"这 4 个问题进一步认识平均数。（出示课题：平均数的再认识）

【教学反思】通过复习平均数在生活中的应用，理解平均数是一组数据的代表，具有代表性，以及求平均数的计算方法，唤起学生的知识经验，为探究平均的再认识铺垫。

(二) 体会平均数的"集中趋势"

1. 收集整理数据

(1) 要想知道我们全班的平均身高，该怎么办？（板书：调查数据—收集数据—整理数据—分析数据—做出决策）

(2) 出示根据收集的数据绘制的身高条形统计图，交流统计图每个组成部分表示的意义。

(3) 将条形统计图绘制成散点图，说明其每个点对应的是每位同学的身高。

2. 分析数据

(1) 不计算，猜一猜这个班的平均身高在什么水平？

（2）出示平均数线,追问猜得最准的同学:为什么你能猜得这么准? 初步体会利用点集中趋势判断平均身高是多少。

　　（3）增加样本人数至 4 个班级,用这样的方法继续猜猜平均身高是多少。

　　（4）当样本人数增加至全年段,猜一猜平均身高是多少?

　　3. 归纳发现

　　对比观察三幅散点图的平均数线与点的位置,有什么发现?

　　总结:大部分的点集中在平均数的附近,看来,平均数不仅可以代表一组数据的平均水平,还能代表一组数据的集中趋势。比如咱们班平均身高 148.2 cm,就说明大部分同学的身高集中在 148.2 cm 附近。现在,请你和同桌举例谈一谈对集中趋势的理解。

　　【教学反思】由条形统计图到散点图,由一个班到全年段,意在凸显统计图的直观,借此感悟平均数能代表一组数据的集中趋势。

　　（三）体会平均数的"灵敏性"

　　出示:已知 5 个人的小组里,他们的平均身高是 150 cm。

　　1. 猜一猜,这 5 个人的身高分别是多少? 完成学习单。

　　（1）学生汇报,利用 Excel 表格验证。

　　（2）第 1 组数据:平均数会不会变化? 如果有变化,跟谁有关系?

　　（3）第 2 组数据:随着数据的输入,平均数会变大还是变小?

　　（4）第 3 组数据:再次感受平均数的灵敏性。

　　（5）说一说,你觉得平均数是一个怎样的数?

　　2. 改动其中一个身高数据,平均数会发生变化吗?

　　（1）改动第一组数据,把身高变小,平均数怎么变?

　　（2）改动第二组数据,把身高变大,平均数怎么变?

　　小结:尽管数值只高了或低了那么一点,但都会对平均数有影响。正如一位数学家所说,平均数很灵敏,一有风吹草动,它就有变化。这是平均数的另外一个重要特性——灵敏性。（板书:灵敏性）

　　3. 极端数据对平均数的影响

　　（1）请大家仔细观察,这些同学所写的三组数据相同吗? 但 150 cm 都能代表他们的平均身高。

　　（2）出示身高数据:146 cm、150 cm、151 cm、153 cm,请问这四个人的平均身高是多少? 我加入了一位篮球运动员的身高数据,这位运动员身高 226 cm,这样这组身高水平就能达到 165.2 cm。

　　（3）150 cm 与 165.2 cm 哪个更能代表这组的平均身高?

　　（4）165.2 cm 不能很好地代表是哪个数据造成的?

　　小结:226 cm 与其他数据相差太远了,所以我们把这个数据叫作极端数据。那么在计算这组的平均身高时,我们可以先把 226 cm 这个极端数据去掉,再算平均数,这样算出来的平

均数就更具有代表性。(板书：去除)

4. 生活中的应用

(1) 生活中你还见过这样算平均数的吗？(播放唱歌比赛中的计分方法)

(2) 出示表格，对比观察算法的区别。并讨论哪种算法更合理。

总结：平均数，它有所长，也有所短。它具有代表性，还能代表一组数据的集中趋势，同时它也很灵敏，但这就导致它易受极端数据的影响。为了更具有代表性，人们通常会去掉极端数据，再算平均数。

【教学反思】借助 Excel 输入数据，意在感受平均数会随着数据的变化而变化，由此发现平均数的另一特性——灵敏性。引入极端数据 226 cm，意在关注平均数发生的变化，由此讨论其作为平均水平的代表的合理性。以唱歌比赛计分解释其合理性，意在考查孩子是否能运用所学知识。

(四) 体会统计量的变化

1. 那么如果我们想要分析某组的身高水平，就可以大胆地去掉极端数据，不管它的极端数据有几个。

2. 比如：157、157、157、157、157、145、131、175、136、170，这组身高数据，为了表示这组身高水平，把太高、太矮的通通去掉，再求平均数，这样做合理吗？如果不合理，你想怎么办？

3. 如果我把 157 cm 作为这组身高的代表，合理吗？

总结：因为有了不合理，人们又想出了其他的统计量来解决问题。看来，数学教会我们的不仅是知识，还有更重要的是发现问题、提出问题、分析问题、解决问题。

【教学反思】有了学习平均数的经验，鼓励孩子们能用不同眼光分析数据，说明理由。为学习众数铺垫。

(五) 梳理总结，拓展认知

1. 学习了这节课，你有什么收获？

2. 通过这节课的学习，你还想知道什么？

三、学习体验

生 1：在课堂的一开始，周老师就列举了我们班级和年段的身高数据，看上去更真实。任何一个数有变化，平均数就有明显的反应，我更是睁大眼睛生怕错过。看来平均数真是一个非常灵敏的数！

生 2：刚开始上课，周老师就出示了一张年段身高统计图，后来它摇身一变，变成了一张散点图，十分有趣，知道了平均数能代表一组数据的集中趋势。我们还借助一个软件，感受了平均数的灵敏性，知道了要将极端数据去掉再算。由此，我的脑袋冒出了疑惑，如果有很多个极端数据，难道也都可以去掉吗？

生 3：周老师利用一个神奇的软件，让我们再次认识"平均数"，只要一个数发生变化，哪怕是微妙的，平均数也会跟着变，可真是"跟屁虫"看来，平均数不仅具有代表性，而且还是一个极其灵敏的数啊！

学生从平均数代表平均水平的已有知识经验，到多元地认识平均数，有了自己对平均数这个统计量的感知，称它为"跟屁虫"。由此可见，借用 Excel 表格，学生能很直观地体验到平均数的灵敏性。而数据的处理、分析对五年级的孩子来说比较困难，因此采用直观的统计图让学生感受其集中趋势，从三幅统计图中归纳出数据集中的特点，让学生在观察中思考，在思考中总结。而去掉极端数据的做法，也引发孩子对多个极端数据是否都去掉的思考，在此，本节课的思维程度得到升华。因此，在教学过程中借助直观展示的工具，更有助于学生体验、思考，让数学不再枯燥难懂。

四、教学反思

张奠宙先生说："数学教学的有效性在于对本质的把握、揭示和体验。"为准确把握教学内容的本质，在设计教学时要常常问自己："认识了什么？""再认识什么？""再认识的意义是什么？""有何用？"关于再认识，有人说再认识有三种样式：由表及里，有了认识的深刻性；由一至二，有了认识的完整性；由正到反，有了认识的全面性。因此，本节课力求带领学生经历这样三个过程，让学生感悟到：因为深刻，所以不会浅尝辄止；因为完整，所以不会目光短浅；因为全面，所以不会以偏概全。

（一）调查统计，培养统计意识

本节课采用的数据均由学生统计而来，是真实、有效的数据。帮助学生在研究平均数时，感悟数据的统计意义，由此形成统计的应用意识。

（二）分析数据，体会集中趋势

平均数的集中趋势这一特性，对于孩子来说较为抽象，因此教学时采用由少到多，由简到繁的数据配合直观的散点图，在对比与联系中，感受平均数能代表一组数据的集中趋势。

（三）借助工具，感悟其灵敏性

借助 Excel 表格，在输入数据的过程中，让学生深刻地感受到平均数随着数据的变化而变化。再对其中一组数据微调整，平均数仍会发生变化，由此了解到平均数的灵敏性。

（四）生成知识，拓展新统计量

平均数这一统计量并不是只有优点的，灵敏性就是它的缺点，如何让孩子感受其缺点呢？通过极端数据的加入导致平均数的变化，让学生在真实情境中发现问题和提出问题，学生通过数据分析、推理等方法分析问题和解决问题。

本节课在"三教"理念的引领下逐步落实：1. 教思考，用核心问题引领课堂教学，再由浅入深设计了不同层次的问题，旨在让学生对所学知识有更深更透的理解；2. 教体验，经历了收集整理数据、分析数据的体验，通过直观图的视觉体验，借助 Excel 的灵敏性体验，旨在唤醒学生的学习兴趣；3. 教表达，在出现极端数据，平均数是否仍具有代表性的讨论过程中，旨在帮助学生养成讲数理、有条理的思维习惯。

五、专家评析

平均数是小学数学第二学段统计知识中的一个统计量。平均数是用来描述一组数据的集中趋势，通过平均数的再认识，旨在让学生理性看待平均数，了解平均数的局限性，进一步发展学生的数据意识和科学态度。周老师从两组数据到多组数据，从实际问题引发学生深入思考，寻找解决问题的新方法，由浅入深，层层递进，让学生经历"调查数据—收集数据—整理数据—分析数据"的过程，通过 Excel 表格呈现动态变化的数据，通过观察数据的散点图，使教学内容直观形象，感悟数据变化中的奥秘，发展数据意识，积累处理极端数据的经验，从而发展学生的数学核心素养。

（评析人：泉州师范学院　苏明强）

"加法的初步认识"教学课例

新疆塔城市二工镇中心学校　王爱玲

一、教材分析

(一) 教学内容分析

"加法的初步认识"是人教版义务教育教科书(2022年审定)小学数学一年级上册第三单元第二节的内容,这部分内容是学生在学习了1~5的认识、5以内的比大小、2~5数的组成的基础上进行的,学好这部分知识能为今后进一步学习计算打下牢固的基础,因此这节课在学生学习数学中起着重要的作用。

1. "加法的产生和意义"的相关数学文化资源

(1) 生活中的加法

生活中处处用到加法。如:妈妈买菜2元,买水果3元,妈妈一共要付多少元? 买一支铅笔1元,我买了2支,多少元? ……

教材给出的情境如图所示。

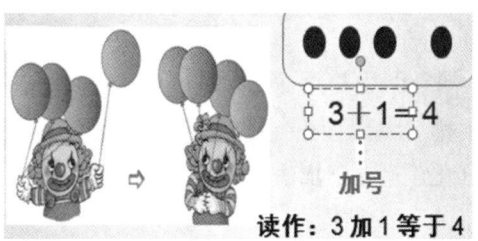

教材通过小丑图使学生明白,"把3个红气球和1个蓝气球合在一起,求一共有多少个气球"要用加法计算。"把3个点子和1个点子合在一起,求一共有多少个点子"也要用加法计算。点子图既突出了合并,又能使学生感受到部分与整体的关系,而且还能体现出由直观情境向半抽象水平的过渡;紧密结合情境图和点子图,给出加法算式3+1=4,介绍"+"和"="以及加法算式的读法和写法。

为了使一年级的学生较好地理解数学概念,掌握计算方法,较好地进行练习,提高学生学习数学的兴趣,在教学中要充分利用直观图和学具,这样学生可以更好地理解所学的数学知识,也能提高学习数学的兴趣。

(2) 与加法有关的数学思想和数学文化

加法有非常悠久的历史,中国早在3000多年前的商代就已经有加法运算了,古代把两个数字写在一起就表示相加,但那时候还没有加法符号。"＋"出现于中世纪,据说它们是这样来的:当时商人在卖出酒后,就用横线标出酒桶里剩下的酒;而当酒桶里的酒增加时,便用竖线条把原来画的横线划掉,于是就出现用来表示减少的"－"和用来表示增加的"＋"。

运算符号并不是随着运算的产生而立即出现的。1489 年,德国数学家魏德曼(Widman,1460—?)在他的著作中首先使用"＋""－"表示剩余和不足。1514 年,荷兰数学家赫克(Hoecke)把它用作代数运算符号。后来又经过法国数学家韦达(Vieta,1540—1603)的宣传和提倡,才开始普及。(以上内容摘自网络)

2. "加法的产生和意义"相关知识分析

(1) 地位与作用

《义务教育数学课程标准(2022 年版)》强调:数与代数是义务教育阶段学生数学学习的重要领域,学段之间的内容相互关联,由浅入深,层层递进,螺旋上升,"加法"属于"数与代数"学习领域,这部分内容是学生在学习了 1～5 的认识、5 以内的比大小、2～5 数的组成的基础上进行的,学好这部分知识能为今后进一步学习计算打下牢固的基础。计算是学生在认识数的基础上学习的,因为数和计算是人们在长期的生产实践中逐步发展起来的,是紧密联系的。认数是计算的前提,计算又有助于加深对数的认识。

(2) 本节教材知识间的逻辑结构

为了使学生能够更深入、更全面地理解加法的含义,教材加强了加法含义的教学,具体体现了以下几个方面。

首先,加法概念的建立从"小丑图"入手,内容单一、直观、切入口小,有利于学生直接理解加法的含义。

其次,在"小丑图"下面,分别增加了"合并"含义的点子图,既便于学生在观察和动手操作的基础上进一步理解加法的含义,又可以使学生经历从具体到初步抽象的认识过程。

最后,在"做一做"中安排了"看图说一说算式表示的意思"的练习,在练习中有利于加深学生对加法含义的认识,强化学生对于加法含义的理解。

(3) 本单元教材知识间的逻辑结构

本单元是学生系统学习加法的开始,教材在 5 以内的加法中出现了根据一幅图写出一个算式,在得数是 6 和 7 的加法中出现了根据一幅图写出两个算式,再过渡到根据一幅图写出四个算式,这样使学生在头脑中逐渐建立起加法的内在联系。

在加强对加法含义的教学中,教师可以尽可能地采用实物情境图、点子图等直观图以及学生喜欢的图画,帮助学生理解加法的含义。

(4) 学情分析

《义务教育数学课程标准(2022 年版)》指出:数学教学要让学生亲身经历数学知识的形成过程,也就是经历一个丰富、生动的思维过程。一年级小朋友刚从幼儿园跨入小学的学习,幼儿园的学习模式是以游戏为主,孩子在进入一年级后,思想和学习状态还不能立即转变过来,所以在教学过程中应尽量采用孩子熟悉的方式进行教学,这样既保持了两个阶段数学教学的连续性,又给孩子在学习中有一个过渡的阶段。孩子在数学学习中也是首次接触计算问题,但是孩子在生活中大都具有了一定的计算能力,缺乏的是对加法含义的理解。基于这个特点,在教学中笔者注重把数学活动和生活经验与游戏相结合,教学内容是在孩子学过的数的组成的基础上进行的,创设孩子感兴趣的趣味性教学,利用他们已有的生活经验和基础来学习本节课的知识。

(二) 教学目标分析

1. "四基"目标

(1) 基础知识与基本技能

本节课需要学生掌握的基础知识是:结合具体情境,了解加法的含义,建立"＋""＝"的概念,进一步掌握加法的意义,初步理解加法的含义正确读出并会列加法算式,知道合起来用加法计算。

(2) 基本数学活动经验与基本数学思想方法

本节课需要学生积累和感悟的基本数学活动经验与基本数学思想方法是:让学生在"观察""演一演""摆一摆""说一说"等体验活动中经历加法的过程,认识"＋"和"＝",利用动画演示"合起来"的过程,渗透加法的数学含义,培养学生的观察和语言表达能力;联系生活实际设计教学环节,使学生明白数学源于生活,丰富学生的数学文化,让学生对数学产生浓厚的兴趣。

2. 核心素养目标

《义务教育数学课程标准(2022年版)》将义务教育阶段的数学核心素养的内涵界定为"三会",即会用数学的眼光观察现实世界、会用数学的思维思考现实世界、会用数学的语言表达现实世界。

本节课的教学,需要实现的核心素养目标为:通过对"合起来"用加法计算的学习,学会用数学眼光观察和发现生活中处处用到加法,会用数学的思维思考现实生活,会用数学的语言表达生活中的加法。

二、"三教"理念对"加法的初步认识"的教学启示

(一) 从教思考的角度出发

教思考,就是在教学过程中让学生学会用数学的思维分析现实世界,学会想数学,培养学生的数学思维。在本课教学中,为了教学生思考,先让学生学会观察,并引导学生去思考,从而激发学生积极思考,激发学生的学习兴趣。

比如:引导学生去观察"小丑图",小丑左手有几个红气球? 右手有几个蓝气球? 通过学生仔细观察并说一说,引发学生思考,合起来有几个气球?

又如:你们可以用其他物体来表示这幅图的内容吗? 使学生在思考中感悟到气球可以用点子来表示,也可以用手中的铅笔来表示,理解数学与生活有着紧密的联系,体会到学习数学的实用性、重要性。

再如:你们在生活中遇到过"合起来"的问题吗? 通过引导学生思考激发学生的探究欲

望思考。家里出现类似这样的场景。

(二) 从教体验的角度出发

教体验,就是让学生会用数学的眼光观察世界,学会"做数学",获得学习体验,在体验中进一步加深对数学知识的理解和感悟。在本课教学中,教体验主要是让学生体验加法概念的形成过程,学生通过动手摆一摆、说一说、演一演来体验合并用加法计算。

在本节课的教学中,笔者引导学生双手做"合起来"的动作,利用手中的学具"摆一摆",找男女学生上台来"演一演"的活动,加深学生对加法的理解。这些都是很好的教体验的过程。

(三) 从教表达的角度出发

教表达,就是让学生在学习数学中会用数学的语言表达世界,学会"说数学",提高学生的语言表达能力,加强学生对数学知识的学习和理解。

在本课教学中,教师引导学生用口头语言描述情境图,鼓励学生说,可以同桌一起说也可以自己边做动作边说,引导学生大胆说出自己的理解,也可以画一画,边画边用自己的语言描述,通过"说"来发展学生的数学语言提高学生的表达能力。

三、"三教"理念下的"加法的初步认识"教学设计

主要环节	主　要　内　容		"三教"落实情况
	教　师　活　动	学　生　活　动	
一、创设情境,激发兴趣	1. 游戏,唤起旧知记忆 拍手游戏,复习数字 4 的组成。 根据数的组成来拍手。 师:我说 1,你说(　)。 合:1 和(　)组成 4。 师:我说 2,你说(　)。 合:1 和(　)组成 4。 师:我说 3,你说(　)。 合:1 和(　)组成 4。 2. 探究新知 引导学生观察情境图,引导学生描述画面所表示的意思。 (1) 通过课件演示,让学生感知:右手有 3 个气球,左手有 1 个气球,合在一起是 4 个气球。 (2) 学生一边说一边做合起来的动作,同桌交流感受与体会。 (3) 老师说明:把两只手中的气球放在一起,就是合起来的意思。(并与学生一起,边说边做合起来的动作)	1. 玩拍手游戏,回顾所学数的组成,激发学生的学习兴趣。 师:我说 1。生:我说 3。师生合:1 和 3 组成 4。 师:我说 2。生:我说 2。师生合:2 和 2 组成 4。 师:我说 3。生:我说 1。师生合:1 和 3 组成 4。 2. 观察教材中的情境图,从情境图中感受合在一起的过程。让学生说一说情境图所表示的意思。 学生伸出左手和右手,一边说一边做合起来的动作。 生:我左手有 3 个红气球,右手有 1 个蓝气球,合起来有 4 个气球。 老师和同学们边说边做动作,感受两部分合成一部分,理解合并。	教表达:学生说出画面上所表示的意思,更好地理解合起来,也为后面理解合起来用加法计算做好铺垫。 教体验:学生边说边做合起来的动作,亲身体验合并。

主要环节	主　要　内　容		"三教"落实情况
	教 师 活 动	学 生 活 动	
二、深入体验，理解加法的含义	1. 学习加法算式 (1) 由右手和左手气球的数量写出数字 3 和 1。 (2) 老师说明：把 3 和 1 合起来，在数学上我们用符号"＋"来表示。同时老师在 3 和 1 中间板书"＋"。 师强调：书写"＋"要注意什么？ 学生回答。 (3) 引导学生数一数合在一起是多少，用数字几表示。在学生回答的基础上，老师板书"＝"，并在等号后面写上 4。认、读"＋、＝"。 (4) 老师进一步说明：把 3 和 1 合起来，用加法计算。（板书：加法） (5) 读加法算式。3＋1＝4，读作：3 加 1 等于 4。老师范读，同桌互相读、自由读，注意"等于"要读准。 提问：3＋1 表示什么意思？"＋"表示什么意思？（表示合起来的意思） 师：你是怎么算出 3＋1＝4 的？ 2. 演一演 请学生上台当气球，感受合起来用加法计算。女生表示红气球，男生表示蓝气球，分别站在老师的左右两边。 3. 摆一摆 引导学生同桌合作，可以用手中的铅笔等学具来表示加法。	1. (1) 学生举起小手在空中写"＋"，并读出加号，说出加号的写法，"一横一竖"。学生说写"＋"的注意事项。 (2) 学生举起小手在空中写"＝"，并一起说等号，说出等号的写法，"两横"，并说出等号的准确写法，区别与语文刚学过的"二"的不同。学生认真观察老师写加法算式，跟着老师一起写加法算式。读作：3 加 1 等于 4。学生说出自己计算 3＋1＝4 的想法。 2. 学生上台演示合在一起，强化合并用"＋"表示。女生当红气球站老师的左边，男生当蓝气球站老师右边，老师把左右两边的学生合在一起，让学生描述这个过程。 3. 同桌合作用加法表示的例子，同桌边说边做动作，并且说出加法算式。	教体验：学生从不同角度理解加法的含义。学生做两手合在一起的动作，理解合并并且更好地理解加法。小手在空中写"＋"和"＝"，体验加号和等号的写法，也更好地为孩子营造学习的氛围，激发孩子的学习兴趣。 教表达：让学生说出写"＋"需要注意的地方，和画等号"＝"需要注意的地方，这样不但提高孩子的表达能力，也强调其他孩子在写"＋""＝"时容易犯错误。 教体验：让学生体验小朋友也能表示气球的合并，亲身感受合并的过程。 教思考：让学生思考能不能用不同实物、不同数量的物体来表示加法，达到举一反三的目的，也能更好地让学生理解加法的意义。 教表达：最后让学生上台说说自己用学具演示合并并且说出加法算式，这样更能锻炼学生的语言表达，刺激孩子的大脑，也增强学习的氛围，调动孩子学习的积极性。
三、学以致用，巩固提升	1. 发散思维 老师引导、启发。生活中还有哪些能用加法算式来表示呢？ 2. "做一做" 看图说一说算式所表示的意思。	学生说一说生活中用加法来表示的事例。 昨天爸爸给我买了 1 个本子，妈妈又给我买了 2 个本子，我现在一共有几个本子？1＋2＝3。 我昨天得了 2 朵小红花，今天又得了 1 朵小红花，现在一共有多少个小红花？ 2＋1＝3。	教思考：引导学生观察发现生活中有很多用加法计算的例子，从而让学生学会去观察生活中的数学，在生活中遇到数学问题学会去思考。 教表达：通过让学生说来更好地理解加法的意义，锻炼孩子的表达能力，引导学生说出自己在生活中的发现，拓展延伸今天所学的内容，为后期学习减法打下基础。
四、课堂总结，拓展延伸	1. 总结本节课的学习内容 2. 布置作业 教材：练习三 1～2 题。	1. 学生说本节课的收获。 2. (1) 独立完成，全班订正。 (2) 独立完成，全班交流。	"教思考、教体验、教表达"的课外延伸。 教表达：书写作业，书面表达。

四、教学实践与反思

(一) 教学路径分析

所谓教学路径,又称为教学路线图,是指将一节课的主要环节、基本过程、主要内容甚至师生的主要活动等,用一张图的形式画出来。本节课的教学路径如下图所示。

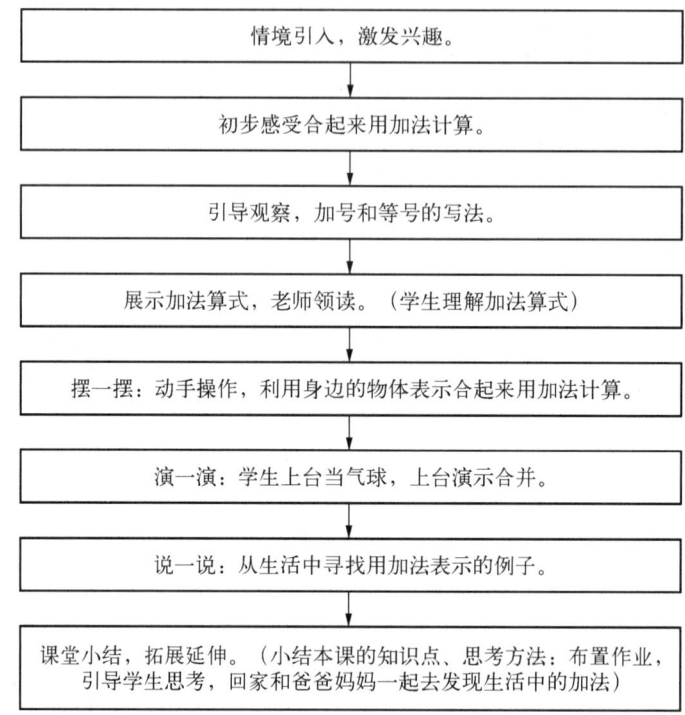

(二) 多样化教学

让学生知道加法在生活中处处都会用到,因此在学习"加法的初步认识"的教学过程中,笔者利用教材中的情境图引入,这个情境图也是学生最熟悉的画面,容易把学生带入教学中。先让学生观察画面,说一说画面表示的意思,然后再让学生伸出双手,学着小丑的样子做一做这个动作,边说边玩边学,营造学习的氛围,激发学生的学习兴趣。

在教学中落实数学核心素养,让学生在学习的过程中知道原来数学就在生活中,感悟到数学就在我们身边。

1. 在教学中创设情境时首先要符合学生的心理特点。对刚入学的一年级小朋友来说,教学情境还需要有直观形象的思维特点,只有在直观具体的情境中,将眼中看到的与心中想到的说出来,才能加强孩子对知识的理解。

2. 让学生观察情境图中的小丑,跟着小丑一起做动作,更好地理解"合起来",然后发挥想象,思考:你们能用手中的物品"摆一摆"来表示合并的意思吗?根据自己的理解用铅笔或学具摆一摆,归纳出合起来用加法计算。在教学过程中都是通过具体化的场景获得学习的经验,逐步理解本课学习的内容,促进学生主动思维。

3. 为了调动孩子学习的积极性,并且更好地理解加法的含义,在教学过程中笔者以让学生上台当作小气球的游戏为情境来巩固所学的知识。女生当作红气球站在老师的左边,男生当作蓝气球站在老师的右边,让学生观察老师的左右两边各有几个小朋友,合起来一共有几个小朋友。经过活动强化合并用加法计算的概念,比直接告诉学生合在一起用加法计算,更能渗透加法的含义。

总之,"三教"+"情境-问题"教学模式,更加注重学生的体验、思考和表达,在教学中利用学生熟悉的生活情境,更能贴近学生的实际生活,吸引学生的注意力,调动学生学习的积极性。

五、专家评析

数感与符号意识对一年级学生来说是抽象的,虽然加法对一年级学生来说已经不是初步认识,但多数是机械化的,学生并不太理解到底什么是加法。本设计将学生理解加法的意义作为重点,注重培养学生学习数学的兴趣。借助例题情境让学生描述过程,并用手势配合演示,从而让学生感知"合起来",学生在描述过程时锻炼了语言表达能力。学生在说一说、摆一摆、演一演等体验活动中,加深对合并的理解,从而自然地引出数学上表示合起来的运算就是"加法"。

这节课既是学生学习加法运算的开始,也是应用题的启蒙。本设计中让学生感受生活中处处有数学,数学就在身边,让学生说出生活中能用加法算式表示的事例,使他们加深了对加法意义的理解,又密切了数学与生活的联系,初步培养学生的数学意识和应用意识,为今后学习应用题打下了基础。要让学生能随时随地带着数学的眼光、数学的思维、数学的语言把问题、问题的解决方法、发现的数学规律、建立的数学模型说出来。理清楚,想明白,说准确,不仅能帮助学生更好地学好数学,更能帮助他们未来更好地生活。

（评析人：塔城市第一小学　骆春梅）

"分数的产生和意义"教学课例

新疆塔城市第一小学　陈君玲

一、教材分析

（一）教学内容分析

"分数的产生和意义"是人教版义务教育教科书（2022 年审定）小学数学五年级下册第四单元"分数的意义和性质"的第一课时内容,属于数与代数的领域。

1. 分数的相关数学文化资源

分数是第一个"人为"创造出来的数,它是在自然数之后产生的。早在人类文化发展初期,它就悄悄地闯进人们的生活之中。在古代,人们在均分东西的时候,经常会出现不能整分的情况;在测量和计算时,也往往遇到不能正好得到整数结果,于是渐渐产生并开始使用分数。刚开始只使用具体的分数,如一半、一半的一半等。后来逐渐出现了三分之一、三分之二等这样的分数。埃及有一种面积单位,它的四分之一叫作"洛马那雅",就成为各种量的一部分的总称。我国《说文解字》中将"分"解释为"分,别也。从八从刀,刀以分别物也"。时至今日,分数知识仍然是普通百姓数学素养的组成部分之一。所以,了解分数中的数学思想与数学文化对数学教学及学生学数学是非常必要的。

2. 分数的相关知识分析

在小学阶段,对于分数的学习,教材比较明显地分为两个阶段：三年级学习"分数的初步认识"和五年级学习"分数的意义"。其实分数与小学数学中许多知识有着紧密的联系。分数与二年级的除法中,平均分是分数产生的基础,而分数也可以表示除法的过程和结果;分数沟通了整数与小数的桥梁,是认识小数的基础;分数也可以表示可能性的大小。所以分数是小学数学学习中一个核心概念。

理解分数的意义和性质是儿童对数的概念发展的重要里程碑,是培养儿童数感、发展抽象能力的有力载体,是数学思维真正进入小学数学的地方。但同时,与整数、小数的概念相比,分数概念更抽象,内涵更多维,外部表征多元化,如实物操作、图像表征、语言解释、符号表征、现实情景表征等,认识活动复杂。所以,分数教学一直是"数与代数"领域公认的教学难点,无论学生是在理解分数计算的算理,还是在后续解决分数相关实际问题时总会困难重重。因此本节课的重点是要使学生理解不仅一个物体,一个计量单位可用自然数"1"来表示,很多物体看作的一个整体也可用自然数"1"来表示,通常把它叫作单位"1",进而总结概括出分数的意义。

3. 学情分析

小学五年级的学生正处于形象思维向抽象思维过渡的阶段,求知欲和好奇心都很强,已具备一定的独立思考能力,乐于动手操作、合作探索,而本节课的教学内容较为抽象,对学生有一定的难度,尤其是对单位"1"的理解。因此教学中要紧扣学生已有的知识经验,创设有助于学生自主学习、合作交流的学习情境,引导学生经历"认真观察—独立思考—自主探究—合作交流",遵循由浅入深、由具体到抽象的规律,为学生创设一个和谐的学习环境,帮助学生在探索交流中,感受、理解和概括出单位"1"和分数单位的定义。

(二) 教学目标分析

1. "四基"目标

(1) 基础知识与基本技能

了解分数的产生;在动手操作中让学生体验,感悟并理解单位"1";在不断的比较中,引导学生深入理解分数的意义;体会分子,分母与分数单位的具体含义;培养学生抽象概括能力。

(2) 基本数学活动经验与基本数学思想方法

让学生通过说一说、分一分、画一画、写一写、折一折、涂一涂等体验活动探究单位"1",感受并理解分数的意义,培养学生的实践、观察及创新能力,促进其思维的发展。通过创设互相协作,积极探索的学习情境,培养学生的学习兴趣,并渗透数学来源于实际生活的思想。

渗透数形结合的思想:分数是在实际生活中产生的,引导学生尝试解决把一些物体平均分,再归纳出分数的意义,发挥形象思维和生活体验对于抽象思维的支持作用。

观察、比较贯穿始终:通过不断的思考、观察、比较活动,使学生理解可以把许多物体看作一个整体进行平均分,用分数表示其中的一份或几份,完成对单位"1"的认识与扩展,通过观察比较、分析讨论、归纳概括出分数的意义。

2. 核心素养目标

在"分数的产生和意义"一课中,让学生进一步丰富对"整体"的认识,把"多个物体"或"多组物体"看成"一个整体",建构单位"1"的概念,从直观到抽象,由个别到一般,利用操作、讨论、交流等形式展开小组学习,适当展开概念的形成过程,帮助学生在过程中获得感悟,自己构建这些概念的意义,最终抽象出分数的意义。

二、"三教"理念对"分数的产生和意义"的教学启示

(一) 从教思考的角度出发

教思考,让学生会用数学的思维分析世界,学会"想数学"。

例如引发学生思考:你还记得分数各部分的名称吗,还学过分数的哪些知识? 唤起学生对旧知的回忆,为新课的学习做好铺垫。

又如:我们还可以把哪些物体看作一个整体呢? 加深对单位"1"的理解。

分数表示"部分"与"整体"关系的意义,从本质上分析,也就是用分数表示"关系"时,"数相等,量不一定相同",这同已有的认识和经验(数相等,量相同)产生了认知冲突。在教

学时,可以通过把握分数表示关系的本质特征,制造一次认知冲突,提炼本节课的核心问题,如:都表示四分之一,它们一样多吗? 以此核心问题驱动本节课数学思考的过程,推进学习分数的意义,辅助问题"为什么""怎么办"等把对核心问题的思考引向对单位"1"深入的理解。

(二) 从教体验的角度出发

教体验,让学生会用数学的眼光观察世界,学会"做数学",获得个人学习体验。

构建分数意义的过程,要尽可能地联系学生的生活经验,让学生借助充分的感性材料,发现和归纳总结一类事物的一般和本质特征,辅助其建构抽象的数学概念。首先,用多种实物让学生感性地体会分数的含义;接着,应用范围从一个物体、一个计量单位拓展到把若干个物体看成的一个整体,并能用一个整体描述分数的含义;然后由一个整体过渡到单位"1";最后,提供丰富的生活素材,通过单位"1"创造不同的分数,以进一步揭示概括分数的意义。学生通过举例、分一分、自我创造分数等来体验得到分数的过程,感悟分数的意义,从而促进学生对新知识的内化和建构。

(三) 从教表达的角度出发

教表达,让学生会用数学的语言表达世界,学会"说数学"。

在课堂教学中,要重视思考后的表达,在学生的表达中,可以及时了解学生数学思考的具体情况,还能让学生的思考听得见,让学生的思维看得见。在理解分数的意义时,重点要放在单位"1"、平均分,平均分成几份分母就是几,取几份分子就是几,在理解的基础上使学生学会准确表达。学生对核心问题和问题串进行思考,例如:创造的分数都是 $\frac{1}{4}$,所示的意思相同吗? 要及时引导学生把自己的想法表达出来,因为单位"1"的量不同,部分的数量就不同。提高数学语言的表达能力,发展数学核心素养。

三、"三教"理念下的"分数的产生和意义"教学设计

主要环节	主 要 内 容		"三教"落实情况
	教 师 活 动	学 生 活 动	
谈话引入,唤醒旧知	1. 三年级的时候我们已经初步认识了分数。(板书:分数)谁来说几个分数? 2. 板书:$\frac{1}{4}$。你知道分数各部分的名称吗? 3. 初步了解这些知识,你还想知道哪些有关分数的知识?	1. 生:$\frac{1}{3}$、$\frac{2}{5}$…… 2. 分别指出分子、分母、分数线。 3. 生1:什么是分数? 生2:分数有什么作用? ……	教思考:让学生回忆对分数的初步认识,为后面表示 $\frac{1}{4}$ 做好铺垫。 教思考:你想知道哪些有关分数的知识? 调动学生的已有经验和参与学习活动的积极性。

主要环节	主　要　内　容		"三教"落实情况
	教师活动	学生活动	
循序渐进，探究新知	1. 哪位同学能用米尺测量黑板的宽是多长，说一说，用"米"作单位，能不能用整数表示。 2. 播放"分数产生"的视频。 总结：在测量、分物的时候，可能得不到整数的结果，需要用一种新的数——分数来表示。所以，分数是人类为了适应生活的实际需要而产生的。	1. 生：不能。 2. 观看视频。	教体验：让学生量黑板的宽有多长，扩大了学生的探究空间；介绍教科书上的故事及分数的发展，在这个过程中既让学生经历分数产生的过程，又让学生从历史和现实两方面体会分数产生的必要性。
动手操作，理解意义	1. 你能说说下面图中 $\frac{1}{4}$ 的含义吗? （强调一定要平均分，板书：平均分） 2. 动手操作，探究新知。 （1）操作。 材料：一张长方形（正方形、圆形）纸、一条一米长的绳子、8个一样的小正方体、4根小棒。 合作要求：请根据这四种材料，通过折一折、画一画、分一分等方法，创造出 $\frac{1}{4}$ 这个分数。 （学生动手操作，教师巡视并参与其中） （2）交流展示。 谁来说说你的 $\frac{1}{4}$ 是怎么得到的? （3）认识单位"1"。 刚才我们表示这些分数时，是把哪些东西平均分的? 板书：一个物体、一些物体、一个计量单位 （4）学生举例，加深对单位"1"的认识。 思考：我们还可以把哪些物体看作一个整体呢? 像这样的一个物体、一些物体、一个计数单位，我们都可以用自然数"1"来表示，通常把它叫作单位"1"。（板书：单位"1"） 3. 研究几分之几。 （1） 我们也可以把一些物体看作一个整体。 把一盒粽子看作一个整体，平均分成4份，每份就是这盒粽子的 $\frac{1}{4}$ 。　把一盒月饼看作一个整体，平均分成4份，3份是这盒月饼的（　）。	生1：把一张正方形纸平均分成4份，其中的一份是这个正方形的 $\frac{1}{4}$ 。 …… 小组合作创造 $\frac{1}{4}$ 。 生1：我把这张长方形纸平均分成4份，其中的一份是这个长方形的 $\frac{1}{4}$ 。 生2：我把8个小正方体平均分成4份，其中的一份是这些正方体的 $\frac{1}{4}$ 。 …… 生：一群人、6个苹果、3根香蕉……	教表达：在学生对分数有初步认识的基础上，通过学生表达出这些 $\frac{1}{4}$ ，注重分的过程。 教体验：通过折一折、画一画、分一分等方法，创造出 $\frac{1}{4}$ 这个分数，让学生明白 $\frac{1}{4}$ 表示的东西不一样，得出一个物体、一些物体来感受单位"1"。 教体验：通过操作、观察、比较，让学生感受分物的方式，分的是什么以及分物的数量对是否用 $\frac{1}{4}$ 表示都没有影响，剥离分数的外在属性，寻找共同点，理解平均分成四份，表示其中一份这样的核心要素。 教思考：材质不同、形状不同、数量不同的物体，为什么都可以用 $\frac{1}{4}$ 来表示? 单位"1"与自然数1有什么区别?

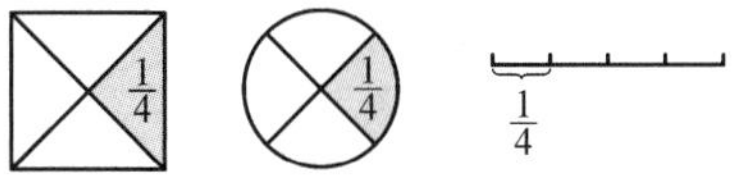

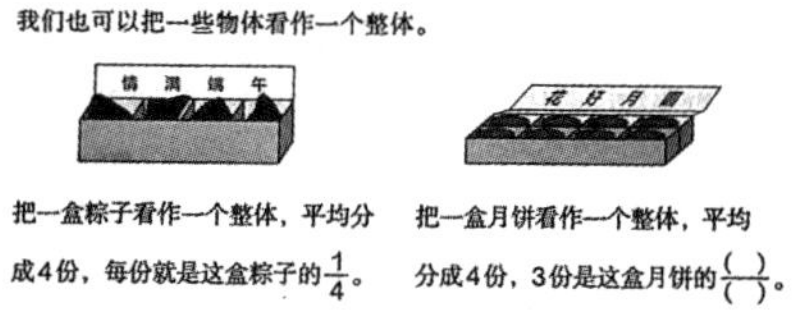

主要环节	主要内容		"三教"落实情况
	教师活动	学生活动	
动手操作，理解意义	师：谁来说一说什么是分数？ 板书：把单位"1"平均分成若干份，这样的一份或几份都可以用分数表示。 （2）你能说出分子、分母的含义吗？同桌两人议一议。	生：把一盒月饼看作一个整体，平均分成 4 份，3 份是这盒月饼的 $\frac{3}{4}$。 生：分子表示这样的几份；分母表示把单位"1"平均分成了几份。	教表达：自然数 1 是一个数，只表示一个具体事物。如：一个人、一本书、一间房子……它是自然数的计数单位。而单位"1"不仅可以表示某一个具体事物，还可以表示一堆、一群等多个物体组成的整体。
联系实际，拓展应用	1. 完成教科书第 46 页。 2. 认识分数单位。 整数有计数单位：个、十、百……分数也有分数单位。 3. 老师这里有 9 块糖，要分给班里的几位同学，我说一个分数，找同学上来拿，拿对了，糖带走，错了，糖留下。 （1）男生拿这些糖的 $\frac{1}{3}$，说说你是怎么拿的？把谁看成单位"1"？ （2）女生拿剩下糖的 $\frac{1}{3}$，说说你是怎么拿的？把谁看成单位"1"？ （3）这样公平吗，为什么？	1. 学生打开教科书第 46 页，独立完成。 2. 请学生上台演示、交流、核对答案。 学生自学教科书第 46 页分数的分数单位。 生：男生是把 9 块糖看作单位"1"，拿走 3 块；女生是把剩下的 6 块看作单位"1"，拿走 2 块，单位"1"不同。	教表达：通过学生的汇报，及时了解学生掌握的情况，把知识落到实处。
评价反思，感受成功	通过本节课的学习，你有哪些收获？		教表达：引导学生自主构建知识，自主评价反思，分享收获和成功，感受学习的快乐。
实践作业、课后延伸	基础作业：教科书 47 页第 1、3 题。 拓展作业：伸出一只手的 $\frac{1}{5}$；伸出一双手的 $\frac{1}{5}$，你有什么发现？		教体验：让学生进一步理解分数的意义，获得数学活动经验。

四、教学实践与反思

本课的教学设计主要以构建主义基本理念为依托，注重学生的认知规律，关注学生的生活经验,让学生在做数学中体验分数的价值,激发学习的兴趣,培养良好的数感。

以学生已有的知识为基础,让学生在合作、探究中主动获取知识,学生经历把一个物体平均分到把许多物体平均分的探究过程,充分体验、感悟并抽象概括出分数的意义,并强调单位"1"的概念,揭示了分数是表示部分与整体的关系。

为学生创设有趣的活动情境和探索空间,通过分一分、摆一摆、画一画等操作活动,让学生充分经历从现实生活中抽象出分数的过程,并感悟、体验这一过程。在教学组织形式上,以小组合作学习为主,与个人独立思考、全班集体学习有机结合。学生在合作探究中,交流自己的想法,倾听他人的意见,思维在交流中碰撞,问题在交流中得到解决。并把对学生学法的指导寓于教学过程的始终,引导学生学会分析、归纳、概括、迁移、抽象、把握概念的本质。创设小朋友分糖情境,引导学生从不同的角度提出问题,使学生发现虽然糖的总数是相同的,但分的份数不同,取的份数不同,所表达的分数就不相同,引导学生理解分数的意义。让学生亲身经历将实际问题抽象成数学模型并进行解释与应用的过程。

在设计练习时,笔者着重围绕本课重点即分数意义的理解进行安排,让学生在具体的实际生活问题中理解把哪个量看作单位"1",深化对分数意义的理解;其次是使学生感受到同一个分数,单位"1"的量的变化,所对应的数量也随之变化。并引导学生通过观察,感受到单位"1"的量的变化是如何影响分数所对应的数量的变化的。

五、专家评析

"分数的产生和意义"这节课,陈老师注重对学生认知规律的培养,紧密联系学生的生活经验,让学生在"做中学""对比中感悟"体验分数的意义,激发学习的兴趣,培养学生良好的数感。在充分调动学生学习主动性、积极性的基础上,能通过学生自主学习、提出问题、讨论交流、解决问题的方式来组织教学活动,充分体现学生的主体地位。学生学得生动、活泼,自主学习的积极性、主动性得到充分发挥。

教师不仅重视让学生掌握知识,并能十分重视学生对学习过程的体验和学习方法的渗透,重视学生个性化思维的展示,让学生通过回忆想象、自学教材、学习交流、动手实践等数学学习活动来发现知识,感受数学问题的探索性,促进学生学会学习。在教学过程中,始终把学生放在学习的主体地位,努力提高学生的自学能力和学习兴趣。

让学生举例说明生活中哪些物体还可以看作是单位"1",对数学的"见识"与"道理"有一定体悟后,回归现实,解释、解决身边问题,让学生认识到数学有用、数学好玩,培养数学探究的志趣,追寻数学的本真,再度升华对数学概念、原理的理解,真正会想、会说、会写,形成良好的学科素养。

（评析人：新疆塔城市第一小学　骆春梅）

"有趣的推理"教学课例

泉州市鲤城区第二实验小学　刘秋萍

一、教学设计

(一) 知识点

北师大版三年级下册"数学好玩"中的"有趣的推理"

(二) 学习背景

1. 教材分析

"有趣的推理"是北师大版三年级下册"数学好玩"中的综合实践课,旨在通过具体的数学问题培养学生的逻辑推理能力,提高学生在日常生活中运用数学思维解决实际问题的能力。教材通过丰富的例题和练习,让学生在实际操作中学会观察、分析、归纳和推理,让学生亲身经历对生活现象判断的过程,从而锻炼学生的逻辑推理能力,提高他们解决问题的能力。

2. 学情分析

学生通过之前的学习,对生活中的事件发生的确定性及可能性有了初步的了解,能够用"一定""不可能"描述事情的确定性,用"可能"等词语来描述事件的不确定性。学生经过之前的学习,在自主学习、小组交流基础上,已经具有一定的合作解决问题的能力,能比较积极、主动地在游戏中探索,对推理活动兴致较高,部分学生对简单的推理已具有一些自己的经验。但学生用"表格法"进行数学推理的能力还没有形成,有条理地、完整地描述自己的思考过程还有待提高。通过本节学习,为后续学习奠定基础。

(三) 教学目标

1. 经历对生活中的某些现象进行推理、判断的过程,能够对这些现象进行合理的分析。

2. 让学生学会运用列表、尝试、操作等解决问题的策略进行推理,发展推理能力。

3. 能够用语言清楚地表达自己的推理过程,在经历推理判断的过程中树立自信,体会生活中这些现象中蕴含的数学道理。

(四) 教学重难点

教学重点:经历对生活中某些现象进行推理、判断的过程。

教学难点:能对生活中的某些现象按一定的方法进行逻辑推理,判断其结果

二、教学过程

(一) 开门见山,直奔主题

师生谈话,直接进入课题。

1. 猜两位学生的年龄

2. 让生猜一猜老师的年龄

师:(课件出示提示)为什么不是24? ——不能是24岁,只能是28,32。

师:老师是28岁,你们想补充什么信息?(既不是最小的数,也不是最大的数)

师:刚才我们的同学已经用排除的办法进行推理了,在我们的生活中常常需要一些已知信息来进行推理和判断,你们想学吗? 今天我们一起来上一节好玩的数学课。

(板书:有趣的推理)(是什么?)

【教学反思】 采用猜一猜老师的年龄的游戏,从没有信息的瞎猜,到利用信息有根据地猜,一开始就牢牢抓住学生好奇的心,让学生感受到"推理知识"就在生活中,从而激发学生学习兴趣。

(二) 探究新知,点拨深化

1. 任务一

师:我们的好朋友淘气、笑笑和奇思的学校开展了许多有趣的兴趣班,淘气、笑笑和奇思也分别参加了。学校有足球、航模和电脑兴趣小组。淘气、笑笑和奇思根据自己的爱好分别参加了其中一组。他们三人都不在一个组。(先把题目齐读一遍)

(1) 你获取到了哪些信息?

(2) 点拨提问:"分别参加了其中一组。他们三人都不在一个组"这句话你怎么理解?

师:能确定他们分别在哪一组吗?(不能,因为信息不足,无法进行判断)

补充信息:笑笑不喜欢踢足球,淘气不是电脑兴趣小组的,奇思喜欢航模。

(板书:怎么办?)

(3) 组织研究学习:请你拿出学习单,把你的想法写一写或画一画,要让别人也看得明白你的推理过程。

(4) 学生展示多种方法。

师:老师在巡视的过程中老师发现同学们用了不同的办法,我来看看第一位同学,请同学上来给大家讲一讲你是怎么思考的? 把你的推理过程与同学们说一说。

连线法、文字法、列表法分别请一名学生上台展示,让列表法的学生边摆边说推理的过程。

师:用1个肯定的信息,得到4个否定信息。

拿出表格继续完成。

师:三种方法你最喜欢哪一种?

小结:三种方法各有优点,文字法能够把整个过程梳理很清楚,但是文字有点多有点麻烦;连线法能够一下子看到推理的结果,但是推理的过程看得不是很清楚;而我们的列表法只是简单地用了两个数学符号√和×,就能把推理的过程和结果都呈现得很清楚。

(5)对比各种方法,发现列表法的优势。回顾刚才的三种方法,你能发现它们都有什么相同的地方和不同的地方?

相同点:都抓住了很重要的一句话"奇思喜欢航模",这句肯定的信息,再对这些信息进行有序的分析。

(板贴:肯定信息—有序分析—合理判断—得出结论——这就是完整的推理过程)

(6)小结:列表法不仅能清晰地呈现结果,还能展现推理过程,一目了然。

【教学反思】通过推理三位小朋友分别参加哪一兴趣小组,利用信息推理判断,体现符号表示信息,凸显了信息的重要性。并体验了信息多种表现形式,感受符号代表的意义和简洁性。归纳提炼三种推理方法,让学生感受推理方法的多样性,推理的灵活性,更有利于学生推理能力的培养。

2. 任务二

师:快来看看航模小组发生什么事情了?

(1)出示情境图

(完成学习单活动二,想一想并说一说推理过程)

① 淘气号和乐乐号都放在柜子的左侧,淘气号在乐乐号的上面。

② 教练号在最上面一排左侧。

③ 妙想号不在最上面,也不在最下面。

④ 奇思号没有放在教练号的旁边。

(2)小组合作完成,并交流推理过程。

(3)学生展示推理过程。

(4)小结:当信息很多的时候,可以先进行有序的分类,把复杂的问题变简单。也可以从最直接的信息入手,再一步一步地推理。

【教学反思】在这个推理活动中,学生从独立思考到合作交流学习,层层递进。进一步引导学生有序思考,巩固运用当信息较多的情况,用分类信息这一策略进行分析推理,发展学生推理能力。

(三) 提炼概括,总结提升

同学们真厉害,帮助淘气、笑笑、奇思解决了这么多困难,你们开心吗? 把你的收获跟大家一起分享吧。

1. 学生谈收获。

2. 梳理方法。

【教学反思】进一步梳理知识点,在学生汇报梳理推理的方法,可以让学生推理思路更清晰,表达更简洁。

(四) 巧用迁移，内化知识

学校为前三名都准备了各种各样的奖品，有公仔、小汽车玩具、彩笔、钢笔、笔记本和直尺各一份。笑笑喜欢公仔，淘气想要小汽车玩具，奇思想要钢笔。

老师把这些奖品藏在了刮奖区的后面，你们能帮他们三人找到他们想要的奖品吗？

公仔和笔记本在刮奖区的右侧，公仔在笔记本的下面；

彩笔在最下面一排右侧；

小汽车玩具不在最上面，也不在最下面；

钢笔没有在彩笔的旁边。

【教学反思】 在练习活动中，注重再现知识产生、形成的过程，引导学生探索、观察、发现。启发学生思考，深化学生的思维，激发学生学习的主动性，进一步巩固内化推理知识。

(五) 联系生活，增长见识

你看生活就有许多推理现象，就在我们的身边。警察通过一些蛛丝马迹来推理分析，最终成功地破案。医生通过"望闻问切"获取信息来推理患者的病情，以对症下药。

而除了这些，生活中还有很多推理的实例，希望我们的同学把今天学习的推理知识沿用到生活中。

（板书：在哪里？）

【教学反思】 联系生活，让学生体会到数学就在身边，感受到数学的趣味和价值，体验数学的魅力，激发学生学习兴趣，培养学生数学应用能力，运用数学知识分析生活现象，解决生活实际问题。

(六) 板书设计

有趣的推理

肯定信息→有序分析→合理判断→得出结论　　　（分类）

文字法	是什么？
连线法	怎么办？
列表法	在哪里？

三、学习体验

在"有趣的推理"这堂数学课中，学生的学习体验是丰富而深刻的，猜谜游戏以及贴近学生生活的兴趣小组情境，学生们立刻被吸引住了。积极参与课堂讨论和练习。

（一）激发兴趣，主动学习

课程一开始，通过"猜猜刘老师今年几岁"的猜谜游戏以及贴近学生生活的兴趣小组情境，学生们立刻被吸引住了。在课堂上学生畅所欲言，如：

哈同学："我发现数学不仅仅是数字和公式，还与生活紧密相连，充满了趣味性和挑战性"。

黄同学："当看到一个复杂的问题被我们一步步拆解，最终找到答案，太有成就感了。"

（二）合作交流，共同进步

小组讨论环节为学生们提供了一个相互学习、共同进步的平台。听：

吴同学："在小组合作中，我负责分类归纳信息，诗凌负责摆放，我们组很快找出正确答案。

合作交流学习，让我们共同进步。"

（三）获得肯定，增强自信

在"推理在生活中的应用"环节中，学生乐于思考，勇于表达，教师给予及时的肯定和鼓励，使学生感受到自己的思考被期待，被重视，增强学生自信。踊跃出更多积极大胆的想法。

黄同学："推理现象无处不在呢，考古学家发现一件文物，需要通过推理判断是出现于哪一朝代。"

魏同学："推理的学问可是渗透在我们的生活当中，消防员到达火灾现场，通过风向等推理判断出着火源。"

王同学："看到天气预报说今天会下雨，我们就会推断出门时需要带雨伞，推理的学问对我们的帮助可真大呀。"

四、教学反思

在完成"有趣的推理"这一教学主题后，我进行了深入的反思，以总结教学过程中的成功之处与待改进之点，以便未来能够更有效地促进学生逻辑思维的发展。

（一）成功之处

激发学生兴趣：通过设计贴近学生生活、富有创意和趣味性的推理案例，成功吸引了学生的注意力，激发了他们参与课堂活动的兴趣。学生们在课堂上表现出极高的积极性和参与度，乐于主动思考和探索。

促进团队合作：采用小组合作的学习方式，不仅增加了学生之间的交流与合作机会，还培养了他们的团队精神和沟通能力。在共同解决问题的过程中，学生们学会了倾听、尊重和分享观点。

培养逻辑思维：通过引导学生分析线索、提出假设、验证假设等步骤，有效地锻炼了他们的观察、分析、归纳和演绎能力。学生们在推理过程中逐渐形成了有条理、有逻辑的思考习惯。

增强问题解决：推理活动要求学生在面对问题时，能够灵活运用所学知识，提出解决方案并付诸实践。这一过程中，学生们的问题解决能力得到了显著提升。

（二）待改进之点

个体差异关注：由于学生的逻辑思维能力和知识基础存在差异，部分学生在推理过程中可能感到吃力或无法跟上节奏。未来需要更加关注个体差异，为不同水平的学生提供个性化的指导和支持。

五、专家评析

（一）营造课堂和谐氛围让学生交流研讨

在活泼、自由、开放的氛围中，学生身心放松，思维才能得到发散，才会点燃想象的火花，引发合理的猜想，呈现严谨的证明，得到正确的结果。

学生采用了连线法、列表法等多种方法，教师及时给予反馈说明，并总结出推理的步骤：肯定信息→有序分析→合理判断→得出结论。

（二）注重引导学生理解题意和推理过程

课堂中，引导学生对问题中的信息进行梳理，让学生把握关键信息。弄清题意后，再自己写方案，说想法。一步一步地帮助学生理清思考过程中每一个判断的理由和依据，使得思考过程变得清晰、有条理。

（三）注重培养学生口语表达的完整性

让学生说出自己是怎么想的时候，个别学生表述不够准确，老师引导学生说出"因为……，所以……"，帮助学生把要表达的内容说完整。接下来问：谁还想说？谁还能说得更流利？让更多的学生敢说、能说、会说。在说的过程中，培养学生的逻辑思维能力，让学生思考的过程清晰化。

整个教学过程，不仅让学生在活动中获得了知识、技能、价值观，还关注了学生数学核心素养培养，会用数学的眼光观察现实世界；会用数学的思维思考现实世界；会用数学的语言表达现实世界。整节课，紧紧围绕着让学生观察、思考、表达开展教学，很好地培养了学生的核心素养。

（评析人：泉州市鲤城区第二实验小学　王怀鑫）

"一日西游——一天的时间"教学课例

泉州市鲤城区第二实验小学　林碧莲

本课是北师大版三年级上册第七单元"年、月、日"中的第三课时,笔者于 2022 年 10 月 26 日在鲤城区第二实验小学举办的"四基课堂"小学数学教学研讨会上对 305 班施教了本课例。

一、教学设计

(一) 知识点

北师大版三年级上册第七单元"年、月、日"中一天的时间,认识 24 时计时法。

(二) 教学目标

1. 在观察、思考、表达等数学活动中,知道 24 时计时法,会对 24 时计时法与 12 时计时法所表示的时刻进行相互转换,能推算从一个时刻到另一个时刻所经过的时间。

2. 经历发现问题、提出问题、分析问题、解决问题的过程,发展量感与推理意识,体会转化思想和数形结合思想,感受数学与生活的紧密联系,激发数学学习的兴趣。

(三) 教学重难点

教学重点:结合学生的生活经验,知道 24 时计时法,能够对 24 时计时法与 12 时计时法所表示的时刻进行相互转化。

教学难点:结合具体的生活情境,推算出从一个时刻到另一个时刻所经过的时间。

(四) 核心问题

12 时计时法与 24 时计时法有什么内在联系?

(五) 设计思路

遵循建立"问道数学'四基'课堂,培养学生'三学'素养"的教学理念,课堂中注重发展学生的核心素养,本课的知识重点是认识 24 时计时法,为架构起学生的知识体系,本节课以结构化教学为设计主思路,首先以生活中常用的 12 时计时法为基准点,在介绍完 12 时计时法后,再引发思考"有没有"其他的计时法,如果有"是什么",从而生长出 24 时计时方法的出现,让学生在活动环节中探索两种计时法之间的联系,形成知识的链接。再以 24 时计时法的知识应用为延伸点,培养学生数学的应用意识。最后让学生拓展思维,大胆表达,根据本课掌握的数学眼光,提出新的数学问题,形成思考、提出问题、解决问题再到思考、提出新的问题的学习闭环。

二、教学过程

(一) 片段一:情境引知识,观察发现问题

(播放视频。视频中,孙悟空和牛魔王约定好 7 时见面,两个人都如约按时到了约定地点,却没有见上面。)

师:看完刚才的视频,你们觉得为什么牛魔王和孙悟空没能见上面呢?

生:因为孙悟空没有说清楚具体是上午 7 时,还是晚上 7 时。

师:你是说一天里会有 2 个 7 时吗?

生:是的。

师:一天里像这样出现两次的时间还有哪些?

生:1 时,2 时……

师:哇,有这么多,你们真是善于观察的孩子。

师:一天里这些时间都会出现两次,你们觉得该怎区分这样两个不同的时刻?

【教学反思】为丰富教学场景,激发学生学习数学的兴趣,在导入时以西游故事为背景,用动画视频的形式引出问题,激发学生独立观察思考,发现问题——为什么会产生时间上的误会? 由此引导学生认识 12 时计时法的正确表述方式。培养了学生具有数学眼光,架构起数学与生活的联系,让学生通过观察生活现象,继而发展学生的思考能力。

(二) 片段二:问题领课堂,思考提出问题

师:接下来,我们一起来看一下一天的时间变化。我想请个声音响亮的同学,待会把钟面出现的整时时刻大声地读出来。

(请学生上台)

师:其他同学在观看的时候,请再认真思考这两个问题:(1)新的一天是从什么时候开始? (2)一天有几时呢?

师:请认真看清楚此刻钟面上的时间,我们要开始一天的时间了。准备好了吗?

(播放动画,学生大声报整时时刻)

师:现在时针走完一圈了,一天结束了吗?

生:没有。

师:现在是几时?

生:中午 12 时。

师:中午 12 时之后再往下走,就开始了第二圈,我们接着来看一下。

师:到了深夜 12 时,时针走完第二圈,一天就结束了。

师:现在谁能来说一说,你观察到的一天是从什么时候开始的?

生：凌晨 0 时。

师：那一天一共有几时呢？

生：有 24 时。

师：你是怎么知道的？

生：时针走一圈是 12 时，走了 2 圈，12+12 就是 24 时。

师：掌声送给她，不仅善于观察还善于思考。

师：这是时针走的第一圈，走了 12 时，这是时针走的第二圈，又走了 12 时，所以一天一共有 24 时。

（边说边贴钟面）。

师：观察比较一下，一天中时针走过的这两圈，你发现什么相同，什么不同？

生：时间数相同，都有 1 时，2 时……但是它们前面是不同的，一个是凌晨 1 时，一个是下午 1 时……

师：你真厉害，发现得真快！这 2 圈钟面上的时间是相同的，都会有 1 到 12 时，但时间前面形容时间段的词语是不同的。

师：你们知道，为什么前面的时间词语要不同吗？

生：因为这是两个不一样的时刻。

师：你真聪明，如果没有时间词语，我们就没办法区分这两个时间了。所以为了区别这两个不同的时刻，我们就得像这样在时间前面加上时间词语，这种计时法我们称作 12 时计时法。（板书：时间词语＋时间　12 时计时法）

师：生活中我们常用 12 时计时法表示时间，可是这种计时法在一些场合，表达起来并不方便，甚至还容易闹误会。想一想，生活中还有其他的方法可以用来表示这上面的 2 个时间吗？有的话，可以怎样表达？

【教学反思】观察一天中完整的两圈钟面动画，通过感受两圈钟面时间段的不同，让学生基于生活经验，用 12 时计时法来表示一天中的整时时刻，感受 12 时计时法的复杂性和局限性，从而引发学生思考，提出问题：生活中还有其他的计时方式吗？如果有，是什么？从引发思考探究，如何用 24 时计时法来表示一天的时间，24 时计时法有何用？

(三) 片段三：体验悟道理，探索分析问题

生：可以用 7 时表示早上 7 时，用 19 时表示晚上 7 时。

师：为什么这样表示这两个时间呢？

生：早上 7 时，时针走第一圈，所以就用 7 时表示，晚上 7 时，时针已经走完一圈，经过了 12 时，就用 12 加上 7 等于 19，所以就用 19 时表示第二圈的 7 时。

师：你们觉得这种表示方式怎么样？

生：这种方式很简洁，不容易产生误会。

环节一：变一变（展示时间尺）

师：现在林老师先来变一个小小的魔术。我把钟面上时针走过的第一圈时间，变成这样

一条时间尺,再把第二圈走过的时间,也变成一条时间尺,接到后面,这样一长条时间尺,就是一天的时间。

师:刚才他说把早上 7 时表示为 7 时,晚上 7 时表示为 19 时。

(边说边将卡片摆上。)

师:现在谁愿意上来,用刚才说的方法,快速地将上面剩下的卡片,按顺序找到家?

环节二:摆一摆(尝试转化为 24 时)

生上台摆一摆,摆到下午 1 时。

师追问:为什么下午 1 时是 13 时呢?

生:因为已经走过了 12 时,再过一时就是 13 时了。(板书:1+12)。

师:你能再说一说为什么下午 2 时是 14 时吗?

生:时针在走第二圈,所以 2 加 12 是 14 时。(板书:2+12)

师:你们发现了什么规律?同学们,接着你们也跟着来说一说,再过一时是几时?为什么这样表示?

生:15 时,3 加 12 等于 15。

……

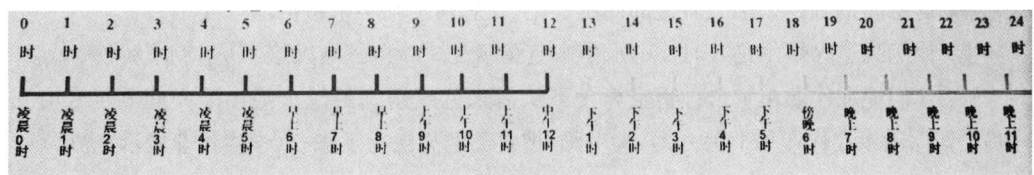

【教学反思】让学生亲身经历 12 时计时法转化成 24 时计时法的探索过程,发展推理能力,体会两种计时法之间的内在联系,形成知识结构。

环节三:说一说(介绍 24 时计时法名称)

师:同学们下面这种记时方法我们叫作 12 时计时法,那上面这种记时方法你们觉得可以叫什么?

生:24 时计时法。

师:为什么叫它 24 时计时法?

生:因为从 0 时到 24 时,有 24 时。

师:想法真不错!那我们就叫它 24 时计时法。(板书课题:24 时计时法)

环节四:比一比(观察比较 12 时计时法和 24 时计时法)

师:请你们观察比较一下这两种计时法,24 时计时法和 12 时计时法之间有什么异同?

生:表示方式不同,一种有时间词语,一种没有,但同一时刻都可以用这两种计时法来表示。

生:第一圈时把 12 时计时法中的时间词语去掉就变成 24 时计时法了,第二圈把 12 时计时法前面的时间词语去掉后,在时间上加上 12,就是 24 时计时法。

【教学反思】说一说环节,意在让学生通过命名计时法的名称,感知 24 时计时法从何而来。比一比环节,让学生在"变中不变"的思想中观察对比,发现两种计时法的联系与区别,从而构建知识的内在联系,帮助学生识记两种计时法如何相互转化。在本环节中一定要充分让更多的学生说,或者同桌再互相说一说,增加学生记忆两种计时法。

(四) 片段四:知识巧应用,实际解决问题

师:在牛魔王的帮助下,孙悟空终于找到了芭蕉扇,现在芭蕉扇就被锁在宝箱中,孙悟空只有通过考验才能拿到钥匙,你们愿意帮助他一起打开宝箱吗?

师:请在作业单上帮助孙悟空解决这个问题。

(1)下午2时是(　　)时,晚上8时是(　　)时。

23时是晚上(　　)时,19时40分是晚上(　　)。

师:请你帮助孙悟空在作业单上一起解决这个问题?

师:谁来说一说下午2时是几时? 你是怎么想的?

……

师:在你们的帮助下,孙悟空顺利地拿到了芭蕉扇,赶往了火焰山灭火。

(2)从借来芭蕉扇到翻越火焰山之间间隔(　　)时(　　)分。

师:这是唐僧翻越火焰山时记的西游日记,我想请个同学来帮忙读一读。

生:他们到达火焰山是8时40分,借来芭蕉扇是14时,翻越火焰山是18时30分。

师:你们能在作业单上帮孙悟空算一下从借来芭蕉扇到翻越火焰山之间间隔了几时几分吗? 请你动手在作业单上写一写、画一画,把自己的想法写下来。(学生作业展示交流。)

师:大家的方法可真多呀! 下面我们一起来看一下这位同学的做法,你看得懂吗?。

生:14时就是下午2时,18时30分就是下午6时30分,所以从2时开始画,到6时半,时针走过了4格半,就是间隔4时30分。

【教学反思】情境贯穿教学,在练习中依然是情景化的闯关模式,步步深入,应用新知,帮助师徒四人渡过火焰山。在这个环节中,激趣的同时,更要注重数学思维的内核,多追问学生解决问题的方法和想法,真正做到培养学生在课堂中用数学的语言表达。

(五) 片段五:数学新眼光,重新提出问题

师:我们在陪着唐僧师徒四人渡过难关时,也学到了不少知识,其实24时计时法就在我们的身边,看! 这是什么?

生:我们的课表。

师:是的,你们能根据这个课表,用我们今天学的知识,提出新的数学问题吗?

【教学反思】通过本节课的学习,学生拥有了新的数学的眼光,再引导学生回归生活,看身边熟悉的课表,用数学的思维思考实际的问题,懂得发现并提出新的问题。本环节相对开放,可以让学生发散思维创设各种问题。从而达到数学"三教"的教学目标,教思考,教体验,教表达。

课　程　表

鲤城区第二实验小学2022-2023学年第一学期课程表

三5班

课程时间/星期	星期一	星期二	星期三	星期四	星期五
8:20~8:40	早操　　晨会课				
1　8:45~9:25	语文（关佳瑛）	数学（林瑜婷）	语文（关佳瑛）	数学（林瑜婷）	语文（关佳瑛）
2　9:35~10:15	数学（林瑜婷）	语文（关佳瑛）	数学（林瑜婷）	语文（关佳瑛）	数学（林瑜婷）
10:15~10:20	眼保健操1				
3　10:30~11:10	英语（温妍娜）	科学3（吴佳瑛）	英语（温妍娜）	音乐（李馨宝）	体育3（林瑜婷）
12:00~14:25	午休　　午读				
4　14:30~15:10	语文（关佳瑛）	德法（关佳瑛）	德法2（关佳瑛）	信息技术（冯华坤）	美术（黄静）
15:10~15:15	眼保健操2				
5　15:25~16:05	音乐（李馨宝）	书法（洪诗铭）	美术（黄静）	体育（陈鑫焱）	科学（郑思珑）
6　16:15~16:55	体育（陈鑫焱）	科学（郑思珑）	综合实践（吴小红）	英语（温妍娜）	班队（关佳瑛）
17:05~17:40	大课间				

1、健康教育、环境教育由体育教师上室内课。　2、安全与法制、社会情感由班主任晨会课任教。

（六）板书设计

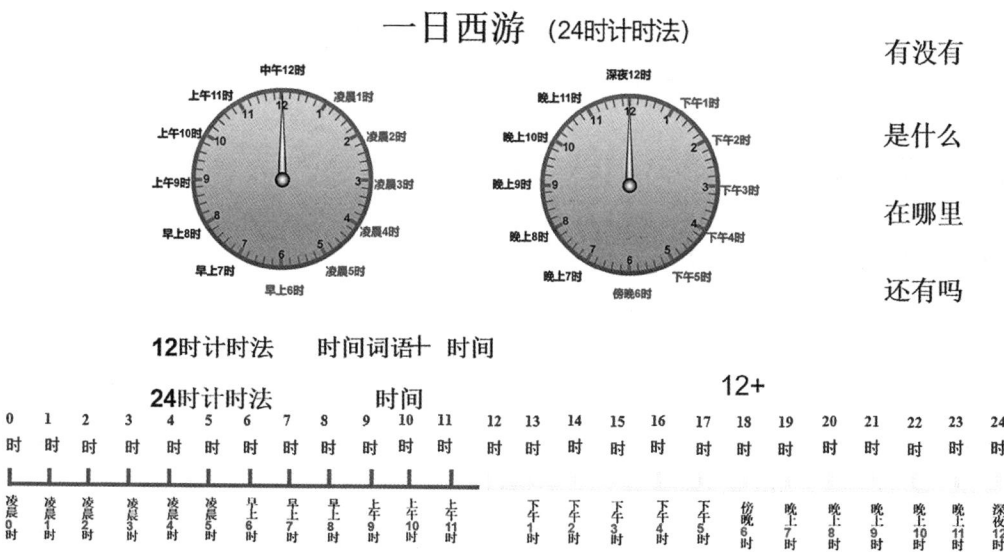

一日西游　（24时计时法）

有没有

是什么

在哪里

还有吗

12时计时法　时间词语十　时间

24时计时法　　　时间　　　　　　12+

三、学习体验

李同学：林老师的这节课太有意思了，带着我们在西游记的故事中跟着孙悟空打怪闯关的同时，不知不觉学习到了新知识，让知识更有趣。以前我总是无法分清，为什么同一时间有的人说法却不一样,现在我知道了,是因为他们所用的计时方式不同,不同的计时方式适用于不同的场合。不过虽然计时方式不同,但是它们之间其实也是有联系的,林老师让我们在时间尺上,把24时计时法的时间卡片摆一摆,发现规律的时候,我就发现12时计时法变成24时计时法其实很好记,24时计时法就是把一天24时当成整体,时间的累加,过了中午12时,后面的时间就得加上12,现在我已经分清楚了这两种计时法,觉得学起来太简单了。

  郑同学:这节数学课太有趣了,感觉就像在玩游戏一样。本节课让我印象最深刻的是,老师化身魔术师,把一天的时间变成了一条长长的时间尺,以前总感觉时间是看不见摸不着的,但是那把时间尺就像我们的直尺,可以测量出看不见的时间,好神奇!这节课时间尺上表示出了24时计时法和12时计时法,我想知道还有其他的计时方式吗?如果有,是什么?

四、同伴互助

  李老师:林老师注重融学科的文化育人方式,将数学融入西游情境故事中,注重让学生在具体情境中发展数学眼光,发现并提出问题,注重发展学生的数学思维,在课程中通过数学活动让学生经历自主探索和交流,注重发展学生的数学语言,让知识服务于生活,致力于考察学生解决问题的能力。

  刘老师:数学文化来源于生活,也服务于生活。林老师以24时"时间尺"为载体,通过疏通12时计时法与24时计时法之间的内在联系,架构起知识间的结构联系,帮助学生更快、更轻松地掌握新知,同时通过本节课的价值观渗透,建立了正确的时间观念,引导学生在生活中应培养合理安排时间、珍惜宝贵时间的好习惯。

五、教学反思

(一) 强化情境设计与问题提出

  在《数学课程标准(2022版)》课程实施中,提倡教学中应选择引发学生思考的教学方式,发挥情境设计与问题提出对学生主动参与教学活动的促进作用。这与"三学"理念中倡导的学生"学思考"不谋而合,因此本课创设情境时,为了激发学生的学习兴趣,我基于教材创设了跨学科融合文学作品《西游记》的情境,通过观看短片视频让学生自主观察,发现问题,并适时地引导学生思考,提出问题,除了12时计时法,还有其他的计时法吗?如果有?是什么?该怎样表示?由一个个问题,带着学生一步步思考,引发学生认知冲突,激发学生学习动机,促进学生积极探究。

(二) 感悟数学思想与问题分析

  《新课标》的总目标中指出学生通过义务教育阶段的数学学习,应逐步会用数学的眼光观察现实世界,会用数学的思维思考现实世界,会用数学的语言表达现实世界。因此学生需要在学习中获得适应未来生活和进一步发展所必需的数学基础知识、基本技能、基本思想和基本生活经验。在本课的教学中,我创设了摆一摆的环节,让学生借助时间尺将两种计时法进行互相转化,体会转化思想,并在此基础上,让孩子观察比较两种计时法的异同,体会变中不变的数学思想,感受知识之间的内在联系,形成互关互联的知识结构。

(三)深化学习体验与问题解决

在"三学"理念中,提出了对学生学习体验的要求。体验式学习的思想最初来自美国著名教育学家杜威的"经验学习"。他还提出了著名得到五步探究教学法:(1)启发兴趣;(2)提出问题;(3)实际操作;(4)归纳总结;(5)应用拓展。这也成了很多课堂实施的指导方向,侧重学生的学习过程体验和学习方法掌握。因此在教学中我让学生独立观察发现,提出问题,并让学生通过实际操作"摆一摆",感悟知识的形成,接着比较"归纳总结"两种计时法的联系,让学生自然而然地掌握两种计时法的相互转化,最后应用知识解决问题,并在后面加上拓展学习,回归生活实际,再次提出新的问题。在此教学中过程中,我有意识引导孩子在学习中领悟学习的方法,而不单单是知识本身。

六、专家评析

林老师巧妙地将一天中时针走过的两圈钟面时间转化为一条时间尺,让24时计时法在时间尺上直观呈现,渗透了"变"与"不变"的数理,强调了"时间"与"时刻"的差别,并注意到了教学的严谨性。

在教学中,注重大单元教学,以大观念构筑互联互通的学习,应将"有结构的教,有关联的学"落实到课堂中。

(评析人:泉州师范学院 苏明强)

附　录

"中小学数学'情境-问题'教学 30 年实践探索与理论建构"成果推广应用工作三年总结

贵州师范大学　吕传汉　夏小刚　杨孝斌

一、工作整体概况

(一) 推广的中小学数学"情境-问题"教学模式(如图)

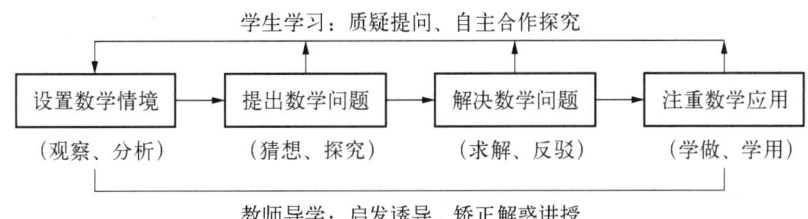

目标: 培养学生自主创新意识与实践能力。

核心: 将学生提出问题和解决问题能力的培养贯穿课堂教学始终。

内涵: 创设情境是前提,提出问题是核心,解决问题是目的,应用知识是归宿。

方法: 弘扬启发式教学,适当融入探究式教学方法。

(二) 三年推广应用工作思路

福建省福州市鼓楼区: 在小学建立 10 个"卓越教师"工作坊,将数学"情境-问题"教学模式进行定员、递进、跟踪小学数学教学研究。通过培养 10 名数学"卓越教师",带动 70 余名"种子"教师(每位"种子"教师引领 5～8 名骨干教师)共同成长。("卓越教师要求"见附件)。2022 年福州市鼓楼区获得市级教学成果特等奖 2 项、省级教学成果一等奖 2 项。

甘肃省酒泉市: 在酒泉师范附小、玉门油田二中开展教学实验,辐射肃州区、肃北县和阿克塞县相关中小学。在 2022 年甘肃省第二届基础教育教学成果评选中,酒泉市获奖成果比第一届增加了 40%,有效提升了基础教育发展的软实力。

贵州省城乡推广: 通过"三教"引领学科"情境-问题"教学,"长见识、悟道理",在贵阳、习水、印江、罗甸、贵定等 10 余个市、县的推广,促进了教师教育水平的提升和学生的学业成长,获得基础教育教学成果省级特等奖 1 项、一等奖 3 项。

二、工作有效举措

(一) 实践基地学校考察,增强教学成果实感

为增强对"情境-问题"教学成果的实感,2021 年 4 月 27 日至 30 日,组织福州市鼓楼区和酒泉市的教育行政领导、中小学校长、教学名师 29 人,赴教学成果奖的实践检验基地学校——贵州省兴义市阳光小学、阳光书院和兴义八中访学研修 3 天。通过参观校园、课例研讨、专家报告、经验交流,来自福州和酒泉的老师们深深感悟到"情境-问题"教学研究和"三教"教学理念给学校和课堂带来的力量,也对推广此项国家级优秀教学成果增强了信心和感性认识。

历经两年多的教学成果推广工作,2023 年 7 月 10 日至 15 日,福州市鼓楼区教育局长带领 60 名小学校长、教学名师和行政领导,回访成果持有方的贵州师范大学,与成果持有方吕传汉、任保平等教授、校长、名师再度进行成果推广、教研交流,并确定了鼓楼区 2024 年教学成果奖培育项目:"三教"理念促进师生协同发展的小学数学教与学研究(该项目获得 2023 年福建省教育学会教学成果一等奖)。

(二) "三教"引领课堂教学,促进教育水平提升

通过教思考、教体验、教表达("三教")引领数学"情境-问题"教学实践课例交流、研讨,让教师灵活把握好该教学模式的要领:科学地应用数学情境,引导学生提出问题,培育创新意识;引导学生在自主探究学习中解决问题,促进思维能力培养;引导学生在数学知识的应用中,促进创新思维能力的培养;引导教师用好启发式教学,并恰当地融入探究式教学方法;引导学生在互相表达交流中,促进深度思考和交际能力培养。

(三) "三教"引领反思写作,促进师生能力成长

实验区开展了"三教"引领学科"情境-问题"教学课例、学习体验、教学反思、写作研讨、"读书会"等活动,把"教"的研究转向"学"的研究:让教师在撰写"教学课例"中,提升教育专业水平;让学生在撰写"学习体验"中,促进核心素养的积淀。

三、工作成效

(一) 成果推广催生新的教学成果

福州市鼓楼区 2022 年获基础教育省级教学成果一等奖 2 项、2023 年获福建省教育学会教学成果一等奖 1 项;2020 年获基础教育教学成果贵州省级一等奖 1 项,2022 年获基础教育教学成果贵州省级一等奖 1 项,2023 年获基础教育教学成果贵州省级特等奖 1 项、一等奖 1 项。在甘肃省 2022 年第二届基础教育教学成果评选中,酒泉市获奖成果比第一届增加了 40%。

2023 年 7 月 18 日，央视网正式发布吕传汉在央视网《师说》栏目的《乡村小学堂里的大先生》TED 演讲。

2023 年 11 月 24 日，吕传汉应邀在中国数学会数学教育分会上，作了题为《中小学数学"情境-问题"教学成果的研究、检验与推广》的大会报告。贵州印江县新寨小学教师杨通文在数学教育大会上获得由北京国际数学研究中心与阿里巴巴全球数学竞赛共同发起颁发的"怀新奖"，2023 年全国中小学数学教师获奖者 5 名。

成果推广还辐射引领了新疆塔城市、和田市及阿图什市的小学数学教育研究，促进了这些地区小学数学教育质量的提升。

2022 年 10 月 12 日，大连工业大学主办"三教"引领"情境-问题"教学促进创新型人才成长的"线"上研讨会，北京师范大学、首都师范大学、贵州师范大学和大连工业大学等高校教师参会研讨。

贵州师范大学数学科学学院、经济与管理学院，应用"三教"引领"情境-问题"教学培养本科生和硕士研究生。

(二) 成果推广催生本土教学名师成长

"情境-问题"教学成果的推广过程，促进了城乡教学名师的成长：培育了 1 名教育部首届小学数学领航名师、正高级小学数学特级教师尹侠，培育了尹慧梅、杨通文等 16 名中小学数学正高级教师，以及李和强、岳洪等 18 名中小学数学、语文省级教学名师。

(三) 成果推广促进学生核心素养培育

指导中小学生撰写促进核心素养培育的数学"学习体验"235 篇，分别发表在《小学数学教师》等 5 种杂志和华东师范大学出版社等出版的《初中数学学习中的长见识悟道理——初中生数学学习心灵之花》等 8 本书中。

四、典型经验

通过教思考、教体验、教表达的"三教"教育理念引领数学"情境-问题"教学的深入开展，促进学生在"长见识、悟道理"中培育核心素养。初步取得如下推广经验。

(一) 实践检验校考察，促教学成果推广

邀请教学成果推广"示范区"教育行政领导、校长和教学名师，赴教学成果奖的实践检验基地学校考察，既是对教学成果的实地检验，也是对推广教学成果的"取经"，有利于促进"示范区"成果推广工作的开展。

(二) 抓"种子"教师培养，促教学名师成长

在"三教"引领学科"情境-问题"教学成果推广过程中，我们配合成果推广示范区遴选出

一批"种子"教师,进行定人、跟踪、递进培训:聚焦课堂教学研究,反思写作提升教学水平,促进教学名师真实成长。

(三) 抓教学体验写作,促教师专业成长

配合"校本研修",采取"同课异构""一课两上""议课研课"等教研方式聚焦课堂教学研究,并在教学反思的基础上撰写"教学体验""反思性短文",促进教师专业成长。

(四) 抓学习体验写作,促学习能力提升

关注"教"的研究转向"学"的研究,重视学生的学习获得,倡导、鼓励学生撰写"学习体验":"学习心得+教师点评+教学反思",它是学生在自主学习、实践研究中获得的心得体会,是把"教"的研究转向"学"的研究的良好载体。

五、进一步做好工作的建议

(一) 关注基于主题教学的"情境-问题"教学研究

为把"知识为本"的教学转向基于"素养为本"的"情境-问题"教学,应以模块化和知识主题的形式进行解构,总结基于"情境-问题"的教学策略与方法,关注基于主题教学的"情境-问题"教学研究。

(二) 关注基于"情境-问题"的课堂教学评价研究

如何将数学学科核心素养与新教材相结合,指导数学情境创设与问题提出,并形成"情境-问题"教学的课堂评价方法,是促进学生核心素养培育的一项重要研究工作。

(三) 关注基于"情境-问题"教学的学习体验研究

鉴于学生"学习体验"是把"教"的研究转向"学"的研究的良好载体,也是培养学生自主学习能力、创新能力的良好教育路径,关注中小学生撰写"学习体验"的教学研究,有利于促进国家创新人才的培养。

编后语

2021年12月28日,教育部基础教育司在北京召开的"基础教育国家级优秀教学成果推广应用工作推进会"指出:在乡村振兴和教育扶贫方面,通过成果输入、培训、教研、研讨等形式,充分使用成果方和示范区的专家资源,帮扶贫困地区教育,提升成果推广应用工作的社会效益。贵州师范大学原副校长吕传汉教授及其团队在推广"中小学数学'情境-问题'教学"成果中,拓展"情境-问题"教学人才培养模式,为教师提供定制化的课题教学和写作指导,整体提升示范区教师的教育教学水平和专业素养。

为在"中小学数学'情境-问题'教学"成果推广中,拓展"情境-问题"教学人才培养模式,促进国家需要的创新型人才培养,吕传汉教授于2014年1月提出在数学教学中"教思考、教体验、教表达"(简称"三教")的教育理念,并尝试用"三教"教育理念引领"创设数学情境与提出数学问题"的教学,最终培育学生的核心素养。吕传汉教授主张:

教思考,让学生会用数学的思维分析世界,注重逻辑推理和数学运算核心素养的培养;

教体验,让学生会用数学的眼光观察世界,注重数学抽象和直观想象核心素养的培养;

教表达,让学生会用数学的语言表达世界,注重数学建模和数据分析核心素养的培养。

为此,贵州师范大学数学科学学院数学教育团队,组织国内数学教育专家、学者以及一线城乡中小学数学骨干教师,在贵州、福建、甘肃、新疆等地有关学校,开展了"三教"引领"中小学数学'情境-问题'教学"成果推广,取得了较好的效果,并在此基础上编写出《教思考:师生互动促进小学生数学深度学习探究》。

本书在当前我国全面深化课程改革阶段,进行以培育学生核心素养为目标的用"三教"教育理念引领小学数学教育的实践探索和研究。

本书基于小学不同学段,用"三教"教育理念引领数学课堂教学培育学生核心素养,可供一线小学数学教师、教研人员教学参考,也可作为高师院校、成人继续教育院校小学数学专业学生、学员学习参考。

本书的编写,得到福建省泉州市鲤城区实验二小、贵州省贵阳市南明区南明小学的大力支持,得到贵州师范大学数学科学学院和华东师范大学出版社的大力支持,在此一并致以衷心的感谢!

本书也是在"中小学数学'情境-问题'教学"成果推广中催生的成果,在此特向中国教育学会成果推广部致以衷心的感谢!

我国著名教育家、中国教育学会原会长、北京师范大学资深教授、博士生导师顾明远教授，在百忙之中为本书拨冗撰序，使本书大为增色，特致以衷心的感谢！

由于编著者水平有限，编写过程中难免存在不足之处，敬请读者不吝赐教！

本书编者

2024 年 3 月